U0541696

国家哲学社会科学成果文库

NATIONAL ACHIEVEMENTS LIBRARY
OF PHILOSOPHY AND SOCIAL SCIENCES

《史记》文学经典的建构之路

张新科　著

中国社会科学出版社

作者简介

张新科 1959年生，陕西眉县人，陕西师范大学文学院教授、博士生导师。兼任中国史记研究会常务副会长、中国赋学研究会副会长、中国古代散文学会副会长、陕西省司马迁研究会会长等。主持国家级和省级精品课程、精品资源共享课程"中国古代文学"。完成国家及省部级科研项目多项，现主持国家社科基金重大招标项目"中外史记文学研究资料整理与研究"。已出版《史记与中国文学》《唐前史传文学研究》《史记学概论》《文化视野中的汉代文学》《中国古典传记文学的生命价值》等学术著作，发表学术论文百余篇。

《国家哲学社会科学成果文库》出版说明

为充分发挥哲学社会科学研究优秀成果和优秀人才的示范带动作用，促进我国哲学社会科学繁荣发展，全国哲学社会科学工作领导小组决定自 2010 年始，设立《国家哲学社会科学成果文库》，每年评审一次。入选成果经过了同行专家严格评审，代表当前相关领域学术研究的前沿水平，体现我国哲学社会科学界的学术创造力，按照"统一标识、统一封面、统一版式、统一标准"的总体要求组织出版。

全国哲学社会科学工作办公室
2021 年 3 月

目 录

绪 论 …………………………………………………………………（1）

第一章 《史记》对前代文学经典的接受 ……………………………（8）
 一 对"六经"传统的接受 …………………………………………（8）
 二 对诸子百家的接受 ……………………………………………（16）
 三 对于屈原及《楚辞》传统的接受 ……………………………（20）

第二章 汉魏六朝：《史记》文学经典化的起步 ……………………（30）
 一 《史记》诞生后的命运及其在当时的传播 …………………（30）
 二 评论家对《史记》文学特征的初步认识 ……………………（38）
 三 文学发展与《史记》文学价值的初步认可 …………………（42）

第三章 唐代：《史记》文学经典地位的奠定 ………………………（48）
 一 《史记》史学地位的提高对文学经典化的作用 ……………（48）
 二 《史记》注释的突出成就 ……………………………………（53）
 三 古文运动与《史记》文学地位的奠定 ………………………（59）
 四 《史记》在诗歌、传奇领域的传播与接受 …………………（64）

第四章 宋代：《史记》文学经典地位的确立 ………………………（72）
 一 《史记》文学经典化的基础条件 ……………………………（72）
 二 宋代的《史记》文学阐释 ……………………………………（77）
 三 《史记》《汉书》叙事写人比较分析 ………………………（87）

四　《史记》与宋代散文及其他 …………………………………………（91）
五　宋代在《史记》文学经典化过程中的特殊意义 ………………………（96）

第五章　元代：《史记》文学经典化的新变 ………………………………（101）
　　一　元代文化与《史记》的传播 …………………………………………（101）
　　二　元代的《史记》文学评论 ……………………………………………（105）
　　三　《史记》与元代文学创作 ……………………………………………（116）

第六章　明代：《史记》文学经典地位的进一步巩固 ……………………（129）
　　一　评点是《史记》文学经典化的特殊形态 …………………………（130）
　　二　明代《史记》文学评点的兴盛及其原因 …………………………（135）
　　三　对《史记》艺术美的评点 ……………………………………………（140）
　　四　《史记评林》及其他 …………………………………………………（147）
　　五　《史记》文学评点与《史记》文学经典化 …………………………（153）
　　六　文学创作与《史记》的文学经典化 …………………………………（158）

第七章　清代：《史记》文学经典化的高峰期 ……………………………（165）
　　一　《史记》文学评论的基本情况 ………………………………………（166）
　　二　清代《史记》文学阐释的新进展 ……………………………………（172）
　　三　对《史记》叙事写人艺术评论的深化 ………………………………（179）
　　四　金圣叹等人的重要贡献 ………………………………………………（183）
　　五　清代《史记》文学阐释的文化背景及其特点 ………………………（190）

第八章　近现代：《史记》文学经典地位的加强 …………………………（199）
　　一　《史记》的普及传播为其文学经典化奠定了阅读基础 ……………（200）
　　二　《史记》的系统研究为其文学经典建构提供了
　　　　理论支撑 …………………………………………………………（206）
　　三　文学史著作和教材编写强化了《史记》文学经典的
　　　　地位 …………………………………………………………………（223）

第九章　当代：《史记》文学经典化的新时代 ……………… (226)
　　一　《史记》文学经典化的新起步 ……………………………… (226)
　　二　《史记》文学经典化的新高潮 ……………………………… (233)
　　三　港、台地区的《史记》文学研究 …………………………… (273)
　　四　对当代《史记》文学研究一些问题的思考 ………………… (289)

第十章　海外《史记》文学研究对经典建构的作用 …………… (293)
　　一　《史记》传播空间的扩展 …………………………………… (293)
　　二　建立在考证基础上的《史记》文学阐释 …………………… (297)
　　三　日本的《史记》文学阐释与研究 …………………………… (306)

余　论 ……………………………………………………………… (324)

附录一　意、法、神的融合
　　　　　——汤谐《史记半解》评析 ……………………………… (330)
附录二　由法见义、因义观法
　　　　　——王又朴《史记七篇读法》析论 ……………………… (344)
附录三　实事求是　新颖深刻
　　　　　——聂石樵先生《司马迁论稿》的价值及意义 ………… (358)

主要参考文献 ……………………………………………………… (366)

索　引 ……………………………………………………………… (373)

后　记 ……………………………………………………………… (379)

Contents

Introduction ·· (1)

Chapter 1   *The Records of the Grand Historian'* acceptance of
the literary classics from the former generation ·············· (8)
1. Acceptance of the six channels tradition ································ (8)
2. Acceptance of the Hundred Schools of Thought ···················· (16)
3. Acceptance of tradition from Qu Yuan and *Chuci* ················ (20)

Chapter 2   Han, Wei and Six Dynasties: The beginning of the literary
canonization of *The Records of the Grand Historian* ······ (30)
1. The fate of *The Records of the Grand Historian* after its birth and
its dissemination at that time ·· (30)
2. Critics´preliminary understanding of the literary characteristics of
The Records of the Grand Historian ···································· (38)
3. The development of literature and the preliminary recognition
of the literary value of *The Records of the Grand Historian* ······ (42)

Chapter 3   Tang Dynasty: Laying foundation for the literary
canonization of *The Records of the Grand Historian* ······ (48)
1. The improvement of historical position of *The Records of the
Grand Historian* and its impact on literary canonization ············ (48)

II THE RECORDS OF THE GRAND HISTORIAN: THE MAKING OF A LITERARY CLASSIC

  2. The outstanding achievements of annotations on *The Records of the Grand Historian* ·············· (53)
  3. Classical Prose movement and the establishment of *The Records of the Grand Historian* as a literary classic ·············· (59)
  4. The spread and acceptance of *The Records of the Grand Historian* in the field of poetry and Chuanqi ·············· (64)

Chapter 4 Song Dynasty: The establishment of the classical status of *The Records of the Grand Historian* ·············· (72)
  1. The basic conditions of literary canonization of *The Records of the Grand Historian* ·············· (72)
  2. Literary interpretation of *The Records of the Grand Historian* in Song dynasty ·············· (77)
  3. A comparative analysis of narration and characterization between *The Records of the Grand Historian* and *The Book of Han* ·············· (87)
  4. The relation between *The Records of the Grand Historian* and prose of Song dynasty and others ·············· (91)
  5. The specia significance of Song dynasty in the canonization of *The Records of the Grand Historian* ·············· (96)

Chapter 5 Yuan Dynasty: New changes in the literary canonization of *The Records of the Grand Historian* ·············· (101)
  1. The culture of Yuan dynasty and the spread of *The Records of the Grand Historian* ·············· (101)
  2. Literary review of *The Records of the Grand Historian* in Yuan dynasty ·············· (105)
  3. *The Records of the Grand Historian* and the literary creation of Yuan dynasty ·············· (116)

Chapter 6　Ming Dynasty: Further consolidation of the classical status of *The Records of the Grand Historian* ·············· (129)
1. Commentary as a special form of literary canonization in *The Records of the Grand Historian* ······························ (130)
2. The prosperity of literary criticism on *The Records of the Grand Historian* in Ming Dynasty and its reasons ················ (135)
3. Comments on the artistic beauty of *The Records of the Grand Historian* ··· (140)
4. *Forest of Comments on The Records of the Grand Historian* and others ··· (147)
5. The literary criticism and the canonization of *The Records of the Grand Historian* ·· (153)
6. Literary creation and the literary canonization of *The Records of the Grand Historian* ·· (158)

Chapter 7　Qing Dynasty: The peak of literary canonization of *The Records of the Grand Historian* ··························· (165)
1. The basic situation of literary criticism on *The Records of the Grand Historian* ··· (166)
2. New development of literary interpretation on *The Records of the Grand Historian* in Qing Dynasty ························ (172)
3. The deepening of the commentary on the art of narration and characterizationin about *The Records of the Grand Historian* ···(179)
4. Important contributions of Jin Shengtan and others ············· (183)
5. The background characteristics of literary interpretation of *The Records of the Grand Historian* in Qing Dynasty ············ (190)

IV THE RECORDS OF THE GRAND HISTORIAN: THE MAKING OF A LITERARY CLASSIC

Chapter 8 Modern times: Strengthening the status of *The Records of the Grand Historian* as a literary classic ……………（199）

1. The popularization and dissemination of *The Records of the Grand Historian* laid a foundation for its literary classics ………（200）
2. The systematic study of *The Records of the Grand Historian* provides theoretical support for the construction of its literary canonization ……………………………………………………（206）
3. The compilation of literary history works and textbooks enhances the status of *The Records of the Grand Historian* as a literary classic ……………………………………………………………（223）

Chapter 9 Contemporary era: A new era of the literary canonization of *The Records of the Grand Historian* ……………………（226）

1. The new beginning of literary canonization of *The Records of the Grand Historian* ……………………………………………（226）
2. The new climax of the literary canonization in *The Records of the Grand Historian* ……………………………………………（233）
3. A study of *The Records of the Grand Historian* literature in Taiwan and Hong Kong ……………………………………（273）
4. Reflections on some problems in the contemporary study of *The Records of the Grand Historian* ……………………………（289）

Chapter 10 The impact of overseas literary research of *The Records of the Grand Historian* on the construction of classics ……（293）

1. The expansion of the communication space of *The Records of the Grand Historian* ……………………………………………（293）
2. The literary interpretation of *The Records of the Grand Historian* based on textual research ……………………………………（297）

3. The literary interpretation and research of *The Records of the Grand Historian* in Japan ·· (306)

Conclusion ·· (324)

Appendix 1 Integration of content, rules and charm ···················· (330)

Appendix 2 Looking for content from rules and understanding rules by content ··· (344)

Appendix 3 Seeking truth from facts, novel and profound ············ (358)

Main references ·· (366)

Index ·· (373)

Epilogue ··· (379)

绪　　论

　　司马迁的《史记》是中国文化史上的经典，也是世界文化宝库中的一颗璀璨的明珠。所谓经典，人们有许多说法。《说文解字》："经，织也。"《释名·释典义》："经，径也，常典也，如径路无所不通，可常用也。"《尔雅·释诂》说："典，常也。"不难看出，在"经"与"典"合用之前，两者就已具有"常道、法则"的意思，均具有可引申为"典范、典籍"的潜在意义。又据《汉书·孙宝传》："周公上圣，召公大贤。尚犹有不相说，著于经典，两不相损。"① 《后汉书·皇后纪上·和熹邓皇后》："后重违母言，昼修妇业，暮诵经典，家人号曰'诸生'。"② 此时"经""典"合用，"经典"主要指那些地位至高的儒家著作。刘勰《文心雕龙·宗经》篇说："经也者，恒久之至道，不刊之鸿教也。"③ 唐刘知几《史通·叙事》："自圣贤述作，是曰经典。句皆韶、夏，言尽琳琅。"④ "这个概念后来逐渐被引申到文化艺术领域中，又和典范的概念相结合，成为一种创作范式和标准。艺术经典有崇高的地位与广泛影响，而且为社会所共有，其地位和价值都得到世人的普遍认同。"⑤ 普罗霍罗夫总编《苏联百科词典》把"经典"定义为："公认的、堪称楷模的优秀文学和艺术作品，对本国和世界文化具有永恒的价值。"⑥ 真正的经典必然是能够代表民族文学精华而进入世界文学宝库的典范之作。还有专家强调经典"具有原创性、典范性和历史穿透性，并且包

---

① （汉）班固：《汉书》卷77，中华书局1962年版，第3263页。
② （南朝宋）范晔：《后汉书》卷10上，中华书局1965年版，第418页。
③ （南朝梁）刘勰著，范文澜注：《文心雕龙注》卷1，人民文学出版社1958年版，第21页。
④ （唐）刘知几撰，（清）浦起龙释：《史通通释》卷6，上海古籍出版社2009年版，第161页。
⑤ 吴承学：《〈过秦论〉：一个文学经典的形成》，《文学评论》2005年第3期，第136页。
⑥ ［苏联］普罗霍罗夫总编：《苏联百科词典》，中国大百科全书出版社1986年版，第625页。

含着巨大的阐释空间"①。《史记》就是这样一部伟大的经典之作。

文学经典的建构,从理论上说受许多因素的影响,既有文学内部的,也有外部的。童庆炳先生认为起码要有如下几个要素:"(1)文学作品的艺术价值;(2)文学作品的可阐释的空间;(3)意识形态和文化权力变动;(4)文学理论和批评的价值取向;(5)特定时期读者的期待视野;(6)'发现人'(又可称为'赞助人')。就这六个要素看,前两项属于文学作品内部,蕴涵'自律'问题;第(3)、(4)项属于影响文学作品的外部因素,蕴涵'他律'问题;最后两项'读者'和'发现人',处于'自律'和'他律'之间,它是内部和外部的连接者,没有这两项,任何文学经典的建构也是不可能的。"②童先生着眼于文学经典建构的内部和外部因素,是很有道理的。

《史记》是中国史学名著,同时也是文学经典。《史记》的文学经典化历程反映着后人对其性质的不断认识,是经学、史学与文学多维互动中的产物。在两汉经学思潮的影响下,《史记》的史学性质完全依附在经学之下。受孔子著《春秋》的深刻影响,司马迁在《史记》的体例与文本书写上皆寄托着"一家之言"的深意。《史记》的史学定位伴随了中国史学观念的转变。东汉以前"史"的意义还保持在"载笔",也即"手执书写工具,会写字的人"的意义。这在目录学著作中表现为,刘歆的《七略》并没有史部门类,其后,班固以《七略》为蓝图编纂的《汉书·艺文志》将史部的一部分书籍置于"六艺略"的"《春秋》家"之后(《史记》即如此),另一部分杂入子部儒家之中。到东汉末年,所谓的"史"已经超越了过去单纯地记录之史,逐渐形成了具有后世历史意识与观念的史学概念,史学发展至此突破经学的束缚,逐渐走向了独立。《史记》之名也就逐渐从最初的《太史公书》变为原本泛指史书的"《史记》"了。自史学脱离于经学之后,《史记》便被尊为史学经典。梁代阮孝绪的《七录》将史学著作归纳在"纪传录"中,其"纪传录"的分类明显受到了《史记》所创纪传体体例影响,以"纪传"标目,也可看出《史记》的强大影响力。直到《隋书·经籍志》明确实行四部分类,史部遂成为一个完全独立的科目。《隋书·经籍志》史

---

① 黄曼君:《中国现代文学经典的诞生与延传》,《中国社会科学》2004年第3期,第150页。
② 童庆炳:《文学经典建构诸因素及其关系》,《北京大学学报》2005年第5期,第71页。

部分类中首列"正史",其定位即是以《史记》为标准纪传体。至此,《史记》成为区别于《春秋》"古史"的"正史"而成为史学经典之一。

与史学脱离经学的历程相伴随,当东汉儒家思想失去其权威地位以后,文学也逐渐迈向独立。至魏晋,伴随着文学创作与批判的繁盛,文学正式从经学中独立出来。在文学与史学脱离经学的历程中,二者的属性被不断探讨。在此期间,文学与史学经历了"文史"结合到"文史"分立的过程。这一学术思想变化过程也直接影响了《史记》史学经典与文学经典的生成。魏晋是一个尚"文"的时代,在所谓"良史工文"的观念下,"文"是优秀的史学家所具备的基本条件,刘邵《人物志》即言"儒学之材,安民之任也;文章之材,国史之任也"①。至于何为"文章"?刘邵解释曰:"能属文著述,是谓文章。司马迁、班固是也。"② 在这一思想下,《史记》的文章学价值被正视,并纳入研究范畴。至宋文帝分设儒、玄、文、史四馆,肯定了史学、文学各自独立的价值,直至梁代,与阮孝绪《七录》将史学著作独立归纳在"纪传录"之举几乎同时,萧统编定《文选》认为"记事之史,系年之书,所以褒贬是非,记别异同"③,与文学距离较远,因而将史书摈弃于文学之外,显示了史学与文学的分立。然而《文选》不选史书,却以"事出于沉思,义归乎翰藻"的理由收录了部分史书的序论和赞述。这其实表明了在文学地位独立之初,文学家对史书性质即能够辩证地认识,这不仅为后世学者对《史记》文学与史学价值的辩证认识提供了借鉴,也深刻地影响了后世学者对《史记》的文学接受。从汉魏六朝开始,就有学者注意到它的文学特点,唐宋时期《史记》的文学魅力得到更多读者层的接受,明清以来出现大量的《史记》文学评点著作和《史记》选本,文学家也把《史记》作为典范学习。自20世纪以来,《史记》文学传播、阐释、接受更加丰富、更加系统化、理论化,中外学者对《史记》的文学意义进行了多方面的阐释,这是《史记》文学经典化的一个重要方面。另外如众多的《史记》选本、古文选本,学校的文学教育,新媒体对《史记》的传播,传

---

① (魏)刘邵:《人物志》卷上,上海古籍出版社1990年版,第10页。
② (魏)刘邵:《人物志》卷上,上海古籍出版社1990年版,第10页。
③ (梁)萧统编,(唐)李善注:《文选》,上海古籍出版社1986年版,第3页。

记作家对《史记》写人艺术的学习，普通读者从《史记》得到的历史教益和艺术享受，等等，都对《史记》文学经典的建构起了积极作用。总的看，从古到今，从国内到国外，《史记》文学研究成就主要表现在：第一，较系统的文献资料整理和研究；第二，对于《史记》在中国文学史地位的认识；第三，对《史记》文学成就的挖掘分析；第四，对《史记》文学成就的来源、影响的研究；第五，重点作品的注释翻译赏析；第六，《史记》与其他文学、文体的比较研究。目前《史记》研究也已走出国门，具有世界化特点。

但是，《史记》如何从历史领域进入文学领域，它的文学经典化与纯文学的经典化有何不同，两千多年来的《史记》经典化之路是怎样走过来的，这个建构过程有什么意义，学界对此还少有人进行研究。"所谓经典化，是指文学作品产生之后，在不同的文化背景之下，经过不同读者层的阅读消费与接受，那些不符合人们消费观念、审美观念和没有价值的作品逐渐被淘汰，而那些被人们公认的有创新、有价值的作品则得以广泛流传，并且成为经典，具有永久的生命力。经典化的过程，是读者对作品接受的过程，扬弃的过程。"[①] 从历时性看，从汉代开始，经唐宋元明清直至今天，《史记》文学经典地位不断加强，在这个建构过程中，读者始终是主体。从共时性来看，它包括普通读者阅读欣赏《史记》的"审美效果史"、评论家对《史记》的"意义阐释史"、文学家对《史记》学习而进行创作的"经典影响史"等。文学研究是一个系统工程，它应是作家（创作主体）、作品（语言文字载体）、读者（接受主体）三个环节的统一，缺一不可。正如接受美学理论的创立者姚斯所说："在作家、作品和读者的三角关系中，后者并不是被动的因素，不是单纯地作出反应的环节，它本身就是一种创造历史的力量。文学作品的历史生命没有接受者能动的参与是不可想像的。"[②] 说到底，一部作品能不能成为经典，最终是由广大读者决定的，读者在文学经典建构中绝不是被动因素，它无疑是连接文学经典外部要素和内部要素的纽带。

[①] 张新科：《汉赋的经典化过程——以汉魏六朝时期为例》，《人文杂志》2004 年第 3 期，第 118 页。

[②] [德] 姚斯：《文学史作为向文学理论的挑战》，载《接受美学与接受理论》，周宁、金元浦译，辽宁人民出版社 1987 年版，第 24 页。

《史记》本身具有独特的文学价值，它在历史真实的基础上叙事写人，具有典型性、戏剧性、多样性，也具有强烈的感情色彩，这是它成为文学经典的根本和基础。由此出发，本书从历时性与共时性入手，结合每一时代的政治、经济、文化背景，以读者为核心，对上述问题进行系统深入研究。通过对两千多年来的《史记》文学阐释史、审美效果史、经典影响史的综合研究，进一步认识《史记》的文学特征以及在中国文化史上的不朽地位，深化《史记》及汉代文学研究；揭示《史记》文学经典形成的内在和外在因素，探究文学与史学的内在联系。同时，通过《史记》文学经典化过程和途径的探讨，为今天的文学创作和史书编纂提供有益借鉴，当代作家如何创作出被读者接受的具有生命力的传记作品，也可从中得到多方面的启发。

一部作品能够成为经典，固然离不开不同时代各类读者对其的阐发与解读，然作品本身的经典性往往是其能够成为经典的本质因素。《史记》能够成为文学经典，首要原因是其本身所具有的文学特质。在继承前代文学经典的基础上，《史记》的文学特质主要表现在以下四个方面：鲜明的思想性，即深刻的思想内涵；人物形象典型化、个性化；深入人物内心，把握人物整个灵魂，适当进行合理想象做到"酌奇而不失其真"；具有强烈的感情色彩，具有美感效应。《史记》的美感效应是巨大的，但它又是"润物细无声"，读者从中得到的启迪是潜移默化的，而且是一种自觉的接受，不是任何力量强加给读者的。当然，这四个方面的文学特质彼此并不分离，它们是互相联系、互相统一的。[①] 这是《史记》文学经典化的前提。

笔者在研究中也特别注意到，《史记》的文学特性是建立在历史特性之上的。《史记》首先是历史著作，但又不同于纯粹的历史资料；作为文学，它又不同于纯文学的虚构，不是为文学而文学。所以，研究《史记》的文学特征时，必须将历史学家的眼光与文学家的眼光结合起来。固然，历史学家通过考证人物、事实来研究历史；文学家则主要研究人物形象本身，研究用什么样的手法叙述历史、刻画人物，两者目的不同。但如果抛开《史记》的历史特征，孤立进行文学研究，也会失之偏颇。对此，郭双成先生曾

---

① 有关《史记》文学特质的分析，笔者在《〈史记〉与中国文学》一书"导论"中有系统论述，请参考张新科《〈史记〉与中国文学》，商务印书馆 2010 年版，第 5—11 页。

指出：

> 从文学的角度来研究《史记》的人物传记，虽然可以采取不同于前代学者主要是在改错订误方面所用的方法，也不同于历史研究工作者利用《史记》来研究历史，但是如果抛开了《史记》作为一部史书的本质，不联系《史记》一书的其它部分以及另外一些与《史记》有关联的历史著作（这里主要是指《汉书》），而只是孤立地对《史记》的人物传记进行研究，抛开历史研究工作者对《史记》所记载的历史时期的研究成果进行研究，就反而不可能对《史记》人物传记的成就从思想和艺术上作出正确而深刻的评价，而只会陷于皮毛的欣赏和论断了。①

这个意见是十分中肯的。因为司马迁的史学思想决定了他的选人标准、选材标准、评价标准乃至于感情标准。以选材而言，一个人一生的事迹非常多，选取哪些材料表现人物个性，表面看来是属于文学手段问题，而实质上与作者的历史观有密切联系。作者写项羽，选择了"钜鹿之战""鸿门宴""垓下之围"三个大的场面，展现了项羽由兴到亡的全过程，作为文学来说是典型化的手法，但骨子里渗透着作者的历史思想。因此，研究《史记》时不能脱离历史特性而架空文学特性。

当然，对于《史记》文学特质的认识与抉发，也有一个历史过程。张大可先生将这个过程概括为四个层次：

> 最广义的文学性，只着眼于《史记》文章简洁，辞采华美，这是第一层次，魏晋以前最普遍的认识。着眼于《史记》散文的成就和艺术风格美，这是第二层次，唐人深化的认识。《史记》文章结构，转折波澜，人物刻画具有小说因素，这是第三层次，明清评点家多所发抉。全面地系统地抉发司马迁塑造历史传记人物典型形象的艺术手法，这是

---

① 郭双成：《史记人物传记论稿》，中州古籍出版社1985年版，第5页。

第四层次，可以说是近年来才深入的。①

　　张大可先生还强调，认识《史记》的文学特性，应注意不同的层次，这个看法是很好的。可永雪先生也曾对古代学者探讨《史记》文学性的过程作过概述②。总之，本书在前贤今哲研究的基础上，以《史记》何以成为文学经典为问题，探讨两千年来《史记》文学经典化的过程，以期为深化《史记》研究贡献自己的绵薄之力。

---

① 张大可：《司马迁评传》，南京大学出版社1994年版，第211页。
② 参见可永雪《〈史记〉文学成就论稿》第二章第三节，内蒙古教育出版社1991年版。

第 一 章
《史记》对前代文学经典的接受

在认识《史记》文学经典化过程之前，有必要认识《史记》对前代文化经典的接受问题。司马迁在《太史公自序》中说《史记》编纂的目的要"厥协六经异传，整齐百家杂语"，《汉书·司马迁传》也说司马迁"贯穿经传，驰骋古今"，这实际都说明司马迁在撰写《史记》时，大量汲取前代经典的营养。根据张大可先生统计，单以《史记》本书考校，司马迁所见古书即达106种①，实际情况远不止这些。司马迁多方面接受前代文化经典，对于《史记》成为不朽经典具有重要意义。当然，从影响方面来说，司马迁接受的前代经典，最重要的就是六经、诸子百家以及《楚辞》等。

一 对"六经"传统的接受

从现存的文献看，"六经"之名在先秦时代就已经形成。《庄子·天运篇》记载："孔子谓老聃曰：'丘治《诗》《书》《礼》《乐》《易》《春秋》六经，自以为久矣，孰知其故矣；以奸者七十二君，论先王之道而明周、召之迹，一君无所钩用。甚矣夫！人之难说也！道之难明邪？'老子曰：'幸矣子之不遇治世之君也！夫六经，先王之陈迹也，岂其所以迹哉！'"这是庄子后学的言论，但"六经"之名，实已明确。②《礼记·经解》曰："孔子

---

① 参见张大可《史记研究》，商务印书馆2013年版，第205页。
② 《庄子·天下篇》有云："《诗》以道志，《书》以道事，《礼》以道行，《乐》以道和，《易》以道阴阳，《春秋》以道名分。"也涉及六部经典的名称。或有学者认为这几句系古注杂入《庄子》正文，当删除，详参陈鼓应《庄子今注今译》，中华书局2009年版，第419页。

曰：入其国，其教可知也。其为人也，温柔敦厚，《诗》教也；疏通知远，《书》教也；广博易良，《乐》教也；絜静精微，《易》教也；恭俭庄敬，《礼》教也；属辞比事，《春秋》教也。"① 《荀子·儒效》："圣人也者，道之管也。天下之道管是矣，百王之道一是矣，故《诗》《书》《礼》《乐》之归是矣。《诗》言是，其志也；《书》言是，其事也；《礼》言是，其行也；《乐》言是，其和也；《春秋》言是，其微也。"② 《荀子·劝学》："故《书》者，政事之纪也；《诗》者，中声之所止也；《礼》者，法之大分，类之纲纪也，故学至乎《礼》而止矣。夫是之谓道德之极。《礼》之敬文也，《乐》之中和也，《诗》《书》之博也，《春秋》之微也，在天地之间者毕矣。"③ 这说明，以"六经"作为中国古代最重要的文化典籍，是早在战国时代就已经确定的事实。④

经过秦火，前代典籍的传播受到严重影响。汉初一段时间，在恢复经济的同时，文化事业也逐渐得到重视。公元前 140 年，汉武帝接受董仲舒建议，定儒学于一尊。司马迁生活在这样的时代，面对的文化影响无疑是以六经为代表的儒家文化。《史记·太史公自序》记载："先人有言：'自周公卒五百岁而有孔子。孔子卒后至于今五百岁，有能绍明世，正《易传》，继《春秋》，本《诗》《书》《礼》《乐》之际？'意在斯乎！意在斯乎！小子何敢让焉。"⑤ 这里提到的经典就是先秦时代的"六经"。《自序》还对"六经"的作用进行高度概括，曰："《易》著天地阴阳四时五行，故长于变；《礼》经纪人伦，故长于行；《书》记先王之事，故长于政；《诗》记山川谿谷禽兽草木牝牡雌雄，故长于风；《乐》乐所以立，故长于和；《春秋》辩是非，故长于治人。是故《礼》以节人，《乐》以发和，《书》以道事，《诗》以达意，《易》以道化，《春秋》以道义。拨乱世反之正，莫近于《春秋》。《春秋》文成数万，其指数千。万物之散聚皆在《春秋》。"⑥ 由此

---

① 《礼记正义》卷 50，（清）阮元校刻《十三经注疏》，中华书局 2009 年版，第 3493 页。
② （清）王先谦撰，沈啸寰、王星贤点校：《荀子集解》卷 4，中华书局 1988 年版，第 133 页。
③ （清）王先谦撰，沈啸寰、王星贤点校：《荀子集解》卷 1，中华书局 1988 年版，第 11—12 页。
④ 赵敏俐：《如何认识先秦文献的汉代传承及其价值》，《中国高校社会科学》2017 年第 3 期。
⑤ （汉）司马迁：《史记》卷 130，中华书局 2013 年版，第 4002 页。
⑥ （汉）司马迁：《史记》卷 130，中华书局 2013 年版，第 4003 页。

可见，司马迁对"六经"是非常推崇的，这也是我们理解司马迁接受前代文化的关键。对此，我们分别述之。

司马迁对《易》的接受。《易》学包括《易经》和《易传》，《史记》接受《易》有四种类型：第一种是称引《周易》原文，这种方式极其明显；第二种是化用《周易》语句而取其意；第三种是对《易》理、《易》学的解释与阐发；第四种是对《易》占的记载，这种类型很多，如《田敬仲完世家》《外戚世家》《陈涉世家》《韩世家》《魏世家》《郑世家》等篇中均有记载，此外，《太史公自序》中还说："三王不同龟，四夷各异卜，然各以决吉凶，略窥其要，作《龟策列传》第六十八"。这些记载，说明了司马迁对易占的重视。[①]

《史记》对《易》学的接受，更重要的是思想，如"穷则变""变则通""极则反"等思想。"通古今之变"是司马迁历史观的核心，他认为历史总是变化的，盛衰也是自然之理。《史记·平准书》说："是以物盛则衰，时极而转，一质一文，终始之变也"；"物盛而衰，固其变也"。[②] 这是司马迁从历史发展中总结出的基本道理。历史总是处在"变"的过程之中，比如从秦末农民起义到刘邦建汉八年时间，社会急剧变化，司马迁却看得清楚："初作难，发于陈涉；虐戾灭秦，自项氏；拨乱诛暴，平定海内，卒践帝祚，成于汉家。"[③] 陈涉、项羽、刘邦三个人是这段历史变化中的关键人物，他们各自在历史上的贡献是不一样的：陈涉之功在于首先发难，项羽之功在于打败强秦，刘邦之功在于建立汉朝。司马迁的"通古今之变"以王朝的兴衰更替作为标志，这在十二本纪中体现得非常明显，并且司马迁表现出不以成败论英雄的进步的历史观，项羽没有做皇帝，但司马迁认为他曾一度主宰天下，所以破例放入"本纪"中。吕雉没有做女皇，但司马迁认为在惠帝之时她是实际的执政者，所以也破例放入"本纪"而没有给惠帝单独立传。《史记》"十表"中对各个历史阶段进行划分、总结，也是古今之变的重要体现，如《三代世表》起于黄帝，迄西周共和；《十二诸侯年表》

---

① 详参刘银昌、张新科《〈史记〉易学管窥》一文，《云南社会科学》2005 年第 6 期。
② （汉）司马迁：《史记》卷 30，中华书局 2013 年版，第 1738、1714 页。
③ （汉）司马迁：《史记》卷 16，中华书局 2013 年版，第 921 页。

起于共和，迄孔子卒；《六国年表》起于周元王元年（前475）迄秦二世灭（前207）；《秦楚之际月表》起于陈涉起义（前209），迄刘邦称帝（前201）。这些"表"的起止阶段，都是历史发展中非常重要的转折点。当然，历史的变化主要还是通过人物的活动来体现，不同的人对社会变化产生不同的作用，而且每个人在历史的活动中命运也在发生变化。李斯入秦，由客卿逐渐发展到丞相，达到人臣的极点，此后开始走下坡路，与赵高合流把秦王朝推向反动，最终自己也被腰斩咸阳；陈涉由一个雇农揭竿而起，轰轰烈烈推翻秦王朝，做了陈王，此后逐渐衰落，最终落个悲剧结局。刘邦的一生，经历了泗水亭长、沛公、汉王、汉高祖四个阶段，其个性与人格也随着这些不同的阶段而变化，由一个流氓无赖变为雄才大略的国君；项羽起兵时二十四岁，以暴风骤雨般的力量打败强秦，成为诸侯上将军，由微弱到强大，此后随着实力的增强，成为西楚霸王，达到兴盛的顶点。此后经过鸿门宴、分封诸侯，由盛转衰，最终垓下之围失败而乌江自刎。类似的人物举不胜举。每个个体变化的背后都有深刻的原因，所以司马迁着重从"变"的角度写人，以体现社会历史的变化。因此，司马迁的"通变"思想是接受《易》学思想的重要体现。

《诗经》是先秦时代的诗歌总集，在汉初传授过程中有齐、鲁、韩、毛四家诗，《史记》接受了《诗经》不同学派的内容。[①] 对于《诗经》的接受，主要表现在以下几个方面。

一是引用《诗经》作品。如《孔子世家》太史公曰："《诗》有之：'高山仰止，景行行止。'虽不能至，然心乡往之。余读孔氏书，想见其为人。"[②] 这是直接引用。还有记述《诗经》作品产生的历史背景，如《周本纪》记载《公刘》一诗产生的原因："公刘虽在戎狄之间，复修后稷之业，务耕种，行地宜，自漆、沮度渭，取材用，行者有资，居者有畜积，民赖其庆。百姓怀之，多徙而保归焉。周道之兴自此始，故诗人歌乐思其德。"[③]《秦本纪》在记述秦穆公死后用人殉葬时云："秦人哀之，为作歌《黄鸟》

[①] 参见陈桐生《〈史记〉与今古文经学》，陕西人民教育出版社1995年版。
[②] （汉）司马迁：《史记》卷47，中华书局2013年版，第2356页。
[③] （汉）司马迁：《史记》卷4，中华书局2013年版，第147页。

之诗。"① 司马迁甚至将《诗经》作品直接改写成散文，载入历史之中。《殷本纪》中关于先殷文化的记载，就大多来自《诗经》中的《玄鸟》《长发》诸篇，对此，司马迁本人也有论述，他说："余以《颂》次契之事，自成汤以来，采于《书》《诗》。"② 而《周本纪》中关于先周历史上的诸先王如后稷、公刘、古公、季历、文王和武王等人的记载也是直接取材于《诗经》中的《生民》《公刘》《绵》《皇矣》《大明》《文王有声》等诗篇。还有春秋时代的赋诗言志活动，也都有记载，如季札观乐对《诗经》的评论等。

二是发愤抒情精神。司马迁在《报任安书》中列举前代著书立说之人，提出发愤著书理论，说明他对前代传统的认可和继承，他认为"诗三百，大抵圣贤发愤之所为作也"，可见《诗经》对于他的创作思想有重要影响。《诗经》是抒情性的作品，"在心为志，发言为诗"。作为中国文学史上第一部诗歌总集，汉代奉为经典，司马迁也接受了《诗经》的抒情传统。虽然他写的是历史，但由于融入了个人深刻的人生体验，所以具有浓厚的感情色彩。

三是美刺传统与现实主义精神。《诗经》作为现实主义的作品，既有歌颂，也有讽刺，反映了当时社会的各个方面。"美"就是歌颂，"刺"就是讽谕，这是文学的功用和目的，也是儒家诗论的重要方面。《诗经》中就有这样明显的目的。如："吉甫作诵，其诗孔硕，其风肆好，以赠申伯。"（《大雅·崧高》）"吉甫作诵，穆如清风。"（《大雅·烝民》）"维是褊心，是以为刺。"（《魏风·葛屦》）"家父作诵，以究王讻。"（《小雅·节南山》）孔颖达在《毛诗正义》中对"美""刺"的产生有这样的认识："言悦豫之志则和乐兴而颂声作，忧愁之志则哀伤起而怨"，认为文学作品可以"怨刺上政"。但在儒家诗论中有一个要求，"刺"要"中和"，不能过分，这是孔子提出的"中庸"之道在文艺上的反映，"汉儒论诗，不过美刺两端"③，《诗大序》集中表现了这一点。"美""刺"成为文学的主要功用，这不仅在先秦，而且在后代都得到人们的认可，司马迁继承了这个传统。《自序》中

---

① （汉）司马迁：《史记》卷5，中华书局2013年版，第247页。
② （汉）司马迁：《史记》卷3，中华书局2013年版，第140页。
③ （清）程廷祚：《诗论十三》，《金陵丛书》本《青溪集》卷二。

司马谈临终遗言说:"夫天下称诵周公,言其能论歌文、武之德,宣周、邵之风,达太王、王季之思虑,爰及公刘,以尊后稷也。幽、厉之后,王道缺,礼乐衰,孔子修旧起废,论《诗》《书》,作《春秋》,则学者至今则之。自获麟以来四百有余岁,而诸侯相兼,史记放绝。今汉兴,海内一统,明主贤君忠臣死义之士,余为太史而弗论载,废天下之史文,余甚惧焉,汝其念哉!"司马迁接受父命曰:"小子不敏,请悉论先人所次旧闻,弗敢阙。"① 这段遗言,实际上强调史书的歌颂使命。司马迁自己也说:"余闻之先人曰:'伏羲至纯厚,作《易·八卦》。尧舜之盛,《尚书》载之,礼乐作焉。汤武之隆,诗人歌之。《春秋》采善贬恶,推三代之德,褒周室,非独刺讥而已也。'汉兴以来,至明天子,获符瑞,封禅,改正朔,易服色,受命于穆清,泽流罔极,海外殊俗,重译款塞,请来献见者,不可胜道。臣下百官力诵圣德,犹不能宣尽其意。且士贤能而不用,有国者之耻;主上明圣而德不布闻,有司之过也。且余尝掌其官,废明圣盛德不载,灭功臣世家贤大夫之业不述,堕先人所言,罪莫大焉。"② 由此看来,《史记》继承了《诗经》的美刺传统,在《史记》中既有歌颂,亦有讽刺。

四是民间精神。《诗经》十五国风,大多是土风歌谣,所谓"饥者歌其食,劳者歌其事"。司马迁在《自序》中叙述自己的游历:"二十而南游江、淮,上会稽,探禹穴,窥九疑,浮于沅、湘;北涉汶、泗,讲业齐、鲁之都,观孔子之遗风,乡射邹、峄;厄困鄱、薛、彭城,过梁、楚以归。于是迁仕为郎中,奉使西征巴、蜀以南,南略邛、笮、昆明,还报命。"③ 他的足迹遍布天下,在实地考察中收集许多民间传说以及神话故事,并把这些资料运用到《史记》创作之中。另外,还采纳吸收许多民间歌谣谚语以及方言俗语。更重要的是,司马迁接受《诗经》的民间批判精神,敢于对不合理的社会、不合理的事情进行批判,不虚美,不隐恶,即使最高统治者,也敢于揭露和批判,这是难能可贵的。

司马迁对《尚书》的接受。《汉书·儒林传》记载:"孔氏有古文《尚

---

① (汉)司马迁:《史记》卷130,中华书局2013年版,第4001页。
② (汉)司马迁:《史记》卷130,中华书局2013年版,第4005页。
③ (汉)司马迁:《史记》卷130,中华书局2013年版,第3998—3999页。

书》,孔安国以今文读之,因以起其家逸《书》,得十余篇,盖《尚书》兹多于是矣。遭巫蛊,未立于学官。安国为谏大夫,授都尉朝,而司马迁亦从安国问故。迁书载《尧典》《禹贡》《洪范》《微子》《金縢》诸篇,多古文说。"① 由于《尚书》在汉代有今文《尚书》和古文《尚书》之区别,也有不同的经学源流。《史记》对今古文《尚书》都有采纳,尤其是《五帝本纪》《夏本纪》《殷本纪》《周本纪》《秦本纪》以及《鲁周公世家》《宋微子世家》等,都接受了《尚书》的记载。② 而且,由于《尚书》是王朝政治的体现,对于《史记》八书的体例有一定的影响。范文澜对此有这样的看法:"《史记》八书,实取则《尚书》,故名曰书。……如'乃命羲和,钦若昊天,历象日月星辰,敬授人时。……以闰月定四时成岁。'即《律书》《历书》《天官书》所由昉也。'岁二月东巡守。……车服以庸。'《封禅书》所由昉也。'帝曰,咨四岳,有能典朕三礼。……直哉为清。'《礼书》所由昉也。'帝曰,夔,命汝典乐。……百兽率舞。'《乐书》所由昉也。'帝曰,弃,黎民阻饥,汝后稷,播时百谷。'《平准书》所由昉也。《禹贡》一篇,《河渠书》所由昉也。"③ 可见,《史记》八书与《尚书》有密切关系。当然,《史记》接受《尚书》,更重要的是《尚书》的思想,如"敬天保民"的民本思想、"汤武革命"的思想,这些思想在《史记》中得到很好的体现。《尧典》《洪范》等篇,对于战国秦汉改制以及政治思想都有非常重要的影响,对《史记》政治思想也有较大的影响。④

《史记》接受《春秋》,这在"六经"中是最突出的。《春秋》是中国古代第一部编年体史书,司马迁写历史,无疑受其影响。首先是在体例上,《史记》虽然是纪传体,但本纪部分记载帝王历史,仍然以编年的形式出现,因为本纪是《史记》的纲领,既要体现三千年的变化过程,也要体现每个王朝、每个帝王的历史进程,编年体就成为基本的叙事方式。《史记》十表,也是以编年的形式反映历史的变化进程。其次是《春秋》笔法。《春秋》记事,一字褒贬,把思想感情寄予在字里行间,所谓"褒见一字,贵

---

① (汉) 班固:《汉书》卷88,中华书局1962年版,第3607页。
② 陈桐生:《〈史记〉与今古文经学》第四章对此有详述,陕西人民教育出版社1995年版。
③ (南朝梁) 刘勰著,范文澜注:《文心雕龙注》卷4,人民文学出版社1958年版,第293页。
④ 详参陈桐生《〈史记〉与今古文经学》第四章,陕西人民教育出版社1995年版。

踰轩冕；贬在片言，诛深斧钺"①。《史记》深得春秋笔法的影响，把思想感情、褒贬色彩渗透在具体的叙事写人之中。《史记》接受《春秋》，更重要的仍然是思想。司马迁认为："夫《春秋》，上明三王之道，下辨人事之纪，别嫌疑，明是非，定犹豫，善善恶恶，贤贤贱不肖，存亡国，继绝世，补敝起废，王道之大者也。……《春秋》之中，弑君三十六，亡国五十二，诸侯奔走不得保其社稷者不可胜数。……故有国者不可以不知《春秋》，前有谗而弗见，后有贼而不知；为人臣者不可以不知《春秋》，守经事而不知其宜，遭变事而不知其权。为人君父而不通于《春秋》之义者，必蒙首恶之名；为人臣子而不通于《春秋》之义者，必陷篡弑之诛，死罪之名。其实皆以为善，为之不知其义，被之空言而不敢辞。夫不通礼义之旨，至于君不君，臣不臣，父不父，子不子。夫君不君则犯，臣不臣则诛，父不父则无道，子不子则不孝。此四行者，天下之大过也。以天下之大过予之，则受而弗敢辞。故《春秋》者，礼义之大宗也。"②《春秋》被司马迁视为"王道之大者""礼义之大宗"，说明《春秋》在"六经"中的地位，也说明《春秋》在司马迁心目中的地位。司马迁生活在公羊学最盛行的武帝时期，他曾师事董仲舒，向董仲舒学习《公羊春秋》，因此，司马迁更多地接受了春秋公羊学思想。"首先，公羊家歌颂汤武革命，主张以有道伐无道，成为《史记》反暴政的思想武器。……为什么偏偏把陈胜与汤武革命联系起来，与孔子作《春秋》'以当一王之法'联系起来呢？这不能不说是受公羊家学说支配的结果。……其次，公羊家'尊王攘夷'、主张'大一统'思想，成为《史记》贯串全书的重要观念。……再次，公羊家崇让、尚耻之义是《史记》褒贬历史人物的道德标准。……此外，公羊家贵贤、正名等说，对《史记》也有影响。"③当然，接受中有超越，如《史记》和《春秋》都讲大一统，其实质也迥然不同。《春秋》严明"夷夏之辨"，所谓"戎狄是膺，荆舒是惩"。司马迁则冲决了旧观念，将四夷纳入了统一的封建帝国版图之内，结撰出《匈奴列传》《南越列传》《东越列传》《西南夷列传》《大宛列

---

① （南朝梁）刘勰著，范文澜注：《文心雕龙注》卷4，人民文学出版社1958年版，第284页。
② （汉）司马迁：《史记》卷130，中华书局2013年版，第4003—4004页。
③ 参见吴汝煜《史记论稿》，江苏教育出版社1986年版，第10—15页。

传》等,并在《货殖列传》等篇中对全国各地的经济、文化交流作了翔实的记载,这不仅适合大一统的时代,也为形成民族一统思想奠定了基础。

《春秋》学中还有《左传》和《穀梁传》。《左传》是记载春秋时代历史人事最详细、最完备的编年体史书,是《史记》记载春秋历史的主要材料来源。《左传》虽然给《春秋》作注释,但它着重记叙历史事实,并且文史结合,注意历史著作的文学色彩,尤其长于叙事,善于描写战争,善于描写外交辞令,刻画了许多生动的人物形象。这些特点,司马迁都予以继承并加以发展,成为叙事文学的典范。①《左传》还以"君子曰"的形式评价人物和事件,司马迁继承并发展为"太史公曰"的形式,在每篇作品之后对人物进行评论,表达鲜明的思想感情,成为《史记》褒贬人物的重要形式之一。《穀梁传》以解经为主,但不如公羊学那样影响大,叙事也不如《左传》那样生动。所以,司马迁对于《春秋》三传的接受,公羊学主要是思想义理,《左传》主要是叙事写人的艺术以及评价人物的方法,对《穀梁传》也有一定接受,但不是很多。

二 对诸子百家的接受

司马迁的《史记》,要"成一家之言",要"整齐百家杂语",这明显受到先秦诸子思想的影响。在《太史公自序》中,司马迁收录了父亲司马谈的《论六家要旨》一文,这是司马谈学术思想的集中体现,也是司马迁学术思想的重要来源。《论六家要旨》对于先秦以来影响最大的儒、道、法、墨、名、阴阳六家思想进行总结和评判,对于道家只说长处,不说短处,对于其余五家的短处都一一道明,可见司马谈的思想是以道家为核心,以一家融百家。司马迁受父亲思想影响,对各家思想都有吸收,但与司马谈不同,是融百家为一家,父子二人的思想有一定的区别。

对于诸子思想的总结与融合,司马迁之前的战国时代就已开始。"自战国后期起,它们在长久相互抵制、颉颃和论辩中,出现了相互吸收、融合的新趋势。从荀子到《吕氏春秋》,再到《淮南鸿烈》和《春秋繁露》,这种

---

① 详参笔者《唐前史传文学研究》第二章、第三章,西北大学出版社2000年版。

状况非常明显。旁及《文子》、《鹖冠子》、陆贾、贾谊以及地下发现的《法经》等，无不在各种不同的程度或不同角度上表现出这一综合趋向。"① 司马迁的"整齐百家杂语"，就是这种趋势的进一步发展，也是对司马谈思想的继承和发展。当然，司马迁既不像哲学家那样写一部著作，也不像父亲那样专门写一篇学术论文，而是把自己的思想融会在历史的记载之中，通过历史记载表达一家之言。正如梁启超在《要籍解题及其读法》中所说："其著书最大目的，乃在发表司马氏'一家之言'，与荀卿著《荀子》，董生著《春秋繁露》，性质正同。不过其'一家之言'乃借史的形式以发表耳。故仅以近代史的观念读《史记》，非能知《史记》者也。"②

对儒家，司马迁有许多接受的地方。司马谈临终遗嘱，把没有侍从泰山封禅视为终生大憾，把儒家"孝"的观念提高到事君立身、扬名后世的高度，对儒家所尊奉的文、武、周公以及孔子，无不以唱赞出之，他交给儿子唯一的遗命："今汉兴，海内一统，明主贤君忠臣死义之士，余为太史而弗论载，废天下之史文，余甚惧焉，汝其念哉！"③ 似乎纯然是儒家的腔调。依乎此，司马迁的儒家思想也是渊源有自。在政治思想上，继承了儒家大一统、实行德政、推举贤才等思想；在哲学思想上，继承了荀子"明于天人之分"的思想，以"究天人之际"为目的，用史实说明历史发展的巨轮是由人来推动的；在伦理道德上，接受了儒家忠信、礼让、修身、仁义等君子人格；在个人追求方面，接受儒家积极入世、建功立业以及《易》传"自强不息"的精神，他在《与挚伯陵书》中说："迁闻君子所贵乎道者三：太上立德，其次立功，其次立言"④，以此劝挚峻入仕，等等。当然，对于儒家一些消极的东西也予以批评，有些则是超越，如儒家"重义轻利"，司马迁既能够重义，也不轻利，在《平准书》《货殖列传》中强调经济的重要性，同时反对与民争利。

对道家，司马迁也是接受了许多有益的思想。其父司马谈以道家为主的

---

① 李泽厚：《秦汉思想简议》，《中国社会科学》1984 年第 2 期，第 115—116 页。
② 梁启超：《要籍解题及其读法》，岳麓书社 2010 年版，第 21 页。
③ （汉）司马迁：《史记》卷 130，中华书局 2013 年版，第 4001 页。
④ （清）严可均：《全上古三代秦汉三国六朝文》之《全汉文》卷 26，中华书局 1958 年版，第 545 页。

思想无疑对司马迁产生重要影响。《伯夷列传》《管晏列传》《扁鹊仓公列传》《酷吏列传》《刘敬叔孙通列传》《货殖列传》等许多地方引用《老子》之言表达自己的思想。李长之认为，道家的自然主义是司马迁思想的根底。"自然无为就是老学的真精神。所谓自然，用现在的话讲，就是'顺其自然'，因为顺其自然，不加人力，所以也可以称为'无为'。无为就是不勉强的做。……这可以说是司马迁的思想之哲学基础。""就初期的道家讲，重在原则，那就是老学。就后期的道家讲，乃是重在这原则的应用，这便是黄老。……司马迁则是把两期的道家思想都能吸收，都能消化，又都能运用了的。""至于司马迁把道家思想应用于人事处更多。我们几乎可以这样说，凡是书中论到一个人的成败处，大体上都是采取道家的观点。例如论项羽之败是在'兴之暴'，是在'自矜功伐'；黥布之败也是在'拔兴之暴'，在'常为首虐，功冠诸侯'，于是'用此得王，亦不免于身为世大僇'。他责备周亚夫的是'足己而不学，守节不逊'，所以'终以穷困'。他责备韩信的是'假令韩信学道谦让，不伐己功，不矜其能，则庶几哉于汉家勋，可以比周召太公之徒。'因为这些人都是不晓得老子所谓'飘风不终朝，骤雨不终日'的道理，更缺乏老子所谓'不自伐故有功，不自矜故长'的修养的，司马迁之责论即是由老子立场而云然。反之，象司马迁之赞美张良'无知名，无勇功，图难于易，为大于细'（《自序》），也是同样就道家观点而加以欣赏了。"① 这个分析是有道理的。

  对于法家，司马迁也吸收了一些长处，如法家历史进化的观点和"法后王"的主张，对于司马迁的历史观有一定影响，这是最主要的。但对法家"严而少恩，严刑峻法"的一面，司马迁也予以批评。《史记》中涉及法家思想和人物的作品主要有《秦始皇本纪》《商君列传》《韩非列传》《孟子荀卿列传》《李斯列传》《袁盎晁错列传》《酷吏列传》等。由于个人遭遇不幸，对法家人物往往既有批评又有肯定，如指责商鞅"严而少恩"，却又充分肯定其变法对秦国发展所做出的贡献。对晁错的态度也是如此。

  墨家在春秋时代与儒学并称为"显学"，颇有影响，之后逐渐衰微。墨

---

① 参见李长之《司马迁之人格与风格》，生活·读书·新知三联书店2013年版，第240、243、251—252页。

家的"兼爱""非攻""尚贤""节用"等主张，对于司马迁思想的形成也有较大的影响。《史记·孟子荀卿列传》中对墨子略有介绍。墨家还有一个明显的特点，如《淮南子·泰族训》所说"赴火蹈刃，死不旋踵"，这种侠客精神对于司马迁的《游侠列传》《刺客列传》等也有影响。

对阴阳家，司马迁有接受，也有批评，如批评邹衍阴阳五行学说本身是无稽之谈，批判阴阳家的卜筮、星占、望气、灾异等迷信活动。但作为史官，他竭诚参与制订"太初历"，发挥了阴阳家掌握四时变化的长处。在《天官书》等篇章中也有一定的"天人感应"思想的成分。

总之，司马迁对诸子百家思想有继承和发展，也有批评和指责，在综合各家思想的基础上形成自己独特的一家，正如徐景重先生所说，"司马迁是融百家成一家"①的。应该看到，司马迁的思想，并非纯粹的单一体，它融合、摄取了各家思想的长处，形成一种组合式的思想体系，这种思想体系的骨架是儒家思想。"司马迁虽属融摄性的思想体系，但却不能视为杂家。儒家思想是其思想体系的骨架，占居主导地位。"司马迁"以儒家的精义作为'究天人之际，通古今之变'的根据，以《春秋》大一统的精神，去统率三千年历史的发展。显然，他的史学思想得益于孔子。《史记》援引孔子及六经之语为最多。他把孔子列入世家，还有一篇《仲尼弟子列传》，其它秦本纪，吴、鲁等世家以及诸表都有关于孔子的记载，都付诸于尊崇的笔墨，这最为隆重的待遇，标志着他对儒家在中国思想史的地位的认识。……（孔子）的积极入世精神，对司马迁影响太大了……他把孔子作为人生的楷模，他'隐忍苟活，函粪土之中而不辞者，恨私心有所未尽，鄙陋没世而文采不表于后世'的毅力，正是孔子精神在他血管汩汩流淌所生发的热量。……是儒家思想闪灼在他的理念中，鼓舞他完成不朽巨著，为后人留下极宝贵的精神财富"②。当然，我们也不能简单地贴标签，把司马迁划归到儒家一派，因为他是独特的"一家之言"，他以自己的思想选择人物，给人物立传。如陈胜、吴广农民起义，司马迁在《太史公自序》中说："桀、纣失其道而

---

① 徐景重：《司马迁与先秦诸子》，载刘乃和主编《司马迁和史记》，北京出版社 1987 年版。陈桐生《〈史记〉与诸子百家之学》一书对此进行了全面分析，安徽大学出版社 2006 年版。
② 魏耕原、张新科：《司马迁思想组合结构论》，《宁夏社会科学》1987 年第 6 期。

汤、武作，周失其道而《春秋》作，秦失其政，而陈涉发迹，诸侯作难，风起云蒸，卒亡秦族。天下之端，自涉发难。"① 这与一般史学家把农民起义视为"贼""寇"大不一样。司马迁还是第一个在历史著作中写入经济问题的史学家，《平准书》详细记载了汉兴以来经济政策的发展变化，并且说明了"物盛而衰"的道理。《货殖列传》专门记载商人发家致富的事迹，强调物质财富的重要性。司马迁敢于对秦代历史做出公允的评价，认为"秦取天下多暴，然世异变，成功大。……学者牵于所闻，见秦在帝位日浅，不察其终始，因举而笑之，不敢道，此与以耳食无异"②。当主流舆论指责讥笑秦王朝时，司马迁却独树一帜，强调秦王朝"世异变，成功大"。还应特别注意的是，《史记》一书，创立了民族史传，如《匈奴列传》《南越列传》《东越列传》《朝鲜列传》《西南夷列传》《大宛列传》，把四周少数民族纳入华夏民族的版图之内，体现了大一统思想。司马迁突破以往的观念，认为各民族都是黄帝的子孙。在《五帝本纪》中记述了传说中"五帝"的事迹，他们是黄帝、颛顼、帝喾、唐尧、虞舜，并且说颛顼、帝喾、唐尧、虞舜都是黄帝的子孙。中华民族的历史就从黄帝这里发源，绵绵不断。

《史记》不是简单的历史资料整理，而且不以统治者的思想意志为转移，而是要独立思考社会问题，把史书当作"子书"来写，发表自己的一家之言，因此，《史记》具有了思想的深度，具有了丰富的内涵。

三 对于屈原及《楚辞》传统的接受

楚文化与中原文化相比，具有独特的意蕴和风格，充满着原始活力，想象奇特，颇有浪漫色彩。屈原及其他《楚辞》作家的创作，使楚文化得到更广的传播和更大的发展。楚人灭秦，建立了汉朝，历史发生了重大转折。有学者指出："尽管在政治、经济、法律等制度方面，'汉承秦制'，刘汉王朝基本上承袭了秦代体制。但是，在意识形态的某些方面，又特别是在文学

---

① （汉）司马迁：《史记》卷130，中华书局2013年版，第4017页。
② （汉）司马迁：《史记》卷15，中华书局2013年版，第836页。

艺术领域，汉却依然保持了南楚故地的乡土本色。"① 尤其是汉代初期的文化很大程度上与楚文化有密切关系。司马迁对于楚文化，也是有深刻的体悟和认识，并且有一定的接受。这里主要谈谈司马迁对屈原及《楚辞》的接受问题。笔者认为，司马迁接受屈原及《楚辞》，主要表现在以下几个方面。

一是发愤抒情。清人刘鹗在《老残游记序》中说："《离骚》为屈大夫之哭泣……《史记》为太史公之哭泣。"② 鲁迅先生则一针见血地指出，《史记》就是一部"无韵之《离骚》"。这说明司马迁与屈原在发愤抒情方面具有相通的地方。屈原"发愤以抒情"，抒的是炽热的爱国之情；深深地爱恋自己的故土，爱恋楚国的人民，抒的是强烈的怨恨之情；怨国君昏庸无能，恨党人遮天蔽日，抒的是深沉的悲愤之情；悲自己上下求索无路可走，悲国势江河日下，幽昧险隘。爱与恨，怨与愤，悲与哀，种种感情交织一起，形成屈原作品缠绵悱恻、一唱三叹的情感基调。《离骚》"一篇之中，三致志焉"，可见感情之深厚。《九章》，被人称为"小《离骚》"，情感与《离骚》相同，用朱熹的话说就是"颠倒重复"，读之使人太息流涕而不能已。《九歌》虽是祭神之歌，但也寄托着屈原自己的思想。《云中君》曰："思夫君兮太息，极劳心兮忡忡"，《少司命》曰："夫人兮自有美子，荪何以兮愁苦？"《山鬼》曰："风飒飒兮木萧萧，思公子兮徒离忧。"凡此种种，都带有哀怨忧愁的情调，因此，刘勰《文心雕龙》评之曰"绮靡以伤情"。《天问》是一篇奇文，司马迁《屈原列传》中的一段议论可以作为该诗的最好注脚："夫天者，人之始也；父母者，人之本也。人穷则反本，故劳苦倦极，未尝不呼天也；疾痛惨怛，未尝不呼父母也。屈平正道直行，竭忠尽智以事其君，谗人间之，可谓穷矣！"③ 由此看来，《天问》所抒发的，仍是一种悲怨之情。总之，人们读《离骚》，读屈作，首先都会沉浸在血泪凝成的感情的海洋之中。《史记》继承和接受了屈赋强烈的爱憎和浓厚的抒情性。在中国历史上，司马迁是第一个给屈原作传并对其人格和成就给予最高评价的

---

① 李泽厚：《美的历程》，中国社会科学出版社1984年版，第85页。
② （清）刘鹗：《老残游记》，百花洲文艺出版社1993年版，第1页。
③ （汉）司马迁：《史记》卷84，中华书局2013年版，第3010页。

人。《屈原列传》曰："余读《离骚》《天问》《招魂》《哀郢》，悲其志。适长沙，观屈原所自沉渊，未尝不垂涕，想见其为人。"① 可见司马迁与屈原在情感上的相同。屈原传记中评《离骚》的几段文字更是声情并茂，真切动人。司马迁首先指出："屈平疾王听之不聪也，谗谄之蔽明也，邪曲之害公也，方正之不容也，故忧愁幽思而作《离骚》。"② 诗的语言，有力地提示出《离骚》产生的社会背景：谗谄蔽明，邪曲害公，方正不容。进而，他对屈原及其作品作了更高的评价："屈平之作《离骚》，盖自怨生也。《国风》好色而不淫，《小雅》怨诽而不乱。若《离骚》者，可谓兼之矣。……其文约，其辞微，其志洁，其行廉，其称文小而其指极大，举类迩而见义远。其志洁，故其称物芳。其行廉，故死而不容。自疏濯淖汙泥之中，蝉蜕于浊秽，以浮游尘埃之外，不获世之滋垢，皭然泥而不滓者也。推此志也，虽与日月争光可也。"③ 司马迁不愧是千古第一知《骚》者，他结合自己的坎坷遭遇，把屈作归结为"怨"的产物，可谓一语破的，把屈原的人格提到与日月争光的高度，真是推崇备至。"史公与屈子实有同心。"司马迁著《史记》，如同屈原作《离骚》一样，也是"盖自怨生也"。正是从屈原的政治悲剧中，他看到了自己的影子，找到了抒怨愤的突破口，于是，全部的爱，全部的恨，乃至于全部的悲和愤，都倾注在《屈原列传》里，无怪乎清人李景星说屈原传"以抑郁难遇之气，写怀才不遇之感。岂独屈贾两人合传，直作屈、贾、司马三人合传读可也"④。一篇屈原传，就是一首可歌可泣的抒情诗，已经把司马迁和屈原紧紧地联系起来了，它是两人精神实质相通的一座桥梁。历史学家的司马迁也是一个极富感情的抒情诗人。正如刘熙载所说："太史公文，兼括六艺百家之旨。第论其恻怛之情，抑扬之致，则得于《诗三百篇》及《离骚》居多。"⑤ 因此，《史记》既是第二部《春秋》，也是第二部《离骚》。司马迁的爱憎感情深深地渗透在对历史人物的刻画上，几乎每篇都是基于一种感情去写的，整部《史记》，时时处处都有

---

① （汉）司马迁：《史记》卷84，中华书局2013年版，第3034页。
② （汉）司马迁：《史记》卷84，中华书局2013年版，第3010页。
③ （汉）司马迁：《史记》卷84，中华书局2013年版，第3010页。
④ （清）李景星：《史记评议》，载《四史评议》，岳麓书社1986年版，第77页。
⑤ （清）刘熙载：《艺概·文概》，上海古籍出版社1978年版，第12页。

司马迁这个抒情主人公的存在。我们看《管晏列传》中的一段：

> 管仲曰："吾始困时，尝与鲍叔贾，分财利多自与，鲍叔不以我为贪，知我贫也。吾尝为鲍叔谋事而更穷困，鲍叔不以我为愚，知时有利不利也。吾尝三仕三见逐于君，鲍叔不以我为不肖，知我不遭时也。吾尝三战三走，鲍叔不以我为怯，知我有老母也。公子纠败，召忽死之，吾幽囚受辱，鲍叔不以我为无耻，知我不羞小节而耻功名不显于天下也。生我者父母，知我者鲍子也。"①

从管仲发自肺腑的言语中，我们可以清楚地看到司马迁本人的影子，尤其是"知我不羞小节而耻功名不显于天下也"一语，更是司马迁一生的真实写照。在自己"幽囚受辱"时，他多么希望遇到像鲍叔牙这样的知己，但是，交游莫救，左右亲近不为一言，使他不得不借古代的圣贤之人来抒发自己的不平之气了。《史记》中其他人物，如孔子、魏公子、鲁仲连、廉颇、蔺相如、李广等，无不打上司马迁主观感情的烙印，有些甚至是用自己的理想品格塑造的。而对于酷吏张汤，儒者公孙弘、叔孙通等，则是用批判的感情来刻画的。强烈的情感态度，渗透在整个《史记》的创作里。当用渗透法不能淋漓尽致地抒发感情时，司马迁就公开站出来，直抒胸臆，如火山爆发，震撼人心。《伯夷列传》的大段议论，对黑暗的社会现实作了有力的控诉，悲愤之情直逼屈原之《天问》。《管晏列传赞》曰："假令晏子而在，余虽为之执鞭，所忻慕焉。"② 流露出他对贤能知人之士的向往之情。《汲郑列传赞》曰："夫以汲、郑之贤，有势则宾客十倍，无势则否，况众人乎！下邽翟公有言，始翟公为廷尉，宾客阗门；及废，门外可设雀罗。翟公复为廷尉，宾客欲往，翟公乃大署其门曰：'一死一生，乃知交情。一贫一富，乃知交态。一贵一贱，交情乃见。'汲、郑亦云，悲夫！"③ 揭露世态炎凉入木三分。有时，司马迁用重复语来加强抒情气氛，如《魏其武安侯列

---

① （汉）司马迁：《史记》卷62，中华书局2013年版，第2594页。
② （汉）司马迁：《史记》卷62，中华书局2013年版，第2600页。
③ （汉）司马迁：《史记》卷120，中华书局2013年版，第3782页。

传赞》："呜呼哀哉！迁怒及人，命亦不延。众庶不载，竟被恶言。呜呼哀哉！祸所从来矣。"① 《匈奴列传赞》："唯在择任将相哉！唯在择任将相哉！"② 不仅如此，司马迁在读前人作品时，也常常抑制不住自己感情的奔涌，时而悲，时而愤，时而赞，时而叹，一任性情之所至。《孔子世家》曰："余读孔氏书，想见其为人。适鲁，观仲尼庙堂车服礼器，诸生以时习礼其家，余只回留之不能去云。"③《孟子荀卿列传》曰："余读孟子书，至梁惠王问'何以利吾国'，未尝不废书而叹也。"④《十二诸侯年表序》曰："太史公读《春秋历谱谍》，至周厉王，未尝不废书而叹也。"⑤ 等，于此可见，司马迁丰富的感情贯穿在《史记》的每一篇之中。刘熙载曰："学《离骚》得其情者为太史公，得其辞者为司马长卿。"⑥ 司马迁代表着前一种倾向，他"得其情"，实乃是得到了屈原及《楚辞》的真正精神。

二是对屈原高尚品格的接受。屈原是清高的，"举世皆浊我独清，众人皆醉我独醒"，在污浊的社会环境中，他有自己的理想，自己的追求，鹤立鸡群，与众不同，"朝饮木兰之坠露兮，夕餐秋菊之落英"，"民生各有所乐兮，余独好修以为常。制芰荷以为衣兮，集芙蓉以为裳"（《离骚》），"余幼好此奇服兮，年既老而不衰。带长铗之陆离兮，冠切云之崔嵬，被明月兮珮宝璐。世混浊而莫余知兮，吾方高驰而不顾。……登昆仑兮食玉英，与天地兮同寿，与日月兮同光。"（《涉江》）多么高洁，多么纯净！屈原是劲直的，那"独立不迁"的南国丹橘，正是他"苏世独立，横而不流"品格的写照。他以顽强的毅力与党人进行抗争，"虽体解吾犹未变兮，岂余心之可惩"（《离骚》）"宁赴湘流，葬于江鱼之腹中，安能以皓皓之白，而蒙世之尘埃乎"（《渔父》）。这种不同流合污的高洁品格，司马迁赞之为可与日月争光，正是由于他志洁行廉，不获世之滋垢，所以，作品中赞美的事物多属芳馨一类，揭露的则是那些"浊秽"之人，"尘埃"之物，他呼叫当时的社会现实

---

① （汉）司马迁：《史记》卷107，中华书局2013年版，第3453页。
② （汉）司马迁：《史记》卷110，中华书局2013年版，第3526页。
③ （汉）司马迁：《史记》卷47，中华书局2013年版，第2356页。
④ （汉）司马迁：《史记》卷74，中华书局2013年版，第2847页。
⑤ （汉）司马迁：《史记》卷14，中华书局2013年版，第647页。
⑥ （清）刘熙载：《艺概·文概》，上海古籍出版社1978年版，第12页。

是"变白以为黑兮,倒上以为下"(《怀沙》);他斥责:"众皆竞进以贪婪兮,凭不厌乎求索。羌内恕己以量人兮,各兴心而嫉妒","众女疾余之蛾眉兮,谣诼谓余以善淫"(《离骚》);他怨恨:"怨灵修之浩荡兮,终不察夫民心"(《离骚》);他痛骂:"邑犬之群吠兮,吠所怪也;非俊疑杰兮,固庸态也"(《怀沙》);他高喊:"伏清白以死直兮,固前圣之所厚"(《离骚》),慷慨陈词,无所顾忌,此所谓狂狷之士也。司马迁的身上分明渗透着屈原的血液,其刚直不阿的硬骨头精神正是屈原铮铮铁骨之再现。遭受李陵之祸后,他身陷囹圄,且受腐刑——刑罚中最卑贱的一种。他在《报任安书》中痛心地说:"太上不辱先,其次不辱身,其次不辱理色,其次不辱辞令,其次诎体受辱,其次易服受辱,其次关木索被箠楚受辱,其次剔毛发、婴金铁受辱,其次毁肌肤断支体受辱,最下腐刑,极矣。"这种切肤之痛,使他身体和精神受到极大摧残:"肠一日而九回,居则忽忽若有所亡,出则不知所如往。每念斯耻,汗未尝不发背沾衣也。"他痛不欲生,悲愤难忍,想到自杀,但是又一想:"人固有一死,死有重于泰山,或轻于鸿毛",自己这样死去,"若九牛亡一毛,与蝼蚁何异?"想到古代的"意有所郁结,不得通其道"的发愤之士,想到父命,想到未完成的《史记》,他又化悲痛为力量,振作精神,奋发起来,坚强地活下去,用他自己的话说,"所以隐忍苟活,函粪土之中而不辞者,恨私心有所不尽,鄙没世而文采不表于后也"。[①]这种"隐忍就功名"的烈丈夫行为,这种不达目的誓不罢休的顽强毅力,正是屈原以及其他仁人志士的血液在他身上生发出的热量。这股热量,至大至刚,促使司马迁冲破黑暗势力,冲破传统思想,完成了不朽的鸿篇巨制《史记》。司马迁的《史记》敢于揭露社会矛盾,敢于批评最高统治者,敢于歌颂下层人物,在当时就遭到非难。汉章帝曾说:"司马迁著书……贬损当世,非谊士也。"汉献帝时司徒王允说:"昔武帝不杀司马迁,使作谤书,流于后世。"三国时魏明帝说:"司马迁以受刑之故,内怀隐切,非贬孝武,令人切齿。"这些评论从反面告诉我们:《史记》具有强烈的战斗精神,实乃后世史书所不敢言。屈原、司马迁的狂放精神,是基于进步的政治主张、积极的政治热情,他们的奔走呼号,并非为了个人的利益得失而呐喊,而是

[①] (汉)班固:《汉书》卷62,中华书局1962年版,第2732—2736页。

带有一种深沉的思考，一种深沉的忧患感。他们不只是忧自己，更重要的是忧国家忧社会。忧患感促使着他们大胆揭露社会矛盾，奋力与污浊的社会现实抗争。

其三是"爱奇"的审美观。我们从刘勰的评价说起。刘勰在《文心雕龙》中给屈原及其作品以很高的评价："不有屈原，岂见《离骚》！"但是，他对屈作中的浪漫主义精神却不理解，认为下列四事异于经典，"讬云龙，说迂怪，丰隆求宓妃，鸩鸟媒娀女，诡异之辞也；康回倾地，夷羿弊日，木夫九首，土伯三目，谲怪之谈也；依彭咸之遗则，从子胥以自适，狷狭之志也；士女杂坐，乱而不分，指以为乐，娱酒不废，沉湎日夜，举以为欢，荒淫之意也"①。刘勰对《史记》论述不多，在《史传》篇中，他肯定了《史记》在体例方面的一些成就，但同时又指出，《史记》有"爱奇反经之尤，条例踳落之失"。我们从他对二人的评价中可以看出其精神实质相同的又一方面，即"爱奇反经"。刘勰对此认识不足，结论是偏颇的。屈作之奇，主要表现为丰富的幻想、想象，大量引用古代神话。在屈作中，"感情的抒发爽快淋漓，形象想象丰富奇异，还没受到严格束缚，尚未承受儒家实践理性的洗礼，从而不象所谓诗教之类有那么多的道德规范和理知约束。相反，原始的活力，狂放的意绪，无羁的想象在这里表现得更为自由和充分"②。屈原作品，波澜壮阔，气象万千，驱役龙凤，挥斥云霓，上天入地，人神恋爱，无奇不有，这与儒家不语怪力乱神是背道而驰的，刘勰只看到"奇"的表象，而未窥见表象背后的深层含义。凡读过屈赋的人，并不像汉武帝读司马相如《大人赋》那样有飘飘然的感觉，而是被屈赋那炽热、深沉的感情紧紧吸引，立足于火热的现实生活。究其原因，就在于这种"奇"更接近于社会现实，用刘勰自己的话说，就是"酌奇而不失其真"。王逸、朱熹等人的"君臣"之比说虽有牵强之处，但他们看到了"奇"中的深义，在扑朔迷离、光怪陆离的幻想世界中发现了屈原的心灵，则比刘勰高出一筹。就以《离骚》来说，正如刘熙载《艺概》所说："屈之旨盖在'临睨夫旧

---

① （南朝梁）刘勰著，范文澜注：《文心雕龙注》卷1，人民文学出版社1958年版，第46—47页。
② 李泽厚：《美的历程》，中国社会科学出版社1984年版，第85页。

乡'，不在'涉青云以泛游'也。"① 即以幻想、远游本身来说，也包含着现实的内容，这就是人们常说的三次求女的象征意义。象征求明君也罢，求贤臣也罢，都是现实的倒影。思想虽在腾云驾雾，双脚在大地上行进，这才是《离骚》的真谛所在，这也是读屈赋为什么不会有飘飘欲仙之感的原因。借用刘熙载的话，就是"《离骚》东一句，西一句，天上一句，地下一句，极开阖抑扬之变，而其中自有不变者存"②。我们应该透过屈赋表面的奇光异彩，看到它内在的精神实质。司马迁之爱奇，与屈原有同有异。作为历史学家的司马迁，他的爱奇倾向，不只是在《史记》中写了一些神话、鬼怪故事，更重要的是对有特异性的历史人物的推崇与偏爱，这是为他的写作目的"传畸人于天下"服务的，没有过分的幻想，却有大胆的夸张；没有离开尘世的远游，却有合情入理的想象。楚霸王项羽叱咤风云，威震天下；蔺相如一奋其气，威伸敌国；田单复齐，毛遂自荐，韩信背水一战，张良、陈平奇谋异智，田横五百弟子集体自杀，还有那些游侠、刺客、滑稽等，无不具有特异的事迹，特异的力量。奇人奇才，给《史记》增添了浓厚的浪漫主义色彩，使《史记》成为现实主义与浪漫主义相结合的艺术珍品。曾国藩曰："太史传庄子曰'大抵率寓言也'，余读《史记》亦'大抵率寓言也'。"③太史公之寓言，实乃借"倜傥非常之人"以现其一家之言。就司马迁来说，他也是一个奇人，身负奇耻大辱，仍然发愤著书，顽强不屈。时代毁灭了他，也玉成了他，使他对中国文化做出了奇迹般的贡献。正是由于自己也是一个奇人，所以，对那些奇人奇才也就特别看重，这是司马迁的审美观产生的最主要的土壤。屈赋的浪漫色彩是深深扎根于现实，《史记》则是在现实内容的基础上增添几分浪漫色彩。这种爱奇倾向，并非虚无缥缈，超脱现实，而是具有深刻的社会意义。"满纸荒唐言，一把辛酸泪。都云作者痴，谁解其中味。"这是《红楼梦》作者的自言，也是《史记》与屈作爱奇精神的真实表露。

通过以上几个方面，我们可以看出，司马迁对屈原及《楚辞》的继承

---

① （清）刘熙载：《艺概·赋概》，上海古籍出版社 1978 年版，第 89 页。
② （清）刘熙载：《艺概·赋概》，上海古籍出版社 1978 年版，第 88 页。
③ （清）曾国藩：《求阙斋读书录·史记》，陕西师范大学出版社 2015 年版，第 74 页。

与接受情况。当然，司马迁也有新的发展。李泽厚、刘纲纪认为，司马迁继承和发展了以屈原为代表的楚骚美学传统。"司马迁的美学思想的光辉，正在于他很好地结合了儒、道、屈先秦三大思想的精华。""司马迁否定了连屈原也接受了的儒家'怨而不怒'的传统思想，充分地肯定了遭到各种打击迫害的志士仁人们对不公正的待遇和邪恶势力所产生的强烈的怨恨、不满是完全合理的、应该的。因而表现这种强烈怨恨、不满的文学作品，也就是应当加以充分肯定的。这是司马迁对楚骚美学传统的第一个重要发展。其次，司马迁对楚骚美学传统的发展还表现在他扬弃了屈原作品中那种主要是内向的、凄恻哀怨的倾向，而发扬了汉代上升时期的美学所具有的面向外部世界、积极行动的特征。这集中表现在司马迁主张即使在最艰难的情况下也要建功立业、扬名后世，做一个'烈丈夫'的理想上。……最后，司马迁对楚骚美学传统的发展，还表现在他比屈原更接近下层社会的人民，因而他的整个的美学倾向没有什么清高绝俗的贵族气味，而带有浓厚的平民色彩。他不但在上层统治阶级中看到了他所景仰的伟大人物，就在下层的平民百姓之中，他也发现了许多英雄人物，并且毫不掩饰地赞扬他们，歌颂他们。"[1]这个分析是颇有道理的。

以上我们主要探讨了司马迁对以六经、诸子、《楚辞》为代表的前代经典的接受与继承。当然，司马迁还吸收借鉴了其他重要的文化典籍。《汉书·司马迁传》曰："司马迁据《左氏》《国语》，采《世本》《战国策》，述《楚汉春秋》，接其后事，讫于天汉。"[2]《世本》为战国时史官撰，记黄帝讫春秋时诸侯大夫的氏姓、世系、居（都邑）、作（制作）等。《史记》"世家"体例，一定程度上受到《世本》的影响。《史记》战国时代的历史事件、历史人物，主要是依据《战国策》写的，甚至有些大段的文章，司马迁也原封不动地录了过来，如《刺客列传》写荆轲刺秦王的事迹，基本就是《战国策》原文。《楚汉春秋》也为《史记》提供了丰富、重要的史料，其中有些事件基本上是直录《楚汉春秋》的，人物描写和语言描写的长处，司马迁也有所接受。

---

[1] 参见李泽厚、刘纲纪《中国美学史》，中国社会科学出版社1984年版，第507、510—511页。
[2] （汉）班固：《汉书》卷62，中华书局1962年版，第2737页。

总之,《史记》对前代文化尤其是前代的文化经典,在继承、接受的基础上又有新的发展,正如李景星《史记评议·序》所说:"由《史记》以上,为经、为传、为诸子百家,流传虽多,要皆于《史记》括之;由《史记》以下,无论官私记载,其体例之常变,文法之正奇,千变万化,难以悉述,要皆于《史记》启之。"①《史记》由于集先秦文化之大成,又是汉代文化的代表,并对后代文化产生重要影响,因此,成为中国文化史上一座巍峨的丰碑,也成为不朽的经典。

---

① (清)李景星:《史记评议》,载《四史评议》,岳麓书社1986年版,第1页。

第 二 章
汉魏六朝：《史记》文学经典化的起步

司马迁在继承前代经典的基础上进行新的创造，以求真务实的精神和顽强的毅力完成了不朽之作《史记》，这是中国文化史上的一座丰碑。它既具有历史的真实性，又具有文学的形象性；既给人以历史的教益，又给人以美的享受。作为文学经典的《史记》，它的经典化起步就在汉魏六朝时期。可以说，汉魏六朝时期关于《史记》文学价值的初步认识、认可和评价，对以后《史记》文学经典的形成有重要的影响。

一 《史记》诞生后的命运及其在当时的传播

一部著作能否成为经典，毋庸置疑，首先在于它的内在价值。《史记》是司马谈、司马迁父子两代人的心血。这部著作完成于武帝时期，有非常明确的编纂目的和框架结构。司马迁在《史记·太史公自序》中说：

> 罔罗天下放失旧闻，王迹所兴，原始察终，见盛观衰，论考之行事，略推三代，录秦汉，上记轩辕，下至于兹，著十二本纪，既科条之矣。并时异世，年差不明，作十表。礼乐损益，律历改易，兵权山川鬼神，天人之际，承敝通变，作八书。二十八宿环北辰，三十辐共一毂，运行无穷，辅拂股肱之臣配焉，忠信行道，以奉主上，作三十世家。扶义俶傥，不令已失时，立功名于天下，作七十列传。凡百三十篇，五十

二万六千五百字，为《太史公书》。①

司马迁在《报任安书》中也有类似的表述：

> 网罗天下放失旧闻，考之行事，稽其成败兴坏之理，凡百三十篇，亦欲以究天人之际，通古今之变，成一家之言。②

可以看出，这是一部恢宏的巨著，上下三千年，贯通天人古今。"原始察终，见盛观衰""究天人之际，通古今之变，成一家之言"，说明《史记》不是简单的历史资料的汇编，而是具有深刻思想的著作。而且从形式上来说，本纪、表、书、世家、列传五种体例互相配合，形成完整的系统，具有立体化、网络化的特点，最大限度地反映了历史的变化、社会的发展，体现出《史记》的宏大叙事。因此，《史记》超越了前代的历史记载，创造了历史记载的新纪元，其思想价值和文学价值都是值得肯定的。

尽管《史记》有如此重要的文化价值，但在当时却得不到重视。在正统思想家眼里，《史记》是离经叛道之作，如《汉书·扬雄传》说《史记》"不与圣人同，是非颇谬于经"③；《汉书·司马迁传》说《史记》"是非颇谬于圣人"。在官僚阶层和统治者眼里，《史记》乃为洪水猛兽，如《西京杂记》载，司马迁"作《景帝本纪》，极言其短及武帝之过，帝怒而削去之。后坐举李陵，陵降匈奴，下迁蚕室。有怨言，下狱死"④。东汉明帝说："司马迁著书，成一家之言，扬名后世，至以身陷刑之故，反微文刺讥，贬损当世，非谊士也。司马相如……颂述功德，言封禅事，忠臣效也。至是贤迁远矣。"⑤ 东汉司徒王允说："昔武帝不杀司马迁，使作谤书，流于后世。"⑥ 可见司马迁与《史记》在当时的遭遇。

---

① （汉）司马迁：《史记》卷130，中华书局2013年版，第4027页。
② （汉）司马迁：《报任安书》，见班固《汉书》卷62，中华书局1962年版，第2735页。
③ （汉）班固：《汉书》卷87下，中华书局1962年版，第3580页。
④ （晋）葛洪：《西京杂记》卷6，中华书局1985年版，第43页。
⑤ （汉）班固：《典引》，萧统编，李善注《文选》卷48，中华书局1977年版，第682页。
⑥ （南朝宋）范晔：《后汉书》卷60下，中华书局1965年版，第2006页。

又如《三国志》记载：

> （魏明）帝又问（王肃）："司马迁以受刑之故，内怀隐切，著《史记》非贬孝武，令人切齿。"对曰："司马迁记事，不虚美，不隐恶。刘向、扬雄服其善叙事，有良史之才，谓之实录。汉武帝闻其述《史记》，取孝景及己本纪览之，于是大怒，削而投之。于今此两纪有录无书。后遭李陵事，遂下迁蚕室。此为隐切在孝武，而不在于史迁也。"①

这段记载，可以看出帝王对《史记》的态度。王肃的回答，说明"内怀隐切"的不是司马迁而恰恰是汉武帝。由于《史记》独特的思想和大胆的批判精神，不被上层统治者（读者）认可和接受，因此，《史记》不可能成为史学经典，当然也就无法成为文学经典，因为它的文学价值与史学价值是紧密相连的。可见政治干预对经典建构有较大的负面作用。

从学术发展来看，史学在两汉时期还没有它独立的地位。虽然中国历史记载从先秦就已开始，并且形成了自己的一些写作传统，但史学以及史学家的地位却没有受到足够的重视，正如司马迁在《报任安书》中所说："文史星历近乎卜祝之间，固主上所戏弄，倡优畜之，流俗之所轻也。"② 汉代由于经学的盛行，史学还没有成为独立的学科，班固《汉书·艺文志》把《史记》等历史著作列入"六艺"类"春秋"名下，作为"经"的附庸而存在。这种文化背景也影响到《史记》的史学和文学地位。

从当时的政治需要来说，《史记》纪传体通史虽然是开辟了历史记载的新体例，但是，通史体例，按照班固《汉书·叙传》的批评，是将西汉一代"编于百王之末，厕于秦、项之列"，既不利于宣扬"汉德"，又难以突出汉代的历史地位，不能明显发挥史学著作为当朝政治服务的作用。《汉书》变为断代史，起自西汉建立，终于王莽新朝灭亡。为了突出刘邦开国皇帝的地位，就将《高帝纪》置于首篇。这种断代为史的体例，受到后来封建史家的赞誉，并成为历代正史编纂的依据，很少再有通史著作。

---

① （晋）陈寿：《三国志》卷13，中华书局1982年版，第418页。
② （汉）班固：《汉书》卷62，中华书局1962年版，第2732页。

由于上述以及其他原因,《史记》在两汉时期的传播遇到很大的阻力,一般读者无法见到这部著作,读者对《史记》的阅读消费受到限制,其文学价值也难以被挖掘和欣赏。《汉书·司马迁传》记载:"迁既死后,其书稍出。宣帝时,迁外孙平通侯杨恽祖述其书,遂宣布焉。"① 就汉代《史记》传播而言,司马迁的外孙杨恽是《史记》的第一个传播者。后来,《史记》在流传中有所残缺,元、成之际的褚少孙"以通经术,受业博士,治《春秋》,以高第为郎,幸得宿卫,出入宫殿中十有余年。窃好《太史公传》"②,他搜集资料,又补续了某些篇章,使《史记》成为完璧,这对于《史记》传播有重要意义。③ 另据班固《汉书》、郑樵《通志》、刘知几《史通》等资料可知,续写《史记》的还有冯商、卫衡等十多人。《汉书·艺文志》载:"冯商所续《太史公》七篇。"

《史通·古今正史篇》记载:

  《史记》所书,年止汉武,太初已后,阙而不录。其后刘向、向子歆及诸好事者,若冯商、卫衡、扬雄、史岑、梁审、肆仁、晋冯、段肃、金丹、冯衍、韦融、萧奋、刘恂等相次撰续,迄于哀、平间,犹名《史记》。④

这些续作已经不是就《史记》的某一篇续了,而是在《史记》断限后续写新的篇章,可惜已无从看到。当然,续写《史记》最有成就的是班彪,他的《史记后传》为班固编纂《汉书》奠定了基础,《史通·古今正史篇》记载:

  至建武中,司徒掾班彪以为其言鄙俗,不足以踵前史;又雄、歆褒

---

① (汉)班固:《汉书》卷62,中华书局1962年版,第2737页。
② (汉)司马迁:《史记》卷128,中华书局2013年版,第3920页。
③ 关于褚少孙补《史记》,裴骃《史记集解》在《太史公自序》末注文引三国时张晏曰:"迁没之后……元成之间,褚先生补阙,……言辞鄙陋,非迁本意也。"此后,这种批评时常出现。实际上,褚少孙补《史记》,自有其价值和意义(详参张仲良《褚补〈史记〉未可厚非》,《人文杂志》1984年第1期)。
④ (唐)刘知几撰,(清)浦起龙释:《史通通释》卷12,上海古籍出版社2009年版,第314页。

美伪新，误后惑众，不当垂之后代者也。于是采其旧事，旁贯异闻，作《后传》六十五篇。其子固以父所撰未尽一家，乃起元高皇，终乎王莽，十有二世，二百三十年，综其行事，上下通洽，为《汉书》纪、表、志、传百篇。其事未毕，会有上书云固私改作《史记》者，有诏京兆收系，悉录家书封上。固弟超诣阙自陈，明帝引见，言固续父所作，不敢改易旧书，帝意乃解。即出固，征诣校书，受诏卒业。经二十余载，至章帝建初中乃成。①

班彪续写《史记》，说明《史记》有较大的吸引力，同时也扩大了《史记》的影响力。另外，桓宽《盐铁论》、刘向《别录》节引或直接引用《史记》原文，高诱用《史记》注释《吕氏春秋》《战国策》，他们对《史记》的传播都有一定的贡献。但传播的范围仍然有限。据《汉书》记载，宣帝的儿子东平王刘宇多次遭贬，成帝初年来朝，"上疏求诸子及《太史公书》，上以问大将军王凤，对曰：'臣闻诸侯朝聘，考文章，正法度，非礼不言。今东平王幸得来朝，不思制节谨度，以防危失，而求诸书，非朝聘之义也。诸子书或反经术，非圣人，或明鬼神，信物怪；《太史公书》有战国纵横权谲之谋，汉兴之初谋臣奇策，天官灾异，地形厄塞：皆不宜在诸侯王。不可予。'""天子如凤言，遂不与"。② 王凤对《史记》的认识影响到汉成帝的态度，没有答应东平王的请求，可见《史记》传播并非易事。根据专家考证，直到东汉中期以后，《史记》才在社会上得到比较广泛的流传。③

魏晋以后，学术上的一大变化就是史学摆脱了经学附庸地位，在学术领域内形成一门独立的学科，西晋荀勖《中经新簿》把当时的书目分为甲乙丙丁四部，把史学从经学中划分出来列为丙部（甲部相当于后来的经部，乙部相当于子部，丙部相当于史部），东晋李充《晋元帝书目》又把史部提升

---

① （唐）刘知几撰，（清）浦起龙释：《史通通释》卷12，上海古籍出版社2009年版，第314页。
② （汉）班固：《汉书》卷80，中华书局1962年版，第3324—3325页。
③ 据陈直先生《太史公书名考》一文考证，《史记》原名《太史公书》，称《史记》开始于东汉桓帝之时（《文史哲》1956年第6期）。清人梁玉绳《史记志疑》云："取古'史记'之名以命迁书，尊之也。"（中华书局1981年版，第1489页）书名的变化表示人们对《史记》的尊崇，也说明此期《史记》的传播较为广泛。

到仅次于经学的地位。在此背景下《史记》史学的身价也得以提高。同时，文学也走上自己独立的道路，此时被学界称为"文学的自觉时代"①。曹丕《典论·论文》称"文章者，经国之大业，不朽之盛事"，充分肯定文学的价值。范晔《后汉书》在《儒林列传》之外另设《文苑列传》，把文学与学术区别开来。这是首次在正史传记中为文学家设立的类传。《南史·宋文帝本纪》记载："（元嘉十五年）立儒学馆于北郊，命雷次宗居之。……（十六年）上好儒雅，又命丹阳尹何尚之立玄素学，著作左郎何承天立史学，司徒参军谢元立文学，各聚门徒，多就业者。"② 文学与儒学、玄学、史学并立学馆。文史分家以及文史各自地位的提高，对于《史记》的传播以及史学和文学地位的提升产生一定的影响。

  本时期研究和注释《史记》的工作也有一定起色，这对于扩大《史记》的影响具有积极意义。据司马贞《史记索隐后序》："古今为注解者绝省，音义亦希。始后汉延笃乃有《音义》一卷，又别有《音隐》五卷，不记作者何人，近代鲜有二家之本。"③ 晋有徐广《史记音义》，南朝刘宋时期裴骃有《史记集解》、南齐邹诞生有《史记音义》。此期注本虽然不多，且大多散佚，但作为《史记》阐释史上的一个重要环节，不能忽视。《史记》注释最有代表性的著作是裴骃的《史记集解》。裴骃之父裴松之，以《三国志注》著称于世。《宋书·裴松之传》："上使注陈寿《三国志》，松之鸠集传记，增广异闻，既成奏上。上善之，曰：'此为不朽矣。'出为永嘉太守，勤恤百姓，吏民便之。入补通直为常侍，复领二州大中正。寻出为南琅邪太守。十四年致仕，拜中散大夫，寻领国子博士，进太中大夫，博士如故。续何承天国史，未及撰述，二十八年，卒，时年八十。子骃，南中郎参军。松之所著文论及《晋纪》，骃注司马迁《史记》，并行于世。"④ 裴骃以徐广《史记音义》为基础，广泛搜集资料，从音韵、文字、史实等方面对《史

---

 ① 关于文学的自觉问题，日本学者铃木虎雄首倡，鲁迅先生接受这一说法，此后学界大多认可这个看法。近年来学术界对此问题有些论争，甚至有学者认为这是伪命题。笔者采纳大部分学者的看法。
 ② （唐）李延寿：《南史》卷2，中华书局1975年版，第45—46页。
 ③ （唐）司马贞：《史记索隐后序》，见司马迁《史记》第10册，中华书局2013年版，第4045页。
 ④ （南朝梁）沈约：《宋书》卷64，中华书局1974年版，第1701页。

记》进行注释，给阅读《史记》提供了便利。朱东润指出："今所传《史记》注本之最古者，独有裴骃《集解》，其后刘伯庄、司马贞、张守节诸家训释《史记》，兼为《集解》下注，此则比诸《毛传》《郑笺》，同为不刊之作矣。"① 充分肯定了《集解》的价值和地位。

《史记集解》以东晋徐广《史记音义》为基础，据统计，引用多达2250条，引用并加按语的有200多条。《史记集解》的《序言》云："中散大夫东莞徐广研核众本，为作《音义》，具列异同，兼述训解，粗有所发明，而殊恨省略。聊以愚管，增演徐氏。采经传百家并先儒之说，豫是有益，悉皆抄内，删其游辞，取其要实，或义在可疑，则数家兼列。《汉书音义》称'臣瓒'者，莫知氏姓，今直云'瓒曰'。又都无姓名者，但云'汉书音义'。时见微意，有所裨补。譬嘒星之继朝阳，飞尘之集华岳。以徐为本，号曰《集解》。未详则阙，弗敢臆说。人心不同，闻见异辞，班氏所谓'疏略''抵捂'者，依违不悉辩也。愧非胥臣之多闻，子产之博物，妄言末学，芜秽旧史，岂足以关诸畜德，庶贤无所用心而已。"② 可见，《集解》主要是注释读音，训释词义，考辨史事以及纪年，还有人物姓氏爵里、山川地望以及典章制度等。还采用相关的注释成果间接注释《史记》，总体上看运用《汉书》相关注释较多。据应三玉统计，《集解》引用达75人③，如范子、荀卿、韩婴、孔安国、刘向、刘歆、桓谭、贾逵、班固、许慎、马融、服虔、王逸、赵岐、郑玄、何休等一直到徐广。裴骃所引有些是解经之作，《诗》注、《论语》注、《尚书》注、《三礼》注等，如《史记·礼书》云："为之金舆错衡以繁其饰"，《史记集解》："《周礼》王之五路有金路。郑玄曰：'以金饰诸末。'"④《史记·礼书》云："有三乘之地者事二世"，《史记集解》："《穀梁传》曰：'天子至于士皆有庙，天子七，诸侯五，大夫三，士二。始封之者必为其太祖。'"⑤ 有些是史注、《左传》注、《汉书》注等，

---

① 朱东润：《史记考索》，华东师范大学出版社1996年版，第132页。
② （南朝宋）裴骃：《史记集解序》，见司马迁《史记》第10册，中华书局2013年版，第4038页。
③ 应三玉：《〈史记〉三家注研究》，凤凰出版社2008年版，第60页。
④ （汉）司马迁：《史记》卷23，中华书局2013年版，第1372页。
⑤ （汉）司马迁：《史记》卷23，中华书局2013年版，第1384页。

如《史记·五帝本纪》云："舜举八恺，使主后土"，《史记集解》："王肃曰：'君治九土之宜。'杜预曰：'后土，地官。'"①《史记·五帝本纪》云："天下恶之，比之三凶。"《史记集解》："杜预曰：'非帝子孙，故别之以比三凶也。'"② 还有引其他典籍予以印证者，如《史记·秦始皇本纪》云："周庐设卒甚谨"，《史记集解》："《西京赋》曰：'缴道外周，千庐内傅。'薛综曰：'士傅宫外，内为庐舍，昼则巡行非常，夜则警备不虞。'"③ 还有引《说文解字》以解释字词者，等等，对于阅读《史记》原文大有帮助。《史记集解》颇有影响，与后来唐代司马贞《史记索隐》、张守节《史记正义》一起成为《史记》"三家注"，在《史记》研究史上树立起第一座里程碑。

魏晋以后，读《史记》的风气也越来越浓，如《晋书·刘殷传》："有七子，五子各授一经，一子授《太史公》，一子授《汉书》，一门之内，七业俱兴，北州之学，殷门为盛。"④《梁书·曹景宗传》说曹景宗"颇爱史书，每读《穰苴》《乐毅传》，辄放卷叹息曰：'丈夫当如是！'"⑤《梁书·袁峻传》说袁峻"抄《史记》《汉书》各为二十卷。"⑥《隋书·李密传》记载：李密师事包恺，"受《史记》《汉书》，励精忘倦，恺门徒皆出其下。"⑦ 有了传播、阅读和学习，《史记》的价值逐渐被认识。

总体来看，汉魏六朝时期，《史记》的传播与接受有较大的局限性。《汉书》产生较晚，但传播和注释比《史记》活跃。《隋书》卷33《经籍二》"史部"云："唯《史记》《汉书》，师法相传，并有解释。……梁时，明《汉书》有刘显、韦稜，陈时有姚察，隋代有包恺、萧该，并为名家。《史记》传者甚微。"⑧《史记》为什么"传者甚微"，其中的原因，唐代司马贞有一定的分析。他在《史记索隐序》中说："(《史记》)比于班《书》，

---

① （汉）司马迁：《史记》卷1，中华书局2013年版，第43页。
② （汉）司马迁：《史记》卷1，中华书局2013年版，第45页。
③ （汉）司马迁：《史记》卷6，中华书局2013年版，第347页。
④ （唐）房玄龄：《晋书》卷88，中华书局1974年版，第2289页。
⑤ （唐）姚思廉：《梁书》卷9，中华书局1973年版，第178页。
⑥ （唐）姚思廉：《梁书》卷49，中华书局1973年版，第689页。
⑦ （唐）魏徵等：《隋书》卷70，中华书局1973年版，第1624页。
⑧ （唐）魏徵等：《隋书》卷33，中华书局1973年版，第957页。

微为古质,故汉晋名贤未知见重。"在《史记索隐后序》中说得更为详细一些:"夫太史公纪事,上始轩辕,下讫天汉。虽博采古文及传记诸子,其间残阙盖多,或旁搜异闻以成其说,然其人好奇而词省,故事核而文微,是以后之学者多所未究。其班氏之书,成于后汉。彪即后迁而述,所以条流更明,是兼采众贤,群理毕备,故其旨富,其词文,是以近代诸儒共行钻仰。其训诂盖亦多门,蔡谟集解之时已有二十四家之说,所以于文无所滞,于理无所遗。而太史公之书,既上序轩黄,中述战国,或得之于名山坏壁,或取之以旧俗风谣,故其残文断句难究详矣。"①司马贞的分析,从反面说明了《史记》与正统思想和传统观念不同,这也正体现了《史记》的独特性。尽管传播遇到一定的阻力,但《史记》的魅力仍然受到越来越多的人的关注,乃至于传播到了国外。据李延寿《北史·高丽传》载高丽"书有五经、三史、《三国志》、《晋阳秋》""三史"中就有《史记》,可见在南北朝时期《史记》就已传到了朝鲜半岛,这对于扩大《史记》的影响具有积极意义。此后,隋朝时《史记》传入日本。《史记》传入日本的时间,日本学者竺沙雅章先生认为,"制定于604年的圣德太子《十七条宪法》第十条,引用了《史记·田单传》的'如环之无端',由此可知至迟在6世纪,《史记》已传来日本"②。中国学者覃启勋先生经过考证认为,"《史记》是在公元600年至604年之间由第一批遣隋使始传日本的",明清之际,是《史记》东传日本的黄金时代。③这些都说明,《史记》逐渐被更多的人群、更大的范围所接受。

二 评论家对《史记》文学特征的初步认识

《史记》能否成为文学经典,除了内在应有的文学价值之外,更多的是受外部因素的影响,如统治者的文化政策、当时的学术风气、文学思潮、文学传播等。其中评论家的言论是《史记》能否成为文学经典的重要因素之

---

① (唐)司马贞:《史记索隐后序》,载司马迁《史记》,中华书局2013年版,第2045页。
② [日]竺沙雅章:《中国史学在日本》,载蔡毅编译《中国传统文化在日本》,中华书局2002年版,第12页。
③ 覃启勋:《〈史记〉在日本》,《文史知识》1988年第12期。

一，《史记》中的文学因子经过评论家的挖掘阐释，会对读者的阅读、接受起重要的引导作用。汉魏六朝时期，扬雄、班氏父子、王充、张辅、葛洪、刘勰等都对《史记》进行了评论，既有史学的，也有文学的，也有综合性的。就文学方面而言，刘勰《文心雕龙》是一部系统的文学理论著作，其中有《史传》篇，把《史记》列入大文学范围进行评述。虽然刘勰对《史记》在史传文学史上的地位认识还不到位，但能把《史记》纳入文学理论的范畴进行评论，却有其重要意义。萧统《文选》不收历史记载，只收录"事出于沉思，义归乎翰藻"的史论13篇，却没有《史记》论赞，可见萧统对《史记》文学价值的认识有一定偏颇。从各家对《史记》评论方面看，与文学相关的评论主要涉及以下几个方面的问题。

第一，对司马迁叙事才能的认可。《史记》以如椽之笔描绘了三千年历史，许多历史人物栩栩如生，显示了司马迁卓越的叙事才能。尽管当时人们对《史记》的思想有许多不同的看法，甚至视为异端思想，但对司马迁高超的叙事艺术有比较一致的意见。扬雄《法言·重黎篇》："或问'周官'。曰：'立事。''《左氏》'。曰：'品藻。''《太史迁》'。曰：'实录。'"[1]《后汉书·班彪传》载班彪说司马迁"善述序事理，辨而不华，质而不野，文质相称，盖良史之才也"[2]。班固《司马迁传》云："自刘向、扬雄博极群书，皆称迁有良史之才，服其善序事理，辨而不华，质而不俚，其文直，其事核，不虚美，不隐恶，故谓之实录。"[3] 这些评论，高度肯定了司马迁的叙事才能，尤其是肯定了司马迁秉笔直书的实录精神。裴松之《三国志》卷六注云："史迁纪传，博有奇功于世，……迁为不隐孝武之失，直书其事耳，何谤之有乎？"[4] 甚至从叙事的角度反驳"谤书"说。裴骃《史记集解序》也称赞司马迁为"命世宏才"。这些评论从某一方面也说明《史记》的叙事成就是建立在历史真实之上的，这是《史记》成为文学经典的重要基础，也是异于一般纯虚构文学作品的关键所在。

第二，对《史记》"爱奇"倾向的认识。《史记》叙事写人，充满

---

[1] （汉）扬雄著，（清）汪荣宝疏：《法言义疏》卷10，中华书局1987年版，第413页。
[2] （南朝宋）范晔：《后汉书》卷40上，中华书局1965年版，第1325页。
[3] （汉）班固：《汉书》卷62，中华书局1962年版，第2738页。
[4] （晋）陈寿：《三国志》卷6，中华书局1982年版，第180页。

"奇"的色彩,大量的奇人奇事,使《史记》具有了无穷的魅力和生命力。汉魏六朝时期的评论家对此有一定认识。扬雄《法言·君子篇》:"多爱不忍,子长也。仲尼多爱,爱义也;子长多爱,爱奇也。"① 谯周也曾说司马迁"爱奇之甚"②。刘勰《文心雕龙·史传篇》则说《史记》有"爱奇反经之尤"③。以上各家,初步认识到《史记》独特的文学审美倾向,但只认识到"奇"的表面现象,如《史记》中的神话、传说、怪异现象,没有深入到"奇"的真正内涵,甚至把"奇"与"义"、"奇"与"经"对立看待,这是时代的局限。尽管如此,他们所提出的问题却具有重要价值,给后来的评论家留下了深入思考的空间,启发人们对"奇"进行进一步的挖掘。

第三,班氏父子提出"史公三失"问题。扬雄曾指出,司马迁"不与圣人同,是非颇谬于经"④。可以说看出了《史记》著作的独特之处,但带有贬义。班彪、班固继承了扬雄的观点,更明确地说司马迁有三个方面的失误:"是非颇谬于圣人,论大道则先黄老而后六经,序游侠则退处士而进奸雄,述货殖则崇势利而羞贱贫,此其所蔽也。"⑤ 班氏父子的评价对后代影响很大,引起无数争议。葛洪《抱朴子》卷10《明本篇》对此评论说:"夫迁之洽闻,旁综幽隐,沙汰事物之臧否,核实古人之邪正。其评论也,实原本于自然,其褒贬也,皆准的乎至理。不虚美,不隐恶,不雷同以偶俗。刘向命世通人,谓为实录;而班固之所论,未可据也。"⑥ 范晔《后汉书》卷40下《班固传》也说:"彪、固讥迁,以为是非颇谬于圣人。然其论议常排死节,否正直,而不叙杀身成仁之为美,则轻仁义,贱守节愈矣。固伤迁博物洽闻,不能以智免极刑;然亦身陷大戮,智及之而不能守之。呜呼,古人所以致论于目睫也!"⑦ 葛洪、范晔的评论与班固评论针锋相对。"史公三失"问题,这既是史学思想问题,也是文学的人物选择问题。司马迁选择不被人重视的社会下层人物游侠、货殖人物入传,以表现自己独特的"一家之

---

① (汉)扬雄著,(清)汪荣宝疏:《法言义疏》卷12,中华书局1987年版,第507页。
② (唐)司马贞:《史记索隐》,见司马迁《史记》卷74,中华书局2013年版,第2850页。
③ (南朝梁)刘勰著,范文澜注:《文心雕龙注》卷4,人民文学出版社1958年版,第284页。
④ (汉)班固:《汉书》卷87下,中华书局1962年版,第3580页。
⑤ (汉)班固:《汉书》卷62,中华书局1962年版,第2737—2738页。
⑥ (晋)葛洪著,王明校释:《抱朴子内篇校释》卷10,中华书局1985年版,第184页。
⑦ (南朝宋)范晔:《后汉书》卷40下,中华书局1965年版,第1386页。

言",突破了传统观念,也突破了传统史书选择人物的标准。游侠、商人,说到底也是"奇人",选择他们进入传记,也增加了《史记》的传奇色彩。

第四,班、马优劣之论。司马迁的《史记》和班固的《汉书》,是汉代两部有代表性的史传著作,汉魏六朝时期,人们已经开始对它们进行比较分析了,除了思想内容以外,较多地涉及文学方面。王充《论衡》中说班氏父子"文义浃备,纪事详赡,观者以为胜于《史记》",着眼于"文义"和"叙事"。晋人张辅撰《班马优劣论》,是较早论述"班马异同"的著作,他认为:

> 迁之著述,辞约而事举,叙三千年事唯五十万言;班固叙二百年事乃八十万言,烦省不同,不如迁一也。良史述事,善足以奖劝,恶足以监诫,人道之常。中流小事,亦无取焉,而班皆书之,不如二也。毁贬晁错,伤忠臣之道,不如三也。迁既造创,固又因循,难易益不同矣。又迁为苏秦、张仪、范雎、蔡泽作传,逞辞流离,亦足以明其大才。故述辩士则辞藻华靡,叙实录则隐核名检,此所以迁称良史也。①

张辅明确指出班固《汉书》有三个方面不如《史记》,虽有一定道理,但不够全面深入,尤其是认为"迁之著述,辞约而事举,叙三千年事唯五十万言;班固叙二百年事乃八十万言,烦省不同,不如迁一也",这是以文字的多少、叙事的详略来判断《史记》《汉书》的优劣,有些牵强。东晋文学家、史学家袁宏,对"班马优劣"也发表了自己的见解。在《后汉纪·序》中云:"史迁剖判六家,建立十书,非徒记事而已。信足扶明义教,网罗治体;然未尽之。班固源流周赡,近乎通人之作;然因籍史迁无所甄明。"②史学家干宝,则是从史书体裁上比较司马迁《史记》与左丘明《左传》的优劣。关于干宝对司马迁与《史记》的评论,刘知几《史通·二体》云:"考兹(纪传体和编年体)胜负,互有得失。而晋世干宝著书,乃盛誉丘明

---

① (唐)房玄龄等:《晋书》卷60,中华书局1974年版,第1640页。
② (晋)袁宏:《后汉纪·序》,中华书局2002年版,第1页。

而深抑子长,其义云:能以三十卷之约,括囊二百四十年之事,靡有遗也。"① 干宝认为纪传体《史记》记事分散,不如编年体《左传》简约集中。虽然其观点有些偏颇,但可谓一家之言。干宝也是按照这样的观点来撰述史书的,他的史传著作《晋纪》,是一部记载晋代历史的编年史,"自宣帝迄于愍帝五十三年,凡二十卷",《晋书》称赞说:"其书简略,直而能婉,咸称良史。"② 范晔《后汉书·班固传》曰:"迁文直而事核,固文赡而事详。若固之序事,不激诡,不抑抗,赡而不秽,详而有体,使读之者亹亹而不厌,信哉其能成名也。"③ 较公允地指出了两书的不同特征,也特别注重文学叙事。他们的评论,在后代也引起了无休止的争议,到宋代,班马异同问题甚至成为一门学问,出现了《班马异同评》等专门的著作。

汉魏六朝时期的《史记》评论,还没有形成系统的理论,比较零散,也比较感性。从涉及的主要问题可以看出,文学评论中的叙事、人物选择、语言等,都初步有了一些认识,在一定程度上揭示了《史记》文学的某些特质。由于《史记》首先是历史著作,所以文学评论与史学评论紧密联系。从经典阐释的角度来说,评论者的立场、观点、方法,都会影响到对文本的阐释,影响到对读者的引导。由于汉魏六朝时期评论者大多站在正统的立场,以传统的观念评论《史记》,因而得出的观点有许多不合《史记》的实际。方法上来看,还缺少系统的、综合的理论,虽然有大文学史的观念,认识《史记》的文学特点,乃至有比较研究的方法,但还显得简单和粗糙。这些因素,决定了此期的《史记》文学阐释还处在起步阶段,提出了一些有价值的问题,也进行了一定的阐释,但《史记》文学的内涵、价值、魅力、情感等有待后人进一步挖掘和阐释。

三 文学发展与《史记》文学价值的初步认可

《史记》成为文学经典,还在于它在传播过程中与当时的文学实践发生

---

① (唐)刘知几撰,(清)浦起龙释:《史通通释》卷2,上海古籍出版社2009年版,第25—26页。
② (唐)房玄龄等:《晋书》卷82,中华书局1974年版,第2150页。
③ (南朝宋)范晔:《后汉书》卷40下,中华书局1965年版,第1386页。

各种各样的关系，既受到时代文学发展的影响，同时对时代文学的发展产生或多或少、或明或暗的影响，即经典影响史和接受史。汉魏六朝时期文学的发展使《史记》的文学价值得以初步展现，各类文学体裁都开始注意到了《史记》。

《史记》叙事才能受到许多文人的称赞和学习，人们评价史学著作时往往与《史记》相比。《晋书·刘殷传》云：刘殷"弱冠，博通经史，综核群言，文章诗赋靡不该览。性倜傥，有济世之志，俭而不陋，清而不介，望之颓然而不可侵也……有七子，五子各授一经，一子授《太史公》，一子授《汉书》。"①《晋书》称赞葛洪"著述篇章富于班马"②。华峤《汉后书》完成后，当时的中书监荀勖、太常张华、侍中王济，认为该书"文质事核，有迁固之规，实录之风"，并建议"藏之秘府"。③《文心雕龙·史传》评论陈寿《三国志》云："文质辨洽，荀张比之于迁固，非妄誉也。"④ 荀勖、张华认为《三国志》可以与司马迁《史记》、班固《汉书》相媲美，刘勰赞同此观点"非妄誉也"。《晋书·陈寿传》论赞云："丘明既没，班马迭兴，奋鸿笔于西京，骋直词于东观。自斯已降，分明竞爽，可以继明先典者，陈寿得之乎！"⑤ 认为《三国志》是次于班马之后的名著。这些都说明当时史学界对司马迁与《史记》的肯定与高度评价。

由于《史记》开创了纪传体，以叙事写人见长，故事情节生动曲折，语言丰富，风格多样，成为叙事文学的典范。汉魏六朝时期的史传和各种形式的杂传以及小说大多学习接受《史记》的写人方法。清人赵翼《廿二史札记》卷1说："司马迁参酌古今，发凡起例，创为全史。本纪以序帝王，世家以记侯国，十表以系时事，八书以详制度，列传以志人物，然后一代君臣政事，贤否得失，总汇于一编之中。自此例一定，历代作史者遂不能出其范围，信史家之极则矣。"⑥ 汉魏六朝时期的正史传记如《汉书》《后汉书》

---

① （唐）房玄龄等：《晋书》卷88，中华书局1974年版，第2288—2289页。
② （唐）房玄龄等：《晋书》卷72，中华书局1974年版，第1913页。
③ （唐）房玄龄等：《晋书》卷44，中华书局1974年版，第1264页。
④ （南朝梁）刘勰著，范文澜注：《文心雕龙注》卷4，人民文学出版社1958年版，第285页。
⑤ （唐）房玄龄等：《晋书》卷82，中华书局1974年版，第2159页。
⑥ （清）赵翼著，王树民校证：《廿二史札记校证》卷1，中华书局2013年版，第3页。

《三国志》《宋书》《南齐书》《魏书》等，不仅体例上采用纪传体，而且学习《史记》列传写人方法。尤其是《汉书》，有4篇纪、6篇表、3篇书、40篇列传是在《史记》基础上改写而成。《史记》篇末另有一段作者的评述"太史公曰"，或补充历史材料，或对传主进行评论，或抒发作者感慨。这一叙述模式成为中国史传文学的基本模式，《汉书》用"赞曰"，《三国志》用"评曰"，《后汉书》先有"论曰"，再有"赞曰"，等等。

本时期的杂传也学习《史记》的类传并进一步发展。《史记》在记载历史人物时，把同类的人物放在一篇之中，形成独特的类传，如《儒林列传》《游侠列传》《刺客列传》等。杂传学习和继承这种传记方法，在发展过程中形成不同的类型。《隋书·经籍志·杂传类》著录汉隋之间杂传217部，1286卷，虽有所遗漏，但认为杂传大约产生于西汉后期，魏晋以后逐步繁荣，这确是事实，这也反映了《史记》对杂传的影响。杂传有人物总录类，如《四海耆旧传》等；圣贤类如《海内先贤传》等；州郡人物类如《兖州先贤传》《会稽耆旧传》等；高逸类如《高士传》《逸士传》等；孝友类如《孝子传》《孝友传》等；忠良类如《忠臣传》《良吏传》等；名士类如《海内名士传》等；家传类如《李氏家传》等；妇女类如《列女传》等；释氏传记类如《高僧传》《法显传》等；神仙家传类，如《神仙传》《王乔传》等。另外，魏晋南北朝时期的志人、志怪小说都或多或少受到《史记》影响。以上这些文学实践，说明《史记》在叙事文学中被逐渐认可和接受。

《史记》也受到诗人的关注。此期的咏史诗有些从《史记》中取材，班固的《咏史》是第一首咏《史记》人物的诗歌，材料来自《史记·孝文本纪》和《扁鹊仓公列传》中缇萦救父的故事。诗歌以历史事实为线索："三王德弥薄，惟后用肉刑。太苍令有罪，就递长安城。自恨身无子，困急独茕茕。小女痛父言，死者不可生。上书诣阙下，思古歌《鸡鸣》。忧心摧折裂，晨风扬激声。圣汉孝文帝，恻然感至情。百男何愦愦，不如一缇萦。"[①]基本概括了故事情节，结尾对缇萦予以赞扬。陶渊明《读史述九章》中说："余读《史记》，有所感而述之。"以四言诗的形式歌咏历史人物，所咏人物有伯夷与叔齐、箕子、管仲与鲍叔、程婴与公孙杵臼、孔门七十二弟子、屈

---

① 逯钦立辑校：《先秦汉魏晋南北朝诗》卷5，中华书局2017年版，第170页。

原与贾谊、韩非、鲁二儒、张挚等。如《管鲍》:"知人未易,相知实难。淡美初交,利乖岁寒。管生称心,鲍叔必安。奇情双亮,令名俱完。"① 赞美鲍叔对管仲的知遇之恩。另外,陶渊明《咏荆轲》一诗,通过歌咏《史记·刺客列传》中荆轲刺秦的历史事实,表达他的惋惜之情,结尾"其人虽已没,千载有余情"二句,体现出陶渊明豪放的一面。南朝虞羲《咏霍将军北伐》一诗,高度赞扬霍去病将军:"拥旄为汉将,汗马出长城。长城地势险,万里与云平。凉秋八九月,虏骑入幽并。飞狐白日晚,瀚海愁云生。羽书时断绝,刁斗昼夜惊。乘墉挥宝剑,蔽日引高旍。云屯七萃士,鱼丽六郡兵。胡笳关下思,羌笛陇头鸣。骨都先自詟,日逐次亡精。玉门罢斥堠,甲第始修营。位登万庾积,功立百行成。天长地自久,人道有亏盈。未穷激楚乐,已见高台倾。当令麟阁上,千载有雄名!"② 咏《史记》人物的诗歌还有南朝宋谢瞻《张子房诗》、南朝张正见《韩信》等。有些《史记》人物有多位诗人咏诵,如荆轲,就有建安诗人阮瑀《咏史·荆轲饮燕市》、左思《咏史》、陶渊明《咏荆轲》等。歌咏司马相如的诗人有北魏常景、南朝祖孙登等。另外,这些诗歌有些还被收录于萧统的《文选》之中,这从一个侧面扩大了《史记》的影响。以诗的形式歌咏历史人物,使历史人物身上具有了诗的意味,进入文学的殿堂。此期咏《史记》诗的出现,对以后的咏史诗有较大的影响。

　　魏晋南北朝时期是中国古代文学理论发展的重要时期。司马迁提出的"发愤著书"理论在文学理论方面得到新的发展和提升。司马迁《报任安书》云:"古者富贵而名摩灭,不可胜记,唯俶傥非常之人称焉。盖西伯拘而演《周易》;仲尼厄而作《春秋》;屈原放逐,乃赋《离骚》;左丘失明,厥有《国语》;孙子膑脚,《兵法》修列;不韦迁蜀,世传《吕览》;韩非囚秦,《说难》《孤愤》。《诗》三百篇,大抵圣贤发愤之所为作也。此人皆意有所郁结,不得通其道,故述往事,思来者。乃如左丘无目,孙子断足,终不可用,退论书策以舒其愤,思垂空文以自见。"③ 司马迁的发愤著书理论,

---

① (晋) 陶渊明著,龚斌校笺:《陶渊明集校笺》卷6,上海古籍出版社1996年版,第427页。
② 逯钦立辑校:《先秦汉魏晋南北朝诗》卷5,中华书局2017年版,第1607—1608页。
③ (汉) 司马迁:《报任安书》,见班固《汉书》卷62,中华书局1962年版,第2735页。

实质上揭示了文学与社会、政治的关系，具有重要的普遍意义。当时的学者对此有一定认识，如《汉书·叙传下》云："乌呼史迁，薰胥以刑！幽而发愤，乃思乃精，错综群言，古今是经，勒成一家，大略孔明。"① 荀悦《汉纪·孝武皇帝纪》："司马子长既遭李陵之祸，喟然而叹，幽而发愤，遂著《史记》。"② 葛洪《西京杂记》卷四云："司马迁发愤作《史记》百三十篇，先达称为良史之才。"③ 但是，这些评论并没有充分挖掘司马迁理论的价值，大多着眼于司马迁个人的"愤"，这就有失偏颇。真正从理论上继承司马迁发愤著书理论的是刘勰《文心雕龙》提出"蓄愤说"、钟嵘《诗品》提出"怨愤说"。

刘勰在《文心雕龙·情采》篇中提出"蓄愤说"：

> 昔诗人什篇，为情而造文；辞人赋颂，为文而造情。何以明其然？盖风雅之兴，志思蓄愤，而吟咏情性，以讽其上，此为情而造文也；诸子之徒，心非郁陶，苟驰夸饰，鬻声钓世，此为文而造情也。故为情者要约而写真，为文者淫丽而烦滥。④

刘勰认为人的思想感情是写作时最重要的因素，认为只有出自真情实感的作品才能感人至深，并认为风雅之诗是"为情而造文""志思蓄愤，而吟咏情性"即抒发自己的真情实感，为情造文。刘勰的"蓄愤说"在情与文的关系方面发展了司马迁的"发愤著书说"，为"蓄愤说"注入了"真"的意义，提升了司马迁发愤著书理论的深度。

钟嵘的《诗品》着重从"怨"的角度来阐发"愤"，以"怨"为审美原则和审美理想品评诗歌。《诗品序》云：

> 嘉会寄诗以亲，离群托诗以怨。至于楚臣去境，汉妾辞宫，或骨横朔野，或魂逐飞蓬，或负戈外戍，杀气雄边；塞客衣单，孀闺泪尽；又

---

① （汉）班固：《汉书》卷100下，中华书局1962年版，第4257页。
② （汉）荀悦：《汉纪》卷14，中华书局2002年版，第247页。
③ （晋）葛洪：《西京杂记》卷4，中华书局1983年版，第25页。
④ （南朝梁）刘勰著，范文澜注：《文心雕龙注》卷7，人民文学出版社1958年版，第538页。

士有解佩出朝，一去忘返；女有扬蛾入宠，再盼倾国：凡斯种种，感荡心灵，非陈诗何以展其义，非长歌何以释其情？故曰："《诗》可以群，可以怨。"①

钟嵘所举的例子皆属命运不佳者，正是这种遭遇，使他们产生了怨愤之情，只有通过诗歌才能"展其义""释其情"，把自己的怨愤之情发泄出来。他还把"怨愤"之说运用到品评诗歌上来，如评古诗"多哀怨"，李陵"文多凄怆，怨者之流"，班婕妤"怨深文绮"，曹植"情兼雅怨"，左思"文典以怨"，王粲"源出李陵，发愀怆之词"等。钟嵘"怨愤说"和刘勰"蓄愤说"都注重个体情感的抒发，将"真"的美学内涵赋予"情"，使司马迁的"发愤著书"说更加丰富。

还应注意的是，司马迁"通古今之变"的思想对魏晋南北朝文学理论也有影响。《易传·系辞下》说："穷则变，变则通，通则久。"司马迁将《周易》的通变思想运用到人类社会历史的领域，提出"通古今之变"的史学思想，系统总结三千年历史变化。南朝时期刘勰的《文心雕龙》，其《时序》《才略》等篇概括文学发展史，尤其是《通变》篇谈论文学的继承与发展，都具有历史的眼光。刘勰的文学史思想一般认为来源于《易传》，但司马迁的影响也不应忽略。可见司马迁的著述理论已进入文学的领域而被人接受。②

以上这些说明，《史记》作为文学典范，在不同的文学文本中得到体现。也就是说，汉魏六朝时期的文学，正以各自不同的力量把《史记》往文学的道路上牵引。当然，这只是起步阶段，力量还较弱小。直到唐代，由于古文运动等多方力量，《史记》终于被拉到文学的道路上了，奠定了它的文学地位。随着文学的不断发展，《史记》在后代的文学地位越来越巩固。

---

① （南朝梁）钟嵘著，曹旭集注：《诗品集注》（增订本），上海古籍出版社2011年版，第56页。
② 张新科：《六朝新文学理论的先声——司马迁对魏晋南北朝文论影响三题》一文对此有详述，《陕西师范大学学报》1997年第2期。

第 三 章
唐代：《史记》文学经典地位的奠定

汉魏六朝时期对《史记》文学经典的建构刚刚起步，初步显示出对《史记》一定程度上的文学认可。到了唐代，这一情况发生了很大变化，《史记》文学经典的地位得以正式奠定，我们从以下几个方面对此进行说明。

一 《史记》史学地位的提高对文学经典化的作用

从唐代的文化背景来看，统治者对修史的重视，史学地位的提高，尤其是"正史"地位之尊，使《史记》备受尊崇。由于《史记》史学地位的提高，带动了它的文学地位的提高。

首先，从修史实践来看，纪传体成为修史之宗。唐代从贞观三年到显庆四年（629—659）修纂的八部史书，即《梁书》《陈书》《北齐书》《周书》《隋书》《南史》《北史》《晋书》，全都采用纪传体。《隋书·经籍志》列经史子集四部，而史部正史类又以《史记》为第一，"自是世有著述，皆拟班、马，以为正史，作者尤广。一代之史，至数十家。唯《史记》《汉书》，师法相传，并有解释"[1]。这是从史书修纂实践上对《史记》的纪传体体例加以推举和肯定。以《南史》和《北史》为例，这两部史书继承纪传体通史的撰述体例，其中，《南史》通南朝宋、齐、梁、陈为一史，《北史》通北朝魏、齐、周、隋为一史。李延寿在《北史·序传》中称："凡八代，合

---

[1] （唐）魏徵等：《隋书》卷33，中华书局1973年版，第957页。

为二书，一百八十卷，以拟司马迁《史记》"①，明确表明《南史》《北史》的撰述取法于《史记》。在具体修纂过程中，李延寿以"除其冗长，捃其菁华"②的原则对八部史书中的诏书、表文等进行删削，而于史事部分尽量保留，以突出史书的叙事价值，这也与《史记》的叙述方式相契合。此外，刘知几在《史通·六家》中，将《史记》作为史籍著作的六家之一，并称"自是为国史者，皆用斯法"③。凡此，均体现了《史记》开创的纪传体史书体例的巨大影响力。从文学角度看，纪传体的长处在于以人为核心组织材料，故事完整，情节生动。其中，《晋书》在刻画传主时尤具有突出的故事性和趣味性，而且大量采纳《世说新语》的材料，使传记具有了小说意味。如《王羲之传》《周处传》《嵇康传》《王祥传》等人物传记在描写叙事的过程中"好采诡谬碎事，以广异闻"④，同时对史事加以剪裁，突出人物的个性，一定程度上体现了对《史记》写人叙事手法的借鉴。

其次，史学理论著作对于《史记》的讨论值得关注。司马贞、张守节、刘知几、皇甫湜等人，对司马迁易编年为纪传的创新精神做出了许多肯定性的评论。刘知几的《史通》，是史学史上第一部系统的史学理论著作，其中对《史记》有不少评论。他的《史通》尽管有"抑马扬班"倾向，但对《史记》的评论有许多精彩的见解，对《史记》纪传体的优点也予以肯定："《史记》者，纪以包举大端，传以委曲细事，表以谱列年爵，志以总括遗漏，逮于天文、地理、国典、朝章，显隐必该，洪纤靡失。此其所以为长也。"⑤对"六家""二体"的总结，以及对《左传》《史记》《汉书》等史籍的分析及其评论，显示出刘知几独特的眼光和史学见解。《史通》中的《本纪》《世家》《列传》《表历》《书志》《论赞》《序例》《题目》等篇目，专门讨论纪传体的编纂问题，指出"纪传之兴，肇于《史》《汉》"。对于干宝"盛誉丘明而深抑子长"的错误进行驳斥。可见刘知几对以《史记》为代表的纪传体持肯定态度。另外，刘知几还总结了史传写法、史传目的、史

---

① （唐）李延寿：《北史》卷100，中华书局1974年版，第3345页。
② （唐）李延寿：《北史》卷100，中华书局1974年版，第3345页。
③ （唐）刘知几撰，（清）浦起龙释：《史通通释》卷1，上海古籍出版社2009年版，第8页。
④ （后晋）刘昫等：《旧唐书》卷66，中华书局1975年版，第2463页。
⑤ （唐）刘知几撰，（清）浦起龙释：《史通通释》卷2，上海古籍出版社2009年版，第25页。

传语言等方面的问题，对于读者认识史传的文学价值具有积极意义。其中对于《史记》有褒有贬，如在史传的写法上，刘知几认为《春秋》的写法最佳，而《史记》只能达到史书"好善"这一准则："史者固当以好善为主，嫉恶为次。若司马迁、班叔皮，史之好善者也；晋董狐、齐南史，史之嫉恶者也。必兼此二者，而重之以文饰，其唯左丘明乎！"① 针对《史记》中的"太史公曰"，刘知几在《史通·论赞》中对其予以批评："司马迁始限以篇终，各书一论。必理有非要，则强生其文，史论之烦，实萌于此"②，认为纪传体史书的论赞须有感而发并且形式灵活，是"论者所以辩疑惑，释凝滞"③ 的载体。对《史记》的材料取舍原则，刘知几也提出批评。他不满于将"繁华而失实"的辞赋收入史书中，认为"若马卿之《子虚》《上林》，扬雄之《甘泉》《羽猎》，班固《两都》，马融《广成》，喻过其体，词没其义，繁华而失实，流宕而忘返，无裨劝奖，有长奸诈，而前后《史》《汉》皆书诸列传，不其谬乎！"④ 体现出史家一定的保守性。《史通·载言》认为《史记》记录的对话、诏书等记言类文体影响了史书叙事的连贯性："至于《史》《汉》则不然，凡所包举，务存恢博，文辞入记，繁富为多。是以《贾谊》《晁错》《董仲舒》《东方朔》等传，唯上录言，罕逢载事。夫方述一事，得其纪纲，而隔以大篇，分其次序。遂令披阅之者，有所懵然。后史相承，不改其辙，交错分扰，古今是同。"⑤ 刘知几认为司马迁在选取材料时，不应将这些记言类文字大段录入。至于《史记》"成一家之言"的不朽功业，《史通》则予以全面肯定："古之国史，皆出自一家，如鲁、汉之丘明、子长，晋、齐之董狐、南史，咸能立言不朽，藏诸名山。未闻藉以众功，方云绝笔。"⑥ 关于《史记》中本纪、世家、列传中收入的人物，刘知几也颇有微词。如其认为《陈涉世家》不应归入世家当中。总体来说，刘

---

① （唐）刘知几撰，（清）浦起龙释：《史通通释》卷18，上海古籍出版社2009年版，第493页。
② （唐）刘知几撰，（清）浦起龙释：《史通通释》卷4，上海古籍出版社2009年版，第75页。
③ （唐）刘知几撰，（清）浦起龙释：《史通通释》卷4，上海古籍出版社2009年版，第75页。
④ （唐）刘知几撰，（清）浦起龙释：《史通通释》卷5，上海古籍出版社2009年版，第114—115页。
⑤ （唐）刘知几撰，（清）浦起龙释：《史通通释》卷2，上海古籍出版社2009年版，第30—31页。
⑥ （唐）刘知几撰，（清）浦起龙释：《史通通释》卷20，上海古籍出版社2009年版，第554页。

知几对《史记》的评价有有失偏颇之处,这是特定历史条件下形成的,今人不能过多苛责。在唐代,有关史书"通史"和"编年"两种编撰方式孰优孰劣的问题,皇甫湜的观点更具有代表性,他认为:

> 古史编年,至汉史,司马迁始更其制而为纪传,相承至今,无以移之。历代论者以迁为率私意,荡古法,纪传烦漫,不如编年。湜以为合圣人之经者,以心不以迹,得良史之体者,在适不在同。编年纪传,系于时之所宜,才之所长者耳,何常之有?夫是非与圣人同辩,善恶得天下之中,不虚美,不隐恶,则为纪为传为编年,是皆良史矣。若论不足以析皇极,乱不足以杜无穷,虽为纪传编年,斯皆罪人。且编年之作,岂非以事系日,以日系月,以月系时,以时系年者哉?司马氏作纪,以项羽承秦,以吕后接之,亦以历年不可中废,年不可阙,故书也。观其作传之意,将以包该事迹,参贯话言,纤悉百代之务,成就一家之说,必新制度而驰才力焉。又编年纪事,束于次第,牵于混并,必举其大纲,而简于序事。是以多阙载,多逸文,乃别为著录,以备书之言语而尽事之本末。故《春秋》之作,则有《尚书》,《左传》之外,又为《国语》。可复省左史于右,合外传于内哉!故合之则繁,离之则异,削之则阙。子长病其然也,于是草旧典,开新程,为纪为传,为表为志,首尾具叙述,表里相发明,庶为得中,将以垂不朽。自汉至今,代已更八,年几历千,其间贤人摩肩,史臣继踵,推今古之得失,论述作之利病,各耀闻见,竞夸才能,改其规模,殊其体统,传以相授,奉而道行,而编年之史遂废,盖有以也。唯荀氏为《汉纪》,裴氏为《宋略》,强欲复古,皆为编年。然其善语嘉言,细事详说,所遗多矣,如览正史,方能备明。则其密漏得失,章章于是矣。今之作者,苟能遵纪传之体制,同《春秋》之是非,文敌迁、固,直如南、董,亦无上矣。倘舍源而事流,弃意而征迹,虽服仲尼之服,手绝麟之笔,等古人之章句,署王正之月日,谓之好古则可矣,顾其书何如哉?[①]

---

① (唐)皇甫湜:《皇甫持正集》卷2,《宋蜀刻本唐人集丛刊》,上海古籍出版社2013年版,第30—32页。

皇甫湜对司马迁开创纪传体予以高度评价，"革旧典，开新程"，在史学史上"将以垂不朽"，甚至提出废弃编年的主张，这样的认识在当时是独树一帜的。唐代关于《史记》的五种体例问题，也有不同的看法，如司马贞、刘知几等。① 关于人物传记的分类讨论，在后代也有持续的影响力。② 总之，由史学理论著作而引发的对《史记》的讨论，为《史记》在唐代扩大其影响力起到了促进和推动作用。当然，刘知几的史学理论，在一定程度上对《史记》文学经典的建构也有负面作用，乃至于解构作用。

另外，关于《史记》的标题，在唐代还没有引起人们的足够重视，所以这一方面的评论还不多见。司马迁对《史记》标题的设置，妙题寓旨，情意深长，刘知几的《史通》中设了《题目》篇，说明他对纪传体史书的标题已有所考虑。从研究史来看，对《史记》标题进行分析探讨，到明清以后逐渐多了起来。

特别值得注意的是，唐代以《史记》《汉书》《后汉书》为"三史"，并把三史作为科举考试的一科，可以说从制度方面有力促进了《史记》的广泛传播。中唐时期殷侑《请试史学奏》云：

> 历代史书，皆记当时善恶，系以褒贬，垂谕劝戒。其司马迁《史记》，班固、范蔚宗两《汉书》，旨义详明，惩恶劝善，亚于六经，堪为代教。伏惟国朝故事，国子学有文史直者，宏文馆宏文生并试以《史记》、两《汉书》、《三国志》。又有一史科，近日已来，史学都废。……伏请量前件吏科，每史问大义一百条、策三道，义通七、策通二以上为及第。能通一史者，白身请同五经一传例处分。其有出身及前资官应者，请同学究一经别处分。其有出身及前资官，稍优与处分。其三史皆通者，请录奏闻，特加奖擢。仍请班下两都国子监，任生徒习。③

---

① 司马贞认为《秦本纪》《项羽本纪》不当列入本纪；对于世家，司马贞、刘知几认为它有当立不立、不当立而立等升降失序之病。

② 如洪迈《容斋随笔·续笔》卷14"陈涉不可轻"条（上海古籍出版社1978年版，第383页），钱大昕《十驾斋养新余录》卷中"太史公、李延寿"条（上海书店出版社1983年版，第1096页）都对这一问题作过讨论。

③ （清）董诰等编：《全唐文》卷757，中华书局1983年版，第7855页。

由于科举考试的强大动力,当时也形成了学习《史记》的良好风气。如《旧唐书·儒学传》载欧阳询"博览经史,尤精三史"[1];李玄植"兼习《春秋左氏传》于王德韶,受《毛诗》于齐威,博涉汉史及老、庄诸子之说"[2];高子贡"弱冠游太学,遍涉六经,尤精《史记》"[3];《新唐书·孝友传》载陆士季"从同郡顾野王学《左氏春秋》、司马《史》、班氏《汉书》"[4]。这些都体现了士人们学习《史记》的巨大热情。此外,史书中其他一些记载,如刘伯庄"撰《史记音义》《史记地名》《汉书音义》各二十卷,行于代"[5],王元感"并所注《孝经》《史记》稿草"[6] 等,说明唐代士人已将《史记》作为经典加以学习研究,这一定程度上体现了《史记》在唐代的重要影响力。

二 《史记》注释的突出成就

唐代注释《史记》是其文学经典化的重要因素,如顾柳言《史记音解》30 卷,许子儒《注史记》130 卷、《史记音》3 卷,刘伯庄《史记音义》20 卷、《史记地名》20 卷,王元感《注史记》130 卷,李镇《注史记》130 卷,徐坚《注史记》130 卷,裴安时《史记纂训》20 卷等。这些注本后来都已散佚,从书名可以看出,主要涉及《史记》的文字、读音、地名等。

本时期注释成就最大的是司马贞的《史记索隐》与张守节的《史记正义》。这两部书和南朝刘宋年间裴骃所作的《史记集解》,被后人合称为《史记》"三家注","三家注"的形成是《史记》研究史上第一座里程碑。"三家注"从文字考证、注音释义,到注人、注事、注天文历法、山川草木、鸟兽虫鱼、典章制度等,无所不备,成为后人阅读理解《史记》的重要参考书,对于《史记》的广泛传播具有积极意义。

---

[1] (后晋)刘昫等:《旧唐书》卷 189 上,中华书局 1975 年版,第 4947 页。
[2] (后晋)刘昫等:《旧唐书》卷 189 上,中华书局 1975 年版,第 4950 页。
[3] (后晋)刘昫等:《旧唐书》卷 189 下,中华书局 1975 年版,第 4960 页。
[4] (宋)欧阳修、宋祁:《新唐书》卷 195,中华书局 1975 年版,第 5583 页。
[5] (后晋)刘昫等:《旧唐书》卷 189 上,中华书局 1975 年版,第 4955 页。
[6] (后晋)刘昫等:《旧唐书》卷 189 下,中华书局 1975 年版,第 4963 页。

司马贞《史记索隐序》谈到《史记》在当时的注释情况：

> 逮至晋末，有中散大夫东莞徐广始考异同，作《音义》十三卷。宋外兵参军裴骃又取经传训释作《集解》，合为八十卷，虽粗见微意，而未穷讨论。南齐轻车录事邹诞生亦作《音义》三卷，音则微殊，义乃更略。而后其学中废。贞观中，谏议大夫崇贤馆学士刘伯庄达学宏才，钩深探赜，又作《音义》二十卷，比于徐、邹，音则具矣。残文错节，异音微义，虽知独善，不见旁通。欲使后人从何准的。贞谡闻陋识，颇事钻研，而家传是书，不敢失坠，初欲改更舛错，裨补疏遗，义有未通，兼重注述。然以此书残缺虽多，实为古史。忽加穿凿，难允物情。今止探求异闻，采摭典故，解其所未解，申其所未申者，释文演注，又重为述赞，凡三十卷，号曰《史记索隐》。[①]

在《史记索隐后序》又说：

> 夫太史公纪事，上始轩辕，下讫天汉。虽博采古文及传记诸子，其间残阙盖多，或旁搜异闻以成其说，然其人好奇而词省，故事覈而文微，是以后之学者多所未究。其班氏之书，成于后汉。彪既后迁而述，所以条流更明，且又兼采众贤，群理毕备，故其旨富，其词文，是以近代诸儒共行钻仰。其训诂盖亦多门，蔡谟集解之时已有二十四家之说，所以于文无所滞，于理无所遗。而太史公之书，即上序轩黄，中述战国，或得之于名山坏壁，或取之以旧俗风谣，故其残文断句难究详矣。然古今为注解者绝省，音义亦希。始后汉延笃乃有《音义》一卷，又别有《音隐》五卷，不记作者何人，近代鲜有二家之本。宋中散大夫徐广作《音义》十三卷，唯记诸家本异同，于义少有解释。又中兵郎裴骃，亦名家之子也，作《集解》注本，合为八十卷，见行于代。仍云亦有《音义》，前代久已散亡。南齐轻车录事邹诞生亦撰《音义》三

---

① （唐）司马贞：《史记索隐序》，载司马迁《史记》第10册，中华书局2013年版，第4043—4044页。

卷，音则尚奇，义则罕说。隋秘书监柳顾言尤善此史。刘伯庄云，其先人曾从彼公受业，或音解随而记录，凡三十卷。隋季丧乱，遂失此书。伯庄以贞观之初，奉敕于弘文馆讲授，遂采邹、徐二说，兼记忆柳公音旨，遂作《音义》二十卷。音乃周备，义则更略。惜哉！古史微文，遂由数贤秘宝，故其学殆绝。前朝吏部侍郎许子儒亦作《注义》，不睹其书。崇文馆学士张嘉会独善此书，而无注义。贞少从张学，晚更研寻，初以残阙处多，兼鄙褚少孙诬谬，因愤发而补《史记》，遂兼注之，然其功殆半。乃自唯曰：'千载古史，良难间然。'因退撰《音义》，重作赞述，盖欲以剖盘根之错节，遵北辕于司南也。凡为三十卷，号曰《史记索隐》云。①

通过司马贞的两篇《序言》，我们可以看出几个重要信息：第一，《史记》一书，内容博大，贯穿古今，其价值应充分肯定。第二，《史记》文辞古质，有些地方不易理解。甚至还有许多民间的材料也被司马迁所采纳。第三，与《汉书》相比，注释《汉书》的学者多，而注释《史记》的少。第四，此前学者的注释，如延笃、徐广、邹诞生等，大多偏重于"音"，而对于"义"的挖掘很少，所以自己要探究《史记》隐藏的深意，故名《索隐》。贺次君认为："司马贞之为《索隐》，繁征博引，包罗万有，于《史》文深奥难解之处，多所发明，虽或义有未安，亦不失为《史记》功臣。"② 程金造也说："小司马《索隐》，于《史记》正面训释之外，兼疏裴氏《集解》，或申辨其意旨，或原证其事实，推阐发明，有功读者，固已人所尽知，无待称说。至其博引《史》《汉》各家注释之义，若徐广、邹诞生、刘伯庄，以及胡广、应奉、应劭、服虔、苏林、包恺、邓展、李奇、文颖、项岱、郭璞、张揖、晋灼之辈，则不惟纠正文之抵牾，明裴注之得失，而先儒之旧说，传本之同异，赖此以得以考见。"③ 据应三玉《〈史记〉三家注研

---

① （唐）司马贞：《史记索隐后序》，载司马迁《史记》第 10 册，中华书局 2013 年版，第 4045—4046 页。
② 贺次君：《史记书录》，中华书局 2019 年版，第 63 页。
③ 程金造：《史记索隐引书考实·自序》，中华书局 1998 年版，第 3 页。

究》统计,《索隐》共引158家①,涉及前代及当代。在三家注中,《索隐》引用典籍最多,程金造统计达420种②。在《史记索隐引书考实》中,程金造把司马贞所引用的典籍分为经、史、子、集四部分,其中经部、史部所引较多,如经部《古文尚书》《今文尚书》《诗毛传》《毛诗郑笺》,史部徐广《史记音义》、颜师古《汉书注》、司马彪《续汉书》等;子部、集部所引相对较少,如子部《晏子春秋》《春秋繁露》,集部《楚辞》、挚虞《文章流别集》、司马相如《上林赋》等。从以下例子中就可清楚看出《史记索隐》引征广博的特点:

> 《史记·五帝本纪》:幼而徇齐
>
> 《史记集解》:徐广曰:"《墨子》曰'年踰十五,则聪明心虑无不徇通矣'。"骃案:徇,疾;齐,速也。言圣德幼而疾速也。
>
> 《史记索隐》:斯文未是。今案:徇、齐,皆德也。《书》曰"聪明齐圣",《左传》曰"子虽齐圣",谓圣德齐肃也。又案:《孔子家语》及《大戴礼》并作"叡齐",一本作"慧齐"。叡、慧,皆智也。太史公采《大戴礼》而为此纪,今彼文无作"徇"者。《史记》旧本亦有作"濬齐"。盖古字假借"徇"为"濬",濬,深也,义亦并通。《尔雅》"齐""速"俱训为疾。《尚书大传》曰"多闻而齐给"。郑注云"齐,疾也"。今裴氏注云徇亦训疾,未见所出。或当读"徇"为"迅",迅于《尔雅》与齐俱训疾,则迅濬虽异字,而音同也。又《尔雅》曰"宣、徇,遍也。濬,通也"。是"遍"之与"通"义亦相近。言黄帝幼而才智周遍,且辩给也。故《墨子》亦云"年踰五十,则聪明心虑不徇通矣"。俗本作"十五",非是。案:谓年老踰五十不聪明,何得云"十五"?③

《史记》原文中只有四个字,《集解》只是简单注释,而《索隐》引用

---

① 应三玉:《〈史记〉三家注研究》,凤凰出版社2008年版,第149页。
② 程金造:《史记索隐引书考实·自序》,中华书局1998年版,第3页。
③ (汉)司马迁:《史记》卷1,中华书局2013年版,第2—4页。

七部典籍为原句作注,力求材料充分翔实,旨在辨析诸家的解释,而不是简单地罗列引用,对《集解》的注释也多有辩驳。

此外,《索隐》注释还有内容丰富、方法多样的特点,注重字音、字形、字义的辨析以及注音和文字的变易关系。在注音时既征引各家注音,又反切自注,如《史记·秦本纪》:"女华生大费",《索隐》:"扶味反,一音祕。寻费后以为氏,则扶味反为得。此则秦、赵之祖,嬴姓之先,一名伯翳,《尚书》谓之'伯益',《系本》《汉书》谓之'伯益'是也。"① 在辨字时喜欢考辨古今字形变化,如《史记·夏本纪》:"当帝尧之时,鸿水滔天",《索隐》:"一作'洪'。鸿,大也。以鸟大曰鸿,小曰雁,故近代文字大义者皆作'鸿'也。"② 在释义时既注释原始义,也注释引申义,如《史记·五帝本纪》:"学者多称五帝,尚矣",《索隐》:"尚,上也,言久远也。"③

对于司马贞《索隐述赞》我们也应予以重视。《索隐》在《史记》每一篇最后有《索隐述赞》,以四言形式出现,这是一个新的变化。其作用在于,一是总结历史事件、历史人物;二是体现司马贞个人的思想感情;三是对《史记》的传播具有积极意义。而且《索隐述赞》在每篇文章最后以四言的形式总结内容,抒发感情,也表现出一些特定的文学特点:第一,《索隐述赞》在形式上都是以四言为一句,两句为一联,每联句尾尽量押韵,中途还会出现换韵;第二,《索隐述赞》大多是先对《史记》各篇内容进行总结,然后在最后一联抒发感情与议论;第三,《索隐述赞》在最后多用"嗟彼""贤哉""哀哉""惜哉"等语气词抒发个人情感。如《史记·五帝本纪》后《索隐述赞》曰:"帝出少典,居于轩丘。既代炎历,遂禽蚩尤。高阳嗣位,静深有谋。小大远近,莫不怀柔。爰洎帝喾,列圣同休。帝挚之弟,其号放勋。就之如日,望之如云。郁夷东作,昧谷西曛。明扬仄陋,玄德升闻。能让天下,贤哉二君!"④ 先总结五帝功绩,最后以"能让天下,贤哉二君"抒发对尧、舜的赞扬之情。又如《史记·李将军列传》后《索隐述赞》曰:"猿臂善射,实负其能。解鞍却敌,圆阵摧锋。边郡屡守,大

---

① (汉)司马迁:《史记》卷5,中华书局2013年版,第223—224页。
② (汉)司马迁:《史记》卷2,中华书局2013年版,第64页。
③ (汉)司马迁:《史记》卷1,中华书局2013年版,第54—55页。
④ (汉)司马迁:《史记》卷1,中华书局2013年版,第56页。

军再从。失道见斥，数奇不封。惜哉名将，天下无双！"① 前八句总结李广将军的生平大事，最后两句既表达了司马贞的惋惜之情，也使"天下无双"的李将军形象更广为人知。

特别注意的是，司马贞在《史记·五帝本纪》之前还补作了《三皇本纪》。司马贞引诸家"三皇五帝"之说，在《史记·五帝本纪》之前又增补了有关伏羲、女娲、神农等诸位上古时期神话传说人物与部落首领的历史，以其为天皇、地皇、人皇而作《三皇本纪》。虽然司马贞所补的《三皇本纪》一直难以被大众接受，其他《史记》版本也少见选录其文，但他引用多种材料记录三皇历史，构建了"三皇五帝"的古史系统，这一贡献不应被磨灭。

唐代《史记》注释的另一大家是张守节。其《史记正义序》云：

> 笔削冠于史籍，题目足以经邦。裴骃服其善序事理，辩而不华，质而不俚，其文直，其事核，不虚美，不隐恶，故谓之实录。自刘向、杨雄，皆称良史之才。况坟典湮灭，简册阙遗，比之《春秋》，言辞古质，方之《两汉》，文省理幽。守节涉学三十余年，六籍九流地里苍雅锐心观采，评《史》《汉》诠众训释而作正义，郡国城邑，委曲申明，古典幽微，窃探其美，索理允惬，次旧书之旨，兼音解注，引致旁通，凡成三十卷，名曰《史记正义》。发挥膏肓之辞，思济沧溟之海，未敢俟诸祕府，冀训诂而齐流，庶贻厥子孙，世畴兹史。②

《史记正义》成书于唐开元二十四年（736）。张守节的目的是在前人基础上对《史记》进行注释。程金造认为，"由于张守节《正义》之体制，是六朝时代'义疏'的作法，对注文虽也推阐发明，但其所针对者，主要是正文。至于注文，则结合不尽紧密，不似孔颖达之疏解五经，寸步不离，犹恐失之的状态。"③ 《正义》对前代注释有一定的吸收和辩驳，《正义》

---

① （汉）司马迁：《史记》卷109，中华书局2013年版，第3479页。
② （唐）张守节：《史记正义序》，载司马迁《史记》第10册，中华书局2013年版，第4057—4058页。
③ 程金造：《史记管窥》，陕西人民出版社1985年版，第169页。

引各家90家①,《括地志》最多,但重点是对《史记》原文的注解和辨析,特别注重地理山川,典章制度。如注山川地理,《史记·夏本纪》:"东出陶丘北",《史记正义》:"《括地志》云'陶丘在濮州鄄城西南二十四里'。又云在曹州城中,徐才宗《国都城记》云此城中高丘,即古之陶丘。"② 注礼仪制度,《史记·大宛列传》:"大月氏在大宛西可二三千里",《史记正义》:"康泰《外国传》云:'外国称天下有三众:中国为人众,秦为宝众,月氏为马众也。'"③ 注史事义理,《史记·秦始皇本纪》:"四月寒冻,有死者",《史记正义》:"四月建巳之月,孟夏寒冻,民有死者,以秦法酷急,则天应之而史书之。故《尚书·洪范》云'急,常寒若',孔《注》云'君行急,则常寒顺之'。"④ 可见《史记正义》还是很有特点的。

《史记正义》因成书较晚,所以在注释时也会驳斥别家的注释,并更正《集解》的错误,如《史记·司马相如列传》:"于是乎蛟龙赤螭",《史记正义》:"螭,丑知反。文颖云'龙子为螭',张揖曰'雌龙也',二说皆非。"⑤ 此外,所引典籍中以《括地志》最为突出。张守节注释地名时,基本以《括地志》为依据,《括地志》也因其广泛征引而得以保存。

总之,《索隐》和《正义》两书,广引众说,并有辨析和纠正。司马贞长于辩驳,张守节长于地理,要皆龙门功臣,难以偏废。这两部注解《史记》的著作,对于《史记》经典化起了重要作用。随着《史记》的不断传播和经典化的不断发展,这两部书与裴骃的《史记集解》一起,也成为注释的经典之作,至今仍具有十分重要的价值。

三 古文运动与《史记》文学地位的奠定

《新唐书·艺文上》载:"唐有天下三百年,文章无虑三变。"⑥ 初唐文

---

① 应三玉:《〈史记〉三家注研究》,凤凰出版社2008年版,第215页。
② (汉)司马迁:《史记》卷2,中华书局2013年版,第92页。
③ (汉)司马迁:《史记》卷123,中华书局2013年版,第3839页。
④ (汉)司马迁:《史记》卷6,中华书局2013年版,第297页。
⑤ (汉)司马迁:《史记》卷117,中华书局2013年版,第3662页。
⑥ (宋)欧阳修、宋祁:《新唐书》卷201,中华书局1975年版,第5725页。

坛延续了六朝骈文藻饰之风，尽管王勃、杨炯等人也曾主张改变六朝以来的淫靡文风，但唐王朝政权统治秩序的逐渐稳定并未为有效的文风改革提供条件。从唐高宗统治后期开始，土地兼并，赋税日重，以及对外用兵，使得社会矛盾不断加剧。武则天时期，出于维护篡权政治的需要，在一定程度上对庶族地主施行了放政权，容直言，纳谏诤，奖掖新进的政治举措。这样的政治风气为求新求变的士人发声提供了机会，陈子昂等庶族地主阶层在这一时期登上政治舞台，呼吁改革文风以变革政事，成为唐代古文运动的先驱。至唐玄宗开元二十四年（736），以张九龄罢相为标志，唐代政治形势急转直下，原先隐藏在社会中的矛盾伴随着奸臣当道、开边战争、土地兼并等因素逐渐激化，最终导致了安史叛军的大动乱。在此期间，萧颖士、李华、独孤及、元结等人先后走上文坛，进一步推动了古文运动思想的发展。"安史之乱"平定之后，唐王朝已陷于分裂割据的状态，强藩分立，列镇相望。伴随着唐肃、代、德宗时代社会的更加动乱，王朝统治危机的加剧，统治集团内部出现了变革现状，革新自强的要求，改革派声音渐起。贞元、元和之际，韩愈、柳宗元等人企图借"古文"的方式复兴儒学，已达到政治改革的目的。如果说初唐王勃、杨炯要求变革文风更多的是延续隋代以来对六朝文风的不满，武则天时期陈子昂等人倡导文体革新尚没有提出明确的"明道"主张，那么随着社会矛盾的加剧与政治形势的变化，从萧颖士、李华开始，到韩愈、柳宗元，文学创作宗圣、尊经、明道的主张逐渐明确，最初形成以"文以明道"为理论纲领的"古文运动"，并凭借韩、柳二人强大的文学才情与个人影响力，使得古文运动从思想领域付诸到文学实践。

唐代韩愈、柳宗元掀起的古文运动，举起了向《史记》文章学习的旗帜，使《史记》所蕴藏的丰富的文学宝藏得到前所未有的认识和开发，这是《史记》文学经典建构的重要因素。韩愈爱好《史记》的文章，如柳宗元所说："退之所敬者，司马迁、扬雄。"① 韩愈自己在《进学解》中称自己作文时，"上规姚姒，浑浑无涯……下逮《庄》《骚》、太史所录"②。清人

---

① （唐）柳宗元：《柳宗元集》卷34，中华书局1979年版，第882页。
② （唐）韩愈著，马其昶校注，马茂元整理：《韩昌黎文集校注》卷1，上海古籍出版社2014年版，第51页。

刘熙载说："昌黎谓柳州文雄深雅健，似司马子长。观此评，非独可知柳州，并可知昌黎所得于子长处"；"太史公文，韩得其雄"。[1] 可见，韩愈文章的雄健风格来自司马迁。唐代另一位散文大家柳宗元以"峻洁"称赞《史记》的总体风貌，在《答韦中立论师道书》中说"参之太史以著其洁"[2]，在《与杨京兆凭书》中说"峻如马迁"[3]，可见司马迁对柳宗元的影响。韩愈、柳宗元等当时在文坛上很有影响的大人物从文学实践上学习《史记》，奠定了《史记》在文学史上的地位。韩愈、柳宗元等古文家对《史记》的学习主要表现在人物传记的类型、文章的章法结构、创作风格以及语言的运用等方面，在此基础上，古文家逐渐将《史记》建构为文学经典。以下兹列举说明。

首先，他们重视《史记》深刻的思想内涵。根本而言，古文运动是由中唐时期儒学复兴和政治革新所触发，带动文体改革，其核心思想是"文以载道""文以明道"，从而发挥文学的社会服务功能。社会政治改革的宗旨和"挽狂澜于既倒"的社会责任感，促使古文家越过六朝华丽骈文，把眼光投向先秦两汉散文。先秦两汉散文古朴深邃，内涵丰富，针对现实问题提出思想主张，无论政论文还是史传文都具有浓厚的政治色彩。古文运动把先秦两汉散文作为典范，《史记》自然是学习的榜样之一。正如元代刘埙《隐居通议》所说，韩愈"尝自泄其机矣，曰'非三代两汉之书不观'。所谓两汉，非班、马耶？"[4]《史记》体大思精，"究天人之际，通古今之变，成一家之言"，显示出独特的思想价值，也显示了司马迁在大一统时代强烈的使命感和责任感。因此，《史记》成为古文家"文以载道"思想的重要来源。

其次，古文家高度认可《史记》的文学风格、文学价值。韩愈、柳宗元把司马迁作为汉代古文大家而纳入文学的领域。韩愈在《答刘正夫书》中说："汉朝人莫不能为文，独司马相如、太史公、刘向、扬雄为之最。"[5]

---

[1] （清）刘熙载：《艺概·文概》，上海古籍出版社1978年版，第13页。
[2] （唐）柳宗元：《柳宗元集》卷34，中华书局1979年版，第873页。
[3] （唐）柳宗元：《柳宗元集》卷30，中华书局1979年版，第789页。
[4] （元）刘埙：《隐居通议》卷18，中华书局1985年版，第190页。
[5] （唐）韩愈著，马其昶校注、马茂元整理：《韩昌黎文集校注》卷3，上海古籍出版社2014年版，第232页。

白居易《韩愈比部郎中史馆修撰制》说："（韩愈）学术精博，文力雄健，立词措意，有班、马之风。"① 司马迁笔力雄健，感情充沛，文势或疏宕有致，或如江河滚滚而来。韩愈的文章也纵横恣肆，浑浩流转。韩愈学习司马迁，以多样的表现方式来增强文章的气势。前文已述，柳宗元以"峻洁"称赞《史记》的总体风貌，在《报袁君陈秀才避师名书》中说"太史公甚峻洁，可以出入"②。清蔡世远所编《古文雅正》卷九说柳宗元"文笔酷似子长"③，可见柳宗元对《史记》文风的认可与学习。古文运动的另一重要人物李翱在《答朱载言书》中云："司马迁、相如、刘向、扬雄，皆足以自成一家之文，学者之所师归也。"④ 古文家对《史记》的推崇与学习也使他们自己的文学地位得以提升，如对韩愈、柳宗元所作的墓志铭，章学诚评论道："六朝骈丽，为人志铭，铺排郡望，藻饰官阶，殆于以人为赋，更无质实之意。是以韩柳诸公，力追《史》《汉》叙事，开辟榛芜。其事本为变古，而光昌博大，转为后世宗师。"⑤ 古文家对《史记》叙事的认可与学习，说明《史记》在文学上的地位已经树立起来。

再次，古文家对司马迁"发愤著书"的理论与实践有所继承与发展。司马迁在《报任安书》中说："西伯拘而演《周易》；仲尼厄而作《春秋》；屈原放逐，乃赋《离骚》；左丘失明，厥有《国语》；孙子膑脚，兵法修列；不韦迁蜀，世传《吕览》；韩非囚秦，《说难》《孤愤》；《诗》三百篇，大抵圣贤发愤之所为作也。此人皆意有所郁结，不得通其道，故述往事，思来者。"⑥ 这是司马迁创作《史记》的强大动力，实质上阐明了文学与政治、文学与生活的关系，以及个人的身世遭遇对文学创作的巨大影响。古文家对此理论有新的发展，如权德舆在《梓州刺史权公文集序》中明确提出文章"舒愤懑"的主张。韩愈在《送孟东野序》一文中说："大凡物不得其平则鸣，……人之于言也亦然：有不得已者而后言，其歌也有思，其哭也有怀，凡出

---

① （唐）白居易著，朱金城笺校：《白居易集笺校》卷55，上海古籍出版社1988年版，第3190页。
② （唐）柳宗元：《柳宗元集》卷34，中华书局1979年版，第880页。
③ （清）蔡世远：《古文雅正》，雍正三年念修堂刻本。
④ （唐）李翱：《李文公集》，《文渊阁四库全书》第1078册，台北：台湾商务印书馆1986年版，第129页。
⑤ （清）章学诚：《章学诚遗书》，文物出版社1985年版，第76页。
⑥ （汉）班固：《汉书》卷62，中华书局1962年版，第2735页。

乎口而为声者，其皆有弗平者乎！"① 在《荆潭唱和诗序》中进一步说："夫和平之音淡薄，而愁思之声要妙；谨愉之辞难工，而穷苦之言易好也。是故文章之作，恒发于羁旅草野；至若王公贵人气满志得，非性能而好之，则不暇以为。"② 其"不平则鸣"理论是司马迁"发愤著书"理论在唐代的进一步发展。从实践上看，柳宗元的发愤创作最有代表性，他在"惊风""密雨"的政治环境中表现出文人的大无畏精神，不幸的政治遭遇却成就了他在文学上的辉煌成就，正如韩愈《柳子厚墓志铭》所说："子厚斥不久，穷不极，虽有出于人，其文学辞章，必不能自力以致必传于后如今，无疑也。"③可见司马迁"发愤著书"理论及在逆境中立言的精神，为古文家树立了典范。

古文运动不只在理论上认可《史记》的文学价值，更重要的是，韩愈、柳宗元等人在文学实践上学习《史记》，从人物传记的类型到文章的章法结构，从创作风格到语言的运用，都有《史记》的影子。

韩愈在《进学解》中说自己作文时，"上规姚姒，浑浑无涯……下逮《庄》《骚》、太史所录"④。宋代李塗《文章精义》说："退之《圬者王承福传》，叙事论议相间，颇有太史公《伯夷传》之风。"⑤ 宋代吴子良《荆溪林下偶谈》卷1云："退之《获麟解》……句法盖祖《史记·老子传》。"⑥ 元代刘壎《隐居通议》卷18说："韩文世谓其本于经，或谓出于孟子。然其碑铭，妙处实本太史公也。"⑦ 元代程端礼《昌黎文式》卷2云："《送幽州李端公序》……此篇似《史记》文。"明代胡应麟《少室山房笔丛》卷13

---

① （唐）韩愈著，马其昶校注、马茂元整理：《韩昌黎文集校注》卷4，上海古籍出版社2014年版，第260页。
② （唐）韩愈著，马其昶校注、马茂元整理：《韩昌黎文集校注》卷4，上海古籍出版社2014年版，第294页。
③ （唐）韩愈著，马其昶校注、马茂元整理：《韩昌黎文集校注》卷7，上海古籍出版社2014年版，第572页。
④ （唐）韩愈著，马其昶校注、马茂元整理：《韩昌黎文集校注》卷1，上海古籍出版社2014年版，第51页。
⑤ （宋）李塗：《文章精义》，中华书局香港分局1977年版，第64页。
⑥ （宋）吴子良：《荆溪林下偶谈》，《文渊阁四库全书》第1481册，台北：台湾商务印书馆1986年版，第489页。
⑦ （元）刘壎：《隐居通议》卷18，中华书局1985年版，第190页。

云:"《毛颖传》足继太史。"① 明代茅坤《唐宋八大家文钞》评《张中丞传后叙》云:"通篇句、字、气,皆太史公髓。"② 这些评论足以说明韩愈从《史记》中汲取力量。柳宗元的散文以峻洁著称,所谓"洁",不仅指文字的简洁,更重要的是指剪裁精审且能把笔墨用到要害处。清代方苞《望溪集》文集卷2指出这一点:"柳子厚称《太史公书》曰'洁',非谓辞无芜累也,盖明于体要,而所载之事不杂,其气体为最洁耳。"③ 柳宗元的叙事文章不仅深得《史记》荡漾疏散吞吐之妙,而且在取材上和司马迁一样有爱奇倾向。如《童区寄传》的区寄年仅11岁,却能机智勇敢地杀掉掠卖自己的两个豪贼。清孙琮《山晓阁选唐大家柳柳州全集》卷4评之曰:"事奇、人奇、文奇。叙来简老明快,在柳州集中,又是一种笔墨。即语史法,得龙门之神。"④ 柳宗元往往借传记发表议论,如《种树郭橐驼传》,传记是次,议论为主,可见受到《史记·伯夷列传》等作品的影响。柳宗元其他人物传记如《段太尉逸事状》等也颇有《史记》神韵。他笔下的山水游记虽无奇事、奇人,但颇有奇气,也可说是"得龙门之神"。总体来看,韩愈、柳宗元的传记散文大量选择下层人物,且富于强烈的批判精神,充满浓厚的感情色彩,这些特点都体现出《史记》的影响。唐代古文运动高举学习先秦两汉散文的大旗,这对《史记》文学经典的确立起了积极作用。李长之《司马迁之人格与风格》中指出"司马迁是被后来的古文家所认为宗师的。其中几乎有着'文统'的意味"⑤,此论颇为中的。可以说,古文运动确立了司马迁古文宗师的地位。

四 《史记》在诗歌、传奇领域的传播与接受

唐代不只是在散文领域将《史记》作为文学经典,在诗歌、传奇以及

---

① (明)胡应麟:《少室山房笔丛》卷13,上海书店出版社2001年版,第135页。
② (明)茅坤:《唐宋八大家文钞》,《文渊阁四库全书》第1383册,台北:台湾商务印书馆1986年版,第126页。
③ (清)方苞著,刘季高校点:《方苞集》卷2,上海古籍出版社1983年版,第56页。
④ 尚永亮、洪迎华编选《柳宗元集》引,凤凰出版社2007年版,第216页。
⑤ 李长之:《司马迁之人格与风格》,生活·读书·新知三联书店2013年版,第394页。

其他方面也对《史记》有着广泛的传播和接受。

唐代是诗歌繁荣兴盛时期,唐诗中许多作品都运用了《史记》中的人物和事迹典故。据赵望秦、蔡丹《史记与咏史诗》统计,取材于《史记》各篇章的唐代咏史诗创作总数为624首,约占唐代咏史诗总数的31.2%。[1] 唐代的咏史诗大家,如陈子昂、李白、杜甫、刘禹锡、白居易、杜牧、李商隐等,都创作了从《史记》中取材的优秀咏史诗篇。中晚唐时期,一些诗人专职写作咏史诗,如胡曾《咏史》组诗共有150首,其中有70多首直接取材于《史记》[2]。大量的咏史诗进一步扩大了历史人物在文学领域中的影响,诗人们通过《史记》中的人物和事迹尽情歌咏,肆意抒发。如唐诗中涉及《李将军列传》典故的诗歌就有一百多篇,而这些诗歌角度不同,风格各异。如李白在《赠张相镐二首》中称:"本家陇西人,先为汉边将。功略盖天地,名飞青云上。苦战竟不侯,富年颇惆怅,世传崆峒勇,气激金风壮。"[3] 李白将李广视为自己的先祖,言辞之中充溢着豪迈的气概。有关李广的咏史诗,以王昌龄的《出塞》和高适的《燕歌行》最为有名,"但使龙城飞将在,不教胡马度阴山"[4] "君不见沙场征战苦,至今犹忆李将军"[5],把对大将军李广的崇敬、赞美以及怀念抒发得淋漓尽致。晚唐诗人李商隐的《旧将军》则是借李广的事迹来针砭时弊,"云台高议正纷纷,谁定当时荡寇勋。日暮灞陵原上猎,李将军是故将军。"[6] 李商隐在这首诗中为唐代平叛有功的将领得不到封赏而气愤,这是典型的以古人事浇胸中块垒。《史记·李将军列传》也在这些歌咏和抒发中得以实现经典化。又如,司马迁笔下的荆轲是悲剧英雄,其"知其不可为而为之"的刺客信念打动了无数文人。魏晋以来,阮瑀《咏史诗(之二)》、左思《咏史(之六)》、陶渊明《咏荆轲》等均从不同角度赞扬荆轲的英雄气概。这些古诗篇幅较长,一般

---

[1] 赵望秦、蔡丹等:《史记与咏史诗》,三秦出版社2012年版,第16页。
[2] 赵望秦《唐代咏史组诗考论》(三秦出版社2003年版)、《胡曾咏史诗研究》(中国社会科学出版社2008年版)以及《史记与咏史诗》(三秦出版社2012年版)等著作对此问题进行了全面研究,可供参考。
[3] (清)彭定求等编:《全唐诗》卷170,中华书局1960年版,第1757页。
[4] (清)彭定求等编:《全唐诗》卷143,中华书局1960年版,第1444页。
[5] (清)彭定求等编:《全唐诗》卷213,中华书局1960年版,第2217页。
[6] (清)彭定求等编:《全唐诗》卷540,中华书局1960年版,第6209页。

按事件发生的过程采取线性结构加以书写。唐代咏荆轲的诗则别开生面，将浓郁的情感浓缩在绝句当中，体现了唐诗绝句的体制特点，耐人吟咏。如骆宾王的《于易水送别》："此地别燕丹，壮士发冲冠。昔时人已没，今日水犹寒"①，将历史中的深邃场景与今日送别的清冷体验相结合，同时抒发自己的壮志未酬之感。而王昌龄、柳宗元以及刘叉等诗人，则明确质疑荆轲慷慨赴死的价值和意义。如刘叉的《嘲荆轲》："白虹千里气，血颈一剑义。报恩不到头，徒作轻生士！"② 除以上历史人物之外，《史记》中的明君贤臣都是诗人们热衷吟咏的对象。如初唐诗人王珪的《咏汉高祖》云："汉祖起丰沛，乘运以跃鳞。手奋三尺剑，西灭无道秦。十月五星聚，七年四海宾。高抗威宇宙，贵有天下人。忆昔与项王，契阔时未伸。鸿门既薄蚀，荥阳亦蒙尘。虮虱生介胄，将卒多苦辛。爪牙驱信越，腹心谋张陈。赫赫西楚国，化为丘与榛。"③ 此诗按照刘邦的生平经历来展开，将刘邦一生的功绩浓缩入诗，末尾"赫赫西楚国，化为丘与榛"一句，具有强烈的以古鉴今之意。李白的《古风五十九》（其十）吟咏的是具有侠肝义胆，但同时又功成身退的鲁仲连，其诗云："齐有倜傥生，鲁连特高妙。明月出海底，一朝开光曜。却秦振英声，后世仰末照。意轻千金赠，顾向平原笑。吾亦澹荡人，拂衣可同调。"④ 在这首诗中，李白将鲁仲连视为理想人格的化身，并将其作为跨越时空的"同调"与知己。"高妙""光耀""英声"等处则直接体现出李白对鲁仲连无与伦比的钦佩之情。柳宗元的《咏三良》，延续了此前同情三良的咏史诗情感基调，同时指出导致三良殉葬悲剧的主谋并非秦穆公，而是他的儿子秦康公，颇有新意。其诗云："束带值明后，顾盼流辉光。一心在陈力，鼎列夸四方。款款效忠信，恩义皎如霜。生时亮同体，死没宁分张。壮躯闭幽隧，猛志填黄肠。殉死礼所非，况乃用其良。霸基弊不振，晋楚更张皇。疾病命固乱，魏氏言有章。从邪陷厥父，吾欲讨彼狂。"⑤ 尤其是诗歌末尾的"吾欲讨彼狂"，强烈地表现了作者的不满与愤慨，读来令人动

---

① （清）彭定求等编：《全唐诗》卷79，中华书局1960年版，第863页。
② （清）彭定求等编：《全唐诗》卷395，中华书局1960年版，第4446页。
③ （清）彭定求等编：《全唐诗》卷30，中华书局1960年版，第429页。
④ （清）彭定求等编：《全唐诗》卷161，中华书局1960年版，第1672页。
⑤ （清）彭定求等编：《全唐诗》卷353，中华书局1960年版，第3959页。

容。诗人们将自身体验、现实处境、家国之思等融入咏史诗作中,通过场景的鲜明刻画、情感的真实抒发来表达对历史人物、事件的看法,从而达到史事、人物、情感的有机统一。

唐代最有成就的大诗人杜甫,也从《史记》中汲取营养。刘熙载《艺概·诗概》认为:"杜陵五七古叙事,节次波澜,离合断续,从《史记》得来,而苍莽雄直之气,亦逼近之。毕仲游但谓杜甫似司马迁而不系一辞,正欲使人自得耳。"① 刘熙载认为杜诗的结构承转与《史记》相类,清人厉志在《白华山人诗说》卷2也说:"太史公篇法之妙,独少陵常用之于诗。"② 杜甫诗歌的起承转合以及开阖之妙,与《史记》相类。宋代周紫芝在《竹坡诗话》中说:"凡诗人作语,要令事在语中而人不知。余读太史公《天官书》:'天一、枪、棓、矛、盾动摇,角大,兵起。'杜少陵诗云:'五更鼓角声悲壮,三峡星河影动摇。'盖暗用迁语,而语中乃有用兵之意。诗至于此,可以为工也。"③ 此外,清人乔亿在《剑溪说诗》中称:"咏史诗当如龙门诸赞,抑扬顿挫,使人一唱三叹。咏古人即来摭古人事迹,定非高手。试看老杜咏昭烈、武侯诗极多。何尝实填一事?而俯仰伤怀,将五百余年精神如相契合,是何等胸次也。"④ 正如前人所评论的那样,杜甫直接吟咏《史记》相关人、事的作品不多,杜诗重在对《史记》内在精神的学习。杜甫以如椽巨笔,真实地记载了唐帝国"安史之乱"的历史,其"三吏""三别"堪与司马迁的"实录"相比拟。杜甫自身也在诗中赞美良史笔法,"直笔在史臣"(《八哀诗·故司徒李光弼》)、"美名光史臣,长策何壮观"(《舟中苦热遣怀,奉呈阳中丞通简台省诸公》)等处表明其对实录精神的认同。"边庭流血成海水,武皇开边意未已"(《兵车行》)、"朱门酒肉臭,路有冻死骨"(《自京赴奉先县咏怀五百字》)、"朝野欢娱后,乾坤震荡中"(《寄贺兰铦》)、"落日留王母,微风倚少儿。宫中行乐秘,少有外人知"

---

① (清)刘熙载:《艺概·诗概》,上海古籍出版社1978年版,第60页。
② (清)厉志:《白华山人诗说》,载郭绍虞编选《清诗话续编》,上海古籍出版社1983年版,第2287—2288页。
③ (宋)周紫芝:《竹坡诗话》,载(清)何文焕《历代诗话》(上),中华书局2004年版,第346页。
④ (清)乔亿:《剑溪说诗》卷下,载郭绍虞编选《清诗话续编》,上海古籍出版社1983年版,第1101页。

（《宿昔》）均体现出实录精神，其对朝政现实的批判和揭露达到了一个新的高度。杜甫对《史记》的学习还体现在将《史记》的人物传记式写法引入诗歌中，创作出的诗歌叙事性强，人物形象鲜明完整。如《八哀诗》按照将帅、友人、贤相的顺序，一一对友人进行缅怀，所写人物为王思礼、李光弼、严武、汝阳王李琎、李邕、苏源明、郑虔、张九龄等八人。全诗按照人物的生平，抓住人物的个性进行摹画。如首篇《赠司空王公思礼》开篇即云："司空出东夷，童稚刷劲翮。追随燕蓟儿，颖锐物不隔。服事哥舒翰，意无流沙碛。未甚拔行间，犬戎大充斥。短小精悍姿，屹然强寇敌。贯穿百万众，出主由咫尺。"① 先写少年时代的生活，既而写他青壮年时代入哥舒翰幕，勇敢善战的经历。诗篇始终将个人的经历与历史大事件结合起来，个人的命运与时代的浮沉紧紧联系在一起。在关键处又能做到似断实连，传其神韵。《赠司空王公思礼》中"潼关初溃散，万乘犹辟易。偏裨无所施，元帅见手格。太子入朔方，至尊狩梁益。胡马缠伊洛，中原气甚逆。肃宗登宝位，塞望势敦迫。公时徒步至，请罪将厚责。际会清河公，间道传玉册。天王拜跪毕，谠论果冰释。"② 与全篇塑造人物的光辉事迹不同，这里详细写王思礼在潼关兵败一事中的尴尬与挫折，就能使人物形象更为立体饱满，这也是《史记》手法的成功运用。总而言之，作为唐代转益多师的诗歌大家，杜甫善于从前代优秀文学中汲取营养，并从多方面对《史记》加以吸收与学习，从中我们亦可体会《史记》的价值与影响力。

唐代的传奇小说，在形式结构、人物刻画上学习《史记》人物传记的特点③。首先，从体制上看，唐传奇对《史记》多有接受。唐代传奇的题目，如《柳毅传》《霍小玉传》《南柯太守传》《李娃传》《莺莺传》《长恨歌传》《古镜记》《枕中记》《秦梦记》等，离不开"传""记"二字，而且都以人作为主要对象（个别夹杂着志怪），故事曲折动人。《史记》中的传记开头往往介绍传主的籍贯、家世、外貌等，人物的事迹由此展开。唐传奇开头借鉴开篇对人物进行简单介绍的模式，如《李娃传》的开篇："汧国夫

---

① （唐）杜甫著，（清）仇兆鳌注：《杜诗详注》卷16，中华书局1979年版，第1373—1374页。
② （唐）杜甫著，（清）仇兆鳌注：《杜诗详注》卷16，中华书局1979年版，第1375—1376页。
③ 李少雍《司马迁传记文学论稿》（重庆出版社1987年版）一书，对《史记》与唐传奇的关系问题进行了全面而深入的探讨。

人李娃，长安之倡女也。节行瑰奇，有足称者。"①《莺莺传》的开头："贞元中，有张生者，性温茂，美风容，内秉坚孤，非礼不可入。"② 在交代人物的结局命运时，唐传奇采取直接交代或者存疑的方式，这也体现了对《史记》的借鉴。如《李娃传》《任氏传》《霍小玉传》都直接指出人物的最终命运，给人以真实之感。而如《谢小娥传》，则以"告我归牛头山，扁舟泛淮，云游南国，不复再遇"③ 结尾，没有明确说明谢小娥为父亲和丈夫报完仇以后去往哪里，使人不免联想到《史记·老子韩非子列传》中"莫知其所终"的人物结局。另外，唐传奇结尾仿照《史记》的论赞形式，对小说中的主人公发表看法。如《李娃传》："嗟乎！倡荡之姬，节行如是，虽古先烈女，不能踰也。焉得不为之叹息哉！"④《任氏传》的结尾："嗟呼，异物之情也有人焉！遇暴不失节，徇人以至死，虽今妇人，有不如者矣。"⑤司马迁常常在论赞中寄寓褒贬，唐传奇作者通过对这一形式的借鉴来寄托自身的爱憎及善恶观念。

唐传奇在人物的塑造上，也吸收了《史记》纪传体刻画人物的方法。《史记》在写人时，往往剪裁得当，浓淡相宜，抓住能体现人物性格的典型事件来加以描摹。如《淮阴侯列传》中，司马迁并没有对韩信参与的各类战争细细地加以描绘，而是张弛有度，穿插了韩信受胯下之辱、受餐于漂母以及报答漂母、原谅屠中少年的事迹，通过这些细节，韩信的人物形象更加立体饱满了。《项羽本纪》中，当项羽面临四面楚歌的绝境时，项羽自作《垓下歌》，泣数行下，而"左右皆泣，莫能仰视"，这八个字就烘托出了英雄末路的悲壮气氛，令人动容。在唐传奇中，像《史记》这样利用细节丰富人物个性，突出人物心态的描写不在少数。如在皇甫枚的《飞烟传》中，当步非烟和赵象的爱情秘密被丈夫武公业发现了之后，"乃入室，呼飞烟诘之。飞烟色动声战，而不以实告。公业愈怒，缚之大柱，鞭楚血流。但云：'生得相亲，死亦何恨！'深夜，公业怠而假寐。飞烟呼其所爱女仆曰：'与

---

① 汪辟疆校录：《唐人小说》，上海古籍出版社 1978 年版，第 100 页。
② 汪辟疆校录：《唐人小说》，上海古籍出版社 1978 年版，第 135 页。
③ 汪辟疆校录：《唐人小说》，上海古籍出版社 1978 年版，第 95 页。
④ 汪辟疆校录：《唐人小说》，上海古籍出版社 1978 年版，第 106 页。
⑤ 汪辟疆校录：《唐人小说》，上海古籍出版社 1978 年版，第 47 页。

我一杯水。'水至,饮尽而绝。"① 这里,"色动声战"写出了步非烟面对强暴的夫权时内心的振恐;"生得相亲,死亦何恨"写出了步非烟对理想爱情的坚定;"水至,饮尽而绝"则体现了步非烟的坚毅不屈,充溢着人物走向死亡的悲剧感。唐代传奇小说对《史记》外在形态和内在写法上的继承,一方面体现了《史记》对中国古典传统小说的沾溉;从另一个方面来说,唐传奇的写作、流传也进一步扩大了《史记》的影响力。

唐代类书《初学记》《艺文类聚》等大量引用《史记》,据统计,《艺文类聚》征引《史记》的条目为302条,这些引文分散在《艺文类聚》75卷的173个类目中,占全书总类目的24%。② 在这当中,《史记》的列传部分被征引次数最多。作为大型类书,《艺文类聚》按类别征引《史记》,并对《史记》的篇章内容进行了适度删减和概括。如《人部十九·奴》引《史记》曰:"诸吕擅权,陆贾曰:天下安危,注意将相,将相和则士豫附,陈遂结欢太尉,以奴百人遗贾。"③ 此处的"天下安危,注意将相"由原文《郦生陆贾列传》中的"天下安,注意相;天下危,注意将"概括而来,在不改变原意的基础上对原文作了精简。按照不同的主题事类,同样的《史记》文本会被归入不同的类目中。如《伯夷列传》中的材料被归入两个不同的类目中,《山部上·首阳山》引《史记》曰:"伯夷叔齐,孤竹君之二子,让国逃去,隐于首阳山,采薇而食之,遂饿死首阳山。事具让部。"④ 又《人部五·让》引《史记》曰:"伯夷叔齐,孤竹君之子也,父欲立叔齐,及卒,齐乃让伯夷,伯夷曰:父命也,遂逃去。"⑤ 相比较可以发现,归于"让"这一类目的材料删去了"首阳山""采薇而食"而突出了"让"这一行为。又《史记·外戚世家》也被归入不同的类目中,《人部三·讴谣》引《史记·外戚世家》,称:"卫子夫为皇后,弟青贵震天下,天下歌之曰:生男无喜,生女无怒,独不见卫子夫霸天下。"⑥《封爵部·外戚封》

---

① 鲁迅校录:《唐宋传奇集》,齐鲁书社1997年版,第113—114页。
② 参见李小成、洪雨婷《〈艺文类聚〉引〈史记〉考索》,《唐都学刊》2016年第6期。
③ (唐)欧阳询撰,汪绍楹校:《艺文类聚》卷35,上海古籍出版社1965年版,第632页。
④ (唐)欧阳询撰,汪绍楹校:《艺文类聚》卷7,上海古籍出版社1965年版,第138页。
⑤ (唐)欧阳询撰,汪绍楹校:《艺文类聚》卷21,上海古籍出版社1965年版,第379页。
⑥ (唐)欧阳询撰,汪绍楹校:《艺文类聚》卷19,上海古籍出版社1965年版,第349页。

引《外戚世家》曰："武帝卫后弟青，封长平侯，四子皆封侯，贵震天下，天下歌曰：生男无喜，生女勿怒，独不见卫青子夫霸天下。"① 两处材料略有不同，相较而言，第二处"武帝卫后弟青，封长平侯，四子皆封侯，贵震天下"较为具体地展示了外戚的权势，故归入"外戚封"类，而第一处则没有对此进行具体说明。《艺文类聚》按主题事类对《史记》原文进行删减和摘抄，同时为了避免断章取义而造成的句义不明，编者往往据原文、上下文，在引文中补充起始概括语介绍背景。伴随着类书的兴起，《史记》中的文本经过改造进入其中，客观上促进了《史记》的传播与流传。

另外，唐代敦煌变文，也有一些作品取材于《史记》，如《舜子变》《伍子胥变文》《王陵变文》《捉季布变文》《李陵变文》等，这些变文，在历史真实的基础上，增添了民间色彩、传奇色彩、夸张色彩等，更具有小说意味，以特殊的文学形式扩大了《史记》的传播范围，也是不可忽视的一个方面。

综上，唐代是《史记》文学经典化的重要时期，《史记》在唐代已得到广泛的流传，并且产生了多方面的影响。宋人王应麟《玉海》卷46《唐七十家正史》云："司马氏《史记》有裴骃、徐广、邹诞生、许子儒、刘伯庄之音解。……《史记》之学，则有王元感、徐坚、李镇、陈伯宣、韩琬、司马贞、刘伯庄、张守节、窦群、裴安时。"② 称"史记学"为《史记》之学，并认为形成于唐代，基本符合事实。可以说，从汉魏六朝到唐代，《史记》作为文学经典逐渐被建构起来，尤其是唐代的科举考试、"三家注"的出现、古文运动以及文学作品对《史记》的学习借鉴等，对《史记》文学经典建构起了重要作用。

---

① （唐）欧阳询撰，汪绍楹校：《艺文类聚》卷51，上海古籍出版社1965年版，第929页。
② （宋）王应麟：《玉海》，《文渊阁四库全书》第944册，台北：台湾商务印书馆1986年版，第261页。

第 四 章
宋代：《史记》文学经典地位的确立

《史记》是文史结合的典范，对其文学特征的认识和阐释评论以及接受，汉魏六朝时期就已开始，到唐代时进一步发展，并且奠定了《史记》的文学地位。宋代是《史记》文学经典化的重要时期，上承前代，下启元明时代，对于确立《史记》的文学经典地位起了积极作用。

一 《史记》文学经典化的基础条件

宋代的《史记》文学经典化一方面继承和发展前代的传统，另一方面又有很大的创新。这与《史记》在宋代的传播与文学接受有密切关系。有了广泛的传播，就有更多的人阅读《史记》，阐释《史记》，接受《史记》，这是《史记》文学经典化的重要基础。

宋代政治的一大变化是重文抑武，这对《史记》的传播和地位的提高具有重要意义。鉴于前代历史的教训，宋朝国策对文官高度重视。从朝廷到地方，都重用文官。《宋史·文苑传》云：

> 自古创业垂统之君，即其一时之好尚，而一代之规枑，可以豫知矣。艺祖（即宋太祖）革命，首用文吏而夺武臣之权，宋之尚文，端本乎此。太宗、真宗其在藩邸，已有好学之名，作其即位，弥文日增。自时厥后，子孙相承，上之为人君者，无不典学；下之为人臣者，自宰

相以至令录，无不擢科，海内文士彬彬辈出焉。①

这段记载说明，从宋太祖开始，"尚文"成为一代政治的基本特征，这也直接影响到宋代文化的变化。作为文官，不能不知前代历史。而且宋代统治者对读史、修史十分重视。根据史书记载，宋太宗多次援引史传与臣下探讨治国策略，并在淳化年间开始刻印《史记》；宋真宗"听政之暇，唯文史是乐"，且在咸平年间校勘印行《史记》。仁宗在景祐、嘉祐年间亲自过问校勘《史记》之事，可见朝廷对《史记》以及历史著作的重视。如《宋史》记载宋仁宗、宋英宗读《史记》的事情：

（孙抃）改翰林学士承旨，复兼侍读学士。帝（仁宗）读《史记·龟策传》，问："古人动作必由此乎？"对曰："古有大疑，既决于己，又询于众，犹谓不有天命乎，于是命龟以断吉凶。所谓'谋及乃心，谋及卿士，谋及庶人，谋及卜筮'。盖圣人贵诚，不专人谋，默与神契，然后为得也。"帝善其对。②

（刘敞）侍英宗讲读，每指事据经，因以讽谏。时两宫方有小人间言，谏者或讦而过直。敞进读《史记》，至尧授舜以天下，拱而言曰："舜至侧微也，尧禅之以位，天地享之，百姓戴之，非有他道，惟孝友之德，光于上下耳。"帝竦体改容，知其以义理讽也。皇太后闻之，亦大喜。③

帝王读《史记》，目的当然在于致用，但也说明《史记》在上层的传播情况。宋神宗对历史亦是高度重视，他为司马光的史书赐书名"资治"并作序，在《资治通鉴序》中称赞司马迁有"良史之才"。认为史书有重要的社会功能："其所载明君、良臣，切摩治道，议论之精语，德刑之善制，天人相与之际，休咎庶证之原，威福盛衰之本，规模利害之效，良将之方略，

---

① （元）脱脱等：《宋史》卷439，中华书局1985年版，第12997页。
② （元）脱脱等：《宋史》卷292，中华书局1985年版，第9777页。
③ （元）脱脱等：《宋史》卷319，中华书局1985年版，第10386页。

循吏之条教，断之以邪正，要之于治忽，辞令渊厚之体，箴谏深切之义，良谓备焉。"① 根据有关记载，宋高宗每日午后读《史记》，并亲自抄写《史记》。这些足以说明《史记》在当时备受重视的情况。

　　唐初雕版印刷兴起②，改变了手抄书籍的历史，对于典籍的传播具有重要意义。到了宋代，印刷技术进一步发展，为传播《史记》起了推动作用。刊刻印行《史记》较为普遍③，官刻、私刻都很盛行。《史记》的刊刻从北宋就已开始。据程俱《麟台故事》记载："（宋太宗）淳化五年七月，诏选官分校《史记》、前后《汉书》。虞部员外郎崇文院检讨兼秘阁校理杜镐、屯田员外郎秘阁校理舒雅、都官员外郎秘阁校理吴淑、膳部郎中直秘阁潘慎修校《史记》，度支郎中直秘阁朱昂再校……既毕，遣内史裴愈赍本就杭州镂版。"④ 这是第一部《史记》刻本，改变了以往手抄的历史，具有重要意义。又据《麟台故事》记载，在北宋真宗、仁宗时，淳化本又经过了三次校勘印行。南宋时期印刷业更为兴盛。"从现存大量的南宋刻本书籍和版画中，可以看出雕版印刷业在南宋是一个全面发展的时期。中央和地方官府、学宫、寺院、私家和书坊都从事雕版印刷，雕版数量多，技艺高，印本流传范围广，不仅是空前的，甚至有些方面明清两代也很难与之相比。"⑤ 在此文化背景下，《史记》刊刻出现繁盛局面，尤其是黄善夫刻本开《史记》"三家注"合刻之先。宋代刊刻《史记》版本的情况，据杨鉴《宋刊本史记记略》一文介绍，有集解本、集解索隐本、集解索隐正义本、百衲本、伪本五个方面共32种。⑥ 众多的刻本为《史记》的广泛传播起了积极作用。

　　宋代的科举考试也促进了《史记》的广泛流传以及文人对《史记》的重视。据《宋史·选举志》："初，礼部贡举，设进士、《九经》、《五经》、

---

　　① （宋）宋神宗：《资治通鉴序》，载（宋）司马光《资治通鉴》，中华书局1956年版，第33页。
　　② 关于雕版印刷的起源问题，学界有许多不同的观点，本书依张秀民《中国印刷术的发明及其影响》（上海人民出版社2009年版）著作的说法。
　　③ 张玉春《〈史记〉版本研究》（商务印书馆2001年版）对两宋时期的《史记》刻本有细致研究，可参看。
　　④ （宋）程俱撰，张福祥校证：《麟台故事校证》卷2，中华书局2000年版，第281页。
　　⑤ 宿白：《唐宋时期的雕版印刷》，文物出版社1999年版，第84页。
　　⑥ 杨鉴：《宋刊本〈史记〉记略》，《史学史资料》1980年第1期。

《开元礼》、《三史》、《三礼》、《三传》、学究、明经、明法等科，皆秋取解，冬集礼部，春考试。合格及第者，列名放榜于尚书省。"① 又据《玉海》卷49引《两朝志》："国初承唐旧制，以《史记》、两《汉书》为三史，列于科举，而患传写多误，雍熙中，始诏三馆校定摹印。"② 《史记》被列入科举考试的内容之一，无疑扩大了《史记》的传播和阅读范围。而且宋代科举考试也注重策论，检验应试者对历史问题和现实社会的认识，在一定程度上也对《史记》等历史著作的流传起了推动作用。我们看宋代许多文学家对《史记》人物和事件的评论，就可以知道他们学习《史记》的热情。据统计，仅苏洵有《项籍论》《高祖论》《管仲论》等7篇，王安石有《读孟尝君传》《书刺客传后》等15篇，苏轼有《秦始皇帝说》《汉高帝论》《留侯论》等34篇，苏辙有《汉高帝》《汉文帝》《汉景帝》等15篇，张耒有《汉文帝论》《萧何论》《子房论》等24篇，杨时有《蔺相如》《项羽》《张良》等31篇③，还有大量文人的评论。《史记》成为文人学习的经典著作，也是发表史论的重要来源，当然也是他们发表时论的重要依据。

宋代古文运动，在唐代韩愈、柳宗元之后有更大的发展。古文运动从理论到实践，都推崇《史记》。文学家也注重学习《史记》的作文之法，欧阳修、曾巩、王安石、"三苏"等人都是宋代古文大家，他们继承唐代古文运动的传统，提倡学习《史记》，并身体力行，取得了可喜成果，《史记》在文学史上的地位有了进一步提高。欧阳修作为文坛领袖，其创作深受《史记》影响。《宋史》本传引苏轼说欧阳修文章"似司马迁"，他本人也说"余固喜传人事，尤爱司马迁善传"④。如他编纂的《新五代史》，学习《史记》纪传体写人艺术，《四库全书总目提要》评价曰："褒贬祖《春秋》，故义例谨严；叙述祖《史记》，故文章高简。"⑤ 而其大量的杂传作品，在艺术

---

　　① （元）脱脱等：《宋史》卷155，中华书局1985年版，第3604页。
　　② （宋）王应麟：《玉海》，《文渊阁四库全书》第944册，台北：台湾商务印书馆1986年版，第340页。
　　③ 据郑之洪《史记文献研究》附录《历代文集中的〈史记〉散论》统计，巴蜀书社1997年版，第329—335页。
　　④ （宋）欧阳修：《欧阳修全集》卷66，中华书局2001年版，第971页。
　　⑤ （清）永瑢等：《四库全书总目》卷46，中华书局1965年版，第411页。

上也颇得《史记》精髓。① 曾巩对《史记》也很重视,《宋史》本传说其创作"本原六经,斟酌于司马迁、韩愈。"② 宋人王正德《余师录》记载:"陈后山(陈师道)初携文卷见南丰先生(曾巩),先生览之,问曰:'曾读《史记》否?'后山对曰:'自幼年即读之矣。'南丰曰:'不然,要当且置它书,熟读《史记》三两年尔。'后山如南丰之言,读之,后再以文卷见南丰,南丰曰:'如是足也。'"③ 可见曾巩对《史记》的重视。苏轼被贬黄州,但读书不辍,在《与陈季常》书信中还请朋友帮他借《史记索隐》《史记正义》。宋代古文家对《史记》如此重视,说明《史记》已被文学家认可和接受。

宋代兴起的古文选本和文学评点是值得我们注意的文学现象,它们也为《史记》传播和《史记》文学接受起了积极作用。北宋时期苏洵、欧阳修、苏轼、陈师道等人对《史记》的效法与探讨为《史记》进入文章学视野提供了前期基础。《史记》成一家之言的道德理想、著述宗旨以及司马迁在叙写人物传记时开阖跌宕的笔法符合此一时期文章学的选录要求。宋代的古文选本作为古文创作学习的典范,精选先秦以来的古文作品,《史记》文章也在被选之列,如真德秀《文章正宗》选择《史记》叙事、议论的作品54篇(段)作为散文的典范,陈仁子《文选补遗》"史论"类作品收《史记》12篇、"赞"类作品收《史记》20篇,汤汉《绝妙古今》收11篇,还有楼昉《崇古文诀》等。这些古文选本收录作品时有一定的评点,着重于文章的章法结构等,对于古文学习者有提醒、引导作用。如楼昉《崇古文诀》评《太史公自序》:"家世源流,论著本末,备见于此篇。终自叙处,文字反复委折,有开阖变化之妙,尤宜玩味。"④ 由于散文家的大力提倡,《史记》作为散文典范已被树立起来。在此我们还要特别注意宋代的史抄、史选。由于历代统治者对史书的重视,史书的编纂越来越多,据《宋史·艺文志二》,

---

① 关于欧阳修《新五代史》的传记特征,笔者《褒贬祖〈春秋〉,叙述祖〈史记〉——欧阳修〈新五代史〉传记风格探微》一文有详述(《陕西师范大学学报》2012年第2期)。欧阳修杂传的成就及特点,笔者亦有专文论述,收入刘德清等编《欧阳修研究》,学林出版社2008年版。
② (元)脱脱等:《宋史》卷319,中华书局1985年版,第10392页。
③ (宋)王正德:《余师录》卷1,中华书局1985年版,第7页。
④ (宋)楼昉:《崇古文诀》卷4,上海古籍出版社1993年版,第29页。

以《史记》为首的"正史类"到宋代时已发展为"十七史"。但十七部史书卷帙浩繁，一般人阅读并非易事，于是，就有节选之类的史书出现，南宋吕祖谦编纂的《十七史详节》就是这样的经典节本，在全面体现原著特点的前提下，着重选择人物纪传，一些精彩的章节，如《史记》中廉颇、蔺相如的故事，《史记详节》基本全文保留。这也是选本中特殊的一种情况，《史记详节》每篇最后还收录司马贞《史记索隐述赞》、苏辙《古史》等评论，虽着眼于历史评论，但对文学评论亦有意义。

二 宋代的《史记》文学阐释

文学阐释，是文学经典化的重要途径。宋代对《史记》进行阐释的学者不少，仅《史记评林》引用的就有40多位，还有一些学者的评论没有被引用。这些学者，或文学家，或史学家，或政治家，等等。如欧阳修、刘敞、苏洵、苏轼、苏辙、王安石、司马光、黄庭坚、秦观、张耒、王观国、马存、郑樵、晁公武、洪迈、陆游、朱熹、吕祖谦、陈傅良、叶适、倪思、王若虚、真德秀、黄履翁、黄震、刘辰翁、李塗，等等。从文学阐释的角度来看，资料较为零碎，大多分散在文人的著作中，较为系统性的笔记如黄震《黄氏日抄·史记》、叶适《习学记言·史记》等，专门著作如《班马异同》《史记辨惑》《史记法语》《班马字类》《史记详节》等。总体来看，大部分学者对《史记》以及《史记》的文学成就持肯定态度。如唐庚《唐子西文录》说"六经已后，便有司马迁，三百五篇之后，便有杜子美。六经不可学，亦不须学，故作文当学司马迁，作诗当学杜子美。二书亦须常读，所谓'何可一日无此君'也"[①]。宋代史家追求"会通"，司马光的《资治通鉴》、郑樵的《通志》、马端临的《文献通考》都是通贯性的著作。他们从"会通"的角度学习《史记》，给《史记》以很高的评价，如郑樵《通志·总叙》认为："仲尼既没，百家诸子兴焉，各效《论语》，以空言著书。至于历代实迹，无所纪系。迨汉建元、元封之后，司马氏父子出焉。司马氏世司

---

① （宋）唐庚：《唐子西文录》，载（清）何文焕辑《历代诗话》（上），中华书局2004年版，第443页。

典籍，工于制作，故能上稽仲尼之意，会《诗》《书》《左传》《国语》《世本》《战国策》《楚汉春秋》之言，通黄帝、尧、舜至于秦汉之世，勒成一书，分为五体：本纪纪年，世家传代，表以正历，书以类事，传以著人。使百代而下，史官不能易其法，学者不能舍其书。六经之后，惟有此作。"①指出司马迁的重大贡献在于"通"，这是第一个在理论上从"通"的角度评论《史记》的人。具体而言，宋代的《史记》文学评论涉及以下诸多方面。

其一，评司马迁写人叙事的"互见法"。

《史记》开创了以人为核心的纪传体，既是史学史上的一次革命，也是历史叙事方式的一大转折，注重人物故事的连贯性、完整性，其写人叙事有一些独特的方法，这些方法逐渐被后人挖掘和认识。如苏洵《史论（中）》认为《史记》叙事有"隐而章""直而宽""简而明"等特点。其中对"隐而章"的解释是这样的：

> 迁之传廉颇也，议救阏与之失不载焉，见之《赵奢传》；传郦食其也，谋挠楚权之缪不载焉，见之《留侯传》。……夫颇、食其、勃、仲舒，皆功十而过一者也。苟列一以疵十，后之庸人必曰：智如廉颇，辩如郦食其，忠如周勃，贤如董仲舒，而十功不能赎一过，则将苦其难而怠矣。是故本传晦之，而他传发之。则其与善也，不亦隐而章乎？
>
> 迁论苏秦，称其智过人，不使独蒙恶声；论北宫伯子，多其爱人长者。……夫秦、伯子……皆过十而功一者也。苟举十以废一，后之凶人必曰：苏秦、北宫伯子……虽有善不录矣，吾复何望哉？是窒其自新之路，而坚其肆恶之志也。故于传详之，于论于赞复明之。则其惩恶也，不亦直而宽乎？②

"本传晦之，而他传发之"，对于"功十过一"的人物，苏洵以廉颇、郦食其等为例，指出将他们的一些弱点错误（"过"），在本传中不写而放在其他传记中，从褒贬来说是为了突出传主的优点和长处（"功"），从叙事来

---

① （宋）郑樵：《通志·总叙》，中华书局1987年版，第1页。
② （宋）苏洵著，曾枣庄等笺注：《嘉祐集笺注》卷9，上海古籍出版社1993年版，第232页。

说就是本传和他传互相参见，读者要全面了解一个人，必须阅读本传之外的传记，这就是《史记》的互见法。在《史记》研究史上，苏洵是第一个发现《史记》写人叙事的互见法。这个发现，尽管还不够全面深入，但开拓了《史记》文学研究新领域，为人们进一步认识《史记》的写人叙事、褒贬色彩提供了新的思路。"直而宽"，是说对于像苏秦一类"十过功一"的人物，司马迁在论赞中也肯定其长处，以达到惩恶扬善的目的。"简而明"是说《史记·十二诸侯年表》在名义上是十二诸侯而实际上是十三诸侯，原因是"不数吴"而"尊中国"。这些评论，说明《史记》具有很强的褒贬色彩，读者应深入领会作者的思想感情。这对于理解《史记》的文学特性也具有重要的参考意义。

其二，评《史记》多样化风格。

《史记》文章，变化多端，不局限于一种笔法、一种风格。唐代韩愈用"雄深雅健"、柳宗元用"峻洁"概括《史记》文章风格。宋代人的《史记》评论中，也注意到了《史记》文章的不同风格。如王正德《余师录》引陈长方的评语说："汉高纪诏令雄健，孝文纪诏令温润"[1]，"雄健""温润"体现出两种不同的风格。值得注意的是，宋代学者不仅挖掘了《史记》多样化风格，而且把这种风格的形成原因与司马迁的生平经历联系起来。苏辙《上枢密韩太尉书》认为："太史公行天下，周览四海名山大川，与燕、赵间豪俊交游，故其文疏荡，颇有奇气……岂尝执笔学为如此之文哉？其气充乎其中而溢乎其貌，动乎其言而见乎其文，而不自知也。"[2] 指出《史记》"疏荡""奇气"的风格来自司马迁游览天下名山大川，来自与豪杰俊士的交游。马存的评论更为细致，他在《赠盖邦式序》中指出：

> 子长平生喜游，方少年自负之时，足迹不肯一日休。非直为景物役也，将以尽天下大观，以助吾气，然后吐而为书。观之，则其生平所尝游者皆在焉。南浮长淮，溯大江，见狂澜惊波，阴风怒逆，号走而横击，故其文奔放而浩漫；望云梦洞庭之波，彭蠡之渚，含混太虚，呼吸

---

[1] （宋）王正德：《余师录》卷3，中华书局1985年版，第43页。
[2] （宋）苏辙著，陈宏天、高秀芳点校：《苏辙集》卷22，中华书局1990年版，第381页。

万壑，而不见介量，故其文停蓄而渊深；见九嶷之芊绵，巫山之嵯峨，阳台朝云，苍梧暮烟，态度无定，靡蔓绰约，春妆如浓，秋饰如薄，故其文妍媚而蔚纡；泛沅渡湘，吊大夫之魂，悼妃子之恨，竹上犹有斑斑，而不知鱼腹之骨尚无恙者乎？故其文感愤而伤激；北过大梁之墟，观楚汉之战场，想见项羽之喑哑，高帝之嫚骂，龙跳虎跃，千万兵马，大弓长戟，俱游而齐呼，故其文雄勇猛健，使人心悸而胆栗；世家龙门，念神禹之大功，西使巴蜀，跨剑阁之鸟道，上有摩云之崖，不见斧凿之痕，故其文斩绝峻拔而不可攀跻；讲业齐鲁之都，睹夫子之遗风，乡射邹峄，彷徨乎汶阳洙泗之上，故其文典重温雅，有似乎正人君子之容貌。①

《史记》奔放而浩漫、停蓄而渊深、妍媚而蔚纡、感愤而伤激、雄勇猛健、斩绝峻拔、典重温雅等文章风格都与司马迁的生活经历密切相关。这样的评论视角，说明宋人对《史记》文章风格有了深刻理解，并注意探究不同文风产生的根源，这是《史记》文学评论中一个新的亮点，比前代有了新的进步。

其三，评论《史记》的语言。

《史记》以丰富多彩的语言叙事写人，生动形象，成为后代文学家学习的榜样。宋代评论中，对《史记》语言多有涉及。《史记评林》引倪思评《淮南衡山列传》："谋情委曲难知，太史公摹写得尽。"② 评《匈奴列传》："'蒙恬死''匈奴得宽'，文活动有精神。"③ 引刘辰翁评《刺客列传》："'闻人有刺韩相'四句，语甚缠绵详悉，末乃用'严仲子知吾弟'一句断之，斩截之甚，又继以'立起，如韩，之市，而死者果政也'，缓急起伏，

---

① （明）凌稚隆辑校，（明）李光缙增补：《史记评林》第 1 册，天津古籍出版社 1998 年版，第 161—162 页。

② （明）凌稚隆辑校，（明）李光缙增补：《史记评林》第 6 册，天津古籍出版社 1998 年版，第 595 页。

③ （明）凌稚隆辑校，（明）李光缙增补：《史记评林》第 6 册，天津古籍出版社 1998 年版，第 294 页。

宛然当时气象。"① 评《李将军列传》："太史公极意言李将军不幸，故引弟蔡首未侥幸，至死侯三公，正是恨处。又取望气者备广胸怀口语，如慨而叹，缕缕可值处止在'而'字'然'字耳，'且固命也'，能使堕泪。"② 评《匈奴列传》："'儿能骑羊、引弓射鸟鼠'，虽其俗常事，写出如画。"③ 这些评论，抓住语言的细微之处进行分析，对其语言魅力予以充分肯定。"摹写得尽""有精神""当时气象""能使堕泪""写出如画"等评论，表明《史记》语言的生动性、形象性、感染力。类似的评论很多，说明宋人已从文学的角度认识《史记》。

这里还应特别提出的学者是洪迈，他的《史记法语》一书8卷，专门摘取《史记》中的精华语句，按照《史记》原文顺序排列，是现有最早一本采择《史记》典要精美词语的书。《四库全书总目提要》云："是编于《史记》百三十篇内，自二字以上，句法古隽者依次标出。亦间录旧注，盖与《经子法语》等编同，以备修词之用。"④ 洪迈于诸书多有摘编本，自经、子至《前汉》，皆曰"法语"，自《后汉》至《唐书》皆曰"精语"，可见洪迈将其作为修辞的典范。如《项羽本纪》摘取"异军苍头特起""楚虽三户，亡秦必楚""此其志不在小""江东父兄怜而王我"等句，《高祖本纪》摘取"不事家人生产作业""贺钱万，实不持一钱""唯恐沛公不为秦王"等句，都是《史记》中精彩的语句。作为学习借鉴的榜样，不仅在当时，而且在今天，都能使读者从中领略到《史记》的语言美。

洪迈还在《容斋五笔》中分析《史记》的语言美，认为"太史公书不待称说，若云褒赞其高古简妙处，殆是摹写星日之光辉，多见其不知量也。然予每展读至《魏世家》《苏秦》《平原君》《鲁仲连传》，未尝不惊呼击节，不自知其所以然。魏公子无忌与王论韩事曰：'韩必德魏爱魏重魏畏魏，韩必不敢反魏。'十余语之间，五用'魏'字。苏秦说赵肃侯曰：'择交而

---

① （明）凌稚隆辑校，（明）李光缙增补：《史记评林》第5册，天津古籍出版社1998年版，第599页。
② （明）凌稚隆辑校，（明）李光缙增补：《史记评林》第6册，天津古籍出版社1998年版，第270页。
③ （明）凌稚隆辑校，（明）李光缙增补：《史记评林》第6册，天津古籍出版社1998年版，第282页。
④ （清）永瑢等：《四库全书总目》卷65，中华书局1965年版，第578页。

得则民安，择交而不得则民终身不安。'"① 在"史记渊妙处"条评论《鲁仲连邹阳列传》的写法，称："'始以先生为庸人，吾乃今日知先生为天下之士也。'是三者重沓熟复，如骏马下驻千丈坡，其文势正尔。风行于上而水波，真天下之至文也。"② 可见洪迈对《史记》语言的赞许程度。

娄机撰、李曾伯补遗《班马字类》一书5卷，采摘《史记》《汉书》中的古字、假借字，按照上平声、下平声、上声、去声、入声排列，辨别声音，考证训诂，共1239字，补注563字。如卷2下平声"十阳十一唐"音序，"详"字：

《史记·秦记》："乃使魏雎馀详反。"《项羽纪》："见使者详惊愕。"《吕后纪》："详醉去。"并音"羊"，诈也。【补遗】首《殷纪》："箕子惧，乃详狂为奴。"③

不仅指出"详"通假字的音、义，还列举《史记》的原文作为证据，它是一种特殊的文学评论，对于理解和认识《史记》的语言美亦有一定的帮助。

娄机《序》："固作《西汉书》，多述司马迁之旧，论古字当自迁史始。以《史记正义》《索隐》《西汉音义》《集韵》诸书订正，作《班马字类》。互见各出，不没其旧。"④《四库全书总目提要》"实有裨于小学，非仅供词藻之捃扯"⑤。

《史记》对先秦历史的记载，有些取材于《尚书》等典籍，但进行了一定的改造，用汉代通俗的语言改写先秦古语，体现了语言发展的特点，对此，宋代学者的认识还不够到位。王观国《学林》卷1列举《史记》改写先秦语言的例子："改绩用为功用，改厥田为其田，改肆觐为遂见，改宵中为夜中，改咨四岳为嗟四岳，改协和为合和，改方命为负命，改九载为九

---

① （宋）洪迈：《容斋随笔》，上海古籍出版社2015年版，第495页。
② （宋）洪迈：《容斋随笔》，上海古籍出版社2015年版，第496页。
③ （宋）娄机撰，（宋）李曾伯补：《班马字类》，陕西师范大学出版社2015年版，第210页。
④ （宋）娄机撰，（宋）李曾伯补：《班马字类》，陕西师范大学出版社2015年版，第141页。
⑤ （清）永瑢等：《四库全书总目》卷41，中华书局1965年版，第351页。

岁,改格奸为至奸,改慎徽为慎和,改烈风为暴风,改克从为能从,改浚川为决川,改恤哉为静哉,改四海为四方,改熙帝为美尧,改不逊为不训,改胄子为稚子,……,如此类甚多。又用《论语》文,分缀为《孔子弟子传》,亦多改其文,改吾执为我执,改毋固为无固,改指诸掌为视其掌,改性与天道为天道性命,改未若为不如,改便便为辩辩,改滔滔为悠悠,如此类又多。"但王观国又批评说司马迁"但知好异,而不知反有害于义也"[①],没有充分认识到司马迁改造古语的重要意义。

其四,评论《史记》的章法结构。

这是《史记》文学评论分量较多的一类。《史记》叙事写人,每篇都有独特的章法结构,因而成为古文家学习的榜样,宋代学者从多方面肯定和挖掘《史记》这方面的特点。总体评价的如王正德《余师录》卷2引黄庭坚曰:"凡为文,须熟读司马子长、韩退之文,每作一文,皆须有宗有趣,终始关键,有开有阖。如四渎,虽纳百川,或汇而为广泽,汪洋千里,要自发源注海耳。"[②] 张耒《柯山集》:"司马迁尚气好侠,有战国豪士之余风。故其为书,叙用兵、气节、豪侠之事特详。"[③] 这些评论,指出《史记》文章的"关键""开阖""详略"等特点。还有从体制变化、不拘一格角度评论的,如真德秀《文章正宗》:"太史公列传七十,独取《伯夷》《屈原》二传者,以其变体也。"[④] "《孟荀传》不正言二子,乃旁及诸子,此体之变,可以为法。"[⑤] "变体"意味着章法结构不同寻常。当然,最多的还是对每篇章法的评论,如叶适《习学记言》认为:"《平准书》直叙汉事,明载聚敛之罪,比诸书最简直。然观迁意,终以为安宁变故,质文不同,山海轻重,有国之利。"[⑥] 黄震《黄氏日抄》云:"太史公作《廉颇蔺相如传》,而附之赵奢、李牧,赵之兴亡著焉。一时烈丈夫英风伟概,令人千载兴起。而史笔

---

① (宋)王观国:《学林》卷1,中华书局2010年版,第15页。
② (宋)王正德:《余师录》卷2,中华书局1985年版,第18页。
③ (宋)张耒:《张耒集》卷41,中华书局1990年版,第664页。
④ (宋)真德秀:《文章正宗》,《文渊阁四库全书》第1355册,台北:台湾商务印书馆1986年版,第590页。
⑤ (宋)真德秀:《文章正宗》,《文渊阁四库全书》第1355册,台北:台湾商务印书馆1986年版,第594页。
⑥ (宋)叶适:《习学记言》卷19,中华书局1977年版,第273页。

之妙，开合变化，又足以曲尽形容，真奇事哉！《古史》因之，不敢易一字，亦宜矣。"① 李塗《文章精义》评《项羽本纪》："史迁《项籍传》最好，立义帝以后一日气魄一日；杀义帝以后，一日衰飒一日，是一篇大纲领。至其笔力驰骤处，有喑呜叱咤之风。"② 《史记评林》引金履祥评《儒林列传》："首以读功令、广厉学官之路而发叹，盖叹六艺之废而兴之难也。六艺兴于孔子，至秦而废。汉兴之初，尚未能复。至武帝尚儒学，招文学之士，而公孙弘能承辅以兴之，于是备载其请著功令，所以广厉学官之路者，于末应篇首发挥，文字有照应。"③ 这些评论，指出"直叙""开合""纲领""照应"等重要特点。评论最多的是刘辰翁《班马异同评》，评《项羽本纪》"叙楚汉会鸿门事，历历如目睹，无毫发渗漉，非十分笔力，模写不出"④。评《高祖本纪》刘邦还沛置酒召故人一段："后之为史者，但曰还沛，置酒，召故人，极欢云云足矣。看他发沛中儿，教歌，至酒酣、击筑，歌呼起舞，展转泣下，缕缕不绝，俯仰具见，直至空县出献，已去复留，其中与诸母故人道旧又佳，对父老说丰恨事又佳，古今文字，淋漓尽兴，言笑有情，少可及此。"⑤ 评《留侯世家》："欲易太子、留侯画策招四皓一段，叙事明整，读之历历如目击。"评《司马相如传》"梁孝王卒，相如归而家贫，无以自业"一段："赋成而王卒，而困，是临邛令哀古人之困。岂无他料理？顾相与设画，次第出此言，是一段小说耳。子长以奇著之，如闻如见，乃并与其精神意气，隐微曲折尽就，盖至俚亵，而尤可观。使后人为之，则秽矣。"⑥ 刘辰翁的评论，用"历历如目睹""淋漓尽兴""叙事明整""如闻如见""隐微曲折"等语言肯定《史记》文章的结构特点和审美效果。

其五，评论《史记》文章的韵味。

《史记》文章，往往意在言外，韵味无穷。读者只有反复琢磨，细心体

---

① （宋）黄震：《黄震全集》第 5 册，浙江大学出版社 2013 年版，第 1684—1685 页。
② （宋）李塗：《文章精义》，人民文学出版社 1998 年版，第 72 页。
③ （明）凌稚隆辑校，（明）李光缙增补：《史记评林》第 6 册，天津古籍出版社 1998 年版，第 651—652 页。
④ （宋）刘辰翁：《班马异同评》，明万历韩敬序刻本。
⑤ （宋）刘辰翁：《班马异同评》，明万历韩敬序刻本。
⑥ （宋）刘辰翁：《班马异同评》，明万历韩敬序刻本。

悟，方可领会旨意。宋人对此多有评论。《文献通考》引吕祖谦语："太史公之书法，岂拘儒曲士所能通其说乎？其指意之深远，寄兴之悠长，微而显，绝而续，正而变，文见于此而起义于彼，有若鱼龙之变化，不可得而踪迹者矣！"① 这是整体上高度评价《史记》文章的独特韵味，"指意深远""寄兴悠长"，正是《史记》不同于其他史书的关键所在。陈模《怀古录》评论《史记》论赞的独特韵味："《史记》诸赞，初看时若甚散漫，后面忽将一两句冷说缴起。如《王翦赞》云：'尺有所短，寸有所长。'又云：'翦为宿将，始皇师之。然不能辅秦建德。'云云，'彼各有所短也'。赞虞卿云：'庸夫且知其不可，况贤人乎！然虞卿非穷愁，亦不能著书以自见于后世云。'此等最有意味。"② "最有意味"，说明《史记》需仔细阅读深思才可品出其中的韵味和意义。《史记》在叙事写人时也常常引用传主的诗歌以渲染气氛，陈长方《步里客谈》评论《伯夷列传》："伯夷歌云：神农、虞、夏忽然没兮，我安适归兮！陈古刺今，此意涵蓄。此太史公文笔，非伯夷意也。"③ 指出司马迁引伯夷歌具有深刻的现实意义，目的在于表达个人情感。林駉《古今源流至论》指出《史记》"列传褒贬，尤有深意"，他认为："以伯夷居于列传之首，重清节也。……他如《佞幸》《酷吏》《日者》《龟策》《滑稽》《货殖》《游侠》，皆为当世而发。吁，有旨哉！"④ 至于每篇的独特韵味，在宋人的评论中也非常丰富。如黄震《黄氏日抄》评《伯夷列传》："其趣远，其文逸，意在言外，咏味无穷。"⑤ 楼昉《过庭录》："太史公笔力豪放，而语激壮顿挫，如所谓'长袖善舞，多财善贾'……等语，皆切近端的。赞尤奇。《屈原贾谊》《荆轲》两赞，当为第一。读之，使人鼓舞痛快，而继之以泫然泣下也。"⑥《史记评林》引用宋人这方面的评论也较多，如引倪思评《袁盎晁错传》："子长只是借他人，写出胸次间事。"⑦ 评《酷

---

① （元）马端临：《文献通考》卷191，中华书局2011年版，第5562页。
② （宋）陈模撰，郑必俊校注：《怀古录校注》卷下，中华书局1993年版，第78页。
③ （宋）陈长方：《步里客谈》卷下，中华书局1991年版，第5页。
④ （宋）林駉：《古今源流至论》卷9，上海古籍出版社1992年版，第295页。
⑤ （宋）黄震：《黄震全集》第5册，浙江大学出版社2013年版，第1556页。
⑥ （宋）楼昉：《过庭录》，载王水照编《历代文话》第1册，复旦大学出版社2007年版，第455页。
⑦ （明）凌稚隆辑校，（明）李光缙增补：《史记评林》第6册，天津古籍出版社1998年版，第59页。

吏列传》:"太史公语不多而意深厚。"[1] 评《货殖列传》:"此传特于叙事中着精语。"[2] 引真德秀评《文帝纪》:"文帝除收孥及肉刑,求直言,除诽谤,祠官,劝农等诏,皆尔雅温厚,有尔雅气象。"[3] 引楼昉评《李斯列传》李斯上书:"三段一意,反复而语不相沿,益见精神。"[4] 这些评论,在细小处下功夫,探寻《史记》的艺术魅力,挖掘《史记》文章的独特韵味,引导读者深刻领会司马迁的思想情感,是值得肯定的。

宋代的《史记》文学评论除以上所述外,特别要提出的是人物评论。如前文所述,宋代文人阅读《史记》风气浓厚,且常常发表评论。据郑之洪《史记文献研究》附录所列资料统计,宋代有69位文人撰写《史记》人物评论文章达379篇。[5] 他们对《史记》人物发表评论,褒贬不一,情感多样,虽不是针对《史记》文学而评论,但《史记》人物是《史记》整体不可分割的一部分,因阅读《史记》而产生对历史人物的高度关注和评论,这也是认识宋人审美标准的重要方面,值得重视。宋人对《史记》人物的评论主要集中在君臣伦理、人臣责任和治国理念等主题上,对人物的看法常常能够推陈出新。以管仲为例,《史记·齐太公世家》和《史记·管晏列传》中的管仲是一个忠诚贤能之臣,"论卑而易行。俗之所欲,因而予之;俗之所否,因而去之"[6] "其为政也,善因祸而为福,转败而为功"[7],均体现了管仲体恤百姓、辅佐有方的政治能力。宋代以前的管仲评论也主要延续了司马迁的情感倾向,晋人孙楚的《管仲像赞》、唐代元结的《管仲论》均表达了对管仲的认可。宋代对管仲的评价出现了较大转变,陈襄《鲍叔荐管仲论》、苏洵《管仲论》、苏轼《管仲分君谤》等文均对管仲提出了批评。

---

[1] (明)凌稚隆辑校,(明)李光缙增补:《史记评林》第6册,天津古籍出版社1998年版,第675页。

[2] (明)凌稚隆辑校,(明)李光缙增补:《史记评林》第6册,天津古籍出版社1998年版,第901页。

[3] (明)凌稚隆辑校,(明)李光缙增补:《史记评林》第2册,天津古籍出版社1998年版,第197页。

[4] (明)凌稚隆辑校,(明)李光缙增补:《史记评林》第5册,天津古籍出版社1998年版,第634页。

[5] 郑之洪:《史记文献研究》,巴蜀书社1997年版,第329—341页。

[6] (汉)司马迁:《史记》卷62,中华书局2013年版,第2595页。

[7] (汉)司马迁:《史记》卷62,中华书局2013年版,第2595页。

如苏洵《管仲论》开篇即云："夫功之成，非成于成之日，盖必有所由起；祸之作，不作于作之日，亦必有所由兆。则齐之治也，吾不曰管仲，而曰鲍叔；及其乱也，吾不曰竖刁、易牙、开方，而曰管仲。"[①] 全文紧紧围绕着管仲不能举任贤才，终致齐国祸乱而展开，最后感叹"彼管仲者，何以死哉！"苏洵借由管仲事件来说明举贤任能是保障国家长治久安的根本这一观点。除此之外，叶适、黄震、胡宏也都从不同角度和立场对管仲进行评论。宋人在对《史记》人物进行评论时，常常将同类型人物放在一起加以论述，有时则是直接进行比较。由于宋代史学繁荣，党争中出现了君子小人之辨、正邪之辨的风气，因此文人对忠臣与奸臣的论说兴趣大增。如宋文中多《晁错论》，评论晁错的同时也兼评袁盎，或比较二人优劣。如苏轼的《晁错论》就论述晁错被杀的原因，指出"世之君子，欲求非常之功，则无务为自全之计"，"奸臣得以乘其隙。错之所以自全者，乃其所以自祸欤！"[②] 苏轼认为晁错的死与袁盎有关，也和他本人的性格缺陷有着密切的联系，观点可谓十分深刻。值得一提的是，宋代还出现了有关司马迁的专论文，如张耒、秦观、周紫芝都写过《司马迁论》，对司马迁遭遇的李陵之祸以及《史记》的写作展开讨论。总而言之，宋代文人爱好史书，长于议论，对《史记》中的人物做出了很多见解新颖、影响深远的评论，这些论说文都在一定程度上促进了《史记》的经典化历程。

三 《史记》《汉书》叙事写人比较分析

《史记》《汉书》比较研究从汉魏六朝时期就已经开始，或甲马乙班，或甲班乙马，或平分秋色。到了宋代，这一问题进一步发展，甚至出现专门的著作。苏洵、郑樵、朱熹、叶适、黄履翁、洪迈、王若虚等人都发表过评论，各种看法都有，涉及思想、体例、文学等方面的比较。就零散的文学评论而言，《焦氏笔乘》卷2引程颐曰："子长著作微情妙旨，寄之文字蹊径之外，孟坚之文，情旨尽露于文字蹊径之中。读子长文，必越浮言者始得其

---

① （宋）苏洵著，曾枣庄等笺注：《嘉祐集笺注》卷9，上海古籍出版社1993年版，第261页。
② （宋）苏轼著，孔凡礼点校：《苏轼文集》卷4，中华书局1986年版，第108页。

意，超文字者乃解其宗；班氏文章亦称博雅，但一览之余，情词俱尽，此班马之分也。"① 吴子良《林下偶谈》云："太史公《循吏传》文简而高，意淡而远，班孟坚《循吏传》不及也。"② 郑樵《通志·总叙》扬马抑班："自《春秋》之后，惟《史记》擅制作之规模，不幸班固非其人，遂失会通之旨，司马氏之门户自此衰矣。……《史记》一书，功在十表，犹衣裳之有冠冕，木水之有本原。班固不通旁行邪上，以古今人物强立差等，且谓汉绍尧运，自当继尧，非迁作《史记》厕于秦、项，此则无稽之谈也。……迁之于固，如龙之与猪，奈何诸史弃迁而用固，刘知几之徒尊班而抑马。"③ 黄履翁在《古今源流至论·别集》中认为司马迁"措辞深，寄兴远，抑扬去取，自成一家，如天马骏足，步骤不凡，不肯少就于笼络。彼孟坚摹规仿矩，甘寄篱下，安敢望子长之风耶？"④ 上述评论明显扬马抑班。而王若虚《史记辨惑》却扬班抑马，他说："迁记事疏略而剩语甚多，固记事详备而删削精当，然则迁似简而实繁，固似繁而实简也。"⑤ 还有一些评论认为马班各有特点，如朱熹云："太史公书疏爽，班固书密塞。"⑥

在宋代，出现了倪思、刘辰翁《班马异同评》这样的专门著作。自晋张辅撰《班马优劣论》之后，"班马异同"逐渐成为《史记》研究的一个课题。倪思所撰《班马异同》35卷，是第一个对此问题所作的系统研究，使这一问题的研究向前推进了一步。《汉书》中有4篇纪、6篇表、3篇书、40篇传根据《史记》改写而成，倪思的《班马异同》将这些篇目逐字逐句加以比较，让读者看到班固是怎样修改《史记》的。在此基础上，刘辰翁又加以评点，从中分析优劣，并且对《史记》的文法有专门的品评，可以说，《班马异同评》是较早把《史记》当作艺术品进行鉴赏的，许多结论也较为公允。《班马异同》一书表述方法独特。《史记》原文用大字，《汉书》增加的文字用细笔。凡是被《汉书》删削的文字则在旁边画一条墨线；凡是

---

① （明）焦竑：《焦氏笔乘》卷2，上海古籍出版社1986年版，第50页。
② （宋）吴子良：《林下偶谈》卷4，中华书局1985年版，第35页。
③ （宋）郑樵：《通志》志一，中华书局1987年版，卷首。
④ （宋）林駉：《古今源流至论》卷5，上海古籍出版社1992年版，第566页。
⑤ （金）王若虚：《史记辨惑》，《滹南遗老集》卷16，四部丛刊景旧抄本。
⑥ （宋）黎靖德编：《朱子语类》卷134，中华书局1986年版，第3202页。

《汉书》前后窜动《史记》文字的地方，即注明"《汉书》上连某文，下连某文"。如某文被《汉书》移入其他纪传，就注明"《汉书》见某传"。倪思所加评语，一一列在眉端。使《史记》与《汉书》的异同，一目了然，为研读者提供了方便。倪思对《史记》和《汉书》的评价，绝不偏执一端，而是严格根据两书对勘得出的实际差别，判断是非优劣。例如，倪氏指出《史记》笔力雄放而《汉书》体例严正，就十分公允。同时倪氏也不片面地就文章论文章，而以是否反映历史事实为准。例如，《史记》载"汉元年春，汉王部五诸侯兵，凡五十六万人，东伐楚"。《汉书》将"部"字改为"劫"字。倪思评论说："劫字创见，深得事实，故败复畔。"① 如此评论十分精当。当然，从总的倾向上看，对《史记》还是比较偏爱，对《汉书》修改《史记》的地方往往讽刺为"儿童之见"。如《班马异同评》卷13 齐王烹郦食其之事，《史记》叙述道："淮阴侯闻郦生伏轼下齐七十余城，乃夜度兵平原袭齐。齐王田广闻汉兵至，以为郦生卖己，乃曰：'汝能止汉军，我活汝；不然，我将亨（烹）汝！'郦生曰：'举大事不细谨，盛德不辞让。而公不为若更言！'齐王遂亨郦生，引兵东走。"《汉书》删减为："韩信闻食其冯轼下齐七十余城，乃夜度兵平原袭齐。齐王田广闻汉兵至，以为食其卖己，乃亨食其，引兵走。"批云："此数言益见郦生疏落不检，有志愿成，轻生死、外身世之意。《汉书》去之，遂觉索然以终。"② 《汉书》删掉了郦生"举大事不细谨，盛德不辞让。而公不为若更言"之语，显然不利于刻画郦食其洒脱刚直的个性。又如《项羽本纪》论赞刘辰翁批云："'过矣''谬哉'，文相唤应。《汉书》改'过失'，陋矣。"③ 刘辰翁在这里批评班固把《史记·项羽本纪》论赞"身死东城，尚不觉悟而不自责，过矣！"改为"身死东城，尚不觉悟，不自责过失"，失去了《史记》论赞的感叹韵味。又如《樊哙传》写鸿门宴上项庄舞剑，欲击沛公，《史记》写道："项伯常肩蔽之"，《汉书》改为"项伯常屏蔽之"，刘辰翁批云："'肩'字妙。若《汉书》作'屏'字，则项氏君臣疑伯矣！正以且舞且蔽，独以'肩'为舞

---

① （宋）刘辰翁：《班马异同评》，明万历韩敬序刻本。
② （宋）刘辰翁：《班马异同评》，明万历韩敬序刻本。
③ （宋）刘辰翁：《班马异同评》，明万历韩敬序刻本。

态，图画仿佛所不能陈，特在此字。"① 指出"肩"字的妙用，而班固改为"屏"字，不仅失去了"肩"字的生动情态，而且还会引起项氏君臣的怀疑。《班马异同评》对《史记》《汉书》的比较，或比较体例，或比较人物，或比较章法结构，或比较语言，非常细致，对于读者认识两部著作的特点有很大的帮助。

娄机撰、李曾伯补遗《班马字类》一书5卷，也是《史》《汉》比较的代表作之一。前文已述，《班马字类》的学术价值主要被归于文字音韵学方面，研究者多认为该书对指导如何辨识、如何读、如何使用《史记》《汉书》的一些特殊字词等大有裨益。事实上，通过展示《史记》《汉书》中的例句，《班马字类》也在一定程度上向读者展示了散文创作、传记叙写时可以借鉴、吸取的修辞艺术、文学描述等表现技巧。宋人洪迈为《班马字类》撰写的第一篇序言，即对此予以说明："今之为文者，必祖班、马""采撷二史，汇之以韵，旁通假借字，字取之毋遗，如鸣球在悬，洋洋有太古气，超然新工，尽掩众作。不必亲见扬子云，然后能作奇字；不必访李监阳冰，然后能为文词。学班、马氏固未有如此者。"② 如《班马字类第一》"十虞十一模"中，"于"字的注释如下：

　　于　　《史记·贾生传》："于嗟墨墨。"《汉书》："于嗟同。"《扬雄传》："于音吁。"【补遗】《史记》首《吕后纪》："于嗟不可悔。"③

在这里，通过例句的展示，读者不仅能够了解"于"字在例句中的音和义，同时也可清楚地知道《史记》中"于嗟"一词是如何使用的，这为学习《史记》《汉书》句法提供了便利。又如《班马字类第三》"仿佛"一词所举例句如下：

　　仿佛　　《史记·司马相如传》："若神仙之仿佛。"《正义》《索

---

① （宋）刘辰翁：《班马异同评》，明万历韩敬序刻本。
② （宋）娄机撰，（宋）李曾伯补：《班马字类》，陕西师范大学出版社2015年版，第139页。
③ （宋）娄机撰，（宋）李曾伯补：《班马字类》，陕西师范大学出版社2015年版，第167页。

隐》无音。《汉书·李寻传》:"仿佛一端。"读作髣髴。①

又,《班马字类第四》"一送"中,"风"字的注释如下:

> 风　　《史记·刘敬传》:"使辩士风谕以礼节。"《汉书》同。师古读曰讽。《诗》:"下以风刺上。"【补遗】《史记》首《吕后纪》:"太后风大臣。"《汉书》首《食货志》:"以风百姓。"②

"风"字例句不仅采自《史记》《汉书》,还结合了《毛诗序》中的例子加以说明。尤其是采用的《史记》例句,"使辩士风谕以礼节",读来音节朗朗,给人气势沉雄的感觉。在该书中,虽然编者只是客观列举,并没有对《史记》《汉书》的语言技法进行比较和分析,但是《史记》言语叙事中深情的笔调和多样化的笔法与《汉书》简净凝练的语言风格在并列中自然能够形成对照,故此书仍不失为《史记》《汉书》比较研究类成果的优秀代表。

四 《史记》与宋代散文及其他

《史记》能成为文学经典,与宋代文学的实践也有重要的关系。宋代的诗词、说唱文学等都有对《史记》的学习和借鉴。但最重要的还是散文。

唐末五代,藩镇割据,中央无法实施有效的政治统治。再加上少数民族的侵扰,百姓流离失所。北宋赵匡胤陈桥兵变后,为了确立有效的中央统治,采取了收兵权、强禁军、削藩镇、用文臣等一系列举措,从而强化了中央集权制度。北宋立国虽然再次实现了大一统,但终有宋一朝可谓无时无刻不在异族侵略的压力下。在这种政治形势下,尊王攘夷成为宋人面临的迫切任务。与此相对应,随着文化事业的逐渐恢复,宋代士人层面逐渐形成一种复兴儒学的自觉思潮。着眼于尊王、忠君、攘夷、明理等主

---

① (宋)娄机撰,(宋)李曾伯补:《班马字类》,陕西师范大学出版社2015年版,第262页。
② (宋)娄机撰,(宋)李曾伯补:《班马字类》,陕西师范大学出版社2015年版,第272页。

题，宋人的复兴儒学以孟子为圭臬。在相似的历史背景下，中唐韩愈曾提出了复兴儒学的主张，韩愈从孟子"五百年必有王者兴"的观点出发，建构了"尧以是传之舜，舜以是传之禹，禹以是传之汤，汤以是传之文、武、周公，文、武、周公传之孔子，孔子传之孟轲，轲之死，不得其传焉"[①]的古道传承系统，并且发出"使其道由愈粗传，虽灭死万万无恨"的愿望，体现了他以继承孟子道统者自任的决心。源于相似的文化背景与相同的复古主张，尊韩成为宋代复兴儒学的一个旗帜。刘师培论宋儒尊韩之故即指出"两宋鸿儒，喜言道学，而昌黎所言，适与相符，遂目为文能载道，既宗其道，复法其文"[②]。韩愈用文以明道、文道合一的观点解释文与道之间的关系，从而主张"欲学古道，则应兼通其辞"，由此发起唐代的古文运动。宋人则以复兴儒学为出发点自觉地重新举起了韩愈等人的古文运动旗帜。

此外，借助古文复兴儒学的另一个重要原因是"时文"的不济。北宋初期笼罩文坛的是以杨亿、刘筠的文章为代表的"西昆体"，这种文章华丽精工、雕润密丽，然内容贫乏，脱离现实。在这种文风下，士人在科举中多采用这种文体，欧阳修《记旧本韩文后》云："是时天下学者杨、刘之作，号为时文，能者取科第，擅名声，以夸荣当世，未尝有道韩文者。"[③] 其在庆历四年（1044）所上的《论更改贡举事件劄子》也指出时文之弊："今贡举之失者，患在有司取人先诗赋而后策论，使学者不根经术，不本道理，但能诵诗赋，节抄《六帖》《初学记》之类者，便可剽盗偶俪，以应试格。"[④] 科举制度的导向，直接影响了士人风气。有鉴于此，在北宋复兴儒学的运动中，古文成为首选的媒介。北宋古文运动的先驱者柳开即言："古文者，非在辞涩言苦，使人难读诵之；在于古其理，高其意，随言短长，应变作制，同古人之行事，是谓古文也。……吾若从世之文也，安可垂教于民哉？亦自

---

① （唐）韩愈著，马其昶校注，马茂元整理：《韩昌黎文集校注》卷1，上海古籍出版社2014年版，第20页。
② 刘师培：《中国中古文学史》，商务印书馆2017年版，第180页。
③ （宋）欧阳修撰，李逸安点校：《欧阳修全集》卷73，中华书局2001年版，第1056页。
④ （宋）欧阳修撰，李逸安点校：《欧阳修全集》卷104，中华书局2001年版，第1590页。

愧于心矣。欲行古人之道，反类今人之文，譬乎游于海者，乘之以骥，可乎哉？"① 北宋古文运动以复兴古文为媒介，期望借助"文以载道"以达到重振儒学的目的。

"唐宋八大家"，宋代就有六家。无论从散文理论还是散文实践，都把《史记》作为榜样。宋代散文大家欧阳修、苏轼、苏洵、苏辙、曾巩、王安石等也都受到《史记》散文的影响。欧阳修是北宋诗文革新运动领袖，他酷爱《史记》，他在《桑怿传》中说："余固喜传人事，尤爱司马迁善传。"② 宋人已多有论述，如苏轼序其文集云："论大道似韩愈，论事似陆贽，记事似司马迁，诗赋似李白。此非予言也，天下之言也。"③ 罗大经称其"作《五代史记》，便与司马子长并驾"④。他的《新五代史》学习《史记》笔法，不遗余力。其中50多篇序和论，取则《史记》论赞，尤为明显。吴德旋说："事外远致，《史记》处处有之，能继之者，《五代史》也。"⑤ 欧阳修其他方面的散文也得力于《史记》。明人艾南英说："千古文章独一史迁，史迁而后千有余年，能存史迁之神者独一欧公。"⑥《再与陈怡云公祖书》云："传、志一事，古之史体，龙门（司马迁）而后，惟韩、欧无愧立言。观其剪裁详略，用意深远，得《史》《汉》之风神。"⑦ 茅坤云："欧阳公最长于墓志、表，以其叙事处往往多太史公逸调，唐以来学士大夫所不及者。"⑧ 茅坤《庐陵文钞引》称欧阳修"序、记、书、论，虽多得之昌黎，而其姿态横生，别为韵折，令人读之一唱三叹，馀音不绝。予所以独爱其文，妄谓世之文人学士得太史公之逸者，独欧阳子一人而已"⑨。欧阳

---

① （宋）柳开撰，李可风点校：《柳开集》卷1，中华书局2015年版，第12页。
② （宋）欧阳修著，李逸安点校：《欧阳修全集》卷66，中华书局2001年版，第971页。
③ （宋）欧阳修：《文忠集》，《文渊阁四库全书》第1102册，台北：台湾商务印书馆1986年版，第5页。
④ （宋）罗大经撰，王瑞来点校：《鹤林玉露》卷2，中华书局1983年版，第265页。
⑤ （清）吴德旋：《初月楼古文绪论》，人民文学出版社1998年版，第25页。
⑥ （明）艾南英：《再与周介生论文书》，《天佣子集》卷5，乾隆十五年艾氏九仪堂刻本。
⑦ （明）艾南英：《再与陈怡云公祖书》，《天佣子集》卷5，乾隆十五年艾氏九仪堂刻本。
⑧ （明）茅坤：《唐宋八大家文钞》卷91，《文渊阁四库全书》第1384册，台北：台湾商务印书馆1986年版。
⑨ （明）茅坤：《唐宋八大家文钞》卷91，《文渊阁四库全书》第1384册，台北：台湾商务印书馆1986年版。

修得"史迁之神",而又融入自己的个性,形成委婉含蓄、情韵悠扬、往复百折而条达疏畅的风格,人们称之为"六一风神",可见他既能继承又能发展。① 曾巩文章出自司马迁。《宋史》本传说:"上下驰骋,愈出而愈工,本原《六经》,斟酌于司马迁、韩愈,一时工作文词者,鲜能过也。"② "三苏"文章雄刚俊伟、疏落豪荡,也是效法司马迁。"三苏"评《史记》、读《史记》、学《史记》,都取得了一定的成就。③ 三苏中,苏辙对《史记》中的文章评价较高,前文已述其《上枢密韩太尉书》一文对于后人研究司马迁风格的多样性及其成因都有着启发意义。苏轼熟读史书,对历史人物、事件、掌故等,可以信手拈来、运用自如。因此,他受《史记》的影响是显而易见的。据王文诰《苏文忠公诗编注集成》注释,包括王注、冯注、合注、施注、邵注等在内,苏轼作品中化用的《史记》典故,涉及"太史公"的有47项、"司马迁"的有52项、"《史记》"的有606项,足见苏轼对《史记》的重视。④ 苏轼虽有师承《史记》之处,但能够独辟蹊径,去其模拟之迹。除罗大经认为苏轼的《赤壁赋》绝类《史记》之外,明人王慎中也指出:"学'六经'、《史》《汉》最得旨趣根源者,莫如韩、欧、曾、苏诸名家"⑤,这里所说的"苏",指的就是苏轼。除此之外,宋代传记文学在唐代的基础上又有所推进,出现了大量的碑文、墓志、祭文、行状等。《文体明辨》卷58"传"类小序称"自汉司马迁作《史记》创为列传以记一人之始终,而后世史家卒莫能易"⑥,《史记》作为传记文学的源头,是宋代传记文学的重要取法对象。

宋代诗词中大量运用《史记》典故,抒发作者情感,还有许多咏史诗

---

① 张新科、任竞泽:《褒贬祖〈春秋〉,叙事祖〈史记〉——欧阳修〈新五代史〉传记风格探微》,《陕西师范大学学报》2012年第2期。
② (元)脱脱等:《宋史》卷319,中华书局1985年版,第10392页。
③ 详见俞樟华《史记新探·〈史记〉与三苏》,民族出版社1994年版,第187—200页。
④ 刘清泉:《苏轼不好〈史记〉考察》,《中国苏轼研究》2016年第2期。
⑤ (明)王慎中:《寄道原弟书·九》,《遵岩集》,《文渊阁四库全书》第1274册,台北:台湾商务印书馆1986年版。
⑥ (明)徐师曾:《文体明辨》,《四库全书存目丛书》集部312册,齐鲁书社1997年版,第370页。

直接吟咏《史记》中的人物和故事。① 代表诗人有王禹偁、梅尧臣、欧阳修、王安石、司马光、苏轼、黄庭坚、刘克庄、曾巩、范成大等。不同的诗人对《史记》中相关人、事的看法不尽相同，但总体而言，宋人对《史记》中的人、事极少全盘否定，而是褒中有贬、贬中有褒。以王禹偁为例，作为宋初的著名诗人、政治家，其以《史记》为吟咏对象的诗篇有 11 首之多。其中，《读汉文纪》《读〈史记〉列传》直接以标题点明诗作是受《史记》触发而作。《读〈史记〉列传》称："西山薇蕨蜀山铜，可见夷齐与邓通。佞幸圣贤俱饿死，若无史笔等头空。"② 诗人将夷齐与邓通并列，由"俱饿死"一语引人深思，但紧接着又说"若无史笔等头空"，使读者陷入更为深层的思索之中。《读汉文纪》云："西汉十二帝，孝文最称贤。百金惜人力，露台草芊眠。千里却骏骨，鸾旗影迁延。上林慎夫人，衣短无花钿。细柳周将军，不拜容橐鞬。霸业固以盛，帝道或未全。贾生多谪宦，邓通终铸钱。谩道膝前席，不如衣后穿。使我千古下，览之一泫然。赖有佞幸传，贤哉司马迁。"③ 此诗对汉文帝有称赞，也有不满，正如司马迁在《史记》中所展现的汉文帝一样。末尾"赖有佞幸传，贤哉司马迁"一语，表现了诗人对太史公实录精神的高度推崇。在《荥阳怀古》中，诗人思索帮助刘邦成就帝王大业的第一功臣，诗云："纪信生降为沛公，草荒孤垒想英风。汉家青史缘何事，却道萧何第一功。"④ 诗人认为，若不是纪信在关键时刻自我牺牲，就没有刘邦的大汉王朝，因此，纪信的功劳应该在萧何之上。王禹偁在其他诸如《吴王墓》《伍子胥庙》等咏史诗中也体现出了思考的深度与全面性，这是宋代咏史诗在前代基础上的重要提升。又如，王安石是宋代《史记》类咏史诗的创作高手，在他的 110 首咏史诗中，有 40 余首取材于《史记》。王安石常以人物直接命名诗篇，如《孔子》《张良》《商鞅》《苏秦》《韩信》《叔孙通》《贾生》等。王安石以其建立在政治地位基础上的深刻洞

---

① 据赵望秦等《史记与咏史诗》一书所提供的资料统计，宋代 60 位诗人咏《史记》人物和事件的诗歌有 655 首，虽然不是最全的资料，但说明《史记》已广泛传播。赵望秦等《史记与咏史诗》（上），三秦出版社 2012 年版，第 21—26 页。
② 傅璇琮、倪其心、孙钦善等编：《全宋诗》，北京大学出版社 1991 年版，第 723 页。
③ 傅璇琮、倪其心、孙钦善等编：《全宋诗》，北京大学出版社 1991 年版，第 658 页。
④ 傅璇琮、倪其心、孙钦善等编：《全宋诗》，北京大学出版社 1991 年版，第 707 页。

见，对《史记》中的人事常常怀有不同于常人的看法。如其在《商鞅》中对商鞅进行评价，称："自古驱民在信诚，一言为重百金轻。今人未可非商鞅，商君能令政必行。"① 此诗重在纠正世俗偏见，为商鞅正名。总之，优秀的诗人大量创作《史记》咏史诗，是《史记》影响力的重要体现。

除此之外，我们还应关注到，宋代戏剧等文学样式中也有与《史记》有关的作品。刘克庄《田舍即事十首》（其九）云："儿女相携看市优，纵谈楚汉割鸿沟。山河不暇为渠惜，听到虞姬直是愁。"② 这说明，南宋时将《史记》中的人物故事搬上舞台是常有的事，并且观者云集。又，周密《武林旧事》载傀儡戏《孙武子教女兵》，官本杂剧《霸王中和乐》《霸王剑器》《入庙霸王儿》《相如文君》《单调霸王儿》等剧目均与《史记》相关。③ 由此可见，宋代《史记》戏剧表演已成为观众喜闻乐见的艺术形态，这一形态在元代达到极盛。这些都显示了《史记》广泛传播的氛围，说明《史记》在散文之外的其他文学样式中也被接受。

五　宋代在《史记》文学经典化过程中的特殊意义

宋代在《史记》文学经典化过程中出现一些新的变化，许多变化具有特殊意义。

传播方面，由于印刷术的变化，《史记》传播由抄本时代走向印刷时代，这对于《史记》的广泛传播具有重要意义。由于新的文学样式的出现，如词、说唱等，《史记》的传播和应用范围不断扩大。《史记》在文学家的创作中得到更广的继承和发展，形成古文的典范。

《史记》阐释出现新的局面。宋代始开评论《史记》之风气，或论史事，或评人物，或谈文章，有褒有贬，不宗一派。就《史记》的文学评论而言，有许多方面值得我们注意。

宋代的《史记》文学评论，与前代相同的是建立在历史评论的基础之上，

---

① （宋）王安石著，李之亮补笺：《王荆公诗注补笺》，巴蜀书社2002年版，第903页。
② （宋）刘克庄：《后村先生大全集》卷10，四川大学出版社2008年版，第313页。
③ 详见（宋）周密《武林旧事》卷2《舞队》、卷10《官本杂居段数》；（宋）孟元老等《东京梦华录》（外四种），上海古典文学出版社1957年版，第371、508页。

但文学评论的成分逐渐加大，使《史记》的文学地位进一步提高。《史记》首先是历史著作，人物形象的刻画受历史真实的限制。汉魏六朝以来的《史记》评论，以历史评论为主，唐代开始注意文学评论，奠定了《史记》的文学地位。宋人的文学评论也没有脱离历史评论。如黄震《黄氏日抄》云："看《卫霍传》，须合《李广传》。卫、霍深入二千里，声震夷夏，今看其传，不值一钱；李广每战辄北，困踬终身，今看其传，英风如在。史氏抑扬予夺之妙，岂常手可望哉！"① 这样的评论，首先是历史评论，对卫青、霍去病、李广三人进行评论，然后指出《史记》运用独特的"抑扬"手法表达对历史人物的态度。评论者把历史评论和艺术手法的评论融为一体，这是宋人评论的基本特点。当然，宋人的评论还有许多着眼于《史记》的艺术手法，如《史记评林》引刘辰翁评《高祖本纪》："两言大破之，又言遂破之，文如破竹。"② 评《佞幸传》："四'嘻'字，相应'心惭，由此怨通矣'句。洒绝。"③ "文如破竹""洒绝"，类似的文章学评论很多，说明《史记》的文学特质越来越受到文学家的重视。

宋人的评论亦有自相矛盾之处，这是《史记》评论发展到新的时期的正常现象，因为《史记》内涵丰富，纵贯天人古今，其独特的思想和艺术未必能被后人完全接受。如苏洵《嘉祐集》卷九《史论（下）》认为，"迁之辞淳健简直，足称一家。而乃裂取六经、传、记，杂于其间，以破碎汩乱其体。《五帝》《三代纪》多《尚书》之文，《齐》《鲁》《晋》《楚》《宋》《卫》《陈》《郑》《吴》《越世家》多《左传》《国语》之文，《孔子世家》《仲尼弟子传》多《论语》之文。夫《尚书》《左传》《国语》《论语》之文非不善也，杂之则不善也。"④ 在肯定司马迁文学成就的同时，对司马迁集大成的功绩进行批评。苏轼文章虽然学《史记》，但对司马迁思想的独特性颇有微词，尤其对司马迁写商鞅、桑弘羊这样的改革家大为不满。苏辙文章

---

① （宋）黄震：《黄震全集》第5册，浙江大学出版社2013年版，第1590—1591页。
② （明）凌稚隆辑校，（明）李光缙增补：《史记评林》第2册，天津古籍出版社1998年版，第105页。
③ （明）凌稚隆辑校，（明）李光缙增补：《史记评林》第6册，天津古籍出版社1998年版，第782页。
④ （宋）苏洵著，曾枣庄等笺注：《嘉祐集笺注》卷9，上海古籍出版社1993年版，第238页。

也学习司马迁，但其《古史叙》对司马迁的学问进行挑剔："太史公始易编年之法为本纪、世家、列传，记五帝三王以来，后世莫能易之。然其为人浅近而不学，疏略而轻信。"① 由于时代的局限，本时期对《史记》文学方面的问题也有进行批评和指责的。如郑樵《通志》对《史记》予以高度评价，但又认为，"今迁书全用旧文，间以俚语，良由采摭未备，笔削不遑"，此乃其"雅不足也"。王若虚《滹南遗老集》针对唐庚"六经已后便有司马迁"的话进行批评："六经已后便有司马迁，谈何容易哉！自古文士过于迁者何限，而独及此人乎？迁虽气质近古，以绳准律之，殆百孔千疮，而谓学者专当取法，过矣。"② 王若虚还撰写《史记辨惑》11 卷，分采摭失误、取舍不当、议论不当、文势不相承接、姓名冗复、字语冗复、重叠载事、疑误、用虚字多不安等类别，对《史记》的取材、立论、体例、文字等方面他所认为的失误，广为疑惑，但多有偏激之辞。如"字语冗复"类的例子："《赵世家》云：赵朔友程婴谓公孙杵曰：朔之妇有遗腹，若幸而男，吾奉之。居无何，而朔妇免身，生男。多'朔妇免身'字。"③ 删除"朔妇免身"四字虽然简练了，但没有《史记》原文顺畅明达。类似的例子很多。尽管有些评论着眼于考辨，但实际上仍与文学有关，尤其是人物选择、材料选择、文势字句等方面，都是文学的重要体现。宋人评论出现一些矛盾乃至于偏激，说明对《史记》的文学价值的认识还没有完全到位。

从评论的形式来看，宋代的《史记》文学评论主要是笔记、书信、文话、札记、序跋、论文等形式，这也是前代的基本评论形式，但内容更为丰富。宋人笔记如《黄氏日抄》《习学记言》《容斋随笔》等，从分量到质量都有很多变化。特别注意的是，宋代一些古文选本的点评，着重于文章词句等方面，这是新兴的文学评论形式，为以后的文学点评奠定了良好的基础。而且宋代有了较为系统的《史记》评论著作，如《史记法语》《班马异同评》《班马字类》《史记详节》《史记辨惑》等，比前代有了较大发展。明代凌迪知《太史华句》、穆文熙《史记鸿裁》等著作无疑受到宋代《史记》评论著作的影响。

---

① （宋）苏辙：《古史叙》，载曾枣庄、刘琳主编《全宋文》，上海辞书出版社 2006 年版，第 260 页。
② （金）王若虚：《滹南遗老集》卷 34，四部丛刊景旧钞本。
③ （金）王若虚：《滹南遗老集》卷 16，四部丛刊景旧钞本。

从研究方法来看，宋代在前人基础上有所发展。既有宏观的文学评论，也有微观的字句分析。尤其是《班马异同》著作的出现，把对比研究的方法提高到了一个新阶段。在其他的《史记》文学评论中也有对比研究，如罗大经《鹤林玉露》云："太史公《伯夷传》、苏东坡《赤壁赋》，文章绝唱也。其机轴略同"，"东坡步骤太史公者也"。[①] 王楙《野客丛书》云："《唐书》如近世许道宁辈画山水，是真画也。太史公如郭忠恕画天外数峰，略有笔墨，然而使人见而心服者，在笔墨之外也。"[②] 李塗《文章精义》云："(《伯夷列传》) 传体，前叙事，后论议，独退之《圬者王承福传》，叙事议论相间，颇有太史公《伯夷传》之风。"[③] 这些评论，把后代的文学作品与《史记》进行对比，显出《史记》对后代文学创作的影响，评论视野显得较为开阔。

与前代的《史记》文学阐释相比，宋代从文章学角度进行评论比前代有了发展。虽然以历史评论为基础，但从审美角度进行的文学评论也已开始，可以看出宋代文学家对《史记》的文学接受较为普遍。从评论主体而言，宋代文学家占据主要地位。宋代《史记》文学评论的价值意义首先在于：它在历史评论的基础上较多地揭示了《史记》的文学审美属性。《史记》是史学著作，但又具有文学的审美特征。宋代许多评论着重于《史记》的文学特性，如评论《史记》多样化的文章风格、文章结构和语言特色，都对《史记》的文学审美属性有较多的揭示。其次，进一步深化了某些重要课题，如《史记》《汉书》叙事写人的比较问题，从汉魏六朝时期提出，但认识还不够全面和深入，宋代则系统化，出现了《班马异同评》这样的专门著作。《史记》的艺术风格，前代韩愈称"雄深雅健"、柳宗元称"峻洁"，到宋代的评论更加全面，马存的评论颇有代表性；汉代班氏父子提出"史公三失"问题，虽是史学思想问题，但从文学方面看也涉及《史记》的人物选择，如游侠、商人进入传记载体，宋代的认识有较大的发展。再次，开辟了新的研究领域，提出了新的课题。如《史记》叙事写人的"互见法"，还有大量的

---

① (宋) 罗大经撰，王瑞来点校：《鹤林玉露》卷6，中华书局1983年版，第106—107页。
② (宋) 王楙：《野客丛书》，《文渊阁四库全书》第852册，台北：台湾商务印书馆1986年版。
③ (宋) 李塗：《文章精义》，中华书局香港分局1977年版，第64页。

《史记》人物评论、以《史记》为题材的咏史诗，等等。这些新课题、新领域的探究，表明《史记》文学评论在不断发展，并且为以后的评论提供了新的资料。另外，以《史记》作为文学典范进行评论并作为散文创作学习的榜样，对于《史记》文学经典地位的巩固具有重要意义。

宋代的《史记》文学阐释，承前代而来，取得较大成就，同时又对后代《史记》文学评论产生重要的影响。札记、点评、论文、专著等形式，在后代被继承并进一步发展，特别是明清的《史记》文学评点如雨后春笋般涌现出来，乃至于出现集大成式的辑评著作《史记评林》，这与宋代开始的文学评论风气有很大关系。宋代评论所涉及的课题如《史记》《汉书》比较、《史记》叙事、刻画人物、章法结构、语言特点、多样化风格等，在后代的《史记》评论中也更加深入细致。宋人的一些观点也对后代文学评论产生影响，如唐庚"文当学司马迁，诗当学杜子美"之说，直接影响了明代前后七子的文学观点。苏辙"疏荡""奇气"之说对清代桐城派刘大櫆的古文理论有重要影响。

宋代对《史记》的文学阐释，还影响中国古代其他的文学评论，一些评论术语如"精神意气""意味""气象"等，在继承前代基础上又有新发展，即使在今天，仍然具有无穷的魅力。

第 五 章
元代:《史记》文学经典化的新变

文学接受理论认为,传播接受与文学生产同为文学研究的重要方面,"艺术作品的历史本质,决不能被单纯的艺术品生产的考察和作品描述所抹杀。相反,我们应把文学看成生产和接受的辩证过程。"[①]《史记》文学的经典化过程,实际上就是不断被读者接受和认可的过程。这个过程,经过汉魏六朝和唐宋,到了元代,又有了新的变化。

一 元代文化与《史记》的传播

元代文化有其独特性。蒙古族以游牧民族入主中原,成为中国历史上第一个少数民族统治的朝代,"与中国历来传统政治,判然绝异"[②]。尤其读书人受到了前所未有的排斥,钱穆《国史大纲》云:"大概当时的社会阶级,除却贵族军人外,做僧侣信教最高,其次是商人,再其次是工匠,又次是猎户与农民。而中国社会上自先秦以来甚占重要位置的士人,却骤然失却了他们的地位。"[③] 士人不仅失去了社会地位,而且也失去了上升之途。但是,为了巩固政权,统治者也注意学习和接受汉文化。忽必烈在建国号为大元的诏令中说:

> 我太祖圣武皇帝,握乾符而起朔土,以神武而膺帝图,四震天声,

---

① [德] 姚斯:《接受美学与接受理论》,周宁等译,辽宁人民出版社1987年版,第339页。
② 钱穆:《国史大纲》(修订本),九州出版社2011年版,第686页。
③ 钱穆:《国史大纲》(修订本),九州出版社2011年版,第708页。

大恢土宇,舆图之广,历古所无。顷者,耆宿诣庭,奏章申请,谓既成于大业,宜早定于鸿名。在古制以当然,于朕心乎何有。可建国号曰大元,盖取《易经》"乾元"之义。兹大冶流形于庶品,孰名资始之功;予一人底宁于万邦,尤切体仁之要。事从因革,道协天人。於戏!称义而名,固匪为之溢美;孚休惟永,尚不负于投艰。嘉与敷天,共隆大号。①

忽必烈对汉文化传统是认可和继承的,元朝在继承前代的基础上,又有变革扩张,国号取自《易经》,可见汉文化在忽必烈心中的地位和影响。元朝统治者对修史也非常重视,1261年,即忽必烈中统二年,王鹗就请修辽史、金史:

自古帝王得失兴废可考者,以有史在也。我国家以神武定四方,天戈所临,无不臣服者,皆出太祖皇帝庙谟雄断所致,若不乘时纪录,窃恐久而遗亡,宜置局纂就实录,附修辽、金二史。②

元朝灭宋后,统治者又令史臣修三史,元顺帝至正三年(1343),正式设局修史,丞相脱脱为三史总裁官。历时两年半,《辽史》《金史》《宋史》先后修成,三史共747卷,都采用纪传体形式,可见对《史记》所开创的纪传体是认可和接受的。

元朝的科举制度,也是多有变化。窝阔台统治时期,根据中书令耶律楚材的建议,进行了元朝科举的最初尝试,"下诏命断事官术忽觯与山西东路课税所长官刘中,历诸路考试。以论及经义、词赋分为三科,作三日程,专治一科,能兼者听,但以不失文义为中选。其中选者,复其赋役,令与各处长官同署公事,得东平杨奂等凡若干人,皆一时名士,而当世或以为非便,事复中止。"③ 到忽必烈时,朝廷关于科举的行废问题多次讨论,但始终议

---

① (明)宋濂等:《元史》卷7,中华书局1976年版,第138—139页。
② (明)宋濂等:《元史》卷160,中华书局1976年版,第3757页。
③ (明)宋濂等:《元史》卷81,中华书局1976年版,第2017页。

而不决。元仁宗时期，决定实行科举制度，皇庆二年（1313）十一月下诏行科举[①]，这一诏令确立了以经义取士的原则，以程朱理学家的注释为标准，对后世影响较大。元朝科举制度中推行民族歧视政策，如将蒙古人、色目人与汉人、南人分开考，考试的场次、难易均不同，规定南人不得登前三名，等等。元朝的科举考试，从各个方面看，都难以和唐、宋两朝相比。与文人关系极为密切的科举制度在元朝受到了前所未有的重创，九儒十丐，文人地位低下，很难找到自己的出路。

但是，《史记》作为经典著作，还是受到人们的重视。除了少量的蒙古贵族反对外，无论是元代统治者、将相诸侯，还是文人、百姓，无论是汉人、蒙古人，还是其他民族的人们，都对《史记》十分推崇。蒙古中统二年（1261），平阳道参幕段子成就主持刊刻了《史记集解索隐》130 卷。中统是忽必烈的年号，其时尚未称元，但已仰慕中原文化，注意到《史记》这部名著。元代建国之初至元二十五年（1288），又有安福彭寅翁道精舍刊印的《史记集解索隐正义》问世。此后，元大德十年（1306），平江、饶州等九路又一次刻了《史记集解索隐》。这些刻本不仅在汉族聚居区流传，也流传到了少数民族地区，扩大了《史记》流传的范围和影响。相比彭寅翁本，饶州儒学刻本只有两家注，缺《史记正义》，故彭刻本应该更胜一筹。现存最早的《史记集解索隐正义》刻本，是南宋庆元二年（1196）建安黄善夫本。彭寅翁本刊刻于元至元二十五年（1288），上距黄善夫本有近一百年，下距明正德十二年（1517）廖铠刊本 230 年，故彭寅翁本是 300 多年间刊行的唯一的《史记》三家注刻本，无疑在《史记》版本史上具有重要意义。[②] 据《中国刻版图录》，元代《史记》刊刻主要有三个版本：一是段子成刊刻的《史记集解索隐》，此为平水刻本；二是彭寅翁刊印的《史记集解索隐正义》；三是江浙九路刊刻的《史记集解索隐》（饶州路）。其中最为精良者当属饶州路刊刻的《史记》，九路刻本全依宋代善本，校勘绝佳，已佚。彭寅翁道精舍刊印本《史记集解索隐正义》，以宋版黄善夫本为蓝本，但三家注少于宋版。对于彭寅翁本三家注是故意删削还是脱落，学界多有

[①]（明）宋濂等：《元史》卷81，中华书局1976年版，第2018页。
[②] 详见张玉春《〈史记〉版本研究》，商务印书馆2001年版，第264页。

争执。

　　这里应该顺便提到的是，金代少数民族对《史记》也很推崇。早在金天德三年（1151），国子监就曾刻印《史记集解》，并颁行学校。在金世宗大定四年（1164），又诏以女真字翻译《史记》，六年始成，颁行全国，这恐怕是《史记》被翻译到少数民族中间的最早本子。更可贵的是，金章宗完颜璟是历代皇帝中唯一亲临陕西韩城司马迁祠进行膜拜的人，并写了首《司马太史庙诗》，说："汉廷文章萃君门，良史独称司马尊。七十卷书终始备，三千年事是非存。李陵设若无先见，王允何由有后言。古庙风霜香火冷，白云衰草满平原。"诗中对司马迁的崇高地位作了充分肯定，同时对太史祠当时的荒凉景况表示不满。韩城的太史祠墓，从晋代建立以来，历代均有修缮，金、元时代也不例外。金大定十九年（1179）韩城县事赵振看到太史祠"旧冢倾颓"，遂命工修复。今所存砖刻八卦的太史公墓，乃元世祖忽必烈至元十二年（1275）所建，在元仁宗延祐元年（1314）又做过重修。从此可见各族人民对司马迁的崇敬和热爱。

　　元代笔记小说中也用《史记》的内容作解释，如《南村辍耕录》卷5记载：

> 　　金华黄先生溍尝云："子将以举子经学取科第，有一赋题曰角端，亦曾求其事实否乎？"余曰："未也。"因记《史记·司马相如传》"兽则麒麟角䚢"之语，退而阅之，按注，郭璞曰："角䚢，音端，似猪，角在鼻上，堪作弓。"又云："似麒麟而无角。"《毛诗》疏云："麟黄色，角端有肉。"张楫云："角端似牛角，可以为弓。"以此推之，岂亦麟之属与？及考《符瑞志》《名臣事略》《癸辛杂识》等书，乃始得其详。[①]

　　这则小故事讲述的是黄溍先生问一考生，说你马上要参加科举了，有一个题目叫"角端"，你知道怎么解释吗？考生只记得"角端"一词是《史记》中的词语，随后查阅各类注释的书，才将此题搞清楚。这说明《史记》在当时有比较广泛的传播空间。

[①] （元）陶宗仪撰，李梦生校点：《南村辍耕录》卷5，上海古籍出版社2012年版，第50页。

二　元代的《史记》文学评论

相对于前期的宋代和后来的明代而言，元代的《史记》文学研究整体处于低谷时期，但戴表元、王恽、刘因等学者文人对《史记》的评述也多有新见和突破，如刘因评论《史记》：

> 史之兴，自汉氏始。先秦之书，如《左氏传》《国语》《世本》《战国策》，皆掇拾记录无完书。司马迁大集群书为《史记》，上下数千载，亦云备矣。然而议论或驳而不纯，取其纯而舍其驳可也。后世史记皆宗迁法，大同而小异。其创法立制，纂承六经，取三代之余烬，为百世之准绳，若迁者，可为史氏之良者也。[1]

作者对《史记》集大成以及创立纪传体的成就予以高度评价。总体来看，元代文人对《史记》的阐释不如宋代丰富，其中最有代表性的人物是戴表元。戴氏主要是评论《史记》中的历史人物，他的《剡源集》中有19篇文章，分别对《史记》中的司马穰苴、吴起、孙武、孙膑、伍子胥、孔子弟子、苏秦、张仪、孟子、荀卿、范雎、乐毅、蔺相如、田单、鲁仲连、伯夷、商鞅、战国四公子作了评论，提出了一些不同寻常的看法。

戴表元（1244—1311）为由宋入元的文学大家，有《剡源集》30卷，《剡源逸稿》7卷。《元史·儒学传》云："其学博而肆，其文清深雅洁"，"至元、大德间，东南以文章大家名重一时者，唯表元而已"。[2] 明代宋濂、周仪、戴洵对其文学成就有着较高的评价，《元史》基本沿用了宋濂评价，周仪对其有着较高的赞誉："规范文章，不独韩苏诸大家尔矣。"[3] 清人朱迈、黄宗羲、郑乔迁等学者对戴表元的诗文创作极为推重，《四库全书总目

---

[1] （明）凌稚隆辑校，（明）李光缙增补：《史记评林·读史总评》第1册引，天津古籍出版社1998年版，第160页。

[2] （明）宋濂等：《元史》卷190，中华书局1976年版，第4337页。

[3] （元）戴表元：《重辑戴剡源先生文集序》，《戴表元集》附录，浙江古籍出版社2014年版，第813页。

提要》评价道:"于元人中推之独至,今观其诗文,信嗣立所论不诬也。"①在《史记》研究方面,戴表元作为元代《史记》阐释的代表人物,是宋明《史记》两座研究高峰之间的重要人物。

戴表元受学于王应麟和舒岳祥,接受了金华学派与永嘉学派对《史记》史学和文学的重视,使他成为元代《史记》研究最重要的人物。戴表元有关《史记》人物评论的史论文以及他与《史记》相关的文论思想,都和这两派的史学观念有一定的关系。《元史》本传云:"四明王应麟、天台舒岳祥并以文学师表一代,表元皆从而受业焉。"② 戴表元的弟子袁桷所写的《戴先生墓志铭》亦云:"方是时,礼部尚书王公应麟,天台舒公岳祥师表一代,先生独执子弟礼,寸闻只语,悉囷以为文。"③ 由袁氏"寸闻只语,悉囷以为文"的记述足见王应麟、舒岳祥二人对其影响之深。戴表元师事王、舒二人,故全祖望在《宋元学案》将戴表元归入深宁学案和水心学案。结合其论著不难发现,戴表元史学观念、《史记》接受与金华学派和永嘉学派的史学观念有着紧密的联系。

关于王应麟的学术渊源,学界多有争议,《四库全书总目提要》云:"其学问渊源出于朱子。"④ 认为王氏之学出于朱门。钱穆对之较为认同,认为"黄震东发、王应麟伯厚,乃朱门三传"⑤。但全祖望认为王应麟为"吕学之大宗"⑥,同时又认为是朱、吕的三传弟子,陆学的四传弟子。实际上,这些认识并不矛盾。宋代学术发达,学派纷立,一些学术大家除基本问题的分歧外,其他方面多能兼融。吕祖谦以博学多闻著称,就极具这方面的特点。全祖望在《同谷三先生书院记》中说:"深宁论学,盖亦兼取诸家,然其综罗文献,实师法东莱。"⑦ 由此可知,至少在史学观念及方法上王应麟是师法吕祖谦的。吕祖谦作为金华学派的代表人物,在学术上一反朱熹从经

---

① (清)永瑢等:《四库全书总目》卷166,中华书局1965年版,第1424页。
② (明)宋濂等:《元史》卷190,中华书局1976年版,第4336页。
③ (明)袁桷:《戴先生墓志铭》,《清容居士集》卷28,四部丛刊本。
④ (清)永瑢等:《四库全书总目》卷16,中华书局1965年版,第126页。
⑤ 钱穆:《朱子学提纲》,生活·读书·新知三联书店2002年版,第150页。
⑥ (清)黄宗羲、全祖望:《宋元学案》卷85,中华书局1986年版,第2858页。
⑦ (清)全祖望著,朱铸禹校注:《全祖望集汇校集注》卷16,上海古籍出版社2008年版,第1048页。

书入手、以经为本的学问之途,主张"多识前言往行,考迹以观其用,察言以求其心,而后德可畜。不善畜,盖有玩物丧志者"①,强调应从史籍入手,经史并重、学以致用。虽然吕祖谦学术以治《左传》为主,但对《史记》评价甚高,他在《大事记解题》中认为司马迁的《史记》"高气绝识,包举广而兴寄深,后之为史者,殊未易窥其涯涘也",并且将《史记》作为学者必须重点掌握的文献作以强调,云:"学者观史各有详略,如《左传》《史记》《前汉》三书皆当精熟细看,反复考究,直不可一字草草。"② 王应麟博学洽闻,遍涉经史,师法东莱,在《跋袁洁斋答舒和仲书》中说:"沉潜乎经术,贯穿乎史籍,外以致用,内以崇德。"③ 显然,王应麟紧承吕氏衣钵,调和朱陆,强调要经史并重、学以致用,强化了金华学派的学术宗旨。由于对史学的重视,王应麟对《史记》的文法有着深刻的认识,在《辞学指南·诵书》中他引吕祖谦的话强调道:

> 先择《史记》、《汉书》、《文选》、韩、柳、欧、苏、曾、王、陈、张文,虽不能遍读,且择其易见,世人所爱者诵之。先读秦、汉、韩、柳、欧、曾文字以养根本。④

显然,王应麟将《史记》列为读书首要之选,作为"养根本"的关键,强调了《史记》的文章学的典范作用。

王应麟无论在南宋还是在元代都有着崇高的社会地位和学术地位,对众多学者的学术思想有着深刻的影响。王应麟及其金华学派的学术思想,尤其是对《史记》的认识对戴表元影响尤为突出。查洪德的《理学背景下的元代文论与诗文》认为"王应麟的另一弟子胡三省以治《资治通鉴》著称,戴表元则继承了吕祖谦的《史记》之学"⑤。由此来看,戴表元承金华学派

---

① (清)黄宗羲、全祖望:《宋元学案》卷51,中华书局1986年版,第1654页。
② (宋)吕祖谦:《左氏传续说·纲领》,《吕祖谦全集》第7册,浙江古籍出版社2008年版,第1—2页。
③ (宋)王应麟:《四明文献集》卷1,四明张氏约园刊本。
④ (宋)王应麟:《辞学指南》卷1,王水照编《历代文话》第1册,复旦大学出版社2007年版,第921页。
⑤ 查洪德:《理学背景下的元代文论与诗文》,中华书局1988年版,第231页。

《史记》之学,成为元代《史记》研究最为广泛和深刻的学者。他在《紫阳方使君文集序》中说:

> 人之精气,蕴之为道德,发之为事业,而达之于言语词章,亦若是而已矣。窃独怪夫古之通儒硕人,凡以著述表见于世者,莫不皆有统绪。若曾、孟、周、邵、程、张之于道,屈、贾、司马、班、扬、韩、柳、欧阳、苏之于文。①

他认为唐宋散文大家莫不承文统之序,也是对司马迁一代文宗地位的肯定。这种认识到了清代钱谦益有了更为具体的论述,他说:"六经,文之祖也;左氏、司马氏,继别之宗也;韩、柳、欧阳、苏氏以迨胜国诸家,继祢之小宗也。"② 虽然历代以来,对文章统序多有说法,不能确定钱谦益是否受到戴表元的启发,但也足见戴氏对《史记》文学地位的充分认识。

戴表元也曾侍宋元之际的永嘉学派大家舒岳祥,全祖望在《宋元学案》又将之归入水心学案。舒岳祥为永嘉学派大家叶适的再传弟子,叶适论学不袭前人后辙,亦不与时人苟同,独树一帜。对十七史,从《史记》以下一一加以论列,以史论居多。对于《史记》,独以史评为主,其《习学纪言·史记》评论《史记》颇有新颖独到的见解。舒岳祥承永嘉之学,虽长于诗文,但在史学上也有一定成就,著有《史述》18卷等。戴表元师事舒岳祥,唱和往来频繁,受其影响也很大。全祖望《宋元学案》评论叶适说"经术文章,质有其文,其徒甚盛"③,这实质是指舒岳祥、戴表元的散文创作。在散文创作实践中,戴表元的散文有"清深雅洁"之谓,和柳宗元对《史记》的评价一样,但由于宋人认为《史记》文法繁密,变化莫测,广肆无涯,难以摹画学习,而当从唐宋文章着手。故其风格则更近于柳宗元,这或与其"宗唐得古"的文论主张有关。

---

① (元)戴表元:《紫阳方使君文集序》,《戴表元集》卷11,浙江古籍出版社2014年版,第238页。
② (清)钱谦益:《袁祈年字田祖说》,《牧斋初学集》卷26,上海古籍出版社1985年版,第826页。
③ (清)黄宗羲、全祖望:《宋元学案》卷32,中华书局1986年版,第1133页。

概言之，戴表元受学于王应麟和舒岳祥，接受了金华学派与永嘉学派对《史记》史学和文学的重视，使他成为元代《史记》研究最重要的人物。就文学理论方面而言，戴表元除了"宗唐得古""诗如酿蜜""无迹之迹"等认识以外，还重点阐释、发展了和《史记》相关的文论思想，一是司马迁的"发愤著书"说，二是苏辙所提出的司马迁以游养气之说。

司马迁在对历史和自己的切身感受总结的基础上提出了"发愤著书"之说，认为古今贤人由于压抑和损害而造成的不平之气郁结于心，遂"退论书策以舒其愤"①。司马迁将主体的、内在的"愤"与"书"连接起来，其《史记》也有孤愤之谓。不平与愤懑使个体在孤独与悲悯中重新审视世界，因而其诗文必为传世之作。钱锺书在《管锥编》中总结认为古代许多诗文"莫不滥觞于马迁'《诗》三百篇大抵发愤所作'一语。"②"发愤著书说"经南北朝时期的钟嵘和刘勰发挥，到唐宋时，韩愈在《送孟东野序》中提出了"大凡物不得其平则鸣"的观点，欧阳修进一步论述道：

> 内有忧思感愤之郁积，其兴于怨刺，以道羁臣、寡妇之所叹，而写人情之难言，盖愈穷则愈工。然则非诗之能穷人，殆穷者而后工也。③

显然，韩愈的"不平则鸣"和欧阳修的"穷而后工"结论是对司马迁"发愤著书"说的深化与发展。戴表元在对《史记》深入体悟的基础上，对"发愤著书"说进行了进一步阐释，认为"自古名能文人，十有八九穷困坎坷"④"人之能以翰墨辞艺行名于当时者，未尝不成于艰穷，而败于逸乐。"⑤并发展拓宽了"穷而后工"的含义。戴表元还将"穷"的意义扩展到"老"，云："人尝言，作诗惟宜老与穷。彼老也穷也，事之尝其心者多矣，故其诗工。"⑥对此他解释道："年俱老苍，加之以世故兵革，羁旅炎凉之

---

① （汉）班固：《汉书》卷62，中华书局1962年版，第2733页。
② 钱锺书：《管锥编》，生活·读书·新知三联书店2007年版，第1491页。
③ （宋）欧阳修：《梅圣俞诗集序》，《欧阳修全集》卷43，中华书局2001年版，第612页。
④ （元）戴表元：《赵君理遗文序》，《戴表元集》卷8，浙江古籍出版社2014年版，第186页。
⑤ （元）戴表元：《吴僧崇古师诗序》，《戴表元集》卷9，浙江古籍出版社2014年版，第206页。
⑥ （元）戴表元：《周公谨弁阳诗序》，《戴表元集》卷8，浙江古籍出版社2014年版，第184页。

忧，攻之于外；田园婚嫁朝暮之迫，挠之于内。于是诗味之酸咸苦辣，煎煮百出，如膏糜果蜜，力尽津竭而甘生焉。"① 戴表元认为个体随着岁月的流逝，经过诸多人世纷纭，大到社会动荡、命运蹇劣，小到生活琐事至于生命的羁绊，虽然老之将至，气血既衰，但却对生活、生命也有了更深刻的体验，也有了更高人生境界，这样创作出的作品才能"酸咸苦辣，煎煮百出"，达到"力尽津竭而甘生"。戴表元的这些认识显然使"穷而后工"的理论更富于逻辑性。在此基础上清人曾国藩进一步论述道：

> 达者之气盈矣，而志能敛而之内，则其声可以薄无际而感鬼神；穷者之气既歉，而志不克划然而自申，则瓮牖穷老而不得一篇之工，亦常有之。②

这一理论经曾国藩进一步辨析，更加完整、严密，由此也可以看出，戴表元对这一理论的贡献。

戴表元另一个重要的文学思想是对苏辙关于司马迁以游养气认识的进一步阐释。苏辙在《上枢密韩太尉书》中认为"文者，气之所形，然文不可以学而能，气可以养而致"，并以司马迁为例，论述道："太史公行天下，周览四海名山大川，与燕赵间豪俊交游，故其文疏荡，颇有奇气。""其气充乎其中而溢乎其貌，动乎其言而见乎其文，而不自知也。"③ 苏辙认为《史记》为文疏荡、有奇气是得益于司马迁周行天下，以游养气。宋代另一位《史记》研究者马存，在《子长游赠盖邦式序》论述更为详尽，云："子长平生喜游，方少年自负之时，足迹不肯一日休，非直为景物役也，将以尽天下大观以助吾气，然后吐而为书。观之，则其平生所尝游者皆在焉。"认为司马迁"尽天下大观以助吾气"，并说："凡天地之间万物之变，可惊可愕，可以娱心，使人忧，使人悲者，子长尽取而为文章。是以变化出没，如

---

① （元）戴表元：《题萧子西诗卷后》，《戴表元集》卷1，浙江古籍出版社2014年版，第381页。
② （清）曾国藩：《云浆山人诗序》，《曾国藩全集》第14册，岳麓书社1986年版，第227页。
③ （宋）苏辙著，陈宏天、高秀芳点校：《苏辙集》卷22，中华书局1990年版，第381页。

万象供四时而无穷。今于其书观之，岂不信哉！"① 马存从"养气"说出发，探讨了游历对主体精神境界的提升以及文章风格的影响。这也就是刘勰所谓的"江山之助"。

以游养气之说在戴表元的文论思想中有着重要地位。受金华学派和永嘉学派的影响，戴表元对《史记》极为重视，是元代《史记》研究较为深入者。他经历了宋元之际的战乱，一生颠沛流离于杭州、武陵、钱塘、姑苏、金陵、句容（镇江）、鄞城、宣城、信州，后归剡源榆林，遍涉两浙、两江、安徽、福建。这些游历加深了他对司马迁以游养气的体悟。因此，"游"成为戴表元诗论的重要内容。他认为文章才艺根源于宇宙清华奇秀之气，云："宇宙间清华奇秀之气，发于祥瑞者，为醴泉、庆云、珍禽、异卉、珠玑、宝玉之属。而在人也，为文章才艺。"② 因而通过游来汲取天地之灵气，是提升文章才艺水平的重要途径。戴表元认为诗文创作中往往"寒暄荣悴，嚣寂禽虫，卉木百物之变出没于前；忧愁喜乐，穷达贵贱，史册古今之感往来于中"③，史册文献的知解分析只是必备条件之一，而艺术直觉更来源于事物的体验与感悟。所以，戴表元强调欲学诗"先学游；游成，诗当自异"。在《刘仲宽诗序》中，他得出"大抵其人之未游者，不如已游者之畅；游之狭者，不如游之广者之肆也"的结论。④

不难看出，戴表元以自身学诗经验为例，强调通过游历主体能够增广见识，扩展心胸，提高境界，这涉及主体的感觉、知觉、情感、想象、思维等方面的深切度。这些认识显然是戴表元对《史记》所取得的艺术成就原因的探讨与推广，深化了苏辙对司马迁以游养气说的理论性。

戴表元一生多半生活于元代，但学术思想、方法都养成于宋。就《史记》人物评论而言，戴表元的《史记》阐释依然为宋代余波，正是在宋元学术方法论的指导下，戴表元的《史记》人物论带有浓厚的经学性，表现为以经立义，以经断史。如《读司马穰苴传》：

---

① （明）凌稚隆辑校，（明）李光缙增补：《史记评林》第 1 册，天津古籍出版社 1998 年版，第 161—162 页。
② （元）戴表元：《送王子庆序》，《戴表元集》卷 13，浙江古籍出版社 2014 年版，第 277 页。
③ （元）戴表元：《千峰酬倡序》，《戴表元集》卷 11，浙江古籍出版社 2014 年版，第 240 页。
④ （元）戴表元：《刘仲宽诗序》，《戴表元集》卷 9，浙江古籍出版社 2014 年版，第 204 页。

田穰苴之事薄矣，太史公为之论次以为之传，非贤之也。《易》曰："臣杀其君，子杀其父，非一朝一夕之故。其所由来者，渐也。"田穰苴之斩庄贾也，盗齐之渐也。①

戴表元以《易经》"臣杀其君，子杀其父，非一朝一夕之故，其所由来者，渐也"立论，对司马穰苴的擅杀提出批评，认为不符合大义，认为司马穰苴杀庄贾为"盗齐之渐也"，并用汉唐旧事作以论证。在《孟子荀卿列传》中，戴表元以"古之君子其学为己也，而不专乎为己"立论，辨析孔孟之道与诸子的差异，最后得出"孔氏之道，世治则与之俱治，世乱则不与之俱乱。自古至今，固未尝一日废，而学何其劳而孤也"②。文章虽名为孟荀人物评论，实辨析了儒学与诸子的异同及其发展兴衰。

虽然戴表元的史论多以经立论、以儒家思想为主导，但由于其学广肆，又不囿于经，对问题多能辩证而论。如对伍子胥，历代以来多有争议，《左传》《公羊传》《荀子》《韩非子》《吕氏春秋》等先秦著述对其以忠臣、孝子称，多有颂扬。司马迁对之评价很高，认为伍子胥"弃小义，雪大耻，名垂于后世"。由于难以消解"忠"与"孝"对立性，自扬雄以来，对伍子胥借吴灭楚、掘墓鞭尸多有否定。宋元以后，移孝于忠。戴表元对伍子胥进行了深入的分析，云：

> 昔者尝怪孟子言君臣之义于齐，而有国人寇仇之报。曰："孟子以义教人者也。君有不礼于臣，而臣不施仇于君。今也教人仇君，而得为义乎？"久之而得其说曰："此乃古之君臣之所为义也。夫国之有君，非以其国私之也，盖将有以为其国也。故国得择君而治，臣得择君而事，而非使之傲然无畏以为上也。"当战国时，士之仕者，犹无常国。故孟子以之警动齐宣王，而著为骄君之戒。若夫人臣之所自得为者，则必使其君待之不至犬马草芥而后是也。然自孟子之说行，而世之悍臣有所不直于君，则悻悻然，欲甘心焉，曰："君固有可仇者

---

① （元）戴表元：《读司马穰苴传》，《戴表元集》卷22，浙江古籍出版社2014年版，第440页。
② （元）戴表元：《孟子荀卿列传》，《戴表元集》卷22，浙江古籍出版社2014年版，第447页。

也!"於乎,此非伍员父子之于楚,其君臣始之有不尽,而终至于多伤其义者乎?且以楚平王之无礼,而伍奢傅其子建,奢以正谏触死。微员之逃,则与其兄尚亦必俱死,罪在平王无疑也。为奢谋者,欲忠于建,则勉建无怨可也。欲全于身,则知不可谏而去之可也。建以逸疏,身以谏死,由君子论之,奢犹死于职也。员为人子,至于残宗国以为墟,发君尸而行戮,其不太甚乎哉!《公羊传》曰:"父不受诛,子复仇可也。"昌黎韩子尝驳其语,以为不可施于今世,此正伍员之比也。后之论君臣者,当择于韩孟之间也哉。①

戴表元认为孟子对君王的"寇仇之报"是古之君臣之义,伍子胥"残宗国以为墟,发君尸而行戮,其不太甚乎哉",但也认识到韩愈对《公羊传》"父不受诛,子复仇可也"的否定,以为不适于今世是不符合儒家义理的,失之偏颇。戴表元采取了调和的说法,认为"论君臣者当择于韩孟之间也"。

宋元理学虽以"尊德性""道学问"为目标,但最终落脚点依然是"尊德性",强调个体修养。从而,在《史记》人物评论中,个体的行为、动机是否能居仁由义就成为人物评判的一个重要指标。戴表元经历了亡国之痛,眼见权力倾轧,仕人误国,其诗文"帅初类多伤时闵乱、悲忧感愤之辞"②。他的《史记》人物评论更带有浓厚的伦理性和反思性。从戴表元所选的人物来看,多为力挽狂澜的名将、高士、大儒。对这些持危扶颠之士的判定,戴表元没有仅限于表面的功绩。在对《伯夷叔齐列传》的评论中,戴表元对司马迁将伯夷、叔齐列为传首表示肯定,并认为"若夫国存而为之君臣,国亡而视之涂人,不待其贤如伯夷而能羞之矣"。戴表元在《史记》人物评论中强调"义",在《乐毅列传》中说"战国之君臣,未有能以义始终者也"③,而且也在《范雎列传》中说"六国与秦,皆无义客,而魏士尤薄也哉"④,他认为天下由于无义而失统序,各国由于无义而君臣乱,列国无义

---

① (元)戴表元:《伍子胥传》,《戴表元集》卷22,浙江古籍出版社2014年版,第442—443页。
② 顾嗣立编:《元诗选初集》,中华书局1987年版,第226页。
③ (元)戴表元:《乐毅列传》,《戴表元集》卷22,浙江古籍出版社2014年版,第448页。
④ (元)戴表元:《范雎列传》,《戴表元集》卷22,浙江古籍出版社2014年版,第448页。

而天下无义客。戴表元批判了吴起恶居下流,啮母杀妻而求将;斥责秦国"行诈,不信于诸侯,莫如商鞅、张仪二人之甚",但张仪"有商鞅、苏秦所无之毒,而无苏秦、商鞅所有之祸"[①];赞扬了蔺相如力挫强秦锋锐的义举,论述道"人虽危而不即死;有一贤之可奋者,国虽败而不即亡"[②]。在这些《史记》人物评论中,戴表元强调了君臣大义、个体修养,具有浓厚的伦理性,同时这些评论显然也有感于宋亡的事实,具有深刻的反思性。

戴表元《史记》人物评论多能以经立意,杂糅诸家,思路开阔,再加之本为文章大家,故立论新颖,行文驰骋,纵横开阖。在人物品评中,他往往抓住一点,分析形势,纵横比较,深入开去,层层深入,具有很强的逻辑性。如《商鞅传》:

> 戴子曰:昔者孔子作《春秋》,贱夷狄,至语门人,以为诸夏之无君,犹贤于夷狄之有,其抑之严矣。故宁取齐桓、管仲之伯功,以纾左衽之丑。而孟子学于孔子,乃并桓文非之。夫明王不兴,而天下无伯,独不为夷狄忧乎。嗟乎!是固皆尝忧也。夫齐桓、晋文,伯之盛者也。当其盛时,犹袭先王迹而为之,故足以统盟诸夏。而外威夷狄,虽不心服,而犹畏其力。迨其久也,又袭于齐桓、晋文之迹而动,故力穷智露,而夷狄轻之。不惟轻之,亦且袭而篇之。秦人起于西陲,而行霸于天下,此之谓也。且秦人之视吴楚,其地非便,众非大也。方吴楚之强,辅之以诸臣之材良,屡与齐晋争盟,卒不得独驰而久逞。而秦孝公得一区区之卫鞅,诸侯来朝,天子致昨,不六世而席卷先王之疆宇。此非齐桓、晋文之具,昔之所用以威夷狄者,夷狄反窃用之乎?今夫卫鞅,本诸姬之子孙,而中国冠带之士也。一不得志于魏,西行入秦,而执帝王之说。鞅固非知帝王者,藉令知之,亦非秦人之所得听也。于是逃之于伯,伯说进而孝公倾国而听之。盖其生长于僻绝摒弃之区,慕闻中国之事而不可及,一旦有导之为齐桓、晋文,宜为矍然惊喜,欲亟及

---

① (元)戴表元:《张仪列传》,(元)戴表元:《乐毅列传》,《戴表元集》卷22,浙江古籍出版社2014年版,第445页。

② (元)戴表元:《蔺相如列传》,《戴表元集》卷22,浙江古籍出版社2014年版,第450页。

其身而偿其志也。吾尝考之,鞅之为秦,其烦刑细禁,仇刻之太甚者,出于鞅所自造。至于别男女以诘奸,平器量以一制,与夫重农力本,开疆益赋,汲汲然富强之术,皆齐晋君臣之已讲而鞅益修之耳。儒者谓当孝公时,无桓文之伯攘之,以至于不可制。是岂知为伯之道,其弊一至此哉?吾故曰,此固孟子之所常忧也。①

戴表元从孔子严华夷之防,而称道齐桓、管仲之功引出孟子对之否定和忧虑,分析了霸道之弊。接着论述楚与齐晋争霸,而秦孝公用一商鞅而霸天下,原来齐桓公"威夷狄者夷狄反窃用之",而商鞅"固非知帝王者",他所交给秦国的无非也是管仲治齐的措施,但此时却"无桓文之伯攘之",最后指出"此固孟子之所常忧也"。整篇思路明晰,逻辑严谨,结论新颖而笃实。在《樗里子甘茂甘罗魏冉白起王翦列传》的评论道:

战国之世,秦人以形势诈力,颉颃诸侯,故为秦者易为功,而事诸侯者难为力。樗里、二甘、魏冉之于当时,固非有过人杰出之谋,而白起、王翦虽为善战,然不过纵燎于顺风,采果于垂熟。而凡其尽锐以为取胜之道者,皆其不可再用者也。此非惟不当责以古良将之风,其视同时廉颇、李牧辈,犹远愧之,而得为贤乎?盖当是时,秦势八九成矣,天方假毒其手,以树君中原。谋不必工,所施而服;战不必良,所向而克。彼诸侯之臣,固有贤于樗里、二甘、魏冉之谋,勇于白起、王翦之战,其君用之未必能专,信之未必能决。而又连栖争鸣,佐寇自贼,颠倒谬误,卒俱坠于縠中而后已。而数子乘时逐利,各以能名见登于好事之齿舌。彼诸国之臣,其材实过之者,国败身辱,而名字因暧昧而不彰。岂非所遇者幸不幸哉!②

戴表元认为樗里子、二甘(甘茂、甘罗)、魏冉、白起、王翦的功绩是

---

① (元)戴表元:《商鞅传》,《戴表元集》卷22,浙江古籍出版社2014年版,第456—457页。
② (元)戴表元:《樗里子甘茂甘罗魏冉白起王翦列传》,《戴表元集》卷22,浙江古籍出版社2014年版,第446页。

由于"秦人以形势诈力,颉顽诸侯,故为秦者易为功,而事诸侯者难为力"。这些结论新颖,论证严密,这和他见识的广博,思维的开阔、敏捷是分不开的。

同时也应该看到,戴表元的《史记》人物评论也多有偏颇,强为立论。如《孔子弟子传总论》:戴表元指责司马迁称孔子七十七弟子为异能之士,是"尊夫子之至而浅之为知夫子"。其实,这本为史公实录,司马迁如实记载了孔子所称闻的弟子,纠结这种问题本就没意义。在《孔子弟子传》中,他认为司马迁不应该将公伯寮列入孔子弟子,其实质是戴表元对孔子的"仁"缺乏深入理解。在《鲁仲连列传》中的疑问,他自己都认为似有不妥,解释道:"夫仲连之道君子也。吾固详责而严求之,在他人吾亦不咎之矣。"① 虽然如此,戴表元的《史记》人物论瑕不掩瑜,在元代《史记》研究以及《史记》研究史上都有重要的作用。

三 《史记》与元代文学创作

元代文学创作,对于《史记》的文学经典化也起了积极的推动作用。尤其是元代戏曲,使《史记》在大众层面有了更广泛的传播与接受。

(一) 元代戏剧与《史记》

元代是中国戏曲的黄金时期,用戏曲的形式大量扮演《史记》中的人物故事,开创了用戏曲形式宣传《史记》的新途径,大大地促进了《史记》故事在民间的广泛流传。

《史记》作为中国叙事文学中继《左传》之后影响最大的一部作品,无论其表现的题材内容、思想倾向、艺术表现方法,都在元代戏曲创作中产生了浓重的影响。当然,因为文体属性不同,面对的接受对象也不完全一样,社会的文化氛围不尽相同,元代戏曲对《史记》接受形成了独有的特征,其中既有对《史记》的因循,也有创造与变异。

《史记》题材丰富,内容众多,在许多方面给元代戏曲提供了丰富素

---

① (元)戴表元:《鲁仲连列传》,《戴表元集》卷22,浙江古籍出版社2014年版,第453页。

材。我们姑且把这些取材于《史记》的戏曲称为"史记戏"。元代创作的戏曲剧本数量众多，据统计，现存杂剧名目有 530 多种，南戏名目有 210 多种，当然其中大多数作品已经散佚，从现存的剧本来看，元代的戏曲题材涉及爱情婚姻、历史、公案、豪侠、神仙道化等许多方面。从表现的这些题材来讲，其中很多故事是来源于对《史记》题材的改编，总体来看，元杂剧中这类改编自《史记》题材的作品比比皆是，如郑光祖的《周公辅成王摄政》、纪君祥的《赵氏孤儿冤报冤》、高文秀的《保成公径赴渑池会》、赵明道的《陶朱公范蠡归湖》、郑廷玉的《楚昭王疏者下船》、金仁杰的《萧何追韩信》、李寿卿的《说专诸伍员吹箫》、尚仲贤的《汉高祖濯足气英布》、杨梓的《忠义士豫让吞炭》、狄君厚的《晋文公火烧介子推》等。《渑池会》《追韩信》《霸王别姬》《田单复齐》等，就直接是对《史记》中某些人物与故事的演绎。元杂剧中的《史记》故事非常多，这些作品不仅在中国影响很大，有些还产生了世界影响，如元杂剧中的名作《赵氏孤儿》等。《录鬼簿》《太和正音谱》《今乐考证》《重订曲海总目》《曲品》《远山堂曲品》《传奇品》《传奇汇考标目》等都著录有不同数量的"史记戏"，有的几十部，有的多达上百部，著录的"史记戏"都非常普遍。据笔者不完全统计，若将其中重复的"史记戏"合并为一种，元杂剧中取材于《史记》的作品大致有 122 部，南戏取材于《史记》的作品有 82 部之多。如此众多的数量若与杂剧、南戏流传下来的戏剧书目相比，其取材于《史记》的频率及强度足让人叹为观止。

《史记》题材众多，当然并不是所有的题材都能成为元代戏曲撷取的对象。元戏曲是瓦肆勾栏娱乐技艺的产物，它以"合歌舞以演一事"的形式，为市井生活的大众提供一种消闲娱乐的形式。对于普通的市民观众来讲，到瓦肆勾栏中去欣赏故事，最初的动机当然不是为了接受教育，而是为了获得一种审美的愉悦。求"奇"尚"异"是人故有的审美天性，如果一个剧作叙述的故事平平，毫无称"奇"之处，这样的故事对于普通观众来说，自然难以引起审美的冲动。为迎合观众的审美情趣，元戏曲在其自身的发展中，逐渐形成了其自身的传"奇"的特征。《水石缘序》中，清人何昌森指出："从来小说家言：要皆文人学士心有所触，意有所指，借端发挥，以写其磊落光明之概；其事不奇，其人不奇，其遇不奇，不足以传；即事奇、人奇、遇奇矣，而无幽隽典丽之笔以叙其事，则与盲人所唱七字经无异，又何能供赏鉴？"① 元代戏曲对《史记》题材的撷取，所表现的正是对其中"奇人""奇事"题材的特别钟爱。

史传以传信为目的，在"子不语怪、力、乱、神"的正统观念下，一般是对这样的题材持以否定态度的。但尽管如此，在"神道设教"观念影响下，对于"怪异"题材，也在一定程度上给予了优容和保留。这在早期的史书作品《春秋》《尚书》中已有所体现，后来在《左传》中被强化，到司马迁《史记》中更是大量采用。如《五帝本纪》载黄帝"生而神灵，弱而能言"。《殷本纪》载太戊"立伊陟为相。亳有祥桑穀共生于朝，一暮大拱。帝太戊惧，问伊陟。伊陟曰：'臣闻妖不胜德，帝之政其有阙与？帝其修德。'太戊从之，而祥桑枯死而去"。《高祖本纪》中，载高祖出生云："父曰太公，母曰刘媪。其先刘媪尝息大泽之陂，梦与神遇。是时雷电晦冥，太公往视，则见蛟龙于其上。已而有身，遂产高祖。"以上诸如此类的记载，显然与常情常理不合，体现出既神且怪的记事特征。因此，明杨慎批评云："刘媪与神遇，犹薄姬梦黄龙据腹之类，理或有之，若太公往视，则怪甚矣。太公何名，刘媪何姓，迁皆不知。而独知其人所不能知者，甚矣迁之好怪矣。"② 这一批评，显示出正统观念对《史记》大量采用"神怪"题材的否定。

《史记》对于"神怪"题材的喜好，在元代的戏曲创作中被充分地继承了下来。这一继承既表现于故事叙事的大致内容框架，也表现于故事叙述中某些情节的设置。伊尹是中国历史上的贤相，著名的政治家，也是中国第一个帝王之师。《史记》中关于伊尹的记载，见于《殷本纪》，伊尹辅佐商汤建立商朝，伊尹的出身非常神奇，是人们在空桑树里发现的婴儿。关于伊尹的种种神奇传说，被元杂剧充分吸收、利用。元杂剧《伊尹扶汤》，又名《放太甲伊尹扶汤》，又名《耕莘野伊尹扶汤》，又名《立成汤伊尹耕莘》。杂剧作者充分利用已有的记载和传说，运用文学想象、虚构、夸张，使伊尹

---

① 朱一玄编：《明清小说资料选编》（下），南开大学出版社2006年版，第733页。
② （明）凌稚隆辑校，（明）李光缙增补：《史记评林》第2册，天津古籍出版社1998年版，第77页。

的身世更加神奇。上帝见天下无道，便派文曲星伊尹来到人间，辅佐商汤灭掉夏朝，建立商朝。伊尹是伊员外在空桑树中捡来并抚养教育成人的，伊尹耕莘，终于被成汤发现。成汤多次邀请伊尹辅助自己，伊尹答应了成汤的请求，修德政，伊尹多奇谋，大建奇功，帮助成汤灭夏，最终建立商朝。又如《浣纱记》《倒浣纱》，都对《史记》中所记载人物伍子胥故事进行了夸张和渲染，重点突出伍子胥死后显灵的神奇之事，充满传奇色彩。又如元杂剧《麒麟记》对《史记》中的汉高祖刘邦长相神异故事的夸张、加工、渲染，写孔子神异的相貌，等等，元杂剧中此类作品还有很多。

这些历史人物的展现中，像项羽、张良、伍子胥、苏秦、魏公子、廉颇、蔺相如、田单、屈原、荆轲、韩信、李广、司马相如等历史上的风流人物，马陵道、火牛阵、渑池会、刺秦王、鸿门宴、破陈馀、平诸吕等曲折生动、矛盾冲突集中尖锐而又充满了戏剧性的情节和戏剧化的场面，几乎全部被元代戏曲家们搬上舞台，广为上演。编演《史记》中的故事，是元代戏曲家首先创导的，《史记》成了元代戏剧创作取材的邓林昆山。戏曲创作对这些人物的钟爱，显然与《史记》一脉相承，体现了对于"奇"的分外赏识。所以在《宋元戏曲史·元剧之文章》中，王国维评价说："其最有悲剧之性质者，则如关汉卿之《窦娥冤》、纪君祥之《赵氏孤儿》，剧中虽有恶人交构其间，而其蹈汤赴火者，仍出于其主人翁之意志。即列之于世界大悲剧中，亦无愧色也。"[①]

元代戏曲文化也在某种意义上复活了历史悠久的口头编创传统。从历史发展来看，口语文化与书面文化前后相继。早期的口语文化创造了辉煌的史诗、神话和传说，但同时也有缺点，口头语非常方便，与人的听觉紧密相连，但是口头语却无法持久保存，也难以重复。相比于口头语来说，书面文化的历史则较短暂，但后来居上，获得了充分的发展。在文字印刷传统的偏倚与霸权地位之下，口头传播的空间被挤压，被解构。秦汉以后至宋代以前，中国文学的形式主要为诗歌、散文、词等书面形式，口头传播的形式被保留在有限的空间。而元代以后，戏曲创作兴盛，成为文学创作的主要艺术形式之一。从此点来讲，戏曲文化的兴起，重新唤起了口头传统的生命力，

[①] 王国维：《宋元戏曲史》，商务印书馆1915年版，第125页。

并进而控制了文化走向。戏曲文化反映着时代的审美需求，同普通大众的生活紧密交织在一起，戏曲创作和戏曲传播在大众传播中起着重要的作用。戏曲文化的蕴含极为丰富，同时，戏曲文化的社会辐射面非常广阔，戏曲作为一种综合舞台艺术，吸引着社会各界的人士，包括没有文化的人，所以，戏曲的影响十分广泛、深远。戏曲能反映一定时代的价值观念，也能反映人们的审美特点，民族的记忆，民族的历史、文化，等等，都可以在戏曲的创作及表演中进入观众的审美活动。戏曲文化凝聚着中国传统文化的美学思想精髓，戏曲对于民族历史、民族文化的传播有着重要的意义。

元代的"史记戏"正是在此层面上呈现出重要的价值意义。正像元戏曲创作整体情况一样，元"史记戏"也大多数是由中下层文人来创作，由民间艺人来表演。无论是创作和表演，他们都必须对"史记戏"的创作宗旨、故事情节、人物形象、情感特征等获得深入了解。参看《史记》原文，从中获得创作和演出的资源，就成为他们获得成功的重要保障，如乐籍曹锦绣、"得名淮浙间"的西夏秀、淮阳名娼连枝秀、金陵名姝樊香歌，等等，都阅读和学习《史记》，所以她们演技超群，演出常常获得成功；同时，有些艺人还亲自参与"史记戏"的创作，如赵名镜、张酷贫等人。戏曲作家、民间艺人都对《史记》和"史记戏"有着浓厚的兴趣，他们在"史记戏"创作及表演中的这些作为，显然推动了《史记》内容及精神在他们中间的广泛传播。

元代"史记戏"的创作及表演同时推动了《史记》内容及故事在民间的广泛传播。以戏曲形式传播《史记》内容，是《史记》后世传承的重要途径之一，也是《史记》经典化的重要基础。"史记戏"的大量表演，使得《史记》从书斋走向市井，极大地扩大了《史记》的接受。生活于市井中的广大百姓，可以通过"史记戏"的表演来理解《史记》的内容，体会《史记》的精神。大多"史记戏"基本上不改变司马迁在《史记》中所记的故事内容，在此基础上，融合文学、音乐、舞蹈等形式将《史记》故事进行综合性的舞台表演，用生动的表演来再现历史人物的言与行。此外，许多"史记戏"还在表演中利用剧中人物"自报家门"的形式来口述历史，彰显历史。众多"史记戏"的大量表演，使得无缘阅读《史记》的市井观众也逐渐变得对《史记》内容熟悉起来。从此方面来说，"史记戏"的表演对推动《史记》故事的流播起到了重要作用。

"史记戏"的表演同时推动了《史记》创作宗旨在民间的传承。《史记》记载了大约三千年的历史，是一部贯穿古今的通史，包含了社会生活的各个方面，是中国史书的典范，司马迁创作《史记》，"欲以究天人之际，通古今之变，成一家之言"，作为这样一部史学巨著，《史记》撰著的根本目的是"义与经配，非悬诸令典"，同时使读者在阅读的过程中获得一种人生的智慧和经验。寓教于乐是中国传统的教化方式，寓教于乐而编演的"史记戏"更能适应下层民众的需要。戏曲活动是综合的舞台艺术，与广大的普通百姓的生活紧密相连，又通俗易懂，适合普通百姓的审美需求。没有机会接受教育的下层民众也能从戏曲活动表演中获得文化、道德等方面的滋养。舞台表演艺术是元杂剧最为重要的表现形式，它就是要借助舞台以一种通俗活泼的形式，将鲜明生动的人物形象、曲折复杂的故事内容立体化地呈现给观众，以此满足大家的兴趣爱好和利益愿望，这比当时任何一种接受形式都神奇，它既扩大了社会覆盖面，又强化了历史透彻力，给予人们心理上极大的满足。我们特别注意以下三点。

一是舞台艺术。以往历朝历代人们接受《史记》文本的方式多靠书籍、竹帛、金石等，无论是传抄，还是刊刻，都是静态的传播与接受方式。而舞台将《史记》的历史现实转化成一种拟真实的历史社会场景，带给人们无限的遐想空间，它通过简单的场地、道具为观众搭建了一个与历史时空对话的平台，这也正是中国戏剧的一大魅力。观众在台下初见舞台时，或许会觉得舞台简单，但是等戏剧开演后，丰富的内容将会把观众带进真实的场景，舞台上的种种道具各司其职，扮演着各自的角色，似乎都幻化成鲜活的生命，从而将人们带进整个剧情。可以说，没有舞台艺术，《史记》文本或许还在少数人的手中艰难地流传，有了舞台艺术，《史记》文本才能够得到更多人的普遍认可，从而走上经典地位的高峰。

二是音乐艺术。元初文人"凡所制作，皆足以鸣国家气化之盛，自是北乐府出，一洗东南习俗之陋。大抵雅乐不作，声音之学不传，久矣"[1]。足

---

[1] （元）虞集：《中原音韵序》，《中国古典戏曲论著集成》（一），中国戏剧出版社1959年版，第173页。

以说明，音乐的魅力是无穷的，当时文人的文化价值观因此已发生了重大的变化，人们再也不仅仅局限于赋诗填词，更喜爱创作散曲杂剧。元朝建立后，多元民族文化格局逐渐形成，元杂剧曲牌联套体所依托的北曲，就是在金元之际相继进入中原地区的夷族音乐与唐宋燕乐、民间谣曲等融合的音乐形式，它充分体现出民间文艺的通俗性、娱乐性、包容性和前瞻性等特点。尤其是音乐在人们生活中扮演着重要的角色，缓解着人们的疲劳、放松着人们的心情，又净化着人们的心灵。音乐较之其他艺术形式更容易触动人的神经，因此它也以其先天的优势成为入主中原的蒙古民族与炎黄民族文化交流融合的先导。元杂剧的音乐赋予了《史记》新的生命力，配以音乐的《史记》故事，以其明快健劲的音乐旋律，质朴浅切的曲辞宾白，突破了人们语言上交流沟通的障碍。

三是扮相艺术。有了舞台、有了音乐，还不足以能将《史记》以戏剧的形式完美呈现。它必须加以演员的演绎，扮演者必须有相应人物的服饰、道具，做好"扮相"，辅之以语言、神态、动作等，才能将整个历史事件淋漓尽致地展现。一个好的演员，我们经常说他扮什么像什么，戏剧中的各个角色都有自己的"扮相"，这也才有了"生、旦、净、末、丑"的意象，以及"脸谱"等。我们熟知的一部元杂剧《冻苏秦衣锦还乡》，它是根据《史记》中，《苏秦列传》《张仪列传》改编成的。舞台上，苏秦未受重用时，穷困潦倒，求取功名途中被一场突如其来的"冻天行症"摧倒，钱财用尽，冰天雪地，衣衫褴褛，无颜回家。原本想回到家中是一场温暖的慰藉，哪想家人冷漠讥讽，妻不下纤，嫂不为炊，父亲最后欲"三百黄桑棒"撵其出家门。待到求取功名成功，衣锦还乡时，家人的种种谄媚嘴脸暴露无遗，尤其是其嫂"匍匐"，令人瞠目。顷刻间，观众便品味了一番人情冷暖、世态炎凉。元代"史记戏"大多为文人创作，仅有一部分为下层文人所作，从他们对于"史记戏"脚本的撰写可知他们都是熟读史书，尤其是《史记》的，因此他们对于《史记》的改编也就显得轻车熟路了。正如郑振铎先生所说："在官书，正史里找不到的材料，看不见的社会现状，我们却常常可于文学的著作，像诗、曲、小说、戏剧里得到或看到。在诗、曲、小说、戏剧里所表现出的社会情态，只有比正史、官书以及'正统派'的记录书更为正确、真切，而且活跃。"① 元代很多蒙古人不识汉语，不能阅读《史记》，而舞台表演艺术恰恰解决了这一难题。

（二）《史记》诗

宋嗣廉曾经指出评论《史记》人物的诗歌，与其他形式的评论几乎是同时问世的，"以《史记》人物为题材的诗歌，实际是以诗歌的形式评论《史记》的'诗论'。"② 这个观点很有道理。狭义的《史记》诗是指读《史记》而产生感慨进而以之为题写成的咏史诗。这类诗歌在元代共有如下：侯克中《伯夷传》，刘因《读汉高帝纪》，郝经《读张良传》，王恽《读李斯传》，马臻《读秦纪》《汉景帝纪》，黄庚《读秦纪》，叶颙《读秦始皇纪》，宋无《鲁世家》《龟策》，佚名《读项羽传》，胡祗遹《读高祖传有感》《读范苏二子传》《读汲黯卫青传有感而作》，王旭《读汉文帝纪》《读荆轲传》，张弘范《读韩信传》《读李广传》，李继本《读贾谊王粲传》等。当然，还有广义的《史记》诗，凡是与《史记》人物、历史事件等有关的诗歌都可以称之为《史记》诗。赵望秦在《古代诗人接受史记述略》一文中称："《史记》所成功塑造的大批历史人物形象，也自然成为了他们或直接或间接的吟咏对象，由此而产生的咏史诗即为其接受《史记》的创作成果。这些诗歌既是反映《史记》对后世诗歌文学影响的有力证明，同时也是咏史诗中特殊的一类，于《史记》和咏史诗都有着不容小觑的研究价值。"③

根据《辽金元诗》《元诗别裁集》《元诗选》，经初步统计，元代"史记诗"作者达 110 人，诗作 451 首。我们把元代《史记》诗作家按照诗作数量多寡进行排列，同时将诗歌篇目收录罗列出来，以见概貌。

72 首。徐钧：始皇、坑儒四百六十余人、嫪毐、赵高、项羽、虞美人、范增、项伯、汉高祖、纪信、吕后、周昌、武帝、齐宣王、钩弋夫人、萧何、张良、四皓、陈平、周勃、周亚夫、韩非、申不害、孙膑、吴起、卜子夏、赵括、卫鞅、苏秦、鬼谷子、张仪、白起、孟轲、荀卿、孟尝君、平原

---

① 郑振铎：《郑振铎文集》第 5 卷，人民文学出版社 1985 年版，第 486 页。
② 宋嗣廉：《历代吟咏史记人物诗歌选读》，吉林人民出版社 2008 年版，第 838 页。
③ 赵望秦、蔡丹等：《史记与咏史诗》，三秦出版社 2012 年版，第 5 页。

君、燕昭王、三晋、赵武灵王、魏文侯、魏惠王、段干木、田子方、韩昭侯、齐威王、毛遂、信陵君、春申君、范雎、乐毅、廉颇、赵奢、赵括、李牧、田单、鲁仲连、屈原、吕不韦、豫让、聂政、荆轲、燕丹、李斯、樊哙、郦食其、陆贾、叔孙通、季布、李陵、司马相如、文君、董仲舒、朱买臣。

36首。宋无：须贾、蔺相如、过秦、豫让、关中、娄敬、扁鹊、郭吉、董仲舒、李延平、韩嫣、龟策、司马迁、项羽、楚歌、公莫舞、未央宫、刘媪、吕氏、汉文帝、朝鲜、汉宫、姑苏台、王蠋、鲁世家、范蠡、郑庄公、婴臼、闻招、发踪、陈平、周勃、夷齐、晏子、甘罗、穰侯。

28首。杨维桢：烽燧曲、腊嘉平、鸿门会、虞美人行、杯羹辞、咏古四十二首（其八）、金台篇、女史咏李夫人、女史咏钩弋夫人、赤松祠、紫芝曲、城门曲、芦中人、大良造、三邹子、夷门子、春申君、天下士、文信侯、聂政篇、易水歌、樊将军、厕中鼠、田横客、高阳酒徒、陆大中、冰山火突词、览古四十二首（其十一）。

24首。王恽：陪总管陈公肇祀商少师比干庙、虞姬墓、题范亚父增墓、过宋义墓、望歌风台、拜奠鲁文宪王庙二十八韵、望黄金台有感、望黄金台歌、拜奠宣圣林墓、四皓图七首、汉丞相条侯庙、单父琴台、信陵公子行、读李斯传、魏豹故城、田横墓歌辞、董大夫庙。

20首。侯克中：尧、舜、夏、商、周、秦、项羽、汉、汉高祖、武帝、吊屈原、荀子、读孟子、庄子、漫赋、张子房、伯夷传、老子、吕不韦、董仲舒。

16首。张养浩：茅焦、登徐州项王戏马台、过沛县高祖庙、吕后、武帝、左师触龙、李斯赵高、咏史彭越、题李广犯夜图、咏史公孙贺、方父偃。

15首。陈孚：羑里歌、秦长城、徐州、范增墓、沛县歌风台、圯桥、留侯庙、博浪沙、聊城县、上蔡县驿（其一）、淮阴庙、漂母塚、李陵台约应奉冯昂宵同赋、邯郸怀古、广川大夫庙。

12首。刘因：虞帝庙、读汉高帝纪、黄金台、四皓图、四皓二首、夷皓、颜曾二首、和咏荆轲、登荆轲山、井陉淮阴侯庙二首、井陉淮阴侯庙。

12首。李昱：咏史始皇、咏史项羽、咏史项伯、咏史陈涉、咏史萧何、咏史张良、咏史陈平、咏史韩信、咏史郦食其、咏史陆贾、咏史叔孙通、咏史季布。

12 首。胡祗遹：读高祖传有感、歌风台、题四皓图、题四皓闲适图、题舍馆壁四皓图、题四皓图、读庄子、题闵子祠碑阴、登鸣琴堂故基、读范苏二子传二首、读汲黯卫青传有感而作。

11 首。郝经：比干墓、书羑里祠、题项王墓、寓兴（十三）、曲阜怀古周庙、曲阜怀古孔林、曲阜怀古杏坛、曲阜怀古颜巷、贤台行、咏陶咏荆轲、读张良传。

10 首。王旭：歌风台、沛宫、读汉文帝纪、姑苏台、周孔传道图、下邳有感诗、题留侯庙、四皓围棋、读离骚、读荆轲传。

大量的《史记》诗，所表现的思想情感大多和司马迁相一致。当然，也有翻案之作。元人咏李广和李陵的《史记》诗于此体现得最为充分。如张弘范《读李广传》："弧矢威盈塞北屯，汉家飞将气如神。但教千古英名在，不得封侯也快人。"可见仍是传统对李广的赞美和同情。而张养浩则不然，其《题李广犯夜图》云："犯法宁论故与新，无私方可见为臣。竟将尉死将军手，谁道当年国有人。"① 历来世人都是充满对灞陵醉尉无视故李将军的愤怒，对李广手刃醉尉的快慰，张养浩则以为自古王子犯法与庶民同罪，李广的行为有悖于此理，虽意在翻案，但合乎常规，而非故为出奇翻新之论。

（三）元词与《史记》

唐圭璋先生所编《全金元词》中收录元代词人 212 家，词作 3721 首，经统计，元代词作中有 502 处引用《史记》内容。《史记》全书五种体制，12 篇本纪、8 篇书、10 篇表、30 篇世家、70 篇列传，以记载人物的丰富程度而言，本纪、列传、世家较丰富，我们看到，元代词人对《史记》的引用及材料取舍也体现出这一点：《史记》十二本纪的内容被引用多达 192 处，七十列传的内容被引用达 173 处，三十世家的内容被引用达 74 处。元代词人在作品中广泛地引用《史记》内容，说明《史记》这部经典在当时为词

---

① 赵望秦、蔡丹等：《史记与咏史诗》，三秦出版社 2012 年版，第 550 页。

人们所熟悉、所乐于学习、也乐于引用,由此亦可见《史记》在元代词人心目中的地位。元代词人大多通过对已经逝去的英雄豪杰的感叹,来表达自身渴望建功立业、有一番作为的愿望,词人们不仅在立功愿望上与《史记》有着强烈的情感共鸣,词作中直接引用《史记》内容、点出《史记》人物或典故的也有许多。如王恽《浣溪沙·赋筝》中的词句直接点出《史记》人物蒙恬:"一声银甲裂霜缣。涧水咽冰翻陇怨,将军出塞忆蒙恬。"[1] 司马迁在《史记》作《蒙恬列传》。蒙恬为秦朝著名将领,率大军北击匈奴,征战北疆十多年,立下了汗马功劳,威震匈奴。蒙恬以一个建立了卓越功业的出塞卫国将领而被歌咏,王恽在词中表达立功愿望,将秦时著名将领蒙恬直接点出。引用《史记》内容的还有如张之翰的《沁园春》中的句子直接点出《史记》人物陆贾:"要老子胸中百万兵。看健如马援,精神矍铄,辨如陆贾,谈舌纵横。"[2] 还有如吴存词作《水龙吟》中直接引用《史记》人物李广射虎之典故:"老来拈笔,不禁清冻,频呵龟手。想见南山,少年射虎,臂鹰牵狗。"[3] 元词中这类直接引用《史记》内容的例子还有很多,立功愿望是元词在对《史记》的接受过程中与《史记》情感共鸣的重要方面。又如萨都剌的《木兰花慢·彭城怀古》:

> 古徐州形胜,消磨尽、几英雄。想铁甲重瞳,乌骓汗血,玉帐连空。楚歌八千兵散,料梦魂、应不到江东。空有黄河如带,乱山起伏如龙。汉家陵阙动秋风。禾黍满关中。更戏马台荒,画眉人远,燕子楼空。人生百年如寄,且开怀、一饮尽千钟。回首荒城斜日,倚栏目送飞鸿。[4]

站在彭城(今徐州),遥想项羽当年豪气冲天,最终以悲剧而结束,不由得产生许多感慨。

---

[1] 唐圭璋编:《全金元词》,中华书局1979年版,第689页。
[2] 唐圭璋编:《全金元词》,中华书局1979年版,第716页。
[3] 唐圭璋编:《全金元词》,中华书局1979年版,第831页。
[4] 唐圭璋编:《全金元词》,中华书局1979年版,第1092页。

（四）元代话本与《史记》

元代刊行的话本主要有 5 种讲史话本，收录于《全相平话五种》，包括《武王伐纣书》（别题《吕望兴周》）《乐毅图齐七国春秋后集》《秦并六国平话》（别题《秦始皇传》）《续前汉书平话》（别题《前汉书续集》《吕后斩韩信》）《三国志平话》五种。这些书语言文字简单、通俗易懂，很可能是话本刚刚成为独立的书面文学的代表，它们已经成功地从口头文学转变为书面文学。正如鲁迅先生在《中国小说史略》中说道："观其简率之处，颇足疑为说话人所用之话本，由此推演，大加波澜，即可以愉悦听者，然页必有图，则仍亦供人阅览之书也。"① 这 5 部书都是以正史史实为依据写成的，很多时候还以流传的民间故事为题材，充分反映了统治阶级的残暴和异常激烈的社会矛盾斗争，这些话本也对后来的历史小说的形成产生了非常重大的影响。其他姑且不谈，单从元代话本对于《史记》的文学接受来看，我们不难看出，《全相平话五种》这仅存的 5 部，其中有 4 部故事就与《史记》相同。其中《武王伐纣书》直接引用了《殷本纪》《周本纪》史实，《武王伐纣书》叙述的是姜太公辅佐周武王灭商的故事。《乐毅图齐七国春秋后集》直接引用了《齐太公世家》《乐毅列传》《孙子吴起列传》《田单列传》史实；虽然话本名称是"乐毅图齐"，而实际上确是以齐燕战争为背景，讲的主要是孙膑破燕的历史故事。同样，它比《史记》中《乐毅列传》《孙子吴起列传》中记载的史实要叙述得更加生动，其中还增加了许多虚构的故事情节，如把孙膑作为乐毅的对手，二人斗法，神怪色彩非常浓厚。《秦并六国平话》直接引用了《秦本纪》《秦始皇本纪》《楚世家》《赵世家》《魏世家》等史实；讲述的是秦始皇先后灭韩、赵、燕、魏、楚、齐等六国，同时讲刘邦和项羽在垓下之战，最终项羽大败的故事。这个话本较之以上两个话本，依据正史的成分更重一些，如荆轲刺秦王一节就是基本上复述《史记·刺客列传》的，而少了些神奇荒诞的情节。《续前汉书平话》则直接引用了《吕后本纪》《淮阴侯列传》等史实，主要是以"吕后斩韩信"作为故事中心，开头便说："时大汉五年十一月八日，项王自刎而死"，说明楚汉相争

---

① 鲁迅：《中国小说史略》，广西人民出版社 2017 年版，第 142 页。

的背景下，吕后怂恿刘邦杀了功臣韩信，彭越、英布、蒯通为韩信表功鸣冤，刘邦理屈，不得不为韩信安葬立祠。张良见功臣被杀，就辞官归隐。刘邦死后，吕后专权，杀了戚夫人、赵王如意和刘友等，企图立吕氏为君。刘泽起兵灭吕氏，文帝即位。话本中许多情节出于虚构，如吕后见到刘邦、戚氏、韩信的鬼魂，中箭得病而死；樊哙的儿子樊亢借宴时杀了逃席的吕越，最后杀尽吕氏三千口。书中人名、官名和细节多与史实不符，神怪色彩较多，富于民间说话的特色。

  元代话本中的"诗曰"或"诗云"，根据统计，大多以七言四句为主，如《秦并六国平话》"汉祖西来秉白旄，子婴宗庙委波涛。谁怜君有翻身术，解向秦宫杀赵高"等，但其中也有一些七言八句、七言二句或者五言四句、五言八句、五言二句等。这在《全相平话五种》中表现得非常突出，几乎每篇都有。这些"诗曰""诗云"的位置也比较灵活，有的在篇首，有的在篇中，有的在篇末，而以篇中为最多。有的"诗曰""诗云"是话本作家原创的，有的则是引用他人的。这些诗歌，也成为评论《史记》人物的重要组成部分。

  总之，元代的文学创作对于《史记》的传播和《史记》的文学经典化具有重要意义，尤其是元杂剧把《史记》搬上戏剧舞台，促进了《史记》文学经典的大众化，是非常独特的一种贡献。

第 六 章
明代:《史记》文学经典地位的进一步巩固

  《史记》文学经典地位在明代得到进一步巩固。明代前期,由于文化上实行高压政策,禁锢了人们的思想,因而学术空疏。明代中期以后,文化思想方面发生重要变化,出现了以王艮为代表的"王学左派",他们发展了王守仁哲学中的反道学的积极因素,富有叛逆精神,在思想文化界引起震动,产生了积极影响,文化学术也出现了新的局面,《史记》文学经典化随之进一步加强。"后七子"代表人物王世贞曾在《史记评林叙》中勾勒《史记》研究的基本线索:"太史公《史记》成于天汉,而重于宣、元之间。班固氏欲自伸其业,故互见其瑜瑕,而王充、刘知几因之皆有所指驳。而其错节衍语,异音奥旨,未易通解,以故徐广、韦昭、裴骃、邹诞生、刘伯庄、司马贞、张守节之流,咸为之训故考索,学士大夫乃始彬彬成诵矣。然自东京以前,往往抚核其体裁,而阔略于辞法,至陆机、刘勰辈,乃稍颂称其文,而后世因之。第名为之小牴而实为之祖述者,班固氏也。六朝骛绮靡,毋论非指向,所在途轨殊矣。其最称能尊《史记》者,毋若唐宋人,然知或小近,而力不足,其甚乃不过邯郸之步,阳为慕之而阴与悖,又何取也。明兴,皇猷之涣发与元精之郁浡,倍屣往古,而其能为太史公者,迄不出英、宪而上不登台阁,学士大夫不无三致憾焉。北地而后,乃始彬彬"。[①] 这个概括虽有不全面之处,但也有一定的道理,我们可以大体了解汉代以来《史记》研究的概貌。

[①] (明)王世贞:《史记评林叙》,(明)凌稚隆辑校,(明)李光缙增补《史记评林》第 1 册卷首,天津古籍出版社 1998 年版,第 9—11 页。

一 评点是《史记》文学经典化的特殊形态

宋代形成的文本细读、评点风气，到明代达到兴盛阶段，这是明代《史记》文学经典化的重要途径。除综合性评论外，大部分是逐篇评点批注，即"评点""评钞"，这种著作在明代多达 30 余种，如杨慎的《史记题评》、唐顺之的《荆川先生精选批点史记》、何孟春的《史记评钞》、王慎中的《史记评钞》、董份的《史记评钞》、钟惺的《锺伯敬评史记》等，其中最有代表性的是茅坤的《史记钞》和归有光的《归震川评点史记》。随着各种评点的出现，辑评工作应运而生。凌稚隆《史记评林》搜集整理历代百余家的评论，汇为一编，给研究者提供了便利，茅坤在序中称之为"渡海之筏"。后来，明代的李光缙在《评林》基础上进行了增补，使该书更加完备。另外，朱东观的《史记集评善本》，葛鼎、金蟠的《史记汇评》，焦竑选辑、李廷机注、李光缙汇评的《史记萃宝评林》，陈仁锡的《史记评林》，陈子龙、徐孚远的《史记测议》也进行了辑评工作，且大多着眼于文学方面，为后人的研究提供了一定的资料。

所谓评点（或点评），是指读者在阅读、理解原文本时用特殊的符号作标示并进行评论。我们这里说的主要是文学评点，即以文学鉴赏为内容。宋代以来，文学评点兴起，评点诗歌、散文、小说、戏剧等文学作品。《史记》虽是史学著作，但由于它具有文学色彩，被许多文人重视并加以评点。"点"或称圈点，是在原文本上加以特殊标识，有"、""·""○""△"等符号，给读者阅读文本以提醒和暗示。"评"包括总评、眉评、夹评、旁评、尾评等形式。就评点文本时用笔的颜色而言，有红、黄、墨等不同的颜色，有两色、三色，甚至五色。《史记》文学评点著作，有的是全本评点，对《史记》130 篇全部进行评点；有的是选本评点，选择《史记》中文学性较强的篇章进行评点，这两种是最主要的评点著作。另外，宋代以来许多古文评点选本中也适当选择《史记》篇目作为古文典范加以评点，如宋代真德秀的《文章正宗》、陈仁子的《文选补遗》，明代吴讷的《文章辨体》、徐师曾的《文体明辨》、贺复徵的《文章辨体汇选》等。也有评点小说过程中联系《史记》，进而分析《史记》艺术的，如天都外臣的《水浒传序》、陈忧的《水浒后传论略》等。完整的《史记》评点本尤其是汇评本卷首有序文（作者自己，或其他人）、凡例、引用书目名称、引用姓氏、历代总评等，然后进入具体篇章的评点。

我们之所以说评点是《史记》文学经典化的重要途径，是因为《史记》文学经典化的途径很多，如文学家以《史记》为典范，模仿或借鉴而进行的文学创作，文选家为树立文学典范而编选的《史记》选本，文论家从文学批评角度对《史记》进行的各种评论，文学家以《史记》为素材而创作的咏史诗、小说、戏曲等。《史记》文学评点也是《史记》文学经典化的途径之一，属于文学阐释的范畴，有几个明显的特点。

第一，《史记》是在历史真实基础上叙事写人，施展文学才华，因此，《史记》的文学评点首先是建立在《史记》历史真实基础上的，与纯文学作品的评点颇有不同。

第二，《史记》原文本和评点者的评点同时出现在一个页面上，两者形成一个特殊的共同体，它是一个新的特殊文本。《史记》文本通过评点得以展现魅力，广泛传播；评点通过《史记》文本得以保存，被读者理解和接受。

第三，大多数评点不像长篇评论那样富有逻辑性和理论性，而是即兴式的，感悟式的，短小精悍，灵活多样，以文学鉴赏为主要内容，它是一种特殊的文学批评形式。

第四，《史记》评点形式多样，有单个人的评点，体现评点者个人对《史记》文本的理解，如归有光的《归震川评点史记》等，也有汇集多人的评点，如凌稚隆的《史记评林》等。

《史记》作为文史结合的典范，内涵丰富，手法多样，文本中存在着被无数读者阐释的"空白"，隐藏着许多"密码"，所以，不同的评点者都在阐释"空白"，寻找"密码"。他们在阐释"空白"、寻找"密码"的同时，也引导更多的读者进入司马迁的世界，理解《史记》的文学意蕴。于是，《史记》的文学价值逐渐被挖掘，被扩大，被认可。

我们先看"点"。"点"是在文本上画的不同符号，有些评点者使用的符号多达六七种，对《史记》原文中的精华、文采、纲领、眼目照应、提掇等进行圈点、勾画，虽然没有文字表述，但具有特殊的意义和作用。试以归有光评点《史记》为例：

《秦始皇本纪》①：

（1）始皇不乐，使博士为仙真人诗，及行所游天下，传令乐人歌弦之。秋，使者从关东夜过华阴平舒道，有人持璧遮使者曰："为吾遗滈池君。"因言曰："今年祖龙死。"使者问其故，因忽不见，置其璧去。使者奉璧具以闻。始皇默然良久，曰："山鬼固不过知一岁事也。"退言曰："祖龙者，人之先也。"

（2）高乃与公子胡亥、丞相斯阴谋破去始皇所封书赐公子扶苏者，而更诈为丞相斯受始皇遗诏沙丘，立子胡亥为太子。更为书赐公子扶苏、蒙恬，数以罪，其赐死。

不难看出，评点者画符号的地方都是文本中的关键环节，读者在此需要用心体悟。第一段用两种符号提示读者：具有传奇色彩的谶言与秦始皇的内心世界、神态等描写值得思考；第二段用一种符号提示读者：历史的重大转折就在这里，赵高、胡亥、李斯三人就是历史转折的导演，"阴谋""诈"是他们的手段。再如《项羽本纪》②：

项羽已杀卿子冠军，威震楚国，名闻诸侯。乃遣当阳君、蒲将军将卒二万渡河，救钜鹿。战少利，陈馀复请兵。项羽乃悉引兵渡河，皆沉船，破釜甑，烧庐舍，持三日粮，以示士卒必死，无一还心。于是至则围王离，与秦军遇，九战，绝其甬道，大破之，杀苏角，虏王离。涉间不降楚，自烧杀。当是时，楚兵冠诸侯。诸侯军救钜鹿下者十余壁，莫敢纵兵。及楚击秦，诸将皆从壁上观。楚战士无不一以当十，楚兵呼声动天，诸侯军无不人人惴恐。于是已破秦军，项羽召见诸侯将，入辕门，无不膝行而前，莫敢仰视。

---

① （明）归有光：《归震川评点史记》，光绪二年武昌张氏刻本。收录吴平、周保明选编《〈史记〉研究文献辑刊》第 6 册，国家图书馆出版社 2014 年版，第 333、334 页。
② 吴平、周保明选编：《〈史记〉研究文献辑刊》第 6 册，国家图书馆出版社 2014 年版，第 345 页。

由于钜鹿之战是项羽一生由微弱到强盛的转折点，司马迁用十分笔力写出这场大战，评点者的符号变换了四次，使读者想象其场面的豪壮。通过例证看出，"点"首先从视觉上给读者以吸引力，需要读者放慢阅读节奏，仔细体悟文本的"空白"。这种无语的提示，达到"此时无声胜有声"的效果。窥一斑而知全貌，明代的《史记》文学评点在"点"的运用上，基本都是这种形式。

再看"评"。包括总评、夹批、旁批、眉批、尾评等形式。如归有光评点《田单列传》总评曰：

> 此传如事，书之不复添设，而简淡之中笔端曲尽，自首讫尾融结宛然更不可分划。赞后附出二事，承前淖齿，既杀湣王于莒，及燕长驱平齐，与世家相为跌宕，而著齐之所以转亡而为存也。史公此等见作传，精神洋溢处，昔人云"峰断云连"是也。①

对该篇文章的整体布局进行分析，并由此总结司马迁叙事方法。再如总评《司马穰苴列传》曰："简明劲直，亦与事称。"② 概括出整体风格。又如总评《孔子世家》曰："获麟与颜子死相次，自此以后，叙夫子卒时。读之，令人悽怆，起千载之感。"③ 直接抒发读完此篇的感慨。夹评，如归有光评《夏本纪》"帝舜朝，禹、伯夷、皋陶相与语帝前"后夹评"禹纪特详皋陶。太史公书极有法度，草草读不知也"④。《项羽本纪》"还攻外黄，外黄未下"夹评"句是文之顿挫，如人透气一般"⑤。再如"与秦军遇，九战，绝其甬道，大破之，杀苏角，虏王离，涉间不降楚自烧杀，当是时，楚兵冠诸侯"后夹评"'当是时楚兵冠诸侯'与前'当此时赵歇为王'俱是旁支，

---

① 吴平、周保明选编：《〈史记〉研究文献辑刊》第 7 册，国家图书馆出版社 2014 年版，第 156 页。
② 吴平、周保明选编：《〈史记〉研究文献辑刊》第 7 册，国家图书馆出版社 2014 年版，第74 页。
③ 吴平、周保明选编：《〈史记〉研究文献辑刊》第 7 册，国家图书馆出版社 2014 年版，第11 页。
④ 吴平、周保明选编：《〈史记〉研究文献辑刊》第 6 册，国家图书馆出版社 2014 年版，第 300 页。
⑤ 吴平、周保明选编：《〈史记〉研究文献辑刊》第 6 册，国家图书馆出版社 2014 年版，第 344 页。

又是总几段气顿，一顿，如水之盘旋而去"①。再如"项王因留，连战未能下"后夹评"是顿挫，又承上起下，盘旋如水之潆洄"②。这些评语，语言短小精悍，而且着重在原文的段落层次、语气转折、用词艺术、阅读效果等。这也是明代《史记》文学评点中"评"的主要特点，对读者理解原文颇有帮助。

由于评点《史记》的人越来越多，于是出现了辑录历代名家评点的著作，以凌稚隆《史记评林》最有代表性，文本页面的内容更为丰富。其收录的范围，凌氏《史记评林凡例》有如下说明："太史公《史记》批评，古今已刻者，惟倪文节《史汉异同》、杨升庵《史记题评》、唐荆川《史记批选》、柯希斋《史记考要》；其抄录流传者，何燕泉（孟春）、王槐野（维桢）、董浔阳（份）、茅鹿门（坤）数家。若杨铁崖（维桢）、王守溪（鏊）、陈石亭（沂）、茅见沧（瓒）、田豫阳（汝成）、归震川（有光）数十家，则又搜罗而出之，悉选录入兹刻。"③音韵训诂、史实考订、层次分析、艺术特征等都在收录之列，其中着重在艺术分析。如《秦楚之际月表序》开头一段：

【篇首评：杨慎曰：此篇文字英发俊伟……】

太史公读秦楚之际，曰：初作难，发于陈涉；虐戾灭秦，自项氏；拨乱诛暴，平定海内，卒践帝祚，成于汉家。【旁批：此四句谓高祖。】

五年之间，号令三嬗。【旁批：陈、项、刘。】《集解》音善。《索隐》古"禅"字，音市战反。三嬗，谓陈涉、项氏、汉高祖也。自生民以来，未始有受命若斯之亟也。《索隐》曰音己力反。亟训急也。

【眉批：茅坤曰：读《秦楚月表》而海内土崩鼎沸之始末甚矣。……】

【眉批：（李光缙）增：赵恒曰：秦楚之际者，秦则二世、王子婴，

---

① 吴平、周保明选编：《〈史记〉研究文献辑刊》第 6 册，国家图书馆出版社 2014 年版，第 345 页。

② 吴平、周保明选编：《〈史记〉研究文献辑刊》第 6 册，国家图书馆出版社 2014 年版，第 349 页。

③ （明）凌稚隆辑校，（明）李光缙增补：《史记评林》第 1 册，天津古籍出版社 1998 年版，第 119 页。

楚则陈涉、义帝与项籍也。】

【眉批：凌约言曰：此表字不满五百，态度无限委蛇，如黄河之水百折百回，此干景升《晋纪论》之祖。】

【眉批：茅坤曰：《月表》之文甚跌宕，道古可诵。】

【眉批：按：自首至"若斯之亟也"，言陈、项、刘三人之兴。】

【眉批：董份曰：关键全在"自生民"以下二句，后特分疏耳。】①

这段汇评，有总评、夹批（即"三家注"）、眉批、编者旁批、编者按语等，引用的评论者有明代杨慎、茅坤、凌约言、董份以及李光缙的增补等。重点在于文章风格、段落关键方面。

汇评还有一个重要特点，有时把不同人的观点摆出来，客观上造成了问题论争，给读者较大的启发。如《货殖列传》，篇首、眉批上有许多人的评论，并有编者自己的按语，正文中有夹评（"三家注"等）、旁评，篇末又有总评。由于《货殖列传》从汉代班氏父子以来就有多种不同的批评意见，因此，本篇汇集的评论就有不同观点的碰撞，反映出评点者思想的交锋。其他篇章如《游侠列传》《太史公自序》等，也有许多不同的观点。

总之，《史记》文学评点就是细读文本，在字里行间寻找司马迁设置的"密码"。这就需要评点者有独特的眼光，能够与司马迁心心相印，与《史记》文本融为一体。同时，读者也需要有鉴别是非的能力，一边读《史记》原文，一边体会评点者的思想，并做出自己的判断。

二　明代《史记》文学评点的兴盛及其原因

《史记》评点到明代中后期达到兴盛阶段。兴盛的标志首先在于评点队伍的庞大。根据有关资料可以看到，许多文人都对《史记》进行评点，如杨慎、归有光、唐顺之、王慎中、茅坤、陈沂、陆深、王鏊、王维桢、王韦、董份、何孟春、钟惺等。《史记评林姓氏》罗列晋至元代学者64

---

① （明）凌稚隆辑校，（明）李光缙增补：《史记评林》第 2 册，天津古籍出版社 1998 年版，第 541—542 页。

人，而其罗列明代学者更是达 85 人之多，可以窥探明代评点《史记》文人之多。

明代评点兴盛的第二个标志是大量评点著作的出现。据统计明代的评点著作多达 30 余种。不仅有如杨慎的《史记题评》、唐顺之的《荆川先生精选批点史记》、何孟春的《史记评钞》、王慎中的《史记评钞》、董份的《史记评钞》、钟惺的《钟伯敬评史记》、茅坤的《史记钞》和归有光的《归震川评点史记》这些个人的评点著作，还产生了许多有关《史记》的辑评著作，如凌稚隆辑校、李光缙增补的《史记评林》，朱之蕃汇辑、汤宾尹校正的《百大家评注史记》，朱东观的《史记集评善本》，葛鼎、金蟠的《史记汇评》，焦竑选辑、李廷机注、李光缙汇评的《史记萃宝评林》，陈仁锡的《史记评林》，陈子龙、徐孚远的《史记测议》等。

兴盛的标志还在于评点手法的成熟。总体来看，表现在以下四个方面。

第一，抓住文本的关键之处，从字里行间发现问题，以小见大。如陈仁锡《陈评史记》评《老子传》："'隐君子'三字，乃老氏千古公案，知此则纷纷之神仙怪诞之说妄矣。"① 凌稚隆《史记评林》评《外戚世家》："传中历叙薄氏侯一人，窦氏三人为侯，王氏三人为侯，卫氏五人为侯，见外戚之宠，以渐而盛。"② 杨慎《史记题评》评《樊郦滕灌列传》："《灌传》无他异，只以十一'以'字，不避重叠，正欲班班见眼目，此纪事之转态也。若尽如他传，即史文千百无异。不特不必删，亦不可删。"③ 陈仁锡《陈评史记》评《樊郦滕灌列传》："《滕公传》以'太仆'二字为主，凡四'为太仆'，五'奉车从击'，四'以兵车辄攻战疾'，五'以太仆从击'，三'以太仆事'。种种战功，自始至终不离'太仆'，此子长作文用奇处。"④ 这种评点，以文本为基础，从最基本的字词入手（甚至数字的变化），挖掘隐藏在作品中的深意，给读者以启示。

第二，对比手法。评点者在评点一个篇目时，为了认识其特点，往往与

---

① （汉）司马迁撰，（明）陈仁锡评：《史记》，明崇祯刻本。
② （明）凌稚隆辑校，（明）李光缙增补：《史记评林》第 4 册，天津古籍出版社 1998 年版，第 558 页。
③ （明）杨慎、李元阳：《史记题评》，明嘉靖十六年胡友恒、胡瑞敦刻本。
④ （汉）司马迁撰，（明）陈仁锡评：《史记》，明崇祯刻本。

《史记》其他篇目对比，或与《史记》之外的典籍进行对比，显示出开阔的视野。如《史记评林》引董份评《景帝纪》："《孝文纪》备载诏令德泽，而《景纪》止书年月，赞中亦止及七国一事，盖景帝不及文帝远甚，意固有在也。"① 引董份评《范雎蔡泽列传》："《史记》之《范蔡传》，即《庄子》之《秋水篇》，闳深奥衍，壮丽奇博。……不读此者，不知文章之大也。"② 陈仁锡《陈评史记》评《老子传》："《老子传》三用'或曰'，一用'或言'，皆疑辞也，与《荀卿传》后两'或曰'同例。"③ 类似的评论能引导读者从更广阔的方面认识问题。

第三，许多评论运用反诘句、疑问句等形式，提出问题，表达观点，具有较大的启发性。茅坤《史记钞》评《建元以来侯者年表》："太史公次《建元以来侯者年表》，而天下一切摧锋陷敌之士并得封拜，海内户口耗矣。太史公并不之及，岂避忌重祸之故与？"④ 评《田单传》："太史公作列传七十，传节义者仅伯夷耳，若豫让，则以入《刺客》，若王蠋，则以附见齐《田单传》后。岂数千百年之间义士忠臣凋丧至此耶？太史公所向慕者在彼而不在此，故遂零落也。悲夫！"⑤ 唐顺之《荆川先生精选批点史记》评《萧相国世家》："汉高之狙诈猜忌，鲍生知之，召平知之，又一客知之，史公又从而反复著明之，而读者不察，犹谓其豁达大度，何哉？"⑥ 这些评论，有些看起来是表面疑问，实则观点鲜明，引人思考。

第四，评点语言大多生动活泼，简明精练，有些则具有气势和力量。如杨慎《史记题评》评《樊郦滕灌列传》中《樊哙传》"哙乃排闼直入，大臣随之。上独枕一宦者卧。哙等见上，流涕曰"云云，"'流涕'数语，粗粗卤卤，有布衣之忧，有骨肉之悲，不独似哙口语，而三反四正，复情词俱竭，只是子长笔力。至一'绝'字，惊痛声泪俱透，更千万语不能尽，更

---

① （明）凌稚隆辑校，（明）李光缙增补：《史记评林》第 2 册，天津古籍出版社 1998 年版，第 245 页。
② （明）凌稚隆辑校，（明）李光缙增补：《史记评林》第 5 册，天津古籍出版社 1998 年版，第 391 页。
③ （汉）司马迁撰，（明）陈仁锡评：《史记》，明崇祯刻本。
④ （明）茅坤编纂，王晓红整理：《史记钞》，商务印书馆 2013 年版，第 67 页。
⑤ （明）茅坤编纂，王晓红整理：《史记钞》，商务印书馆 2013 年版，第 330 页。
⑥ （明）唐顺之：《荆川先生精选批点史记》，明万历五年童子山刻本。

千万人不能道。"① 这种评点语言，读起来很有感染力。

明代《史记》评点的兴盛还在于评点内容的丰富性和观点的新颖性，后文将予以论述。

明代《史记》文学评点之所以兴盛，首先是与明代的文学复古思潮密切相关。明代前期，由于社会政治文化等因素影响，文学创作以及学术都较空疏。到了中后期，文坛上掀起复古思潮，《明史·文苑传》云："弘治时，宰相李东阳主文柄，天下翕然宗之，梦阳独讥其萎弱。倡言'文必秦、汉，诗必盛唐'，非是者弗道。"② 前后七子李梦阳、何景明等人，"文称左、迁，赋尚屈、宋，诗古体尚汉、魏，近律则法李、杜"③。"文自西京，诗自中唐而下，一切吐弃，操觚谈艺之士翕然宗之。"④《史记》成为文人效法、学习的榜样。唐宋派代表人物唐顺之、归有光、茅坤、王慎中等人，对《史记》推崇备至，并且都评点或评钞过《史记》。《史记评林》卷首有王世贞、茅坤、徐中行的序言，对《史记》颇为赞赏，他们也都是当时文坛的主将。方苞《书归震川文集后》说归有光："其气韵盖得之子长，故能取法于欧、曾，而少更其形貌耳。"⑤ 由于文学复古运动的出现，文学家评点《史记》、学习《史记》，《史记》的文学声价随之提高，其文学经典地位更加突出。

其次，《史记》文学评点的兴盛与印刷技术的发展有一定的关系。宋元以来中国的印刷术有了较大发展，到明代时，官方和私人刻书业高度发达，尤其是嘉靖、万历两朝，是中国古代刻书的极盛时期，人们常称道的《史记》"嘉靖三刻"就出现在这个时期，即柯维熊校本、王延喆刊本、朱惟焯刊本。据《史记研究的资料和论文索引》⑥，明代刻印《史记》达23种之多。如南北两监本、北京都察院本、陕西及山西两布司本、苏州府本、徽州府本、福州府学本、秦定王朱惟焯翻刻宋建安黄善夫本、丰城游明翻雕元中

---

① （明）杨慎、李元阳：《史记题评》，明嘉靖十六年胡友恒、胡瑞敦刻本。
② （清）张廷玉等：《明史》卷286，中华书局1974年版，第7348页。
③ （明）李贽：《续藏书·何景明传》，载张建业主编《李贽文集》第4卷，社会科学文献出版社2000年版，第577页。
④ （清）张廷玉等：《明史》卷285，中华书局1974年版，第7307页。
⑤ （清）方苞著，刘季高校点：《方苞集》卷5，上海古籍出版社1983年版，第117页。
⑥ 中国科学院历史研究所编：《史记研究的资料和论文索引》，科学出版社1957年版。

统本、震泽王延喆本、凌稚隆《史记评林》本,等等①,对于推动《史记》研究起了积极的作用。印刷技术发展到后来出现套版印刷,给评点《史记》提供了更多的方便,因为评点往往需要不同的颜色作标识,如万历四十八年(1620)闵振业等人辑刻的《史记钞》91卷,套版印刷技术已到非常精湛的地步了,陈继儒《史记钞》序文云:"自冯道、毋昭裔为宰相,一变而为雕版,布衣毕昇再变而为活版,闵氏三变而为朱评,书日富亦日精……吴兴朱评书籍出,无问贫富好丑,垂涎购之,然不过一二卷或数卷而止;若《史记》卷帙既重,而品骘尤真。"②把套版印刷的意义与冯道推行印儒经、毕昇发明活字印刷相提并论。另外如凌森美刻印《史记纂》24卷,也是套版印刷《史记》方面的重要著作。

再次,前代《史记》文学评点的影响。文学评点源远流长,唐代是形成期,宋元是发展期,明代是全盛期③,《史记》文学评点,基本与此同步。唐宋元时期,《史记》文学评点逐步形成,其中最有代表性的是倪思、刘辰翁的《班马异同评》。《汉书》中有4篇纪、6篇表、3篇书、40篇传根据《史记》改写而成,倪思的《班马异同》将这些篇目逐字逐句加以比较。在此基础上,刘辰翁又加以评点,从中分析优劣,并且对《史记》的文法有专门的品评,可以说,《班马异同评》是较早把《史记》当作艺术品进行鉴赏的,许多结论也较为公允,其研究方法也颇有独特之处。《班马异同评》可以说是评论家细读文本的开始。这种特点,也体现在宋代的古文选本对《史记》作品的选择和点评,如真德秀《文章正宗》选择《史记》叙事、议论的作品54篇(段)作为散文的典范,这种做法对明代的古文选本有较大影响。

此外,明代"史抄"风气的盛行,也促进了《史记》评点的发展,出现了各种形式的《史记》选本,如凌稚隆的《史记纂》、茅坤的《史记钞》等。

---

① 参见张秀民著,韩琦增订《中国印刷史》(上),浙江古籍出版社2006年版,第321页。
② (明)茅坤:《史记钞》,明泰昌元年吴兴闵氏刻本。
③ 孙琴安:《中国评点文学史》,上海社会科学院出版社1999年版。

三 对《史记》艺术美的评点

  明代《史记》评点内容广泛，评点者无处不在，无所不评。在评人物、评事实之外，更多的是评叙事特点、人物刻画、章法结构、文章风格、语言艺术等诸多方面。总体来看，明代对《史记》文学成就予以高度评价。如茅坤云："屈宋以来，浑浑噩噩，如长川大谷，探之不穷，揽之不竭，蕴藉百家，包括万代者，司马子长之文也。"[①]《史记钞》卷首云："读太史传记，如与其人从游而深交之者。此等处须痛自理会，方能识得真景。且太史公所擅，秦汉以来文章之宗者何？惟以独得其解云耳。每读其二三千言之文，如堪舆家之千里来龙，到头只求一穴。读其小论，或断言只简之文，如蜉蝣蠛蠓之生，种种形神无所不备。读前段便可识后段结案处，读后段便可追前段起案处。于中欲损益一句一字处，便如于匹练中抽一缕，自难下手。此皆太史公所独得其至，非后人所及。风调之遒逸，摹写之玲珑，神髓之融液，情事之悲愤，则又千年以来所绝无者。即如班掾，便多崖堑矣。魏晋唐宋以下，独欧阳永叔得其什之一二。虽韩昌黎之雄，亦由自开门户，到叙事变化处不能入其堂奥，惟《毛颖传》则几几耳。予于此不能无感。"[②] 茅坤的评价，体现了古文家对《史记》散文成就的认识，颇有道理。

  具体而言，主要体现在以下几个方面。

  评章法结构。这是明代评点家从文章笔法角度对《史记》进行的评点，非常仔细。如《史记评林》评《项羽本纪》引唐顺之曰："著'河北之军'一句，是断文法"[③]；评《高祖本纪》引杨循吉曰："此叙斩蛇，转笔法。"[④]评《曹相国世家》引杨慎曰："按此与《绛侯世家》及《樊郦滕灌列传》叙

[①] （明）凌稚隆辑校，（明）李光缙增补：《史记评林》第 1 册，天津古籍出版社 1998 年版，第 173 页。

[②] （明）茅坤编纂，王晓红整理：《史记钞》，商务印书馆 2013 年版，第 XII—XIII 页。

[③] （明）凌稚隆辑校，（明）李光缙增补：《史记评林》第 2 册，天津古籍出版社 1998 年版，第 15 页。

[④] （明）凌稚隆辑校，（明）李光缙增补：《史记评林》第 2 册，天津古籍出版社 1998 年版，第 84 页。

战功处，同一凡例，纪律严整，可为叙战功之法。"① 归有光《归震川评点史记》评《货殖列传》："《货殖传》本以愤慨而成，然诸方之风俗物产、人情变态悉具。遇所感激则偏宕其辞，以示玩弄古今之概。正论诙嘲杂焉并出，千汇万状，震荡六合矣。三河为纲，阳、平阳、陈则河东也，因北贾种、代，即穿叙种、代；温、轵河内也，因贾赵、中山，即穿叙中山，又因赵而穿出燕、涿；郑、卫、洛阳，河南也，因东贾齐、鲁，南贾梁、楚，即穿叙齐、鲁、梁、楚，因及越海。九州之大，一索贯成，岂非奇绝者哉！"② 陈仁锡《陈评史记》评《伯夷列传》："颇似论，不似传，是太史公极得意之文，亦极变体之文。"③ 凌稚隆《史记评林》评《老子传》："此传始终变幻，真犹龙哉！"④ 杨慎《史记题评》评《陈涉世家》："既叙陈涉发难之颠末，又原其所以败之故，而申言之，叙事之法也。"⑤ 等等。作为《史记》的章法结构，每篇都精心设计，各有特点，对此，明人的评点也能抓住其中的要害：

《曹相国世家》："'清静'、'宁一'四字，一篇之命题也。"⑥（茅坤《史记钞》卷28）

《陈丞相世家》："太史公通篇以'奇计'两字作案。"⑦（茅坤《史记钞》卷30）

《万石张叔列传》："传中凡用'恭敬'、'醇谨'、'孝谨'字皆一篇领袖。"⑧（唐顺之《荆川先生精选批点史记》卷2）

《酷吏列传》："'法令者治之具，而非制治清浊之源'，一篇大纲。"⑨（唐顺之《荆川先生精选批点史记》卷5）

---

① （明）凌稚隆辑校，（明）李光缙增补：《史记评林》第4册，天津古籍出版社1998年版，第637页。
② 吴平、周保明选编：《〈史记〉研究文献辑刊》第7册，国家图书馆出版社2014年版，第378页。
③ （汉）司马迁撰，（明）陈仁锡评：《史记》，明崇祯刻本。
④ （明）凌稚隆辑校，（明）李光缙增补：《史记评林》第4册，天津古籍出版社1998年版，第838页。
⑤ （明）杨慎、李元阳：《史记题评》，明嘉靖十六年胡友恒、胡瑞敦刻本。
⑥ （明）茅坤编纂，王晓红整理：《史记钞》，商务印书馆2013年版，第218页。
⑦ （明）茅坤编纂，王晓红整理：《史记钞》，商务印书馆2013年版，第226页。
⑧ （明）唐顺之：《荆川先生精选批点史记》，明万历五年童子山刻本。
⑨ （明）唐顺之：《荆川先生精选批点史记》，明万历五年童子山刻本。

《孙子吴起列传》："通篇以'兵法'二字作骨。"①（《史记评林》卷 65）

《商君列传》："通篇以'法'字作骨，……血脉何等贯串！"（《史记评林》卷 68）②

《樗里子甘茂列传》："'滑稽多智'是一篇骨子。"③（《史记评林》卷 71）

《外戚世家》："总叙中突出一'命'字，作全篇主意，逐节叙事，不必明言命字，而起伏颠倒，隐然有一'命'字散于一篇之中，而使人自得之。"④（葛鼎、金蟠《史记》卷 49）

《李将军列传》："《李广传》以'不遇时'三字为主，《卫青传》以'天幸'二字为主。"⑤（陈仁锡《陈评史记》卷 109）

这样的评点，在评点著作中非常普遍，是《史记》文学评点的重要组成部分。因为评点是文本细读，细读的基础首先是章法结构。

评叙事。《史记》是叙事文学的典范，因此，评点家非常注意《史记》的叙事手法。凌约言说："太史公叙事，每一人一事，自成一片境界。"⑥ 王维桢评《史记》笔法说"或由本以之末，或操末以续颠，或繁条而约言，或一传而数事，或从中变，或自旁入。意到笔随，思余语止。"⑦ 都强调了《史记》叙事的独特之处。如《李斯列传》，展现李斯个人一生由乐而悲的过程，但由于李斯在秦的历史上是一个重要人物，他的一生与秦王朝的命运

---

① （明）凌稚隆辑校，（明）李光缙增补：《史记评林》第 5 册，天津古籍出版社 1998 年版，第 1 页。

② （明）凌稚隆辑校，（明）李光缙增补：《史记评林》第 5 册，天津古籍出版社 1998 年版，第 95 页。

③ （明）凌稚隆辑校，（明）李光缙增补：《史记评林》第 5 册，天津古籍出版社 1998 年版，第 225 页。

④ （汉）司马迁撰，（明）葛鼎、金蟠评：《史记》，明崇祯十年葛氏刻本。

⑤ （汉）司马迁撰，（明）陈仁锡评：《史记》，明崇祯本。

⑥ （明）凌稚隆辑校，（明）李光缙增补：《史记评林》第 1 册，天津古籍出版社 1998 年版，第 225 页。

⑦ （明）凌稚隆辑校，（明）李光缙增补：《史记评林》第 1 册，天津古籍出版社 1998 年版，第 171 页。

息息相关，因此，秦王朝一些重大变化都在此传中有所反映。茅坤《史记钞》评点曰："《李斯传》传斯本末，特佐始皇定天下、变法诸事仅十之一二，传高所以乱天下而亡秦特十之七八……此是太史公极用意文，极得大体处。学者读《李斯传》，不必读《秦纪》矣。"① 葛鼎、金蟠《史记》引钟惺评曰："李斯古今第一热衷富贵人也，其学问功业佐秦兼天下者皆其取富贵之资，而其种种罪过，能使秦亡天下者，即其守富贵之道。究竟斯之富贵仅足以致族灭，盖其起念结想，尽于仓鼠一叹。太史公言秦用李斯，二十年竟并天下，而于秦亡关目紧要之处皆系之《李斯传》，若作《秦本纪》者。而结之曰'遂以亡天下'，见人重富贵之念，其效足以亡天下。"② 茅坤、钟惺都看到了此篇叙事的特殊性，本篇虽属"列传"，却具有"本纪"纲领性的特征。又如，《史记》叙事有时与议论相结合，发表自己的一家之言，《史记评林》引王维桢曰："《老子》《伯夷》《屈原》《管仲》《公孙弘》《郑庄》等传，及《儒林传》等序，此皆既述其事，又发其义，观词之辨者，以为议论可也；观实之具者，以为叙事可也。变化离合，不可名物，龙腾凤跃，不可缰锁，文而至是，虽迁史不知其然。晋人刘勰论文备矣，条中有《镕裁》者正谓此耳。夫金锡不和不成器，事词不会不成文，其致一也。"③ 对于《伯夷列传》等篇章叙事夹议论的特点予以高度认可。《史记》叙事，还特别注意线索的转折，明人对此亦有充分的认识，如唐顺之《荆川先生精选批点史记》认为《项羽本纪》的关目在义帝，"太史公叙立义帝以后，气魄一日盛一日。杀义帝以后，气魄一日衰一日，此是纪中大纲领主意，其开合驰骤处具有喑呜叱咤之风"④，抓住了本篇叙事的关键所在，立义帝顺应楚国人心，所以项羽兴盛；杀义帝，失去楚国人心，也失去天下人心，因而项羽失败。

评《史记》刻画人物。《史记》是纪传体，其核心任务是刻画人物，通过人物反映历史的变化。司马迁运用多种手法，写出不同人的情貌和个性。

---

① （明）茅坤编纂，王晓红整理：《史记钞》，商务印书馆2013年版，第354页。
② （汉）司马迁撰，（明）葛鼎、金蟠评：《史记》，明崇祯十年葛氏刻本。
③ （明）凌稚隆辑校，（明）李光缙增补：《史记评林》第1册，天津古籍出版社1998年版，第171—172页。
④ （明）唐顺之：《荆川先生精选批点史记》，明万历五年童子山刻本。

茅坤《史记钞》卷首《读史记法》从个性化角度总体上分析了《史记》中的历史人物形象，指出："言人人殊，各得其解，譬如善写生者，春华秋卉，并中神理矣。"① 并且用"太史公所得之悲歌慨者尤多""文多感""太史公所溉于心者"指明太史公写人物时充满着强烈的感情。《史记评林》卷首引茅坤语："读游侠传即欲轻生，读屈原、贾谊传即欲流涕，读庄周、鲁仲连传即欲遗世，读李广传即欲立斗，读石建传即欲俯躬，读信陵、平原君传即欲养士。"② 说明《史记》刻画人物产生的审美效果。即使同类人物，司马迁也能写出其不同的个性，尤其是《史记》的类传如《游侠列传》《刺客列传》等，人物个性颇不相同。又如战国四公子，都是喜爱养士，门下食客三千，但各自性情大不相同。陈仁锡《陈评史记》："四君传，《信陵》篇为最，一篇中凡言'公子'者一百四十七，大奇大奇！"③ 唐顺之《荆川先生精选批点史记》曰："此传不袭《国策》，是太史公得意文。"④ 茅坤《史记钞》曰："信陵君是太史公胸中得意人，故本传亦太史公得意文。"⑤《史记》为了刻画人物，运用个性化语言、细节描写、心理描写、气氛渲染等多种艺术手段，明人评点也都注意到了，并予以细致评点。

评《史记》风格。《史记》叙事写人，风格多样化，各篇风格迥异。茅坤《史记钞·序》说《史记》"指次古今，出风入骚，譬之韩、白提兵而战河山之间，当其壁垒部曲，旌旗钲鼓，左提右挈，中权后劲，起伏翱翔，倏忽变化，若一夫剑舞于曲旃之上而无不如意者。西京以来，千年绝调也！即如班掾《汉书》，严密过之，而所当疏宕遒逸，令人读之杳然神游于云幢羽衣之间，所可望而不可挹者。予窃疑班掾犹不能登其堂而洞其窍也，而况其下者乎！"⑥ 对《史记》多样化风格予以高度赞扬。李维桢《史记新序》云：

> 子长去周未远，汉又斫雕为朴，故其文蕴藉深厚，而非镂冰刻楮之

---

① （明）茅坤编纂，王晓红整理：《史记钞》，商务印书馆2013年版，第XII页。
② （明）凌稚隆辑校，（明）李光缙增补：《史记评林》第1册，天津古籍出版社1998年版，第176页。
③ （汉）司马迁撰，（明）陈仁锡评：《史记》，明崇祯刻本。
④ （明）唐顺之：《荆川先生精选批点史记》，明万历五年童子山刻本。
⑤ （明）茅坤编纂，王晓红整理：《史记钞》，商务印书馆2013年版，第299页。
⑥ （明）茅坤编纂，王晓红整理：《史记钞》，商务印书馆2013年版，第IX页。

纤巧。

　　汉武好大喜功，穷奢极欲，海内骚然，不胜忧世愤俗之意，故其文激昂悲壮，精神焕发，不可迫视。

　　焚书焰息，挟书律除，天下计书先上太史，副上丞相，遗文古事莫不毕臻，既身继文史职，传受览诵，广博淹浃，又浮江淮，上会稽，探禹穴，讲业邹鲁，奉使西南，至于昆明，名山大川，无所不历，耳目日豁，知意日增，故其文穷情极变，因应无方。①

宋代马存曾把司马迁的经历与其多样化文章风格联系起来评论，对人们认识《史记》具有很大的启发意义。② 李维桢则把《史记》风格与时代背景联系起来进行考察，也颇具慧眼。具体到每篇评点，如《五帝本纪》，陈仁锡《陈评史记》以"高古质邃"评之，朱之蕃眉批引申时行评："太史公叙本纪，其文字便浑浑噩噩，有太古遗风。"③《周本纪》，陈仁锡《陈评史记》以"文奥""文简""文肆"评之；《项羽本纪》，归有光《归震川评点史记》以"雄伟"评之；《平原君传》，杨慎《史记题评》以"雄深"评之，《范雎蔡泽列传》，《史记评林》引董份以"闳深奥衍，壮丽奇博"评之，等等。对于《史记》的艺术风格，方孝孺《与舒君》一文认为，《史记》之文，"如决江河，而注之海，不劳余力，顺流直趋，终焉万里。势之所触，裂山转石，襄陵荡壑。鼓之如雷霆，蒸之如烟云，登之如太空，攒之如绮縠。回旋曲折，抑扬喷伏，而不见艰难辛苦之态，必至于极而后止。"④ 王世贞《弇州山人四部稿》中用"衍而虚""畅而杂""雄而肆""宏而壮""核而详""婉而多风""精严而工笃、磊落而多感慨"等概括《史记》的多种风格。屠隆评《史记》艺术风格："贾马之文，疏朗豪宕，雄健隽古，其苍雅也如公孤大臣，庞眉华美，峨冠大带，鹄立殿庭之上，而非若山夫野

---

①　（汉）司马迁：《史记》，明黄嘉惠刻本。
②　（明）凌稚隆《史记评论》卷首引马存《赠盖邦式序》云："子长平生喜游……为书观之，则其平生所尝游者皆在焉。"并把《史记》奔放而浩漫、停蓄而渊深、妍媚而蔚纡、感愤而伤激、雄勇猛健、斩绝峻拔、典重温雅等风格与司马迁的生平经历联系起来。详见《史记评林》第 1 册卷首，第 161 页。
③　（明）朱之蕃汇辑，（明）汤宾尹校正：《百大家评注〈史记〉》，陕西师范大学出版社 2016 年版，第 11 页。
④　（明）方孝孺：《逊志斋集》卷 11，《四部丛刊初编》第 324 册，上海书店 1989 年版，第 274 页。

老之翛然清枯也；其葩艳也如王公后妃，珠冠绣服，华轩翠羽，光采射人，而非若妖姬艳倡之翩翩轻妙也。"① 他们的评点，使读者看到了《史记》多方面的成就，引导读者深入领会每篇的独特之处。

传统评论课题的进一步发展。汉魏以来的评论，或评司马迁的史才，或评历史人物，或评历史事实，或评编纂思想与体例，或评文学手法，这些方面到明代得以继续发展。评论中涉及许多传统课题，但有新的进展。如"班马异同"问题，汉魏六朝时期就已提出，宋代甚至形成一门学问，其中倪思、刘辰翁的《班马异同评》最有代表性。明代继续探讨这个传统课题，许相卿著《史汉方驾》一书，是对《班马异同评》著作的进一步发展。许相卿，字台仲，正德十二年进士，《明史》有传。他从体式、收录篇目等方面对《班马异同》进行了完善和补充，注重从文字比较中分析《史记》《汉书》的特点，从书名可以看出他对《史记》《汉书》的态度。明代学者在具体评论中，对《史记》《汉书》也各有不同看法，如凌约言说："子长之文豪，如老将用兵，纵骋不可羁，而自中于律；孟坚之文整，方之武事，其游奇布列不爽尺寸，而部勒雍容可观，殆有儒将之风焉。"② 认为两人各有风格。茅坤《刻汉书评林序》认为："《史记》以风神胜，而《汉书》以矩矱胜。惟其以风神胜，故其遒逸疏宕如餐霞，如啮雪，往往自眉睫之所及，而指次心思之所不及，令人读之，解颐不已；惟其以矩矱胜，故其规划布置，如绳引，如斧刊，亦往往于其复乱庞杂之间，而有以极其首尾节奏之密，令人读之，鲜不濯筋而洞髓者。"③ 也指出两部著作不同的文学风格。而他在《史记钞·序》说《史记》"指次古今，出风入骚，譬之韩、白提兵而战河山之间，当其壁垒部曲，旌旗钲鼓，左提右挈，中权后劲，起伏翱翔，倏忽变化，若一夫剑舞于曲旃之上而无不如意者。西京以来，千年绝调也！即如班掾《汉书》，严密过之，而所当疏宕遒逸，令人读之杳然神游于云幢羽衣之间，所可望而不可挹者。予窃疑班掾犹不能登其堂而洞其窍也，而况其

---

① （明）屠隆：《由拳集》卷23，《四库全书存目丛书》（集部180册），齐鲁书社1997年版，第674页。
② （明）凌稚隆辑校，（明）李光缙增补：《史记评林·卷首》第1册，天津古籍出版社1998年版，第172—173页。
③ （明）凌稚隆辑：《汉书评林》，明万历间乌程凌氏刻本。

下者乎!"① 态度又偏向于《史记》。胡应麟《少室山房笔丛》卷13评《史记》《汉书》的长短:"子长叙事喜驰骋,故其词芜蔓者多,谓繁于孟坚可也,然而胜孟坚者以其驰骋也;孟坚叙事尚剪裁,故其词芜蔓者寡,谓简于子长可也,然而逊子长者以其剪裁也。执前说可与概诸史之是非,通后说可与较二史之优劣。"② 基本肯定两部书各有特点。综上可见,明代在"班马异同"问题上表现出一定的矛盾性,但从大的方面看,仍然比较肯定司马迁,尤其是肯定《史记》的文学成就。

四 《史记评林》及其他

《史记评林》又称"百五十家评《史记》",是明代万历时期由凌稚隆编辑刊刻的一部《史记》辑评之作,被誉为《史记》评点的集大成之作,是研究《史记》必不可少的资料。它的价值体现在如下方面。

首先,无论是所收资料的时间跨度,还是对某时期资料的采集来看,都体现了"集大成"的特色。该书所收集的评者有三国时魏国的陆机,晋代的葛洪,南北朝的沈约、刘勰、李萧远,唐代的韩愈、白居易、柳宗元、权德舆、李德裕、高参、元稹、陈越石、皮日休、李观、李翱,宋代的王禹偁、欧阳修、范仲淹、孙复、司马光、刘敞、苏洵、王安石等48人,元代的金履祥、吴澄,明代的宋濂、王祎、方孝孺、杨维桢、胡广、王直等78人。所采用的书籍即有儒家经典《尚书》《公羊传》《穀梁传》《左传》《礼记》《尔雅》,又有史学著作《史通》《古史》《十七史详节》《史汉异同》《史义拾遗》《三史文类》等,还有子部书籍《老子》《庄子》《列子》《荀子》《淮南子》等,还有《文苑英华》《古文类抄》《唐文粹》《宋文鉴》等历代文学作品总集,以及文人别集《韩昌黎集》《柳柳州集》《欧阳文忠公集》《白乐天集》《王临川集》《苏文忠公集》《栾城集》等,取材范围十分广泛。

其次,从评语内容方面看,既有对《史记》文本的校勘,又有对字句的阐释,还有对历史事件的考补、对人物与事件的评价以及对太史公文法的

---

① (明)茅坤编纂,王晓红整理:《史记钞》,商务印书馆2013年版,第Ⅸ页。
② (明)胡应麟:《少室山房笔丛》卷13,上海书店出版社2009年版,第129页。

批点，可谓十分全面。对文本的校勘如《夏本纪》"道菏泽，披名都"，眉批："按：《尚书》'明都'作'孟潴'。"① 《周本纪》"日夜劳来我西土"，眉批："按：宋板及闽本'来'字下有一'定'字，作'定我西土'。"② 《项羽本纪》"一府中皆慴伏莫敢起"，眉批："按：'慴伏'，《汉书》作'眘伏'。"③ 不仅有罗列文本异同的，还有些评语对异文的正误做出了判断，如《周本纪》"周令其相国之秦，以秦之轻也，还其行"，眉批："按：《战国策》作'留其行'，注：留，不进也。此'还'字恐是'迟'字之误，宋本作'还'。"④《高祖本纪》"十月，燕王臧荼反"，眉批："按：'十月'字疑误。高祖用秦正十月后事当属次年。"⑤ 对字句的阐释如《秦始皇本纪》"于是秦人拱手而取西河之外"，眉批："按：师古云：'拱手，言不劳功力也。'"⑥ "九国之师逡巡遁逃而不敢进"，眉批："按：九国者，谓六国之外有宋、卫、中山。"⑦ 《高祖本纪》"萧丞相营作未央宫"，眉批："许相卿曰：'作未央为阴阳厌胜之术，非道君以侈也。师古解是。'"⑧ 对历史事件的考补如《三皇本纪》眉批："杨慎曰：'谯周《古史考》以炎帝与神农各为一人。罗泌《路史》以轩辕与黄帝非是一帝，史皇与苍颉乃一君一臣，共工氏或以为帝，或以为伯而不王，祝融氏或以为臣，或以为火德之主。古云："三皇之事，若存若亡；五帝之事，若觉若梦。"至哉言乎！盖洪荒之

---

① （明）凌稚隆辑校，（明）李光缙增补：《史记评林》第 1 册，天津古籍出版社 1998 年版，第 103 页。
② （明）凌稚隆辑校，（明）李光缙增补：《史记评林》第 1 册，天津古籍出版社 1998 年版，第 201 页。
③ （明）凌稚隆辑校，（明）李光缙增补：《史记评林》第 2 册，天津古籍出版社 1998 年版，第 5 页。
④ （明）凌稚隆辑校，（明）李光缙增补：《史记评林》第 1 册，天津古籍出版社 1998 年版，第 255 页。
⑤ （明）凌稚隆辑校，（明）李光缙增补：《史记评林》第 2 册，天津古籍出版社 1998 年版，第 135 页。
⑥ （明）凌稚隆辑校，（明）李光缙增补：《史记评林》第 1 册，天津古籍出版社 1998 年版，第 425 页。
⑦ （明）凌稚隆辑校，（明）李光缙增补：《史记评林》第 1 册，天津古籍出版社 1998 年版，第 427 页。
⑧ （明）凌稚隆辑校，（明）李光缙增补：《史记评林》第 2 册，天津古籍出版社 1998 年版，第 141—142 页。

世，存之而论可也。'"① 《五帝本纪》："按：《风俗通》云：'黄帝始制冠冕、垂衣裳，上栋下宇，以避风雨，礼文法度，兴事创业。黄者，光也，厚也，中和之色，德四季，与地同功。故先黄以别之也。'"② 《殷本纪》："按：《考要》云：'纣为淫乐，以百二十日为一夜，谓之"长夜饮""车行酒""绮行炙"，醉而忘其日辰甲子。'刘昭《汉志》谓'纣作淫虐丧其甲子'，即其事也。"③ 对人物及事件的评价如《鲁周公世家》眉批："邵经邦曰：'予观季友之事，所谓坎有险，求小得，未能明乎大义者也。郯定公曰："臣弑君，凡在官者杀无赦。"夫郯，小国也，尚能断斯狱，岂有大国而不闻者哉？此义不明，于是复有杀恶及视之事，无惑乎祸乱之相踵也。'"④ 《卫将军骠骑列传》眉批："王世贞曰：'贤哉乎！安也。其犹有古侠士冯谖、虞卿之风焉。当大将军盛时，士争自洁饰求眩。其趋之也，若飘风之集羽；其用之也，若烈火之炙手。而安与田仁方以贫事家监，得养恶啮马，非有国士之遇也。迨赵禹过，择郎将得安，大将军犹不肯，此于安何德？灰冷鸟散而安如故，大将军始知有安，晚矣。语曰"岁寒知松柏之后凋"，难能哉！骠骑不以望过安，骠骑亦难矣。'"⑤ 批点文法的评语在《史记评林》中的数量最多，涉及行文笔法、文章结构、叙事技巧等各个方面。如《酷吏列传》眉批："按：太史公连曰'责汤'，曰'伤汤'，曰'怨汤'，曰'害汤'。又曰'怨之'，曰'患之'，曰'欲陷之''欲死之'。又曰'有却'，曰'心望'，极其形容，皆为下文'天子果以汤怀诈''使使责汤'张本。"⑥

---

① （明）凌稚隆辑校，（明）李光缙增补：《史记评林》第 1 册，天津古籍出版社 1998 年版，第 2—3 页。
② （明）凌稚隆辑校，（明）李光缙增补：《史记评林》第 1 册，天津古籍出版社 1998 年版，第 14 页。
③ （明）凌稚隆辑校，（明）李光缙增补：《史记评林》第 1 册，天津古籍出版社 1998 年版，第 164 页。
④ （明）凌稚隆辑校，（明）李光缙增补：《史记评林》第 3 册，天津古籍出版社 1998 年版，第 819 页。
⑤ （明）凌稚隆辑校，（明）李光缙增补：《史记评林》第 6 册，天津古籍出版社 1998 年版，第 379 页。
⑥ （明）凌稚隆辑校，（明）李光缙增补：《史记评林》第 6 册，天津古籍出版社 1998 年版，第 689—690 页。

再次，从评语所体现的观点来看，凌稚隆在采择时并没有因个人的喜好而有所偏废，而是集各家之说于一处，融汇群言。比如《伍子胥列传》中的尾评：

王安石曰："予观子胥出死亡逋窜之中，以客寄之一身，卒以说吴折不测之楚，仇报耻雪，名振天下，岂不壮哉！及其危疑之际，能自慷慨不顾万死，毕谏于所事，此其志与夫自恕以偷一时之利者异也。孔子于古之士大夫，若管夷吾、臧武仲之属，苟志于善而有补于当世者，咸不废也。然则子胥之父子，又曷可少耶？"

程敏政曰："必有过之父，而见诛于有道之君，则不敢以亲贼义。鲧废而禹兴，是也。以无过之父，而见杀于无道之君，则不敢以义掩亲。伍奢见杀，子胥复仇，是也。处变之定理，盖不易此，而苏子乃讥逆天伤义，不亦过乎？昔王哀以父死非命，终身未尝西向而坐，以示不臣于晋。朱子取之，而载于小学之书，以实父子之伦，则员固朱子所不弃者。然予尤有憾焉。使员当入郢之后，投戈解印，翻然辞吴之爵禄，而退处于深山隐谷之中，以示其所遭之不幸，岂不可以尽全归之孝哉？惜乎其志不足及此，而反以谗见祸于他人之手也。"

黄省曾曰："《书》云：'抚我则后，虐我则仇。'抚者，君之道也。子胥之父兄无罪，而平王杀之，则平王乃胥之仇也，非君也。鞭之者，鞭其仇，非鞭其君也。说者谓其以甚亦过矣。方平王之召也，伍尚之语胥曰：'闻父召而莫奔，不孝也；父戮而莫报，无谋也。子其行矣，我其归死。'是以归死自任，而报仇付之胥也。是仇楚者，非特胥之心，亦尚之心也。胥之将奔吴也，辞其友申包胥曰：'楚王杀吾父兄，为之奈何？'申包胥曰：'吾欲教子报楚，则为不忠；教子不报，则为无亲。'是仇楚者，在申包胥不当言，而子胥宜自尽者也。申包胥未尝以不报止胥，是申包胥亦知胥之当仇楚也，孰谓鞭尸之过矣哉。"

何孟春曰："子胥掘平王墓，鞭其尸，父仇报矣。故楚太子建，子胥父子皆事之，固尝以为君矣。郑杀其君，而子胥不一问，彼岂其势之不可耶？则伐楚之师，威叠乎遐迩，子胥诚当此时，反斾而西，鼓其伐楚之师，而为问郑之举，则我于君父之仇，可脱腕而两报之矣，而何子胥其不此计也。张良之从沛公，盖欲为韩报仇也。子婴诛而成王立，则复辞汉而归韩，万世之下，称其有不忘故主之义，而功名次之。子胥能是，则可以塞宰嚭之口，却属镂之剑于夫差之世矣。岂但申包胥之无辞，而秦哀王之不加兵哉？子胥既死，建之子胜欲伐楚，而不克，杀令尹子西而遂大乱，卒之自刎山林，弃骸无掩，痛哉！"①

将评家对伍子胥鞭楚平王尸的不同观点罗列于此，形成了对此历史事件的批评链，方便人们在纵横比较中认知历史，不同观点的碰撞，带给读者以针锋相对的强烈冲击感。

《史记评林》将前后不同时代，具有不同思想品格、艺术趣味的批评家的观点汇于一处，不仅为人们阅读与学习《史记》提供了极大的便利，而且展示出由汉至明的一千多年中《史记》的接受史与阐释史，反映出人们对《史记》价值逐渐认识与挖掘的过程。《史记评林》对后世《史记》的接受与研究产生了巨大的影响，邓以瓒《史记辑评》，穆文熙《四史鸿裁》，朱之蕃《百大家评注〈史记〉》，邵晋涵《史记辑评》，程馀庆《历代名家评注史记集说》，牛运震《史记评注》，朱东观《史记集评善本》，王拯《归方评点史记合笔》，葛鼎、金蟠《史记汇评》，陈子龙、徐孚远《史记测议》等书直接继承了《史记评林》的辑评体例，日本冈白驹《史记觿》、重野葆光《史记节解》、中井履轩《史记雕题》、泷川资言《史记会注考证》等著作也深受其影响。

明代关于《史记》的词语学习，继承宋代《史记法语》《班马字类》的传统。谢肇淛《史觿》选择包括《史记》在内的十七史中的隐僻字句，一史一卷，共17卷。《四库全书总目提要》："谓之觿者，自序以为解结之义，人之有疑甚于结，故求其解而笔之也。"② 可见此书是一部有关疑难字的汇编。施端教辑《读史汉翘》取《史记》《汉书》中字句新异者编录而成，供摘句搜词者参考。凌迪知《太史华句》摘集《史记》中隽词美语，按内容

---

① （明）凌稚隆辑校，（明）李光缙增补：《史记评林》第5册，天津古籍出版社1998年版，第38—40页。
② （清）永瑢等：《四库全书总目》卷65，中华书局1965年版，第581页。

编排，如卷1：天文、时令、灾祥、山川、邑里等，卷2：性行、志量、修身、文学、言语等，共8卷81门，每一词语下，注明出处，引用原文，间加注释。是一部兼具史抄、类书性质的书籍，在内容的选择和分类的形式上，也体现了编者的文学思想和当时的文学思潮。如《形胜门·金城篇》："金城千里：《始皇纪》：自以关中之故，金城千里。"《言语门·食言篇》："食言：《五帝纪》：朕不食言。注：《索隐》曰：《左传》云：'食言多矣，能无肥乎？'是谓妄言为食言。"① 总之，这些工具书着眼于《史记》一字一句，一方面为解读《史记》提供方便，另一方面又是文人创作中师法的宝典。

明代古文选本能够继承宋代选评《史记》的惯例，并且更大规模、更加细致地选录《史记》，阐释《史记》。如陈仁锡《古文奇赏》选录《史记》1篇，冯有翼《秦汉文钞》选录13篇，吴讷《文章辨体》选录5篇，徐师曾《文体明辨》选录15篇，刘节《广文选》选录23篇，顾祖武《集古文英》选录13篇，唐顺之《文编》选录24篇，归有光《文章指南》选录2篇，屠隆《钜文》选录3篇，焦竑《中原文献》选录49篇，梅鼎祚《西汉文纪》选录2篇，贺复徵《文章辨体汇选》选录102篇，陈天定《古今小品》选录1篇，汪廷讷《文坛列俎》选录46篇，等等，这些选本对《史记》篇目的收录和点评是宋代以来古文选本、古文学习的进一步发展，也从一个侧面加强了《史记》文学经典的建构。这里特别值得一提的是，沈国元《二十一史论赞》中的《史记论赞》，编者专选《史记》130篇的论赞，在引用论赞原文中夹有旁批，原文之后，或引用别人评论，或自己评论，或先引别人评论，然后自己再发表议论，有些引用还不止1条，都特别注重论赞的文学特征，如《殷本纪》论赞，编者评论："素王作《春秋》，为史中之经，故史公多引其言，亦祖述之遗意也。文极澹远。"② 《项羽本纪》论赞后，编者引用刘辰翁曰："一传伯力已极，独从重瞳著异，闻赞自跌宕。曰难矣，曰过矣，曰岂不谬哉，一步紧，一步直，如老吏断狱，批驳

---

① 以上引文见（明）凌迪知《太史华句》，陕西师范大学出版社2015年版，第28、63页。
② （明）沈国元：《史记论赞》，陕西师范大学出版社2015年版，第248页。

到底，真史笔也。"①《秦楚之际月表序》先引用："凌约言曰：此表字不满五百，态度无限委蛇，如黄河之水，百折百回，比于景升《晋纪论》之祖。""锺伯敬曰：虽是作本朝文字，不无推尊，然有体有法，不似后人一味屈笔。"然后自己评论："'天'字为立言之主，销折无限怏怏，关系世道之文。"②《史记》论赞，是司马迁评价人物、史实、表达自己思想感情的重要组成部分，此前的学者没有如此系统地研究论赞，所以，这部著作在明代《史记》选本和评点史上都具有特殊的意义。

此外，由于明代小说的繁荣，人们对《史记》的认识也开辟了新的角度，探讨《史记》与小说的关系，这是前所未有的新成就。天都外臣认为，《水浒传》与《史记》有相似之处。《水浒传》"如良史善绘，浓淡远近，点染尽工；又如百尺之锦，玄黄经纬，一丝不紕。此可与雅士道，不可与俗士谈也。……雅士之赏此书者，甚以为太史公演义。夫《史记》上国武库，甲仗森然，安可枚举。而其所最称犀利者，则无如巨鹿破秦，鸿门张楚，高祖还沛，长卿如邛，范蔡之倾，仪秦之辩，张陈之隙，田窦之争，卫霍之勋，朱郭之侠，与夫四豪之交，三杰之算，十吏之酷，诸吕七国之乱亡，货殖滑稽之琐屑，真千秋绝调矣！传中警策，往往似之。……即谓此书乃牛马走之下走，亦奚不可。"（《水浒传序》）③天都外臣把《史记》与《水浒传》从精神到艺术都进行了比较，甚至把《水浒传》中"警策"之处与《史记》的"最犀利者"相提并论，认为有相同之处。李贽不仅指出《史记》是发愤之作，而且在容与堂刊百回本《忠义水浒传序》中也说："太史公曰：《说难》《孤愤》，贤圣发愤之所作也，……《水浒传》者，发愤之所作也。"④这些认识，对后代研究《史记》与小说关系提供了新的资料。

五 《史记》文学评点与《史记》文学经典化

《史记》文学经典化的过程，就是读者对《史记》文学特征、文学价值

---

① （明）沈国元：《史记论赞》，陕西师范大学出版社2015年版，第250页。
② （明）沈国元：《史记论赞》，陕西师范大学出版社2015年版，第258—259页。
③ 朱一玄编：《明清小说资料选编》，南开大学出版社2006年版，第274页。
④ （明）李贽著，陈仁仁校释：《焚书·续焚书校释》卷3，岳麓书社2011年版，第188页。

逐步认识的过程，这从汉魏六朝时期就已经起步，到了唐代由于古文运动等原因确立了《史记》的文学地位，宋元时期《史记》文学地位进一步加强，明清时期则更加巩固。① 明代的《史记》文学评点，通过对《史记》文学意义的仔细阐释，使《史记》的文学价值得以挖掘、认可、传播，对《史记》文本的文学经典化具有重要的推动作用。

《史记》文学评点之于读者，会起到积极的引导作用。评点者从《史记》词句、章法、叙事、写人等方面一步一步把读者引入《史记》的艺术境界，使更多的人了解《史记》，认识《史记》，并且提高自己的阅读鉴赏水平，这也促进了《史记》的消费与传播、接受。如《史记》叙事写人时常常运用讽刺手法，普通读者有时未必能发现，但评点者可以给读者以提示。如《封禅书》，《史记评林》引凌约言曰："太史公作《封禅书》，其于祷祠百出，则随之以若有符应之言，于求仙无方，则随之以'终不可得'之言，迁之微文见意，往往如此，而武帝之无道昭昭矣。"② 葛鼎、金蟠《史记》引钟惺曰："此书妙在将黄、虞历代祀典与封禅牵合为一，似涉傅会，而其格格不相蒙处，读之自见。累累万余言，无一着实语，每用虚字诞语翻弄，其褒贬即在其中。"③ 都指出了《封禅书》的讽刺艺术。又如《廉颇蔺相如列传》眉批引朱国祚评"两人为一传，中复附赵奢，已而复缀以李牧，为四人传。须详太史公次四人线索，才知赵之兴亡矣"④。从文章结构入手分析其中的思想旨趣。又如《鲁仲连邹阳传赞》有："胜等嫉邹阳，恶之梁孝王。孝王怒，下之吏，将欲杀之。邹阳客游，以谗见禽，恐死而负累，乃从狱中上书曰……"云云。针对《史记》所引邹阳这篇书信，朱之蕃在眉批征引"状元修撰唐文献评：邹阳书此体，古时未有，独起此格，所以比物连类，盖情至窘迫，故反复引喻，不能自已耳。苏长公作《韩祠记》全是自此充衍。""宗伯学士茅坤评：邹阳本不足传，太史公爱其书之文辞

---

① 详见笔者《史记文学经典的建构过程及其意义》一文，《文学遗产》2012年第5期，第144—156页。
② （明）凌稚隆辑校，（明）李光缙增补：《史记评林》第3册，天津古籍出版社1998年版，第628页。
③ （汉）司马迁撰，（明）葛鼎、金蟠评：《史记》，明崇祯十年葛氏刻本。
④ （明）朱之蕃汇辑，（明）汤宾尹校正：《百大家评注〈史记〉》，陕西师范大学出版社2016年版，第304页。

颇足亲览，故采入为传。然予首尾按之，并双言断简，而其旨多鸣咽，故爱之者易也。"此两眉批从总体上对邹阳书信的文采节选评论。后又征引"柱国大学士李贤评：按：'忠无不报'二句，一篇主意。'昔者荆轲'一段，是一愿。'昔卞和献宝'以下分作十段。'看臣间惑饰入朝者'至末，结归己意，以终上十段，是一尾。一篇内每援引一结束，即以'是以'字、'故'字接之，断而不断，一气呵成。"①进而逐层分析此书信的章法结构。又如《匈奴列传》，茅坤《史记钞》评曰："太史公甚不满武帝穷兵匈奴，而不敢深论，特托言择将相。"②《史记评林》引余有丁评曰："传内每言击胡，胡辄入边杀掠，及留胡使，胡亦留汉使，相当。至匈奴远遁，破耗矣，然犹不能臣服之，且不免涅野。李陵、贰师之败没，见武帝虽事穷黩，而未得十分逞志也。篇中大意如此，其微旨实寓讥云。"③这些提示，指出了《史记》叙事写人时意在言外的特点，无疑对读者的阅读理解有很大的帮助。而评点中运用的特殊符号以及层次段落的分析，就是读者阅读文本时的向导，具有不可忽视的作用。

　　评点之于《史记》文本，具有解密的作用。《史记》作品，其中蕴藏着巨大的思想和艺术力量，评点者独具慧眼，挖掘宝藏，扩大了文本的内涵。《文心雕龙·知音》云："夫缀文者情动而辞发，观文者披文以入情。沿波讨源，虽幽必显。世远莫见其面，觇文辄见其心。"④每个作家的创作，都是基于现实的需要，有一定的目的意义和创作期待。这种目的和期待，隐藏在作品之中，如同一个密码。评点者通过对作品的意义阐释，密码的解读，与作家心灵沟通，形成共鸣，实现作家的创作期待，而且通过评论阐释，参与作品价值的实现，乃至于扩大其价值。如司马迁把项羽放入"本纪"体例中，具有深刻的意义。葛鼎、金蟠《史记》引钟惺曰："司马迁以项羽置本纪，为《史记》入汉第一篇文字，俨然列汉诸帝之前，而无所忌。盖深

---

① （明）朱之蕃汇辑，（明）汤宾尹校正：《百大家评注〈史记〉》，陕西师范大学出版社2016年版，第320—321页。
② （明）茅坤编纂，王晓红整理：《史记钞》，商务印书馆2013年版，第470页。
③ （明）凌稚隆辑校，（明）李光缙增补：《史记评林》第6册，天津古籍出版社1998年版，第350页。
④ （南朝梁）刘勰著，范文澜注：《文心雕龙注》卷10，人民文学出版社1958年版，第715页。

惜羽之不成也。不以成败论英雄，是其一生立言主意。"① 钟惺揭示出司马迁如此做法的意义是"不以成败论英雄"，是很有见地的。《季布栾布列传赞》，凌稚隆在"然被刑戮为人奴而不死，何其下也。彼必自负其材，故受辱而不羞，欲有所用其未足也"句旁批："此数字子长自见。" 对此论赞眉批引茅坤曰："太史公极苦心处，都是描写自家一片胸臆。……迁且谓贱妾，感慨自杀非能勇也，计画无复之者，乃借以自述其隐忍苟活以成史书之意。"又引凌约言曰："太史公于凡士之隐忍而不死者，必啧啧不容口，岂其本志哉？无非欲以自明且舒其愤闷无聊之情耳。"② 评点者揭示出司马迁写在逆境中奋发有为之人，目的在于表现自己隐忍苟活的情感，这些作品中都有司马迁的影子。

《史记》评点之于评点者来说，是观点、感情、立场、水平的一次测试，评点者经过对《史记》的阅读、理解，自己接受，并且期望把《史记》和自己的见解传达给更多的人。但是，评点者自己应有德识才学。章学诚《文史通义·知难》云：

> 人知《易》为卜筮之书矣；夫子读之，而知作者有忧患，是圣人之知圣人也。人知《离骚》为词赋之祖矣；司马迁读之，而悲其志，是贤人之知贤人也。夫不具司马迁之志，而欲知屈原之志，不具夫子之忧，而欲知文王之忧，则几乎罔矣。③

这个提醒非常重要，评点者自己要做司马迁的"知己"，只有了解司马迁的创作思想、创作目的，才能更好地评点，抓住要害。如《廉颇蔺相如列传》，茅坤《史记钞》评曰："两人为一传，中复附赵奢，已而复缀以李牧为四人传。须详太史公以四人线索，才知赵之兴亡矣。"④ 葛鼎、金蟠《史记》引钟惺曰："以廉颇、蔺相如主名，中间赵奢、李牧周旋穿插，断续无

---

① （汉）司马迁撰，（明）葛鼎、金蟠评：《史记》，明崇祯十年葛氏刻本。
② （明）凌稚隆辑校，（明）李光缙增补：《史记评林》第 6 册，天津古籍出版社 1998 年版，第 44—45 页。
③ （清）章学诚著，叶瑛校注：《文史通义校注》卷4，中华书局 2014 年版，第 425 页。
④ （明）茅坤编纂，王晓红整理：《史记钞》，商务印书馆 2013 年版，第 323 页。

痕,而赵之兴亡,节目全在于此。数人共一传,只如一人。贤才关系国家,从文字章法中错综写出,此史之识也。"①《魏豹彭越列传》,《史记评林》引董份曰:"谓其喋血乘胜,功名闻天下,而身反不死,以其囚虏,盖志欲有为也。太史公腐刑,不即死,亦欲以自见耳,故于此委曲致意如此。"② 评点者对司马迁的思想有深刻体悟,所以评点也颇为透彻。

　　《史记》评点之于文学评论来说,是一种特殊的文学批评,虽然以感悟式的评论为主,但它不脱离文本,在细读文本中有感而发,具有很强的针对性,在评点中既提出问题,又用形象生动语言加以评点,虽无长篇大论,但也具有一定的理论水平,如朱之蕃《百大家评注〈史记〉》中《绛侯周勃世家》引宋濂评:"太史公撰狱吏处多悲酸,横绝今古,由坐附李陵幽囚之后故耳。"③ 评《伯夷列传》引翰林编修邹德溥评语:"此篇连用'怨'字、'命'字、'天'字、'名'字,为眼目。"④《老庄申韩列传》韩非子处引状元修撰孙继皋评:"深入世故,曲尽人情,意极渊深,辞极富丽,句极奇崛,调极古雅,自是先秦文字,乃卒以此受戮。"⑤ 这些评论将司马迁与历史人物融为一体,给读者揭示出《史记》写人的内在情感。另外,《史记》评点所提出的许多理论词语,既促进了古代文学理论发展,也促进了《史记》作品的广泛传播。这些理论词语如"风神""精神""神理""境界""雄奇""疏宕""悠远""古劲""幽窅""闳深""壮丽"等,都为后代的古文理论家提供了借鉴。因此,评点是《史记》文学经典化的重要途径之一,正如李光缙增补《史记评林序》所言:"盖自《史记评林》行,龙门子盖藉是赫寰中矣。"⑥

---

① (汉)司马迁撰,(明)葛鼎、金蟠评:《史记》,明崇祯十年葛氏刻本。
② (明)凌稚隆辑校,(明)李光缙增补:《史记评林》第5册,天津古籍出版社1998年版,第728页。
③ (明)朱之蕃汇辑,(明)汤宾尹校正:《百大家评注〈史记〉》,陕西师范大学出版社2016年版,第199页。
④ (明)朱之蕃汇辑,(明)汤宾尹校正:《百大家评注〈史记〉》,陕西师范大学出版社2016年版,第203页。
⑤ (明)朱之蕃汇辑,(明)汤宾尹校正:《百大家评注〈史记〉》,陕西师范大学出版社2016年版,第212页。
⑥ (明)凌稚隆辑校,(明)李光缙增补:《史记评林》第1册,天津古籍出版社1998年版,第125页。

六　文学创作与《史记》的文学经典化

　　在《史记》文学经典化过程中，明代的文学创作也起到了极大的推动作用。明代文人以《史记》为楷模，继承司马迁以文笔干预社会的现实主义精神，对《史记》叙事、记人、谋篇布局等方面进行了深入的认识与学习，他们在师法《史记》的基础上，在散文、小说、戏曲等不同的领域都有创获。其中最突出的是散文创作。

　　明代《史记》文学评点的兴盛，在一定程度上促进了散文的发展。文学家的评点，既是理论批评，又是把《史记》作为学习的榜样，体现在自己的文学创作中。尤其是前后七子、唐宋派等重要文学家，由"经典阐释史"进而发展到"经典影响史"，推动了《史记》文学经典化的进程。

　　明代文学最大的特点是前后七子与唐宋派的复古运动。由于文学复古运动的出现，《史记》的文学声价随之提高，其文学经典的建构更加突出。在文章取法标准上，前后七子与唐宋派提出了不同的主张。《明史·文苑传》载"迨嘉靖时，王慎中、唐顺之辈，文宗欧、曾，诗仿初唐。李攀龙、王世贞辈，文主秦、汉，诗规盛唐。王、李之持论，大率与梦阳、景明相倡和也。"① 前后七子主张"文主秦、汉"，唐宋派则认为"文宗欧、曾"。前后七子李梦阳、何景明等人，"文称左、迁，赋尚屈、宋，诗古体宗汉魏，近律法李、杜。"②《史记》成为他们效法、学习的榜样。

　　作为前七子领袖人物李梦阳，其散文刻意模仿《史记》笔法。他一方面继承了《史记》的实录精神，其人物叙写"不窃美""不讳过"，能够实事求是地叙写贤愚；另一方面在记人叙事中多融入强烈的个人情感。特别是他大量的碑志文创作，往往借助人物生平的叙写寄寓一种功业未竟的悲愤激情。如《寄傲先生墓志铭》的志主韩廷瑞，《明故监察御史涂君墓碑》中的涂宾贤，《真乐翁墓碑》中的刘桢夫，《汪世兴祭文》中的汪世兴，《将仕郎平阳府经历司知事赠儒林郎翰林院修撰康长公墓碑》中的康振远

---

① （清）张廷玉等撰：《明史》卷285，中华书局1974年版，第7307页。
② （明）李贽：《续藏书》卷26，中华书局1974年版，第1685页。

（康海之父），《明故奉训大夫代州知州边公合葬志铭》中的边节（边贡之父）等，这些传主皆怀才不遇，李梦阳运用史家笔法，在对传主的叙事中寄寓了个人的强烈的同情。正是因为其对《史记》的模拟学习，明人贺复征盛赞李梦阳文章为："古文奇气俊度，跌宕激昂，不异司马子长，又间似秦汉名流。"①

虽然前后七子都有"文必秦汉"的复古主张，但是明确提出具体师法理论的是王世贞。王世贞认为，"西京之文实，东京之文弱，犹未离实也；六朝之文浮，离实矣；唐之文庸，犹未离浮也；宋之文陋，离浮矣，愈下矣，元无文。"② 他将师法对象主要确定为《左传》与《史记》。王世贞好读《史记》，其散文创作也深受《史记》影响。他自称，"吾少时阅书至夜分而困欲寐，辄取《项羽传》诵之，即洒然醒，以为非羽不能发太史公笔，非太史公无以写羽生气"，表现出自小对司马迁的钦佩。其本人在撰写《〈史记评林〉序》《〈史记纂〉序》大力传播《史记》外，还深入具体文法分析中，总结《史记》文法理论，其《五岳山房文稿序》最能体现他对《史记》的接受，其中他认为《左传》"法先意"，《史记》"意先法"，肯定了玉叔（案，陈文烛字）文亡论"所究极庶几司马、左氏哉！不屈阕其意以媚法，不觥骸其法以殉意，裁有扩而纵有操"这种"意融于法，不出法外"③ 的写作原则。在具体的散文创作中，王世贞《与李与鳞书》《与宗子相书》《送顾君序》着眼于时事，指陈利弊，直抒己见，继承了《史记》的实录传统与批判现实的春秋笔法。而他所作的大量的寿志、墓志铭、墓表、行状等传记文体，更是直接师法《史记》写人手法。如其《寿戚大将军序》写嘉靖年间抗倭名将戚继光治军安边，从戚继光镇守北方写起，叙述其治军安边之策，赞扬其卓越的军事才能和体恤军民的仁爱精神，多有取法《史记·李将军列传》之处。

复古派作家不仅学习《史记》的叙事、描写、抒情的技巧，模仿《史记》的章法、句法、字法，也力图继承《史记》思想相对自由、感情充沛、

---

① （明）李梦阳：《空同集》卷62，《文渊阁四库全书本》第1262册，台北：台湾商务印书馆1986年版，第573页。
② （明）王世贞著，罗仲鼎校注：《艺苑卮言校注》，齐鲁书社1992年版，第102页。
③ （明）王世贞：《五岳山房文稿序》，《弇州山人四部稿》卷67，万历五年世经堂刻本。

文气跌宕起伏、富有鲜明艺术个性的特点。但由于他们取法的对象过于单一，手法过于机械，难免暴露出模拟的痕迹。《明史·文苑传》即批评李梦阳，称："而后有讥梦阳诗文者，则谓其模拟剽窃，得史迁、少陵之似，而失其真云。"① 钱锺书先生也发现了明代前后七子为文好用"云"字的特点，指出其模仿司马迁，如填匡格，徒成滥调。他说：

> "云"之为言，信其事之有而疑其说之非尔。常谈所谓"语出有因，查无实据"也。明之"七子"规橅《史记》，酷好学此。如李梦阳《空同子诗集自序》："李子曰：'曹县盖有王叔武云。其言曰'"；宗臣《宗子相集》卷五《赠许薄之海宁叙》："予少侍家君，家君每言乡长者，必曰许先生云"；又《赠赵公叙》："余束发出游外傅，盖与子隆子同舍云"；又《游燕子矶记》："余读金陵诸记，其东北盖有燕子矶云"；又卷六《游滴水岩记》"余读汀记，归化东北五里盖有滴水岩云"；李攀龙《沧溟先生集》弁以张佳胤序："盖余嘉靖为滑令云，而济南李先生守顺德"；王世贞《弇州山人四部稿》卷一二四《与汪正叔》"仆尝谓谢茂秦可作诸佛菩萨云"；王世懋《王奉常集》文部卷六《张侍御诗集序》："某为儿时，则闻家大人言督学御史张公云。"传志之作，厥例更繁，如填匡格，徒成滥调。耳所亲闻，口所自道，身所亲经，而胥作存疑腔吻，以为风神摇曳，令人笑来。《沧溟集》卷一六《送王元美序》推服李梦阳"视古修词，宁失之理"，即不惜以词害意之谓，此类是矣。艾南英《天傭子全集》卷五《再与周介生论文书》指斥"七子"剿袭之弊，有曰："如太史公：'予登箕山，其上盖有许由冢云'；盖相去千年，疑其人之有无也。每见空同、凤洲为人作志铭，辄曰：'盖闻嘉靖间有某老先生云'此岂千年后疑词耶？"足资印证。②

当时与复古派对垒的，有所谓的"唐宋派"。"唐宋派"主要作家最初都是复古派的追随者，其文学主张建立在复古的基础上，所不同的是，在师

---

① （清）张廷玉等：《明史》卷286，中华书局1974年版，第7348页。
② 钱锺书：《管锥编》第1册，生活·读书·新知三联书店2007年版，第467页。

法上，唐宋派找到了更切近的学习对象——唐宋散文，将其视为为文楷模，然而他们所标榜学习的唐宋散文正是继承秦汉古文而来，故其对司马迁的推崇更胜于前后七子，故在散文创作方面也努力模仿《史记》。唐宋派代表人物唐顺之、归有光、茅坤、王慎中等人对《史记》推崇备至，并且都评点或评钞过《史记》。

文学家对《史记》的学习促进了经典传记的流传。如茅坤自述"仆少喜为文，每谓当跌宕激射似司马子长，字而比之，句而亿之。苟一字一句不中其累黍之度，即惨恻悲凄也。唐以后若薄不足为者"[1]。对司马迁评价极高，他虽编著了《唐宋八大家文钞》，但也编著了《史记钞》推广《史记》，可见其对《史记》的推崇。此外，唐宋派另一个重要的作家归有光也一直注重学习《史记》，几乎终生未改。并且归有光周围有一批热爱《史记》，乃至痴狂的文人。如归有光的好友，与其同年进士的五岳山人陈文烛（玉叔）"玉叔好《史记》，其文即《史记》若也"[2]。他的妹夫马子问对《史记》简直达到了一种痴迷的状态，出门"必挟《史记》以行"，"见必问《史记》，语不及他也"，乃至将其书斋名为"花史馆"，"盖植四时花木于庭，而庋《史记》于室，日讽诵其中；谓人生如是足矣，当无营于世也"[3]。在这种环境下，归有光对《史记》有着独特的情感，他说自己"性独好《史记》，勉而为文，不《史记》若者。……夫知《史记》之所以为《史记》，则能《史记》矣。"[4] 归有光不仅为后世留下了有"古文秘传"美誉的《归震川评点史记》，而且其散文创作也大量学习《史记》。他继承了司马迁以文笔干预现实的勇气，其《书张氏女死事》为被虐杀的无辜张氏女子申冤，终使冤情得以昭雪。《明史·列女一》为张贞女列传，基本即以归有光此文为本。关于此事，归有光还有《与嘉定诸友书》《张氏女子神异记》《答唐虞伯书》《贞妇辨》《张贞女狱事》等一系列文章，归有光在《与李浩卿书》揭示了自己为张贞女鸣冤的心理动机，他说"少好《史》

---

[1] （明）茅坤：《茅鹿门先生文集》卷1《与蔡白石太守论文书》，《茅坤集》，浙江古籍出版社1993年版，第196页。
[2] （明）归有光：《五岳山人前集序》，《震川先生集》卷2，上海古籍出版社2007年版，第27页。
[3] （明）归有光：《花史馆记》，《震川先生集》卷2，上海古籍出版社2007年版，第388页。
[4] （明）归有光：《五岳山人前集序》，《震川先生集》卷2，上海古籍出版社2007年版，第27页。

《汉》，未尝遇可以发吾意者。独此女差强人意。又耳闻目见，据而书之，稍得其实。但世人知文者绝少，要以示千百世之后耳"①。可见其对司马迁精神的继承。此外，他的《备倭事略》《论御倭书》《水利论》《论今年水灾事宜书》直指现实问题，提出治乱见解，也继承了司马迁干预现实的精神；他怀念先父的《请赦命事略》，抒写母爱的《先妣事略》，追念祖母的《项脊轩志》，融入了《史记》写人记事中的白描手法，款款深情，真挚动人。归有光在具体写作中虽然不像当时风尚那样"尺尺寸寸"模拟，但其散文中化用《史记》的文句也比比皆是。其传记中更是大量模拟"太史公曰"的论赞方式，在结尾发表议论。可以说尽管唐宋派与"前、后七子"对《史记》的理解与接受有所不同，但是殊途同归，他们共同确立了《史记》在文学史上的经典地位。

在明清易代之际，以陈子龙为代表的"云间派"为实现"国家之文，比隆三代"的理想重倡"前、后七子"的复古主张。他在《〈壬申文选〉凡例》中谈到"文史、骚赋，异轨分镳。临邛、龙门，未兼两制。自兹以后，备体为难，典则之篇，尤穷时日"②，并明确提出了"文当规摹两汉"的复古文章观念。在国难之际，以文救国成为当时复古派文人的当务之急。他们企图通过继承先秦两汉文章关注现实的"风雅"精神以救家国之难。陈子龙在《汇集诸子序》中曰："吾观司马迁、班固之言，皆以为其弊足以戒，而其善不可废，旨哉！夫诸子之言或可以参至道，或可以助政治，或可以专应讨，或可以资谋策。苟能去其踳驳过当之说，而取其适于世用者，岂圣人所必黜哉？"③ 为了具体阐明其文学创作主张，陈子龙与徐孚远著有《史记测议》130卷，该书在《史记评林》的基础上，加以整理补充而成，包含了《史记》的笺注与评议等内容。在序言中陈子龙高度评价《史记》，认为"其卓识远见，微言晦志，不拘牵于世俗之论，而自抒发其意，亦有得《春秋》之一端者"，并且"其序事简质，立意深长，是乌可易及哉！"④ 在具体

---

① （明）归有光：《与李浩卿书》，《震川先生集》卷7，上海古籍出版社2007年版，第144页。
② （明）陈子龙：《陈子龙全集》，王英志辑校，人民文学出版社2005年版，第908页。
③ （明）陈子龙：《陈子龙全集》，王英志辑校，人民文学出版社2005年版，第1094页。
④ （明）陈子龙：《史记测议·序》，载杨燕起编《历代名家评史记》，北京师范大学出版社1986年版，第23页。

的散文写作中,陈子龙更是全方位学习《史记》的写人、叙事、议论手法。特别是其墓志、行状等传记散文。如《袁烈妇传》:

> 烈妇吕氏,嘉善茂才袁君烺之室也。其始祖伯四公,以节显宋季。父南于烈妇之生也,梦莲焉,觉而芬芳在室,异之。烈妇性婉顺,好读书,明大义。十六归袁君,事姑以孝闻。①

对烈妇吕氏的记载,不仅涉及其家族谱系,更有父梦莲生女这样的神异故事。这与《史记·高祖本纪》开头对刘邦的记载十分相似。此外陈子龙亦习惯在文章结尾处仿司马迁"太史公曰"论赞形式,采用"野史氏曰"进行议论,足见其对《史记》的学习。

散文之外,明代的小说创作也从《史记》中汲取营养,尤其是《水浒传》《西游记》《三国演义》《金瓶梅》等有"四大奇书"之称的长篇小说,在形式上皆采用纪传体的方式结构全篇,在具体叙事上更有大量模仿《史记》之处。明代戏曲家李开先在《词谑》中说:"崔后渠、熊南沙、唐荆川、王尊岩、陈后冈谓:《水浒传》委曲详尽,血脉贯通,《史记》而下,便是此书。且古来更无有一事而二十册者。倘以奸盗诈伪病之,不知序事之法、史学之妙者也。"② 金圣叹更是指出"《水浒传》方法都从《史记》中来"。毛宗岗在《读三国志法》中曾说:"《三国》叙事之佳,直与《史记》仿佛;而其叙事之难,则有倍难于《史记》者。《史记》各国分书,各人分载,于是有本纪、世家、列传之别。今《三国》则不然,殆合本纪、世家、列传而总成一篇。分则文短而易工,合则文长而难好也。"③ 张竹坡评点《金瓶梅》也说:"《金瓶梅》是一部《史记》。然而《史记》有独传,有合传,却是分开做的。《金瓶梅》却是一百回共成一传,而千百人总合一传,内却又断断续续,各人自有一传,固知作《金瓶》者必能作《史记》也。"④

---

① (明)陈子龙:《陈子龙全集》,王英志辑校,人民文学出版社 2005 年,第 1489 页。
② (明)李开先撰,周明鹃疏证:《〈词谑〉疏证》,江西教育出版社 2015 年版,第 55 页。
③ (明)罗贯中著,(清)毛宗岗评:《三国演义》(评注本)卷 3,上海古籍出版社 2014 年版,第 1167 页。
④ (明)兰陵笑笑生:《皋鹤堂批评第一奇书金瓶梅》,吉林大学出版社 1994 年版,第 39 页。

如《水浒传》中"李逵负荆请罪"的情节、"小李广"花荣的射箭本领、《三国演义》中"张飞大闹长坂坡"的夸张描写，都可以从《史记》中找到原型。甚至人物的出场诗，也与《史记》有密切关系，如《水浒传》写宋江出场时，作者称赞："刀笔敢欺萧相国，声名不让孟尝君。"可见宋江身上具备了《史记》中萧何、孟尝君的特点。《水浒传》所表现的侠义精神，也与《史记》的《游侠列传》有精神上的关联。明代天都外臣《水浒传序》说："雅士之赏此书者，甚以为太史公演义。"① 可见，《史记》在小说创作领域成为一个榜样。

此外，戏曲以及其他文学创作，也显示了《史记》的影响力。以《史记》人物事件为基础，明代出现了大量的《史记》剧目，《史记》中的历史人物、历史事件被搬上戏剧舞台，进行广泛的传播。如沈采取《史记·淮阴侯列传》韩信功成报漂母一饭之恩的故事，作《千金记》；梁辰鱼取《越王勾践世家》范蠡献西施助越王灭吴，功成身退事，作《浣纱记》；张凤翼取《魏公子列传》如姬窃符助信陵君救赵事，作《窃符记》；叶祖宪取《刺客列传》荆轲刺秦王事，作《易水寒》；叶良表取《管晏列传》管仲鲍叔牙之交事，作《管鲍分金记》；李玉取《廉颇蔺相如列传》廉颇蔺相如事，作《连城璧》，取《孙子吴起列传》孙膑与庞涓事，作《七国传》；孟称舜取《伍子胥列传》伍子胥与申包胥事，作《二胥记》；高一苇取《苏秦张仪列传》苏秦衣锦还乡事，作《金印合纵记》；此外也有人取《赵世家》赵氏孤儿事作《八义记》，取《范雎蔡泽列传》范雎与须贾事作《绨袍记》，取《留侯世家》张良事作《赤松记》《赤松游》，等等。这些剧目借助《史记》人物故事，传达一种世俗道德，教诲世人。

由于小说与传奇受众的世俗化特点，《史记》不再局限于高雅的文士之中，普通大众可以通过小说戏曲认识《史记》。接受群体的进一步扩大，使得《史记》文学经典地位向新的维度拓宽。

---

① 朱一玄编：《明清小说资料选编》，南开大学出版社2006年版，第274页。

第 七 章
清代：《史记》文学经典化的高峰期

《史记》在汉代产生以后，就出现了各种不同的评论，或史学，或文学，褒贬不一。到了宋代，真正开《史记》评论的风气，此后不断发展，明清时期出现兴盛局面，对于促进《史记》的广泛传播与研究起了积极作用。

清代是《史记》研究的高峰期。据统计，清代研究《史记》并有文章著作的学者达300多人。考证是其一大成就，考证包括《史记》历史事实、人名、地名、典章制度等，如汪越撰、徐克范补《读史记十表》，王鸣盛《史记商榷》，邵泰衢《史记疑问》，赵翼《史记札记》，钱大昕《史记考异》，王念孙《史记杂志》，梁玉绳《史记志疑》，张文虎《校刊史记集解索隐正义札记》，郭嵩焘《史记札记》，尚镕《史记辨证》，潘永季《读史记札记》，李慈铭《史记札记》，沈家本《史记琐言》等。

评论是清代《史记》研究的另一大成就，评论形式多种多样，或评点，或论文，或札记，或序跋，或书信，等等。评点著作如《史记论文》《史记评注》《史记集说》等，《史记》选本如《史记菁华录》《史记选》等，在这些作品选中也有大量评点。还有许多古文选本，如《古文析义》《古文观止》《古文眉诠》等也都选取《史记》作品并有较多评论。此外，还有小说、戏剧评点时往往也把《史记》与之比较。在清人的《史记》评论中，文学评论（含评点）是其中特别重要的一部分，对于巩固《史记》的文学经典地位起了重要作用。还有清代的文学理论和文学创作，也从一个侧面促进了《史记》的文学经典化过程。

一 《史记》文学评论的基本情况

由于《史记》是文史结合的经典著作，所以清代有关《史记》文学评论大多建立在历史评论的基础之上，历史评论与文学评论很难决然分开。也有部分著作偏重于《史记》艺术特点的分析，如篇章结构、叙事手法、人物刻画、修辞用字等。文学评论较为集中的著作主要有：

金圣叹：明末清初人，曾评点《史记》，将《史记》与《庄子》、《离骚》、杜诗、《水浒传》、《西厢记》列为"六才子书"，金圣叹虽没有留下一部完整的《史记》评本，但他评点的《才子古文》保存了他评选的《史记》论赞（和序言）90多篇。他还在评点《水浒传》和《西厢记》中，把小说、戏剧与《史记》进行比较分析。

林云铭：《古文析义》，这是清代较有影响的古文选本，分初编、二编，收录的作品都是古文精品，其中收录《五帝本纪赞》《项羽本纪赞》《秦楚之际月表序》等《史记》作品36篇，并加文学评点，推崇司马迁《史记》叙事写人的笔法。

孙琮：《山晓阁史记选》，是专门的《史记》选本，共选（或者节选）《五帝本纪赞》《周本纪》《秦本纪》《秦始皇本纪》《项羽本纪》等《史记》作品105篇，加以圈点和评论，篇末附有各家评论。总体上着重于文学评论。

吴见思：《史记论文》130卷，这是清代评点《史记》文学成就最有代表性的著作之一，对《史记》130篇逐一进行评点，如《史记》谋篇、序事、议论、写人、语言等。至于司马迁行文意境，运笔的神妙，吴氏常用江河奔流、花木繁艳、天象变幻、龙虎腾跃等语来赞赏。吴见思认为《史记》每篇各有一机杼，各有一主意。能抓住文章的线索、关键、结构、人物、语言等进行细致评点。①

吴楚材、吴调侯：《古文观止》，这是清代以来一部流行广泛的古文选

---

① 关于《史记论文》的内容特点，可以参阅张富春《〈史记论文〉研究》一书，巴蜀书社2008年版。

本，其中选录《五帝本纪赞》《项羽本纪赞》等《史记》作品 15 篇，详加注释，特别注重作品的章法结构，每篇有夹评，尤其是尾评，集中评论每篇的艺术特点。

徐乾学：《古文渊鉴》，其中收录《五帝本纪赞》《十二诸侯年表序》《秦楚之际月表序》等《史记》作品 14 篇，并加以点评。

汪越：《读史记十表》，阐发《史记》十表的主旨、书法、读法等，其中对每表序言的分析颇有见地。

储欣：《史记选》，选录《史记》作品 55 篇，本纪、表、书、世家、列传五体皆选，而且"秦以前十之二，秦以后十之八"，重视当代。每篇有评点。

李晚芳：《读史管见》，其中选录《史记》及《报任安书》37 篇，有行批、眉批、篇后评等，且常引前人评论。此书选《史记》原文，或全采，或节取，或仅择序赞。篇后评常分若干段，例如，《项羽本纪》评为 4 段。李氏选篇精萃，以思想为主兼评文学表现手法。其评人物，各尽其致。对于《史记》谋篇立意，李氏也有阐发。李氏还推崇司马迁运笔之妙。李氏评词也极富文采，排比连缀多有动人处。

汤谐：《史记半解》，选录《史记》68 篇文章进行圈点批注。对《史记》文学特点多有阐发。汤谐认为，《史记》文章高如泰岱，深如沧海，实难攀测。而文章之道，在意、法、神三者，意为中心，"必先有其意而后法以运之，意者，一篇之主宰而文之所由生"。在《史记半解》中，汤氏除圈点批注之外，在篇末评语中极力探寻司马迁的深意。详见本书附录。

蔡世远：《古文雅正》，这是一部古文选本，选录和评点《项羽本纪赞》《秦楚之际月表序》《高祖功臣年表序》等《史记》作品 10 篇。

汪基：《古文喈凤新编》收录《五帝本纪赞》《项羽本纪赞》《伯夷列传赞》等 9 篇。

李光地：《古文精藻》收录《秦楚之际月表序》《伯夷列传》等 5 篇。

方苞：桐城派代表人物，有《评点史记》《史记注补正》以及"读史记" 22 篇（《望溪先生文集》）等著作。用"义法"评论《史记》的叙事特点，颇有影响。方苞论学主程朱理学，深具春秋义法评论《史记》。他根据史书应该"义以为经而法纬之"的原则，选取最能表现司马迁旨意的篇目，索隐探微，阐述上下古今变异和作者"痛时"之慨。方苞认为十表义法之精，实能穷天人之分，通古今之变。

牛运震：《史记评注》12卷，对《史记》130篇逐一进行评点、注释，论述《史记》文章笔法，每篇还收录前人的许多评论，略具辑评特点。该书主论文法笔力，兼及援用古书的征信、删补、点窜，字义注释的辨正探微、史意的阐发，论赞的剖析，他书评论的优劣等。牛氏评论《史记》文笔，常颂为行文错落，字法深稳，或隐练新切，或渊懿深厚，或简妙温古，或奇俊生姿，或脉理安顿，或风致疏宕，笔势动荡有虚神，述史错综备数法。而《史记》的特点在于"情"，他还认为《史记》因情而雅。牛运震评论史意，还注意把握各篇的关键。而于《史记》论赞评价甚高，称为"千古绝笔"。极赞司马迁苦心作《史记》十表，诚"所谓无言之文"也。《史记评注》多引前人议论以辨事非，尤推重方苞对《史记》的见解，因此该书既可视为《史记》评论之小汇，也可据此鉴知牛氏的识力。

浦起龙：《古文眉诠》，收录《五帝本纪赞》《项羽本纪》《十二诸侯年表序》《六国年表序》等《史记》作品44篇，评点着重于章法结构和艺术特点。其《酿蜜集》中还有《班马异同》一文，对《史记》《汉书》进行比较研究。

王又朴：《史记七篇读法》2卷，选取《史记》的《项羽本纪》《外戚世家》《萧相国世家》《曹相国世家》《淮阴侯列传》《李将军列传》《魏其武安侯列传》7篇作品详加分析，对各篇艺术特点分析透彻，每篇前有细致的"读法"提示。对于"皆世人误读而不识史公之所用心"的7篇，随文圈点，略加行批，并于篇前分别标注读法，以己意阐明《史记》大旨。详见本稿附录。

姚苎田：《史记菁华录》，选取《史记》51篇作品加以批注，有眉批、夹批、篇末评语等，尤其注重艺术手法的分析。这是清代流行较广的一个《史记》选本，也是《史记》较早的节选评点本。除选传统的各篇，如《项羽本纪》《淮阴侯列传》之外，对入选的篇目作了较大的删节，删除的部分一般也不注"中略"字样。既保持了《史记》瑰奇闳深的固有风格，又删繁就简而使情节更集中，主线更清晰明了，人物性格表现得更鲜明突出。难能可贵的是，经删节的《史记》文章，并无割裂支离之病而依然脉络贯通，首尾圆融，神气十足。在众多《史记》选评本中，此书倍受青睐。姚苎田曾说："评注皆断以鄙意，视他本为最详。"书中精彩、独到、简洁的评语确实给研读《史记》者以启发。评注的形式也灵活多样，运用眉批、夹批、篇末评语三种形式，眉批和夹批篇篇都有，侧重品评篇中字、句、段，篇末译语侧重评论全篇的主旨立意，并非每篇都有。以评注的内容来看，有篇章结构的分析，有字法句法的讨论，有微言大义的钩稽。

刘大櫆：桐城派代表人物之一，其《论文偶记》谈论古文写法，多处论述《史记》的文章风格。

姚鼐：桐城派代表人物之一，《古文辞类纂》在"序跋"类收录《十二诸侯年表序》《六国年表序》《秦楚之际月表序》等7篇。

邵晋涵：《史记辑评》，在明代邓以讚《史记辑评》基础上加以发展，批注《史记》作品共95篇（段）。其中辑录前人评论，颇有价值。评点方式分为在字句旁圈点以及在顶批中评议。评议内容可概括为三类：一是揭示司马迁就历史上的政治得失所发的深意；二是推崇司马迁写史的识力和笔法；三是称颂司马迁文章气势意境之妙。总之，由于邵氏吸取了前人成果，加以本人博闻强识，四部七录，精读研索，又善属文章，文思敏捷，故所著《史记辑评》虽简约，然于读《史记》者，不无资裨。

邱逢年：《史记阐要》，在阐述《史记》体例方面卓有见解。另有《史记测议举隅》等。邱氏以突出司马迁的创造之功立论，说"太史公即创为传体，其中又创为合传、附传"，并分析合传，附传为五类：一是有不拘时代但以人品相近而合与附者；二是有以事迹牵连而合与附者；三是有人品相反其实相因而合与附者；四是有人品相反相近以相形合与附者；五是有各开分叙而掩映在有无之间者。此种分类，不失为一家之见。又举纪信、王烛、邹衍等为例，辨析刘知几附出之论甚善，说《史记》合传，附传之外为附见。"本非为本人叙事而本人之贤否功罪已即此而见，不烦更为立传"，《史记阐要》对《史记》记述内容也深有评述。《史记阐要》尚论及《史记》文笔，篇末就各家进行剖析辨正又不乏真知灼见。

章学诚：《文史通义》，虽不是专门研究《史记》著作，但其中对《史记》的文学特质多有论述。在《书教下》中章学诚曰："史氏继《春秋》而有作，莫如马、班，马则近于圆而神，班则近于方以智也。"提出了《史记》的"圆而神"之说，章学诚推崇《史记》曰："推精微而言，则迁书之去左氏也近，而班史之去迁书也远；盖迁书体圆用神，多得《尚书》之遗；班氏体方用智，多得官礼之意也。"并由此对部分《史记》篇目进行了解读，如他评价："《伯夷列传》，乃七十篇之序例，非专为伯夷传也。《屈贾列传》所以恶绛、灌之谗，其叙屈之文，非为屈氏表忠，乃吊贾之赋也。《仓公》录其医案，《货殖》兼书物产，《龟策》但言卜筮，亦有因事命篇之意，初不沾沾为一人具始末也。《张耳陈馀》，因此可以见彼耳。《孟子荀卿》，总括游士著书耳。"① 这样的观点极有洞察力。

高嵣：《史记钞》，节选《史记》文、序、赞 77 篇进行评点，且引用各家评论。是《史记》文学评点中较为突出的一部著作。

丁晏：《史记余论》，在论及《史记》取材、缺补、注释等之外，论述历史政治得失，同时也盛赞司马迁多样的文笔。或遒美激荡，风骨凛然，或摹写曲尽，千载如生，或神妙之笔，颊上三毫，或许多波澜，掩映生色。丁晏以"明事析理"为宗旨，取加按语形式对《史记》进行评论，语言明确简练、足资参考。

吴德旋：桐城派重要人物，其《初月楼古文绪论》，谈论古文做法，多处涉及《史记》文章特点。他称赞："文章之道，刚柔相济。《史记》及韩文，其两三句一顿，似断不断之处极多。要有灏气潜行，虽陡峻亦寓绵邈，且自然恰好，所以为风神绝世也。"② 吴氏往往将《史记》与唐宋古文进行对比而指出《史记》文章大特点，如他称："《史记》如海，无所不包，亦无所不有。古文大家，未有不得力于此书者，正须极意探讨。韩文拟之如江河耳。古来善用疏，莫如《史记》，后之善学者，莫如昌黎。"又如："《史记》诸表序，笔笔有唱叹，笔笔是竖的；欧阳文有一唱三叹者，多是横阔的。"③

林伯桐：《史记蠡测》，涉及《史记》的《五帝本纪》《殷本纪》《周本纪》等 56 篇作品，把考证、注解、评论融为一体。评论特别注重《史记》

---

① （清）章学诚著，叶瑛校注：《文史通义校注》卷 1，中华书局 2014 年版，第 58—59 页。
② （清）吴德旋：《初月楼古文绪论》，中华书局 1985 年版，第 2 页。
③ （清）吴德旋：《初月楼古文绪论》，中华书局 1985 年版，第 4 页。

文法，分析细致。如其评价《货殖列传》曰："'仕不至二千石，贾不至千万，安可比人乎？'此酷吏宁成之言也。'垢莫大于卑贱，而悲莫甚于穷困'，此秦李斯之言也。人之所见不同，乃有如此者。史公作《货殖传》，实本此等议论而戏为之耳。至其传儒林则不然。于辕固生，则曰'景帝以固为廉直'；于董仲舒，则曰仲舒'为人廉直'，'终不治产业'；于申公弟子，则曰弟子'皆有廉节'，称其'好学'，如入青云中，无由得论地上事也。两传参观，可以见作者之意。"① 着眼于人物的不同而分析史公用辞之意，并且能够从体例编排看司马迁为史的寓意，如《伯夷列传》评价："黄帝神灵，后世帝王皆本其法度者也，故以冠'本纪'。泰伯之才德可以天子者也，乃让而不居，故以冠'世家'。伯夷之名分可以诸侯者也，乃让而不居，故以冠'列传'。"② 作者深入细致地解读《史记》文本，广泛地查阅比对相关文献，充分发挥了其在考据方面的长处，对当今《史记》研究有十分重要的价值。

王拯：桐城派作家，将明代归有光、清代方苞评点《史记》的评语汇编为《归方评点史记合笔》，主要是文学评点。

刘熙载：《艺概》，虽不是专门评论《史记》的著作，但其中多处论述《史记》的文章特点，颇为精彩。

吴汝纶：《点勘史记读本》130卷，对《史记》各篇圈点，主要是眉批和篇末总评，被视为桐城派评点《史记》的殿军之作，专论文章气脉，且汇释各家《史记》评语，颇有影响。

余诚：《重订古文释义》，清代著名古文选本，其中选录《史记》及《报任安书》共10篇（段），每篇有旁批、眉批、总评、音义、序介五部分，其中序介对全文进行串讲，与一般古文选本颇有不同。

其他如杨于果《史汉笺论》、杨琪光《史汉求是》、吴敏树《史记别钞》等，对《史记》的文学特点都有一定的评论。另外，许多考证性著作中也涉及《史记》的文学特征，还有大量评论《史记》艺术特点的论文散见于学者著作之中，兹不一一罗列。

---

① （清）林伯桐：《史记蠡测》，陕西师范大学出版社2015年版，第48页。
② （清）林伯桐：《史记蠡测》，陕西师范大学出版社2015年版，第34页。

二　清代《史记》文学阐释的新进展

对于《史记》的文学评论，汉魏六朝时期就已出现，但较为简略。唐宋以后，随着古文运动的发展，《史记》的文学价值越来越受到人们的重视，尤其是明代，由于文学复古运动的盛行，出现大量的《史记》评点著作，挖掘《史记》在写人叙事等方面的特点，取得了较为丰硕的成果。清代《史记》文学评论在前代基础上进一步发展，涉及的问题十分广泛，有些是传统课题，有些是新出课题，许多见解十分精辟。

"班马异同"问题。从汉魏六朝时期开始，许多学者就《史记》《汉书》进行比较分析，到宋代甚至形成专门的学问，出现倪思、刘辰翁《班马异同评》、娄机《班马字类》这样的著作。明代对此问题继续探讨，如许相卿《史汉方驾》等著作。清代对司马迁与班固的比较研究进一步发展，杨于果《史汉笺论》、杨琪光《史汉求是》是两部专门研究马、班异同的著作，蒋中和、徐乾学、沈德潜、浦起龙、邱逢年等都有专文论述，其他如钱谦益、顾炎武、牛运震、王鸣盛、赵翼、章学诚等对此也有一定的评说。内容涉及马班思想比较、文字比较、体例比较、艺术手法比较、文章风格比较等方面，有宏观的评论，也有微观的分析。钱谦益说："读班、马之书，辨论其同异，当知其大段落、大关键，来龙何处，结局何处，手中有手，眼中有眼，一字一句，龙脉历然。又当知太史公所以上下五千年纵横独绝者在何处？班孟坚所以整齐《史记》之文而瞠乎其后不可几及者又在何处？《尚书》《左氏》《国策》，太史公之粉本，舍此而求之，见太史公之面目焉，此真《史记》也。天汉以前之史，孟坚之粉本也。后此而求之，见孟坚之面目焉，此真《汉书》也。由二史而求之，千古之史法在焉，千古之文法在焉。"[1] 浦起龙《班马异同》指出两书"体制不同""格力不同""意致不同"等，"然固之书，实有未及迁者"[2]。清人沈德潜认为，司马迁和班固各

---

[1]（清）钱谦益：《牧斋有学集》卷38，上海古籍出版社1996年版，第1310页。
[2]（清）浦起龙：《酿蜜集》卷2，清代诗文集汇编编纂委员会《清代诗文集汇编》（第246册），上海古籍出版社2010年版，第26页。

有得失。"司马迁《史记》，班固《汉书》，并推良史，旧矣。宋倪思为《班马异同》一书，刘辰翁加以论断，而有明许相卿作《史汉方驾》，大意皆扬马抑班，无异旨也。愚平心以求之，有马之胜于班者，有班与马各成其是者，有班之胜于马者。……《汉书·项羽传》全录《史记》原文，而于起兵及鸿门、垓下数段，节省减色：此班之不及马也。……《史记》董仲舒与申公、辕固生、伏生诸人入《儒林传》，故只记其治《春秋》传公羊氏学，见有功于经；而《汉书》详载其《天人三策》及'正谊不谋利，明道不计功'语，见其能推明孔氏之传：此班马之各成其是也。高帝以下诸本纪，《史记》不录诏语，即间及一二语，而不录全文，《汉书》乃备载之，以志一代敦本懋实之治：此班之胜于马也。……《史记》于李陵战功，叙之极略；而《汉书》所载，自'千弩俱发，应弦而倒'下，至'击鼓起士，鼓不鸣'止，使千载下毛发俱动，不独表陵之勇，亦以鸣太史公救陵得祸之冤：此班之胜于马也。大抵论古人之书，必平允至当，而后可以服古人之心。倪思、许相卿等之论，意在推《史记》而屈《汉书》矣，而前此刘知几、郑夹漈、苏子由之徒，并《史》《汉》而概斥之，此殆《书》所云'责人斯无难者'夫？"① 章学诚《文史通义·书教下》的评论可以说是最为精彩的：章学诚认为《史》《汉》各有特色。"马则近于圆而神，班则近于方以智也。《尚书》一变而为左氏之《春秋》，《尚书》无成法而左氏有定例，以纬经也。左氏一变而为史迁之纪传，左氏依年月而迁书分类例，以搜逸也。迁书一变而为班氏之断代，迁书通变化，而班氏守绳墨，以示包括也。就形貌而言，迁书远异左氏，而班史近同迁书，盖左氏体直，自为编年之祖，而马、班曲备，皆为纪传之祖也。推精微而言，则迁书之去左氏也近，而班史之去迁书也远；盖迁书体圆用神，多得《尚书》之遗；班氏体方用智，多得官礼之意也。"② 对两人的不同特点进行了高度概括。

《史记》的论赞，是体现《史记》思想和艺术的重要组成部分，前代对此有评论，褒贬不一，清人对此予以高度评价。牛运震《史记评注》卷1

---

① （清）沈德潜：《归愚文续》卷3《史汉异同得失辨》，《沈德潜诗文集》，人民文学出版社2011年版，第1154页。
② （清）章学诚著，叶瑛校注：《文史通义校注》卷1，中华书局2014年版，第58—59页。

说:"太史公论赞,或隐括全篇,或偏举一事,或考诸涉历所亲见,或证诸典记所参合,或于类传之中摘一人以例其余,或于正传之外摭轶事以补其漏,皆有深义远神,诚为千古绝笔。"① 牛氏的评论,对"太史公曰"的特点和作用进行了精辟的概括。他对每一篇论赞的评论也较为透彻,如评《酷吏列传赞》:"赞语与列传意义各别。列传多深疾酷吏之词,满腹痛愤;赞语却摘酷吏之长,以为节取,此褒贬之互见而抑扬之并出者也。"② 指出该篇论赞的独特意义。清代的《史记》选本和古文选本,大多注重选择《史记》论赞进行点评,如储欣《史记选》共选《史记》作品55篇,其中序赞就有30篇。有些学者的评论非常精彩,如余诚《重订古文释义新编》评《五帝本纪》"太史公曰":"通体俱是发明所以作《五帝本纪》之意。首段以书之有详有略、人之有言有不言,反复顿挫;次以游历得诸长老者为证;再次以考之《春秋》《国语》及他说者为据,而总归之于'好学深思,心知其意'作收束。见非此则疑者终不能信,惟此则能信而择之也。故末段点明'择其言尤雅'作结。文仅二百余字,而转折之多,承接之妙,音节之古,结构之精,有难以悉举者,要在善读之士一一静会之。"③ 抓住了论赞的层次结构和关键点,颇有眼力。

《史记》与小说关系问题,明代初步提出这一问题,清代进一步探讨。首先是一些小说评点家的认识,如戚蓼生《红楼梦序》说《红楼梦》"殆稗官野史中之盲左、腐迁乎"④,看出《红楼梦》与《左传》《史记》在艺术上有相似之处。冯镇峦《读聊斋杂说》:"此书即史家列传体也。以班、马之笔,降格而通其例于小说。"⑤ 引远村曰:"《聊斋》以传记体叙小说之事,仿《史》《汉》遗法。"⑥ 何彤文《注聊斋志异序》:"《聊斋》胎息《史》、《汉》,浸淫魏晋六朝,……至其每篇后异史氏曰一段,则直与太史公列传神于古会,登其堂而入其室。"⑦ 看出《聊斋志异》与《史记》的关系。毛

---

① (清)牛运震撰,崔凡芝校释:《空山堂史记评注校释》卷1,中华书局2012年版,第11页。
② (清)牛运震撰,崔凡芝校释:《空山堂史记评注校释》卷11,中华书局2012年版,第760页。
③ (清)余诚:《重订古文释义新编》,武汉古籍书店影印1986年版,第327页。
④ 朱一玄编:《明清小说资料选编》(下),南开大学出版社2006年版,第585页。
⑤ 朱一玄编:《明清小说资料选编》(下),南开大学出版社2006年版,第1022页。
⑥ 朱一玄编:《明清小说资料选编》(下),南开大学出版社2006年版,第1023页。
⑦ (清)蒲松龄著,盛伟校注:《聊斋志异校注》,山西人民出版社2000年版,第1731页。

宗岗《读三国志法》认为："《三国》叙事之佳，直与《史记》仿佛；而其叙事之难，则有倍难于《史记》者。《史记》各国分书，各人分载，于是有本纪、世家、列传之别。今《三国》则不然，殆合本纪、世家、列传而总成一篇。"① 这些评论，是对明代《史记》与小说关系认识的进一步发展。就《史记》本身评点而言，也有学者评点指出《史记》的小说特点，如吴见思《史记论文》评《司马相如列传》："史公写文君一段，浓纤婉转，为唐人传奇小说之祖。"② 评《伍子胥列传》："子胥事于《左传》《国策》《国语》及《越绝书》《吴越春秋》中看熟，觉姿致减少。然一篇大传，兼总条贯，不得不删繁就雅，故以体裁胜，不以韵致胜。读此传过，再看吹箫吴市，投金濑女诸事，便近小说矣，不可不知也。此篇只以紧凑贯穿见妙，故子胥谏词亦只约略写。《庄子》云：'指马之一体而名之，马不见也；立一马而马之百体具矣。'极似此文。"③ 郭嵩焘《史记札记》评《李斯列传》："史公传李斯，历载赵高所以愚弄二世及李斯者，多近于故事传说，故于此叙二世斋上林，居望夷宫，射行人，及自杀事，又赵高上殿，殿欲毁者三，皆如小说家言。"④ 这些评论，实际上看出了《史记》作品的小说因素。

司马迁"发愤著书"问题，前代已有评论，清人的认识也有深刻之处。牛运震评《酷吏列传》："一篇之中，感慨悲愤，汉廷用人之非与酷吏得报之惨，具见于此。此太史公悲世之书，所以致惓惓垂戒之至意，不独为十人立传也。"⑤ 袁文典《永昌府文征》卷12《读史记》指出："余读《太史公自序》而知《史记》一书，实发愤之所为作。其传李广而缀以李蔡之得封，则悲其数奇不遇，即太史公之自序也。匪惟其传伍子胥、郦生、陆贾亦其自序，即进而屈原、贾生信而见疑，忠而被谤，痛哭流涕而长太息，亦其自序也。更进而伯夷积仁洁行而饿死，进而颜子好学而早夭，皆其自序也。更推之而传乐毅、田单、廉颇、李牧，而淮阴、彭越，而季布、栾布、黥布，而

---

① （明）罗贯中著，（清）毛宗岗评：《三国演义》（评注本），上海古籍出版社2014年版，第1167页。
② （清）吴见思：《史记论文》第8册，中华书局1936年版，第14页。
③ （清）吴见思：《史记论文》第5册，中华书局1936年版，第16—17页。
④ （清）郭嵩焘：《史记札记》卷5上，商务印书馆1957年版，第304页。
⑤ （清）牛运震撰，崔凡芝校释：《空山堂史记评注校释》卷11，中华书局2012年版，第739—740页。

樊、灌诸人,再推之而如项王之力拔山兮气盖世,乃时不利而骓不逝,与夫豫让、荆轲诸刺客之切肤齿心为知己者死,皆太史公之自序也。所谓借他人之酒杯,浇胸中之块垒,诚不禁其击碎唾壶、拔剑斫地慷慨而悲歌也。"① 这段评论,代表了清人对司马迁"发愤著书"的认识。在文学理论方面,张竹坡说《金瓶梅》作者"乃一腔愤懑而作此书",蒲松龄说他的《聊斋志异》是"孤愤之书",等等。

清人在文学评论方面也提出了一些新课题,能够从理论上总结《史记》的特点。如桐城派代表人物方苞用"义法"论《史记》,他在《又书货殖传后》中说:"《春秋》之制义法,自太史公发之,而后之深于文者亦具焉。义即《易》之所谓'言有物'也,法即《易》之所谓'言有序'也。"② 在《古文约选序例》中又说:"盖古文所从来远矣,六经、《语》、《孟》,其根源也。得其枝流而义法最精者,莫如《左传》《史记》。"③ 这在《史记》文学评论中是新的理论。这个理论的具体要求就是"辞尚体要",他在评《汲郑列传》时指出《史记》"史公于萧相国,非万世之功不著;于黯,非关社稷之计不著,所谓辞尚体要也"④。桐城派另一代表人物刘大櫆《论文偶记》中用"奇""高""大""远""疏""变"来概括《史记》文章的特点:

  文贵奇。……有奇在字句者,有奇在意者,有奇在笔者,有奇在丘壑者,有奇在气者,有奇在神者。……奇气最难识,大约忽起忽落,其来无端,其去无迹。读古人文,于起灭转接之间,觉有不可测识处,便是奇气。……太史公《伯夷传》可谓神奇。

  文贵高。……昔谓子长文字峻。震川谓此言难晓,要当于极真极朴极淡处求之。

  文贵大。……古文之大者莫如史迁。震川论《史记》,谓为大手笔,又曰"起头处来得勇猛",又曰"连山断岭,峰峦参差",又曰

---

① 李根源辑:《永昌府文征》,云南美术出版社 2008 年版,第 2420 页。
② (清)方苞著,刘季高校点:《方苞集》卷 2,上海古籍出版社 1983 年版,第 58 页。
③ (清)方苞著,刘季高校点:《方苞集》集外文卷 4,上海古籍出版社 1983 年版,第 613 页。
④ (清)方苞著,刘季高校点:《方苞集》集外文补遗卷 2,上海古籍出版社 1983 年版,第 861 页。

"如画长江万里图",又曰"如大塘上打纤,千船万船不相妨碍"。此气脉洪大、丘壑远大之谓也。

文贵远。远必含蓄。或句上有句,或句下有句,或句中有句,或句外有句。……昔人谓子长文字,微情妙旨,寄之笔墨蹊径之外,又谓如郭忠恕画天外数峰,略有笔墨而无笔墨之迹,故太史公文并非孟坚所知。……意到处言不到,言尽处意不尽,自太史公后惟韩、欧得其一二。

文贵疏。……孟坚文密,子长文疏。凡文力大则疏。气疏则纵,密则拘;神疏则逸,密则劳。疏则生,密则死。子长拿捏大意,行文不妨脱略。

文贵变。……上古文字初开,实字多,虚字少,典、谟、训、诰,何等简奥,然文法要是未备。至孔子之时虚字详备,……左氏情韵并美,文采照耀。至先秦战国更加疏纵。汉人敛之,稍归劲质,惟子长集其大成。①

刘大櫆的评论,具有较为明确的理论体系,说明清人已注意古文理论的归纳。而对于《史记》文法的推崇,比方苞的"义法"丰富了许多。再如顾炎武在《日知录》卷26中曾赞叹说:"古人作史,有不待论断而于序事之中既见其指者,惟太史公能之。《平准书》末载卜式语,《王翦传》末载客语,《荆轲传》末载鲁句践语,《晁错传》末载邓公与景帝语,《武安侯田蚡传》末载武帝语,皆史家于序事中寓论断法也。"② 顾炎武的评论,提出一个重要课题,即《史记》"寓论断于叙事之中",司马迁把自己的思想、感情寄寓在字里行间,这个重要课题今人有更深入的理解。③ 汤谐《史记半解·杂述》中也对《史记》文章进行理论归纳:"文章之有法度也,非自法始也,必先有其意而后法以运之。意者一篇之主宰而文之所由生。意不高,虽有良法无所附丽。然意立而法不密,则无以达意而文失之疏;法不浑,则

---

① (清)刘大櫆:《论文偶记》,人民文学出版社1998年版,第6—9页。
② (清)顾炎武著,黄汝成集释:《日知录集释》卷26,上海古籍出版社2014年版,第562页。
③ 白寿彝《司马迁寓论断于序事》一文对顾炎武提出的问题进行了深入探讨,载《北京师范大学学报》1961年第4期,后收入作者《史记新论》一书,求实出版社1981年版。

又无以藏意而文失之浅。""文章之道有三：曰意，曰法，曰神。意之本在识，识高则意高；法之本在心，心细则法细；神之本在养，养到则神到。"①指出意、法、神三者之间的关系，特别强调文章思想和立意。牛运震《史记评注》评《五帝本纪》时又提出情、事之关系："他史之妙，妙在能简；《史记》之妙，妙在能复。盖他史只是书事，而《史记》兼能写情。情与事并，故极往复缠绵。长言不厌之致。"又曰："一部史记，皆当以此字（'雅'）领略之也。"② 情、事、雅构成了《史记》文章的独特韵味。邱逢年在《史记阐要》中指出《史记》五种体例的整体系统性："本纪为全书之冠，表、书、世家、列传，皆发明本纪，相辅以成书。"并且对合传、附传的类型进行了细致分类。清人还特别提出《史记》读法问题，牛运震评《太史公自序》时特别强调此篇在全书中的地位："须读此篇，深沉有得，然后可读诸纪、传、世家。读纪、传、世家而不得其解，仍于此篇求之。"③王又朴《史记七篇读法》对七篇作品提出细致的读法，引导读者深刻领会《史记》的思想价值和艺术价值，如《项羽本纪读法》："先当一气读。不一气读，则不能悉其本末意义、脉络通贯，而旨趣不得而出也。然又须分段细读，不分读则不能得其顺逆、反正、隐显、断续、开合、呼应诸法，而旨趣亦有不得而贯通者也""先当分作两大段读""再于两大段中分作六段读""项羽死前写四段，在羽死后亦写四段"。④ 在掌握全局段落基础上，再掌握具体的写作方法：有大关锁法，有段段关锁法，有大落墨法，有零星点次法，有埋伏法，有照应法，有明写处，有暗写处，有极详处，有极略处，有上下相形处，有急脉缓受法，有缓脉急递法，有于语言中夹叙事者，有于叙事中间又夹叙别事者，有语未完而即接叙事者，有以语言代叙事者，有文字互救者。⑤ 如此细致的读法，对读者理解作品具有积极意义。

总体来看，清人在评论中既能继承前代的成就，又能在分析评论中提出

---

① （清）汤谐编纂，韦爱萍整理：《史记半解·杂述》，商务印书馆 2013 年版，第 XIX 页。
② （清）牛运震撰，崔凡芝校释：《空山堂史记评注校释》卷 1，中华书局 2012 年版，第 7—10 页。
③ （清）牛运震撰，崔凡芝校释：《空山堂史记评注校释》卷 12，中华书局 2012 年版，第 823 页。
④ （清）王又朴：《史记七篇读法》，商务印书馆 2013 年版，第 8—24 页。
⑤ （清）王又朴：《史记七篇读法》，商务印书馆 2013 年版，第 28—32 页。

自己的新课题,进行一定的理论总结,促进了《史记》文学研究的深入发展。

三 对《史记》叙事写人艺术评论的深化

对于《史记》叙事写人艺术,清代之前已有较多评论,尤其是明代取得了较大成就。清人进一步发展,评点、评论更为细致和深入。

为了帮助读者阅读《史记》,评点者往往用许多不同的符号在文章的关键处进行圈点,有的多达五六种,这是一种无声的评论,首先从视觉上给读者以警示。符号圈点的地方往往是文章的精华、文采、纲领、眼目照应、关锁、波澜处、提缀处,通过这些特殊符号,达到"此时无声胜有声"的效果。

当然,更多的是文字评论。就评点著作而言,有总评、眉批、夹批、旁批、尾评等形式;还有许多著作和论文的评论。许多学者对司马迁变化多端的叙事、高超的写人艺术等进行赞誉。刘熙载说:"《史记》叙事,文外无穷,虽一溪一壑,皆与长江大河相若。"① 汤谐说:"《史记》之文,一篇自有一法,或一篇兼具数法。烟云缭绕处,几于勺水不漏,而寄托遥深,迷离变幻,使人莫可端倪。一片惨澹经营之意匠,皆藏于浑浑沦沦浩浩落落之中,所以为微密之至,而其貌反似阔疏也。"② 清人甚至对《史记》十表的分析也注重其笔法,如吴见思《史记论文》评《三代世表序》时认为:"诸表画而为图,纵横明晰,于列国楚汉时事,纷然之际,开卷无不了然。此法创自史公,是千古绝奇文字。"③ 可见清人对《史记》的文学成就有较全面的认识。清代的《史记》文学评论,主要涉及叙事和写人两大方面:叙事而言,评论者说《史记》有整叙、散叙、虚叙、实叙、单叙、双叙、分叙、合叙、插叙、补叙,夹叙夹议、以议代叙、以叙为议、即事以寓情、寓论断于叙事等多种手法。就写人而言,评论者谓《史记》有正面写人、侧面写

---

① (清)刘熙载:《艺概·文概》,上海古籍出版社1978年版,第12页。
② (清)汤谐编纂,韦爱萍整理:《史记半解·杂述》,商务印书馆2013年版,第XIX页。
③ (清)吴见思:《史记论文》第2册,中华书局1936年版,第18页。

人、大处写人、细处写人等方法。我们看几个具体篇章的评论。

吴楚材、吴调侯《古文观止》评《秦楚之际月表序》虚笔："前三段一正，后三段一反，而归功于汉。以四层咏叹，无限委蛇，黄河之水，百折百回，究未尝著一实笔，使读者自得之，最为深妙。"① 评《伯夷列传》叙事："此以议论代叙事，篇末不用赞语，此变体也。"②

李晚芳《读史管见》评《项羽本纪》写人："《羽纪》字字是写霸王气概，电掣雷轰，万夫辟易。大者如会稽斩守、钜鹿破秦、鸿门会沛公、睢水围汉王三匝，小者如浙江观秦皇、广武叱楼烦、垓下叱赤泉侯，斩将刈旗，至死犹不失本色。或正写，或旁写，处处活现出一拔山盖世之雄，笔力直透纸背，真是色色可人。"③ 评《管晏列传》叙事："传者，详其平生言行而著之，以传其人之谓。《管晏传》不然，亦史公变体也，赞中所谓'论其轶事'，是也。两传皆以志友道、交情，曰知我，曰知己，两篇合叙联结之真谛也。太史遭刑，不能自赎，交游莫救，故作此二传，寄意独深。"④

牛运震《史记评注》评《魏公子列传》写人："太史公出力写一魏公子，善于旁处衬托，虚处描摹，复处萦绕，情致有余，而光景如生，真佳传也。"⑤

吴见思《史记论文》评《齐太公世家》叙事："体虽备于一国，而事通于天下，故以本国之事为经，而他国之事插入为纬，中间又以共和、鲁隐公初立、孔子相鲁、秦始为诸侯数事提纲，以下篇篇皆同，史公具眼处。列国弑君，诸篇互见，以见天地之大变也。"⑥ 评《魏其武安侯列传》叙事用单叙、双叙、合叙。窦婴、田蚡、灌夫"三人有一人单序处，两人双序处，三人合序处，竟有撇却三人于虚空别序处，不可不细看也"⑦。评《汲郑列传》写人："汲长孺在汉廷是第一流人物，其憨直犯颜处极好铺张，史公偏借武安侯，借庄助，借大将军，借张汤，借公孙弘，借淮南王，借司马安，反从

---

① （清）吴楚材、吴调侯选注：《古文观止》，上海古籍出版社2016年版，第170页。
② （清）吴楚材、吴调侯选注：《古文观止》，上海古籍出版社2016年版，第180页。
③ （清）李晚芳编纂，赵前明、凌朝栋整理：《读史管见》，商务印书馆2016年版，第37页。
④ （清）李晚芳编纂，赵前明、凌朝栋整理：《读史管见》，商务印书馆2016年版，第97页。
⑤ （清）牛运震撰，崔凡芝校释：《空山堂史记评注校释》卷8，中华书局2012年版，第437页。
⑥ （清）吴见思：《史记论文》第3册，中华书局1936年版，第16页。
⑦ （清）吴见思：《史记论文》第7册，中华书局1936年版，第43页。

他人身上形容出来。而汲长孺意思情性、气概节谊，无不全观。反强于只写一汲黯，如画家写像，绝无神气也。此所谓绿叶扶花之法。"①

　　这样的评论，在清代评论者俯拾即是，可以看出清人高超的艺术鉴赏能力。当然，叙事写人具体表现在叙事线索、人物心理、细节等方面，清人的分析也很到位。如李晚芳评《项羽本纪》："羽之神勇，千古无二；太史公以神勇之笔，写神勇之人，亦千古无二。迄今正襟读之，犹觉喑噁叱咤之雄，纵横驰骋于数页之间，驱数百万甲兵，如大风卷箨，奇观也。当是时，秦纲懈而维弛，天下叛之，英雄杂沓并起，千头万绪，梦如乱丝，太史以一笔写之，或插序，或陪序，或带序，或附传，无不丝丝入扣，节节归根，步骤井然不乱，后之作史者，谁有此笔力！"② 吴见思评《高祖本纪》："高祖开创之时，事务极多，多则便难抟捖矣。看他东穿西插，纵横不乱，如绣错，如花分；突起忽住，络绎不绝，如马迹，如蛛丝。或一齐乱起，如野火，如骤雨；或一段独下，如澄波，如皓月。万余字组成一片，非有神力，安能辨此。"③ 这样的评论，对《史记》叙事的复杂性有明确的认识。再如吴见思《史记论文》评《淮南衡山列传》："淮南王安狐疑犹豫处，只在心上写。故用'欲'字、'畏'字、'恐'字、'念'字、'亦欲''时欲''偷欲''计欲''心怪''心以为自伤''耻之'及'未决''未发'等字，模拟绝肖。忽而如火，忽而如水，真堪一笑。而中与伍被反复，行文顿折极妙，此为最胜。"④ 揭示淮南王的内心犹豫非常细致。有时就细节进行评论，如牛运震评《廉颇蔺相如列传》中"完璧归赵"一节中的"璧"字："一璧耳，变出'易璧'、'奉璧'、'完璧'、'授璧'、'得璧'、'求璧'、'取璧'、'持璧'、'破璧'、'送璧'、'归璧'、'留璧'，字虽非经意，却有多少生情处。"⑤ 揭示出"璧"之整个故事情节中的重要作用。

　　清人评论中还注重《史记》篇章的核心主题。如汤谐《史记半解》认为《外戚世家》"总叙中突出一'命'字，作全篇主意，逐节叙事，不必明

---

① （清）吴见思：《史记论文》第8册，中华书局1936年版，第28页。
② （清）李晚芳编纂，赵前明、凌朝栋整理：《读史管见》，商务印书馆2016年版，第26—27页。
③ （清）吴见思：《史记论文》第1册，中华书局1936年版，第80页。
④ （清）吴见思：《史记论文》第8册，中华书局1936年版，第23页。
⑤ （清）牛运震撰，崔凡芝校释：《空山堂史记评注校释》卷8，中华书局2012年版，第459页。

言'命'字,而起伏颠倒,隐然有一'命'字散于一篇之中,而使人自得之"①。吴汝纶《桐城先生点勘史记》评《越王勾践世家》:"此篇以'忍'字为主。勾践能忍亡国之耻而霸,陶朱长男不能忍开千金而杀其弟。"评《绛侯周勃世家》:"此篇以功臣遭祸为主,'吾尝将百万军,然安知狱吏之贵乎!'语绝沉痛,与条侯下狱事相影响,亦藉以自寓感叹。"评《留侯世家》"以多病画策为主",评《淮南衡山列传》"以'深构穷治'四字为主",评《滑稽列传》"以'言谈微中'为主"。

评论者还注重《史记》篇章的层次结构。如汤谐《史记半解》评《项羽本纪》项羽失败的八个事件,标示"败局一"到"败局八",勾画出项羽悲剧的发展轨迹;评《秦始皇本纪》标注"败兴一"至"败兴十一","劳民一"至"劳民十三",展现秦王朝兴衰历史和走向灭亡的必然规律。吴楚材、吴调侯《古文观止》评《五帝本纪赞》九层转折,评《屈原贾谊传赞》四层转折,评《游侠列传》六赞游侠等,颇能抓住《史记》文章的要害进行评点。

评论者对人物个性的分析也较深刻,如李晚芳《读史管见》评人物个性:刘邦之猜忌刻薄之心、豁达大度之象;曹参之一遵萧何约束,善于安民保身;苏秦之平日于天下形势、险易强弱,烂熟胸中;白起、王翦之徒以诡诈争胜,大肆杀戮,上干天怒;相如之公尔国尔之意,廉颇之社稷为重之心;鲁仲连之守义持正,独持高节;屈原之眷恋君国,遭谗遇害;范雎之私重恩憾;李斯之热衷富贵;信陵之好士为国,动关乃国在奠安;汲黯之朴诚憨直,足为后世法戒,等等。《史记》能够刻画出不同人物的不同个性,是其文学方面的一大成就,清人的分析基本把握住了人物的性格特征,给读者认识历史人物起到了引导作用。

清代《史记》文学评论的语言也非常精彩,或长句,或短句;或一字定音,或大段提示;或娓娓道来,或直奔主题;或冷峻分析,或情感充沛。我们仅看两段:

吴见思《史记论文》评《伯夷传》:

---

① (清)汤谐编纂,韦爱萍整理:《史记半解》,商务印书馆2013年版,第113页。

通篇纯以议论咏叹，回环跌宕，一片文情，极其纯密。而伯夷实事只在中间一顿序过，如长江大河，前后风涛重叠，而中有澄湖数顷，波平若黛，正以相间出奇。序伯夷处，全以孔子作主，由、光、颜渊作陪客，组织贯串，照映前后，极其奇肆，又极其纯密，是史公得意之笔。步步顿折，步步呼应，欲止而复起，欲行而又留，如轻云在天，微风拂之，或卷或舒，婀娜万态，吾乌乎测之。①

汤谐《史记半解》评《陈涉世家》：

此文前后之妙易知，中间之妙难知；中间提笔之妙犹易知，零叙之妙难知。盖陈胜王凡六月，一时是多少侯王将相，起者匆匆而起，立者匆匆而立，遣者匆匆而遣，下者匆匆而下，畔者匆匆而畔，据者匆匆而据，胜者匆匆而胜，败者匆匆而败，失者匆匆而失，复者匆匆而复，诛者匆匆而诛，散者匆匆而散，有六月内结局者，有六月内未结局者，有六月后续出者。种种头绪纷如乱丝，详叙恐失仓卒之意，急叙又有里漏之患，岂非难事？乃史公却是匆匆写去，却已一一详尽，不漏不支，不躐不乱，岂非神手？若于此等妙处不能潜心玩味，真见其然，犹为枉读《史记》也。②

这样的评论语言，具有浓郁的文学色彩，或用比喻句，或用排比句，形象生动，富有力量，把《史记》文章的特点揭示无遗，给读者留下深刻印象。

四　金圣叹等人的重要贡献

金圣叹是明末清初具有代表性的评点家。他将《庄子》、《离骚》、《史记》、"杜诗"、《西厢记》、《水浒传》称为"六才子书"，曾计划对《史记》

---

① （清）吴见思：《史记论文》第5册，中华书局1936年版，第2页。
② （清）汤谐编纂，韦爱萍整理：《史记半解》，商务印书馆2013年版，第108页。

进行系统的评点，然而最终并未完成。金圣叹虽然没有留下一部完整的《史记》评本，但是，在他评点的《才子古文》一书中却保存了他评选的《史记》序赞90多篇，而且，他又在《水浒传》和《西厢记》评点中多次赞扬司马迁的文笔，其中有许多独到的见解，值得重视。

　　肯定司马迁"发愤著书"理论，是金圣叹评点《史记》的基本出发点。他总评《平原君虞卿列传赞》云："末穷愁著书另宕一句，乃写自家意思"①，又批"然虞卿非穷愁，亦不能著书，以自见于后世"二句云："另出一笔，为自家吐气耳。"② 他批《田叔列传赞》云："田叔本不足立传，只为救孟舒一节，略与史公救李陵同，故特地借来自吐垒块"。③ 在《史记》中，司马迁偏爱英雄，歌颂豪杰，是要通过这些英雄人物，感慨自己的身世，寄托自己的理想。对此，金圣叹深深地理解。他评《勾践世家赞》云："极赞勾践，是太史公心喜此一辈人物"；"何与乎勾践？与其能隐忍以就功名，为史公一生之心"。④ 可谓理解了司马迁文章的精髓。对于司马迁笔下的听信谗言残害忠良的昏君，金圣叹也是深恶痛绝的。在《屈原贾生列传》中，他看出了司马迁的郁结之气，因此评曰："化他二人生平，作我一片眼泪。"⑤ 金圣叹不仅肯定了司马迁"发愤著书"理论，而且继承了司马迁"发愤著书"理论，并以此评点"六才子书"。

　　明代人对《史记》人物传记的讽刺手法已经有了一定认识。如焦竑指出："读子长文，必越浮言者始得其意，超文字者乃解其宗。"因为"子长著作，微情妙旨，寄之文字蹊径以外"。至清代，金圣叹对《史记》的讽刺手法理解更加深切，阐释得也更加透彻。他从《史记》的字里行间，看出了司马迁的用心和爱憎情感。在《史记·卫将军列传》中，司马迁对汉武帝宠爱卫青、霍去病颇有讽刺之笔，对此，金圣叹批云："全传写大将军战功，至赞忽补写苏建语，便使人看大将军是另一样气色。"在"骠骑亦放此

---

① （清）金圣叹撰，陆林整理：《金圣叹全集》第5册，凤凰出版社2016年版，第295页。
② （清）金圣叹撰，陆林整理：《金圣叹全集》第5册，凤凰出版社2016年版，第295页。
③ （清）金圣叹撰，陆林整理：《金圣叹全集》第5册，凤凰出版社2016年版，第310页。
④ （清）金圣叹撰，陆林整理：《金圣叹全集》第5册，凤凰出版社2016年版，第280页。
⑤ （清）金圣叹撰，陆林整理：《金圣叹全集》第5册，凤凰出版社2016年版，第300页。

意,其为将如此"语下夹批云:"二将军之以功名终也,不亦宜乎。"① 这就是说,卫青、霍去病之所以受宠,是由于他们善于体会武帝的意旨,一切谨小慎微的缘故。可谓独具慧眼。金圣叹批《匈奴列传赞》云:"史公不喜武帝穷兵匈奴,然又不敢深论,故特地一笔出,一笔入。"② 所谓"一笔出""一笔入",就是时隐时现,又茹又吐。金圣叹许多评点,都是洞察细微,通过寥寥数笔,揭示出《史记》的意旨,传达出司马迁的心意。

对《史记》与小说关系的探讨,是金圣叹《史记》评点的最重要的成就。金圣叹对《史记》与小说关系的认识在当时是独树一帜的。他用读《水浒传》的方法读《史记》,又用读《史记》的方法读《水浒传》,令人耳目一新。如《读第五才子书法》中他说:

> 《水浒传》方法,都从《史记》出来,却有许多胜似《史记》处。
> 《史记》是以文运事,《水浒传》是因文生事。以文运事,是先有事生成如此如此,却要算计出一篇文字来。虽是史公高才,也毕竟是吃苦事。因文生事即不然,只是顺着笔性去,削高补低都由我。
> 《水浒传》一个人出来,分明便是一篇列传。至于中间事迹,又逐段逐段自成文字。③

从以上引文中我们可以看出:其一,金圣叹肯定了《史记》写人手法对《水浒传》的重要影响,认为《水浒传》方法,都从《史记》出来;其二,指出了史书与小说(即历史与文学)的不同之处。史书是"以文运事",必须忠于历史,忠于事实,不能虚构、想象。而小说是"因文生事",可以顺着笔性来写,即在符合情理的前提下,可以虚构、夸张、驰骋想象,这是一种艺术的真实;其三,他认为《水浒传》里的人物都可以单独成为一篇传记,这不仅探讨了《水浒传》的艺术结构,而且提醒人们,要用读《史记》的方法来读《水浒传》,时刻注意这二者之间的密切关系。这些观

---

① (清)金圣叹撰,陆林整理:《金圣叹全集》第5册,凤凰出版社2016年版,第317页。
② (清)金圣叹撰,陆林整理:《金圣叹全集》第5册,凤凰出版社2016年版,第316页。
③ (清)金圣叹撰,陆林整理:《金圣叹全集》第3册,凤凰出版社2016年版,第29—30页。

点，充分体现了金圣叹的独特眼光，抓住了《史记》与小说关系的核心所在，给人们认识《史记》纪传体的艺术特征、认识历史与小说的联系与区别提供了很好的理论依据。

金圣叹不仅在读法中注意《史记》与《水浒传》的关系，而且常常把二者相提并论。如《水浒传》第一回写道"高俅投托得柳大郎家，一住三年"时，金圣叹评论道："一路以年计，以月计，以日计，皆史公章法。"① 第三十四回回评云："读清风寨起行一节，要看他将车数、马数、人数通计一遍，分调一遍，分明是一段《史记》。"② 第二十七回写管营逐日款待武松，酒、肉、菜、盘、碗、盏等，细细开列，色色描画，金圣叹评云："尝言太史公酒帐肉簿，为绝世奇文，断惟此篇足以当之。"③ 第二十八回回评云："马迁之为文也，吾见其有事之钜者而隐括焉，又见其有事之细者而张皇焉，或见其有事之阙者而附会焉，又见其有事之全者而轶去焉，无非为文计，不为事计也。"④ 然后再引出《水浒传》中武松醉打蒋门神的写法技巧，这种方法实际上也是把《史记》与《水浒传》进行对比，发前人所未发，令人耳目一新。

金圣叹对《史记》的评点，不仅为《史记》研究打开了一个新的局面，而且他对《史记》与小说关系的探讨，也给清代的小说理论奠定了基础。邱炜萲在《菽园赘谈》中说："前乎圣叹者，不能压其才；后乎圣叹者，不能掩其美。批小说之文原不自圣叹创，批小说之派却又自圣叹开也。"⑤ 金圣叹之后，毛宗岗《读三国志法》、张竹坡评点《金瓶梅》、卧闲草堂本评《儒林外史》、冯镇峦评《聊斋志异》、戚蓼生《红楼梦序》，都将《史记》与小说进行对比分析，都或多或少受到金圣叹评点的影响。可见金圣叹的影响之大。冯镇峦说："金人瑞批《水浒传》《西厢》，灵心妙舌，开后人无限眼界，无限文心。故虽小说、院本，至今不废。"⑥

---

① （清）金圣叹撰，陆林整理：《金圣叹全集》第3册，凤凰出版社2016年版，第60页。
② （清）金圣叹撰，陆林整理：《金圣叹全集》第4册，凤凰出版社2016年版，第625页。
③ （清）金圣叹撰，陆林整理：《金圣叹全集》第3册，凤凰出版社2016年版，第516页。
④ （清）金圣叹撰，陆林整理：《金圣叹全集》第3册，凤凰出版社2016年版，第530页。
⑤ 黄霖、韩同文选注：《中国历代小说论著选》（下），江西人民出版社1985年版，第14页。
⑥ （清）冯镇峦：《读聊斋杂说》，见（清）蒲松龄著，盛伟校注《聊斋志异校注》附录，山西人民出版社2000年版，第1725页。

第七章 清代：《史记》文学经典化的高峰期　187

金圣叹之后，康熙年间的吴见思也是清代《史记》评点的代表性人物之一。与金圣叹不同的是，吴见思完成了对《史记》全书的系统评点，其所著《史记论文》可谓清代第一部系统的《史记》评点著作。全书着眼于《史记》文法内容，从叙事、写人、传记体例等方面，采用细读、评点的方式对《史记》进行了深入细致的评说。

在叙事方面，吴见思指出了司马迁在叙事中的虚构因素，从而进一步肯定了《史记》的文学色彩。如《日者列传》总评曰："《史记》俱借事行文，此独是司马公凭空幻出一人，造出一篇文字，骂当日士大夫，故回环转折，极为尽意。"① 也有叙事详略的深入分析，如《吴太伯世家》总评曰：

  齐鲁十六世家，俱于开国之后，逐年逐事，排列顺序。而开头《吴世家》一篇，即用变法，将世系传派，一齐点过，至吴王寿梦，结住再起。后乃序事，实事原如此。史公趁势另开生面也。〇季子观乐一段，句句变，节节变，分之各成一小篇，合之共成一大篇，胚胎于《左传》，而史公又出剪裁，所以更妙。〇弑王僚事、入郢事有《伍胥》《刺客》二传，故亦只约略写，虽不如两传佳，如皇后自服布縠而诸夫人自御锦绮，俭朴浓艳，各自有体也。②

叙事结构方面对《史记》各篇皆有精妙评点，这些评点往往在把握核心思想的同时对各篇叙事结构进行清晰的梳理与分析，如针对《殷本纪》《史记论文》在"是为帝雍己，殷道衰落，诸侯或不至"后夹评"殷道一衰"；"河亶甲时，殷复衰"夹评"殷道再衰"；"比九世乱，于是诸侯莫朝"夹评"殷道三衰"；"帝乙立，殷益衰"夹评"殷道四衰"；"武丁修政行德，天下咸欢"夹评"殷道五兴"，"帝甲淫乱，殷复衰"夹评"殷道五衰"。"帝乙立，殷益衰"后夹评"殷道五衰之后竟不复振"③。篇末总评：

---

① （清）吴见思：《史记论文》第 8 册，中华书局 1936 年版，第 65 页。
② （清）吴见思：《史记论文》第 3 册，中华书局 1936 年版，第 6 页。
③ （清）吴见思：《史记论文》第 1 册，中华书局 1936 年版，第 12—13 页。

《殷本纪》以"兴衰"二字作眼目,中以五兴五衰,一起一伏,经纬通篇。中则简质明晰,收束净尽,无瑕可指,亦是一篇好文字。①

不仅关注到《殷本纪》"兴衰"的叙事线索,而且对段落的划分与评点,更进一步清晰地指出了叙事结构。经吴氏一评,使得《殷本纪》整个叙事清晰地显示出来。

再如有关《秦本纪》,吴见思在"遂为诸侯"后夹评"一结,秦之初盛";"以和西戎"夹评"秦再盛";"为西垂大夫"夹评"一结,秦三盛";"祀上帝西畤"夹评"一结,秦四盛";"献之周"夹评"一结,秦五盛";"后子孙饮马予河"夹批"一结,秦六盛";"是时秦地东至河"夹评"一结,秦七盛";"贺缪公以金鼓"夹评"一结,秦八盛";"朝天子"夹评"一结,秦九盛,自缪公卒不复能东征至此又盛";"号为始皇帝"夹评"一结,秦十盛"。② 篇末总评:

秦之自微而盛,凡作十结,至始皇并天下,号皇帝,已极盛矣,而偏作一小段,以极败兴数语结之。盛极而衰,亡也忽焉,使英雄之心灰冷。③

这样细致的评点,秦自微而盛的发展线索一览无遗。吴见思通过夹评与总评的结合,以细读的方式提示读者《史记》各篇所隐含的叙事结构与叙事技巧,对《史记》文法进行了前所未有的发掘。

吴见思《史记论文》对《史记》写人艺术多有发明。如《秦始皇本纪》载"侯生卢生相与谋曰:'始皇为人,天性刚戾自用,起诸侯,并天下,意得欲从,以为自古莫及己。'"吴氏夹评"详数始皇之过,性情暴戾一事",篇末总批中评道:"秦始皇为人性情,篇中不序,前借尉缭后借卢生口中补出,尤为神妙。"④ 点明了司马迁刻画秦始皇的方法。再如《项羽本纪》垓下之围中项羽形象的刻画,吴见思评点如下:

---

① (清)吴见思:《史记论文》第1册,中华书局1936年版,第14页。
② (清)吴见思:《史记论文》第1册,中华书局1936年版,第26—36页。
③ (清)吴见思:《史记论文》第1册,中华书局1936年版,第37页。
④ (清)吴见思:《史记论文》第1册,中华书局1936年版,第44—53页。

项王军壁垓下，兵少食尽，兵食凡三点，是项王致败处，回护项王"非战之罪"或其然乎？汉军及诸侯兵，一句总收上汉王、信、越、刘贾、周殷等。围之数重。夜闻汉军四面皆楚歌，正战阵中忽写汉军歌、楚王歌，点缀幽细，另换一种笔墨。项王乃大惊曰："汉皆已得楚乎？是何楚人之多也！"项王则夜起，饮帐中。有美人名虞，常幸从；骏马名骓，常骑之。写得幽秀清倩，非战阵，语妙。于是项王乃悲歌慷慨，自为诗曰："力拔山兮气盖世，时不利兮骓不逝。骓不逝兮可奈何，虞兮虞兮奈若何！""可奈何""奈若何"若无意义，乃一腔怨愤，万种低徊，地厚天高，托身无所。写英雄失路之悲至此极矣。歌词清新俊逸，不作粗卤倔强语，妙！歌数阕，美人和之。项王泣数行下，写项王如许风流，绝不是喑噁叱咤气质。左右皆泣，莫能仰视。｜又就旁人写一笔。○前写壮勇，令人神飞；此写悲凉，令人泪下。昔所云"莫敢仰视""莫敢枝梧"者果何在哉？[1]

在对项羽的分析上，吴见思既关注到司马迁笔法上的回护，又深入分析了司马迁载录《垓下歌》对项羽形象的刻画作用。认识到了《史记》正面、侧面、载言、叙事风格多方面刻画人物的手法，分析十分深刻！

不仅如此，《史记论文》还对《史记》体例上进行了新颖的解读，发掘了《史记》体例上的文学价值。如在《秦本纪》篇末总批中谈道："本纪是提纲之体法，不得详序。详序便累坠矣。其中必插列国事相照映者，正与周纪诸世家扭成一片也。然近秦而与秦为难者，无如晋，与秦同大而足以难秦者，无如楚。故插晋楚之事为多。"[2] 从体例区别上对"本纪"体进行了叙事上的解读，并由此深入到叙事详略的分析上。如《秦本纪》总评人物"秦与始皇纪，原应作一篇，止因事太多，篇牍太长，不能尽收，故分作两篇耳。褚先生以为不应为秦立本纪，未免太泥"[3]。又如《项羽本纪》总评谈到对项梁、项伯、范增的载录曰："项梁、项伯、范增是附传，盖纪其始，

---

[1] （清）吴见思：《史记论文》第1册，中华书局1936年版，第65页。
[2] （清）吴见思：《史记论文》第1册，中华书局1936年版，第37页。
[3] （清）吴见思：《史记论文》第1册，中华书局1936年版，第37页。

并序其终者,附传法也。忽然而来者,插序法也。"① 等。

《史记论文》专注于《史记》的文法分析,其对《史记》文法的解读多能发前人所未发,产生了深远的影响,是《史记》文学经典化过程中的重要一环。清代高塘的《史记钞》、程馀庆的《史记集说》,近代李景星的《史记评议》、李长之的《司马迁的人格与风格》都深受吴见思此书的影响。当代杨燕起的《历代名家评史记》、韩兆琦的《史记选注集说》等也都有对此书内容的称引。

五 清代《史记》文学阐释的文化背景及其特点

《史记》文学阐释在清代出现高潮,原因是多方面的,首先是前代的积累,这是重要的基础。从汉代以来,对《史记》的文学特征已有一些简略评论。唐代韩愈、柳宗元掀起的古文运动,进一步奠定了《史记》的文学地位,他们用"雄深雅健""峻洁"评价《史记》特征。宋代由于印刷技术的进步,《史记》得以广泛传播,评论风气也颇为浓厚,欧阳修等古文大家不仅在理论上肯定《史记》的文学价值,还在实践上以《史记》为楷模进行散文创作。明代的复古运动以及印刷术的进一步发展,推动了《史记》的传播和评点,使《史记》的文学价值得到充分挖掘。许相卿、杨慎、唐顺之、茅坤、归有光、钟惺、陈仁锡等人对《史记》的评论、评点颇有新意,邓以讃《史记辑评》、凌稚隆《史记评林》汇集了历代评论精华,为《史记》文学评论提供了丰富数据。这些积累成为清代《史记》文学评论的宝贵财富。

除前代研究的丰富积累外,清代《史记》文学阐释的繁盛还与清代的文化背景有密切关系。从当时朝廷的文化政策来看,统治者为了加强修史工作,钦定前代的二十四部史书为正史,《史记》是"二十四史"之首,在编纂《四库全书》时放在史部最前面。这种做法,虽是着眼于历史,但同样对《史记》文学地位的巩固具有积极的促进作用,使《史记》在更广的范围得以传播。

从清代学术背景来看,由于统治者实行高压政策,屡兴文字狱,文人学

---

① (清)吴见思:《史记论文》第 1 册,中华书局 1936 年版,第 67 页。

者只好埋头于古籍之中，以免遭祸，于是，考证、细读点评《史记》蔚然成风。从文学思潮来看，唐宋时期的古文运动、明代的复古运动，都举起了学习《史记》的大旗。到了清代，文学家学习《史记》的风气仍然很浓厚，尤其是桐城派雄霸文坛，对于《史记》颇为推崇，方苞、吴汝纶等都评点过《史记》，并且在创作实践上学习《史记》，使《史记》的文学价值得到重视。另外，清代印刷技术的进步也促进了《史记》的广泛传播，大量的《史记》评点本以及选本，在明代评点基础上更为深入。

经过唐、宋两次古文运动，骈文趋向衰微。清代初年一些文人以骈文寄托才情，从而揭开了骈文复兴的序幕。到清代中期，在文学领域开始出现骈文与散文争为正统的论争，这场论争一直延续到清末民国时期，随着白话文运动的兴起，才逐渐淡出人们的视野。在骈散之争中，"世之袭徐、庾者诮八家之空疏，而袭《史》《汉》者每议六朝为摭拾"①。作为秦汉散文的杰出代表，《史记》也不可避免地在这场论争中被推到风口浪尖，成为学界谈论的焦点，从而在一定程度上推进了其经典化。

清代中期文学领域出现骈散之争根源于经学领域的汉学与宋学之争。从乾隆、嘉庆时期开始，一批注重考据之学的汉学家渐渐不满于宋明理学之空疏，进而对依附于程朱理学的桐城派文章学提出了抨击，而主张复兴骈文，陆续出现了如孔广森、汪中、孙星衍、洪亮吉、杭世骏、凌廷堪、江潘、李兆洛等一批骈文名家，并出现一些如曾燠《国朝骈体正宗》、吴鼒《八家四六文钞》等骈文选本，旨在为骈文争取正统地位。尽管乾嘉汉学家多工于骈文，然出于对文章的轻视，除孔广森有零星论述外，多数汉学家并无骈文理论，直至扬州学派的代表人物阮元承续六朝"文笔之辨"而提出"文言说"，骈文才在理论上形成与桐城派古文的对峙之势。

阮元针对桐城派"文以载道"的文章思想，主张文统与道统的分类，所谓文有文统，道有道统，而道统只存在于经史之中。他从孔子《易·文言》篇出发，认为："凡文者，在声为宫商，在色为翰藻。即如孔子《文言》'云龙风虎'一节，乃千古宫商、翰藻、奇偶之祖；'非一朝一夕之故'一节，乃千古嗟叹成文之祖。子夏《诗序》'情文声音'一节，乃千古声

---

① （清）师范：《二余堂文稿》卷4，《丛书集成续编》集部132册，上海书店出版社1994年版。

韵、性情、排偶之祖。吾固曰：韵者即声音也，声音即文也。然则今人所便单行之文，极其奥折奔放者，乃古之笔，非古之文也。"而桐城派古文则"凡说经讲学，皆经派也；传志纪事，皆史派也；立意为宗，皆子派也"①，因而不能称之为文章正体。可以看出，阮元提倡骈文反对古文的观点，建立在对文的性质的重新定义。理论上讲，在"文言说"下，《史记》被摈除于"文"的范畴，这在一定程度上不可避免地消解了《史记》的文学经典地位。但我们应该认识到阮元"文言说"建立的思想根基是其对汉学的尊崇，尽管在阮元文学观念下《史记》不应该称之为"文"，但并不妨碍其作为史学经典而被研读。如前文所述，清代作为《史记》研究的高峰期，其成就之一的考据，便有赖于乾嘉汉学家的贡献，从王鸣盛的《史记商榷》、赵翼的《史记札记》，到钱大昕的《史记考异》、王念孙的《史记杂志》等，清代汉学家对《史记》文字、地名、人名、年月、生平、断限、缺补、史实等问题的考订，集历代之大成，是《史记》成为文学经典的重要基础。

　　阮元"文言说"对骈文的倡导，并未撼动桐城派的地位，所以也并未彻底影响《史记》的文学经典地位。作为清代正统文学的桐城派影响根深蒂固。尽管受宋明理学影响，桐城派文法以唐宋古文为楷模，但唐宋古文本身便以《左传》《史记》等古文为学习对象，故《史记》作为古文典范自然成为桐城派学习的楷模。作为桐城派先驱的戴名世即对《史记》文法表示出浓厚的兴趣，其《画网巾先生传》即为学习《史记》文法的名篇，堪称史传文学中的佳作。《尤云鹗跋》称："昔人称文章之逸气，三代以后，司马子长得之，后惟欧阳永叔得之。余谓历南宋至元、明迄今日，惟先生（按：戴名世）得之。"② 据戴氏狱中供词知此跋为其自作，由此可见戴名世对其学习司马迁《史记》文法的标榜与自豪。徐宗亮《南山集后序》也称："先生夙以班、马自命，有志于明史，卒之以此得祸，然当时固有称其文得太史公逸气者。"③ 戴名世对《史记》的推崇深刻地影响了其同乡方苞。戴钧衡《潜虚先生文集目录跋》称："商周以前无专以文章著者，晚周之世稍稍有之，至

---

① （清）阮元：《文韵说》，《揅经室续集》卷3，《丛书集成新编》集部第69册，上海书店出版社1994年版。
② 《尤云鹗跋》，见《戴名世集》附录，中华书局1986年版，第454页。
③ （清）徐宗亮：《南山集后序》，见《戴名世集》附录，中华书局1986年版，第460页。

秦、汉而为之者益专且众。司马子长生汉武之朝，以天授之才，承累世之学，通古今书史之秘，穷天下山水之奇，迹其所遭，极人世万不可堪之境，侘傺抑郁，感愤悲伤，以其所蓄，发为文章，遂以雄于天下，传于后世。自后世言文章称大家者，所造虽各有不同，要莫不深有得乎子长之义旨。唐之韩、柳，宋之欧、苏，明之熙甫，其尤著者也。国朝作者间出，海内翕然推为正宗，莫如吾乡望溪方氏，而方氏生平极所叹服者则惟先生。"[1] 方苞树起"义法"说的大旗，他取《史记·十二诸侯年表序》"义法"一词来论文。"义"即文章的内容，"法"指文章的作法。方苞由《史记》而提出"义法"说，并且在《〈史记〉评语》中指出"法以义起而不可易者"，即要求文章的形式服务于内容，并由此提出古文写作的"清真""古雅""气"等概念。刘大櫆论文强调"义事""书卷""经济"以扩大"言有物"的内容，主张在艺术形式上模仿古人的"神气""音节""字句"，从而突破了"言有序"的范围。《史记》文章学的要素得到多方面的发掘。[2] 至乾嘉时期的姚鼐，受汉学重考据风气的影响，适时提出了义理、考据、辞章三者相济的义法理论，把文章的要素提炼为"神、理、气、味"和"格、律、声、色"八字，前四者是内在的"文之精"，处在高层次，后四者是外在的"文之粗"，易于效法，由"粗"至"精"，形成古文学习的门径，桐城派自此发扬光大。而桐城派文法说中对"考据"的强调，一方面在一定程度上削弱了乾嘉汉学家对桐城派文法空疏的批评，另一方面其实强化了桐城派文法系统中对《史记》等秦汉古文的推崇。姚鼐之后，其门人梅曾亮、管同、方东树、姚莹、刘开等继续桐城派文章事业，并在嘉、道之际社会大变动时期，力主经世致用。再传弟子曾国藩更是以"中兴名臣"的身份将桐城派的事业发扬光大。桐城派的强大影响力极大地推动了《史记》的文学经典建构。

阮元虽然提出了"文言说"，极力为骈文争正统，但是并未形成如桐城派一般系统的文法理论，甚至在汉学系统内部也并未达成一致。在汉学系统内部不断出现倡导骈散并用的文章观点，其中不少将《史记》树为楷模。曾从阮元问学的蒋湘南，已经从"六经之语有奇有偶"的角度出发，主张

---

[1] （清）戴钧衡：《潜虚先生文集目录跋》，见《戴名世集》附录，中华书局1986年版，第458页。
[2] 有关桐城派的《史记》文学评论研究，请参看本章第一节相关论述。

骈散并用，其从文、笔分合的文体发展角度出发，抨击桐城派所学唐宋古文为"伪古文"，却将周、秦、两汉古文标举为"真古文之根底"，而加以提倡。在阮元大力倡导"文言说"，为骈文争正统之时，道光元年（1821）李兆洛《骈体文钞》得以刊刻，此书虽然站在桐城派的对立面上，直接针对姚鼐《古文辞类纂》而编，但李氏《骈体文钞序》却从"天地之道，阴阳而已，奇偶也，方圆也，皆是也。阴阳相并俱生，故奇偶不能相离，方圆必相为用"的角度，认为："文之体，至六代而其变尽矣。沿其流极而溯之，以至乎其源，则其所出者一也。吾甚惜夫歧奇偶而二之者之毗于阴阳也。毗阳则躁剽，毗阴则沉膇，理所必至也，于相杂迭用之旨均无当也。"① 在理论上，从文体演变的角度上，主张骈散同源，宜兼而用之；在实践上，李氏于《骈体文钞》中"书类"之首便选录了司马迁《报任安书》，而在"序类"也选录了《太史公自序》，由此可见其对《史记》文法的重视。与李兆洛同时期的包世臣服膺汪中，也同样主张骈散互补，他称："凝重多出于偶，流美多出于奇。体虽骈，必有奇以振其气；势虽散，必有偶以植其骨。"② 可以看出，阮元所主张的绝对的骈文创作理念在清代的影响力是有限的。

　　正如近代林纾所言，清代的《史记》研究"厥有二派，甲派如钱竹汀之《考异》、梁玉绳之《志疑》、王怀祖之《杂志》，均精核多所发明，而梁氏成书至三十六卷，论黄帝一事几千言，其下历举异同，良足以刊《史记》之误。乙派则归震川、方望溪及先生（按：吴汝纶）之读本，专论文章气脉，无尚考据。二者均有益于学子，然而发神枢鬼藏之秘，治丛冗秃屑之病，导后进以轨辙，则文章家较考据为益滋多。顾不有考据，则瞀于误书；不讲文章，则昧于古法。"③ 在骈散争论中，《史记》以先秦古文的姿态，被各家所关注。桐城派固然将其树立为文章典范而深入挖掘其文法艺术；汉学家们从倡导骈文的角度，同样也不否认《史记》的文学性，而其对考据的重视，又实实在在地推进了《史记》的研究，进而间接对《史记》的文学经典化产生着作用。

---

① （清）李兆洛：《骈体文钞》，上海书店出版社1988年版，第19—20页。
② （清）包世臣：《小倦游阁集》卷19，《续修四库全书》1500册，第534页。
③ （清）林纾：《畏庐续集·桐城吴先生点勘史记读本序》，北京市中国书店1985年版，第9页。

综合而言，清代《史记》文学评论特点之一是考中有评。考证是清代学者的一大特点，也是一大贡献。尤其是乾嘉学派的考证，取得了多方面的成就。但是，他们大多能在考证中加以评论，如顾炎武《日知录》卷26认为："秦楚之际，兵所出入之途，曲折变化，唯太史公序之如指掌。以山川郡国不易明，故曰东、曰西、曰南、曰北，一言之下，而形势了然。以关塞江河为一方界限，故于项羽则曰'梁乃以八千人渡江而西'，曰'羽乃悉引兵渡河'，曰'羽将诸侯兵三十余万，行略地至河南'，曰'羽渡淮'，曰'羽遂引东欲渡乌江'；于高帝则曰'出成皋玉门北渡河'，曰'引兵渡河，复取成皋'。盖自古史书兵事地形之详，未有过此者。太史公胸中固有一天下大势，非后代书生之所能几也。"① 这段评论，在地理考证的同时，指出司马迁"胸中固有一天下大势"的气魄。潘永季《读史记札记》对《史记》十表非常推崇："太史公具有宇宙在胸，所以临文之际，并大地山河，亦供其挥洒，吾无以测其能事之所至也。"郭嵩焘《史记札记》在文字校勘、事实考证的同时，也论及《史记》文笔："项羽英雄，史公自是心折，亦由其好奇，于势穷力尽处自显神通。钜鹿、鸿门、垓下三段，自是史公《项羽纪》中聚精会神，极得意文字。"②

特点之二是许多著作具有集大成的特点。由于前代对《史记》评点评论较多，有学者就开始汇集众人评论。明代凌稚隆《史记评林》已开先河，清人继续丰富和发展，为阅读和研究《史记》提供便利。如牛运震《史记评注》，对130篇进行评点，每篇最后汇集前人评论，一方面丰富自己的评论，另一方面也给读者提供了大量数据。邵晋涵《史记辑评》等也是这方面的典型著作。

特点之三是文字章法的分析透彻细腻，尤其是对《史记》篇章段落层次的划分理解非常仔细，字、词、句、段落、层次都不放过，大量的旁批、夹批、眉批就是为此而服务。

特点之四是视野更为宽阔，往往把《史记》与其他作品进行对比分析，挖掘《史记》的特点和价值。如刘熙载《艺概·诗概》认为："杜陵五七古叙事，节次波澜，离合断续，从《史记》得来，而苍莽雄直之气，亦逼近

---

① （清）顾炎武著，黄汝成集释：《日知录集释》卷26，上海古籍出版社2014年版，第562页。
② （清）郭嵩焘：《史记札记》卷1，商务印书馆1957年版，第59页。

之。毕仲游但谓杜甫似司马迁而不系一辞，正欲使人自得耳。"[①] 将杜甫诗歌与《史记》联系起来。许多评点，把《史记》与先秦历史著作《左传》《国语》《战国策》以及后来的历史著作《汉书》等进行比较分析，以凸显《史记》的文学成就。还有小说、戏剧评点，也注意到《史记》的文学影响。

清代的《史记》文学评论，取得了较大成就，使《史记》史学之外的成就得以充分挖掘，文学地位更加巩固。就《史记》选本而言，所选录和点评的作品基本都是《史记》中叙事写人比较精彩的篇章。试看三种《史记》选本所选作品：

储欣《史记选》（57篇）	姚苎田《史记菁华录》（51篇）	汤谐《史记半解》（68篇）
五帝本纪、项羽本纪、高祖本纪、三代世表、十二诸侯年表、六国年表、秦楚之际月表、汉兴以来诸侯王表、高祖功臣侯者年表、建元以来侯者年表、封禅书、平准书、齐太公世家、鲁周公世家、燕召公世家、郑世家、魏世家、孔子世家、陈涉世家、外戚世家、萧相国世家、曹相国世家、留侯世家、陈丞相世家、绛侯周勃世家、伯夷列传、管晏列传、老子韩非列传、孙子吴起列传、伍子胥列传、商君列传、苏秦列传、张仪列传、白起王翦列传、孟子荀卿列传、孟尝君列传、平原君虞卿列传、魏公子列传、范雎蔡泽列传、廉颇蔺相如列传、屈原贾生列传、李斯列传、蒙恬列传、张耳陈馀列传、魏豹彭越列传、淮阴侯列传、刘敬叔孙通列传、季布栾布列传、张释之冯唐列传、魏其武安侯列传、李将军列传、司马相如列传、儒林列传、酷吏列传、游侠列传、货殖列传、太史公自序	秦始皇本纪、项羽本纪、高祖本纪、六国年表、秦楚之际月表、高祖功臣侯者年表、封禅书、河渠书、平准书、越王勾践世家、陈涉世家、外戚世家、齐悼惠王世家、萧相国世家、曹相国世家、留侯世家、绛侯周勃世家、伯夷列传、司马穰苴列传、张仪列传、孟子荀卿列传、孟尝君列传、平原君虞卿列传、魏公子列传、范雎蔡泽列传、廉颇蔺相如列传、屈原贾生列传、刺客列传、张耳陈馀列传、韩信卢绾列传、郦生陆贾列传、刘敬叔孙通列传、张释之冯唐列传、扁鹊仓公列传、魏其武安侯列传、李将军列传、匈奴列传、卫将军骠骑列传、司马相如列传、淮南衡山列传、汲郑列传、酷吏列传、游侠列传、滑稽列传、货殖列传、太史公自序	秦始皇本纪、项羽本纪、孝文本纪、孝景本纪、孝武本纪、三代世表、十二诸侯年表、六国年表、秦楚之际月表、汉兴以来诸侯王表、高祖功臣侯者年表、惠景间侯者年表、建元以来侯者年表、律书、封禅书、河渠书、平准书、陈涉世家、外戚世家、萧相国世家、曹相国世家、留侯世家、绛侯周勃世家、梁孝王世家、伯夷列传、管晏列传、老子韩非列传、商君列传、孟子荀卿列传、魏公子列传、范雎蔡泽列传、乐毅列传、廉颇蔺相如列传、田单列传、屈原贾生列传、吕不韦列传、刺客列传、李斯列传、张耳陈馀列传、黥布列传、淮阴侯列传、田儋列传、张丞相列传、郦生陆贾列传、刘敬叔孙通列传、季布栾布列传、张释之冯唐列传、万石张叔列传、田叔列传、扁鹊仓公列传、吴王濞列传、魏其武安侯列传、韩长孺列传、李将军列传、卫将军骠骑列传、平津侯主父列传、司马相如列传、淮南衡山列传、循吏列传、汲郑列传、儒林列传、酷吏列传、大宛列传、游侠列传、佞幸列传、滑稽列传、日者列传、货殖列传、太史公自序

---

① （清）刘熙载：《艺概·诗概》，上海古籍出版社1978年版，第60页。

在以上三种选本中都被选录的作品有 32 篇，它们是：《项羽本纪》《六国年表序》《秦楚之际月表序》《高祖功臣侯者年表序》《封禅书》《平准书》《陈涉世家》《外戚世家》《萧相国世家》《曹相国世家》《留侯世家》《绛侯周勃世家》《伯夷列传》《老子韩非列传》《商君列传》《孟子荀卿列传》《魏公子列传》《范雎蔡泽列传》《廉颇蔺相如列传》《屈原贾生列传》《张耳陈馀列传》《淮阴侯列传》《刘敬叔孙通列传》《季布栾布列传》《张释之冯唐列传》《魏其武安侯列传》《李将军列传》《司马相如列传》《酷吏列传》《游侠列传》《货殖列传》《太史公自序》。如果我们把这些作品与前代的《史记》选本《史记钞》进行比较，仍然有 30 多篇重合。这说明这些作品具有永远的文学魅力。

清代《史记》文学阐释也对清人的文学创作有一定的指导作用，尤其是桐城派，其散文创作理论和实践都与《史记》有密切关系。清代的《史记》文学阐释虽然仍带有一定的感悟式的评论，乃至于理论色彩不够浓厚，但能够在吸收前代成就基础上进一步发展，深化传统课题，提出新的课题，使研究领域拓宽、研究问题深入，并且对后代的文学阐释产生了重要影响，这些贡献应该予以充分肯定。

另外，清代的文学创作，也对《史记》有一定的接受。散文、传记方面，以桐城派为代表，在理论和实践方面推崇、学习司马迁的叙事写人特点。清代小说，也大多用传记的形式，有些直接学习《史记》，如《聊斋志异》每篇作品结尾用"异史氏曰"评价故事，就是《史记》"太史公曰"的新发展；《儒林外史》，不由得使人想起《史记》的《儒林列传》。戏曲方面，许多作品取材于《史记》，杂剧如尤侗《读离骚》、郑瑜《汨罗江》等，传奇如吴恒宪《火牛阵》、程琦《荆轲记》等，还有清代后期许多地方戏剧的题材，也来源于《史记》。清代诗歌方面，有许多歌咏《史记》的人物或者事件，如屈大均《读陈胜传》："闾左称雄日，渔阳谪戍人。王侯宁有种？竿木足亡秦。大义呼豪杰，先声仗鬼神。驱除功第一，汉将可谁伦？"[1] 歌颂陈涉起义。朱鹤龄《咏古十首·漂母》："一饭千金未觉多，功成氾水赏

---

[1] 赵望秦、蔡丹等：《史记与咏史诗》，三秦出版社 2012 年版，第 255 页。

如何。只因望报惭漂母，钟室冤沈恨不磨。"① 歌颂《淮阴侯列传》中一位普通女性。郑燮《项羽》："已破章邯势莫当，八千子弟赴咸阳。新安何苦坑秦卒，坝上焉能杀汉王！玉帐深宵悲骏马，楚歌四面促红妆。乌江水冷秋风急，寂寞野花开战场。"② 概括了项羽大起大落的悲剧人生。这些不同的文学体裁，与《史记》发生千丝万缕的联系，说明《史记》在文学领域得到了广泛的认可，成为文学家学习的榜样。

---

① 赵望秦、蔡丹等：《史记与咏史诗》，三秦出版社2012年版，第513页。
② 赵望秦、蔡丹等：《史记与咏史诗》，三秦出版社2012年版，第105页。

第 八 章
近现代:《史记》文学经典地位的加强

  学术发展与社会发展紧密相关。1840年以后,也就是晚清时期,中国进入近代社会,社会性质发生变化。1919年五四运动之后,中国又一次发生重要变化,进入现代社会,一直到1949年中华人民共和国成立。在近现代一百年里,《史记》研究呈现出由旧到新的过渡特征。就史学角度研究来说,学者们一方面沿袭"乾嘉之学",在校勘、考证、训诂、评注诸方面用力较勤,如郭嵩焘《史记札记》、崔适《史记探源》、王国维《司马迁行年考》、郑鹤声《司马迁年谱》、顾颉刚《司马谈作史考》、余嘉锡《太史公书亡篇考》、鲁实先《史记会注考证驳议》、朱东润《史记考索》等论著,都取得了一定成就;另一方面随着梁启超提倡"史界革命",顾颉刚主导的"古史辨学派"的形成,学界对传统史学进行批判,以考辨古史资料为职志,大胆疑古辨伪,认为先秦史书多不可信,或不可尽信。尤其值得注意的是,西学东渐为《史记》研究输入新观念,如潘吟阁的《史记货殖列传新诠》,第一次用近代资产阶级的新观点和新术语系统诠释《货殖列传》所体现的经济思想;梁启超在《中国历史研究法》中联系国际国内经济事例对《货殖列传》作了新的评论。五四运动以后,马克思主义思想传入中国,李大钊、范文澜、翦伯赞等人在评论《史记》时也渗透着这种新思想。《史记》的文学研究在前代基础上进一步加强,人们对《史记》的文学成就予以较多关注,吴汝纶《点勘史记读本》、曾国藩《求阙斋读书录》、庄适《史记选》、魏元旷《史记达旨》、李笠《史记订补》、杨启高《史记通论》、刘咸炘《太史公书知意》、齐树楷《史记意》、程馀庆《史记集说》、李景星《史记评议》、靳德峻《史记释例》、郑鹤声《史汉研究》、施章《史记新论》、李长之《司马迁之人格与风格》等，都是有影响的著作。其他如章炳麟、梁启超、王国维、顾颉刚、鲁迅、范文澜、吕思勉、余嘉锡、罗根泽、郭沫若、朱自清、翦伯赞、周谷城、郑振铎等著名学者，在自己的著作中程度不同地论述了《史记》的文学价值。这些都对《史记》文学经典化建构起到了积极的作用。

一 《史记》的普及传播为其文学经典化奠定了阅读基础

文学作品的阅读是文学经典化的基础，而文学作品的普及则是阅读的前提。《史记》作为优秀的史学著作和文学作品，问世以后就得到了一定的传播，但总体来看，普通百姓接触不多，知之甚少。近现代以来，在学人们的努力下，《史记》得到了更为广泛的普及，这为《史记》文学经典化奠定了较好的阅读基础。

（一）《史记》全本及选本的出版让更多的人阅读经典

在出版读物方面，近现代以来取得了较大成绩。20 世纪 20 年代，出版界翻印古书形成风气，《史记》作为传记文学名著，自然倍受重视，一时间经过前人整理的各种《史记》本子不断涌现，颇为可观。如 1920 年，商务印书馆在辑印"四部丛刊"过程中，发现《二十四史》存在版本问题，但因一时找不到更好的版本，不得已用"殿本"为底本影印。后经张元济多方搜求，逐渐汇集到一部分宋元古本。1930 年，《二十四史》中的"前四史"即《史记》《汉书》《后汉书》和《三国志》以宋版古本影印，就有了商务印书馆影印本《史记》。又有国学基本丛书本《史记》，1933 年 11 月由商务印书馆印刷发行初版，至 1935 年 8 月，已经印刷六版，可见发行之快。1930 年，王云五主编"万有文库"，《史记》被选入该文库由商务印书馆出版发行。还有中华书局版"四部备要"史部《二十四史》的《史记》。"四部备要"丛书系中华书局 1920—1936 年陆续编辑排印。这部丛书收书 336种，依经、史、子、集四部分类，用丁氏仿宋活字排印，个别影印，偏重于实用——选印较有代表性的校本、注本，是学习和研究古代文献的常备书籍，《史记》得以刊印，为阅读《史记》提供方便。开明书局有影印《二十五史》本《史记》，于 1935 年 1 月首次发行，1935 年 9 月全部出齐。世界书局 1936 年影印殿版"四史"本《史记》，上海大光书局有铅印本，还有 1937 年中华书局排印的中国文学精华本《史记精华》等。1936 年北平研究院出版的顾颉刚、徐文珊点校的白文本《史记》，第一次给《史记》标点分段，为后来中华书局点校新本奠定了基础。这些不同版本的《史记》，使更多的人接触到这部经典著作。

这一时期，《史记》选本也大量出现，作为教师和出版家的秦同培，编纂了《史记评注读本》，1924 年上海世界书局出版。共有 120 篇题目，或选全篇，或节选精彩段落，甚至一篇分成几个段落，如《项羽本纪》，分为"项羽初起""项羽夺宋义军救赵""鸿门之宴""垓下之困""项羽本纪赞" 5 个片段。体例上包括原文、评语、注释、译俗 4 个部分。这是较早把《史记》翻译成白话文的著作，也适应了当时的白话文运动。其中的评语，对《史记》进行各方面的评论，尤其是文学特征的分析，颇有特色①。1926 年，由王云五、朱经农主编的《学生国学丛书》开始陆续由商务印书馆出版。这是一套隶属在王云五做总主编的《万有文库》之下，为中学生和社会普及层面阅读古代典籍所做的文言文选本。胡怀琛、庄适、叶绍钧的《史记》选注是学生国学丛书新编系列中的一种，根据类别选择了《史记》中的代表性篇目，共计 24 篇，有《秦始皇本纪》《孔子世家》《货殖列传》《太史公自序》等。这个选本从 1937 年至 1947 年就印刷发行 8 版次，普及面较广。1934 年，高步瀛在保定的莲池书院讲授"史记举要"和"文章流别"。在此期间，出版了中国大学讲义《史记别录》一卷（铅印本）、莲池书院讲义《史记举要》，系《史记》阅读的通俗本，为广泛传播《史记》起了积极作用。值得一提的是，朱自清的《经典常谈》，成于 1942 年，其中有《史记汉书》专题，分别介绍《史记》《汉书》的创作过程和各自特点、成就，并就历代"班马异同"问题进行了梳理，既有通俗性，又有学术性。由于书名标有"经典"二字，实际也是对《史记》文学经典地位的肯定。对《史记》这一享有盛名的文学巨著的普及、流传起了积极作用。除此以外，

---

① 今有陈睿整理本，陕西师范大学出版社 2016 年版。整理者在前言中对该书的价值进行了全面介绍。

1947年哈佛燕京学社编印的《史记及注释综合引得》，也是一部受到欢迎的《史记》研究工具书，对1949年以后《史记》索引的编纂，也有一定影响。

　　这个时期，还值得重视的是程馀庆编纂的《史记集说》，1918年由上海交通图书馆发行本，全称《历代名家评注史记集说》。是明代《史记评林》后一部重要的辑评著作，历经十多年，但所集大多是《评林》后如徐与乔、方苞、吴见思、牛运震等人之说，亦往往间有程氏之自评。尤其是在《史记》文学评论方面有重要价值。该本较详备地收集了名家评论《史记》的论断，又使其具有丰富的资料性，除书前所载《史记总论》收集历代名家33人的53段评论外，每篇后面还附录了名家对本篇的评论。所集名家论断，都经过他"去其浮阔，存其切当"的筛选，因此颇有见地。①

　　还有读书心得之类的著作，也具有其独特之处。曾国藩《求阙斋读书录·史记》，对《史记》字句、用意、文章进行评议，其中对司马迁的文笔极为赞誉，认为或高浩迈远，瑰玮极特；或事绪繁多，叙次明晰；或顾盼生姿，跌宕自喜；或反侧错综，语南意北；或互文见义，详略适宜；或荡漾疏散，吞吐之处，正自不可几及。曾氏评议《史记》行文气势义法，也足以阐发司马迁的作史意旨。另外，他选编的《经史百家杂钞》是继姚鼐《古文辞类纂》之后的又一部有名的古文选读本。全书共分论著、词赋、序跋、诏令、奏议、书牍、哀祭、传志、叙记、典志、杂记11类。在序跋、书牍、传志类收录《史记》的《十二诸侯年表序》《六国年表序》《秦楚之际月表序》《项羽本纪》《刺客列传》等22篇作品。李澄宇，是著名文学团体南社社员，《读史记蠡述》3卷，除个别篇目外，基本对《史记》每篇进行评述，第1卷为本纪、表、书三体，第2卷为世家，第3卷为列传。该书曾于1934年由湘鄂印刷公司刊行，在史学、文献学、文学方面有贡献。就文学而言，涉及《史记》叙事艺术、文笔、语言等，对于《史记》文学成就予以高度评价。② 总之，《史记》不同版本、选本的出版，以及《史记》工具书的编纂，为人们阅读研究《史记》提供了方便，能够让更多的人阅读《史记》，

---

① 关于《史记集说》的价值，详参高益荣《〈史记集说〉初评》一文，《陕西师范大学学报》1994年第1期。今有高益荣等《历代名家评注史记集说》整理本，三秦出版社2011年版。

② 今有刘彦青整理本《求阙斋读书录·史记》《读史记蠡述》，陕西师范大学出版社2015年版，整理者在前言中对两部书的价值进行了全面介绍。

为《史记》文学经典化奠定了良好基础。

（二）《史记》的阅读指导让人们会读经典

随着时代的进步和《史记》研究的发展，近现代时期，《史记》已不再只是文人学者的案头物了，它所拥有的读者已越来越多。可是，面对这样一部博大精深的巨著，究竟该怎样来读，需要一定的指导。应该说，明清以来的学者，从不同的角度都引导读者读《史记》，都有不同的读法，甚至如清代王又朴《史记七篇读法》，具体指导七篇作品的读法，都有一定的借鉴意义。此期关于《史记》读法，有了较为系统的指导。李景星《史记评议》在评点《太史公自序》时指出："史迁以此篇为教人读《史记》之法也，凡全部《史记》之大纲细目，莫不于是粲然明白。未读《史记》以前，须先将此篇熟读之；既读《史记》以后，尤须以此篇精参之。"[1] 强调阅读《太史公自序》的重要性，确有见地。因为《自序》全面介绍了《史记》产生的背景、司马迁的创作心态和目的、《史记》的框架结构以及每篇的创作原因，是我们进入《史记》文化殿堂的一把钥匙。

此期指导《史记》阅读最有代表性的人物是梁启超。梁启超在《要籍解题及其读法》论及《史记》读法，乃是一种系统的指导，无论对一般读者还是专门研究者，都有指导入门、启迪神智的作用。梁氏认为，读《史记》有两种方法：一是常识的读法；二是专究的读法。而在两种读法之前，都要做些入门准备工作，即"一，先读《太史公自序》及《汉书·司马迁传》。求明了作者年代、性行、经历，及全书大概。二，读《汉书叙传》论《史记》之部；刘知几《史通》之《六家篇》，《二体篇》，《正史篇》，郑樵《通志总序》论《史记》之部。《隋书·经籍志》及《四库提要》之史部正史类关于记述《史记》之部分。求略识本书在史学界之位置及价值"[2]。正式读《史记》时，因为目的不同，读法也应不同：如以研究《史记》著述体例及宗旨为目的而读之，则"宜提高眼光，鸟瞰全书，不可徒拘拘于寻行数墨，庶几所谓'一家之言'者，可以看出"；如以研究古代史迹为目的而

---

[1] 李景星：《史记评议》，载《四史评议》，岳麓书社1986年版，第123页。
[2] 梁启超：《要籍解题及其读法》，岳麓书社2010年版，第30页。

读之,则"宜先用'观大略'的读法,将全篇一气呵成浏览一过。再用自己眼光寻出每个时代之关键要点所在,便专向几个要点有关系之事项,注意精读。如此方能钩元提要,不至泛滥无归";如以研究文章技术为目的而读之,"则宜择其尤为杰出之十数篇精读之"。① 他说:

> 吾生平所最爱读者则以下各篇:《项羽本纪》《信陵君列传》《廉颇蔺相如列传》《鲁仲连邹阳列传》《淮阴侯列传》《魏其武安侯列传》《李将军列传》《匈奴列传》《货殖列传》《太史公自序》。上诸篇皆肃括宏深,实叙事文永远之模范。班叔皮称:史公"善序述事理,辩而不华,质而不俚,文质相称,良史之才"。如诸篇者,洵足当之矣。学者宜精读多次,或务成诵,自能契其神味,辞远鄙倍。至如明清选家最乐道之《伯夷列传》《管晏列传》《屈原贾生列传》等,以吾论之,反是篇中第二等文字耳。②

他提出《史记》十大名篇,"皆肃括宏深,实叙事文永远之模范",不仅思想深刻,而且在文学方面树立了叙事文的典范,这个认识颇有代表性。对于专究的读法,梁氏主要是指对《史记》作深一步的研究工作。他提出他想做但还没做的工作有五项:一、辨识后人窜乱部分;二、考证先秦史实;三、为《史记》作注;四、编《史记》古今地名对照手册;五、于十表之外补一大事年表。梁启超的《史记》读法,步骤明确,目的清楚,详细具体,为当时的青年学生指示了读《史记》的门径,也为专门研究者指明了研究的方向,很有意义。

胡怀琛、庄适、叶绍钧等的《史记选注》也谈《史记》读法。作者在《序言》中说:"司马迁作《史记》,格外在文学上用功夫,如《伯夷列传》《屈原列传》,空言比事实多;其他列传,也只图文章做得好,事实的真假轻重,反放在第二步。而后来所谓文人,没有一个不熟读《史记》的;如韩退之、欧阳永叔、归震川、方望溪,他们的文章,都是从《史记》里化

---

① 梁启超:《要籍解题及其读法》,岳麓书社2010年版,第31—32页。
② 梁启超:《要籍解题及其读法》,岳麓书社2010年版,第32页。

出来的。于是从韩退之起,直到清末止,《史记》就变了治文学的人必读之书。……现在欲治中国文学,《史记》仍为必读之书。"① 可见读《史记》是非常重要的。该选本言及具体读法说,《史记》在文学上有"富于感情、善于描写、趋于自然"的特点,正因为有了这三个特点,就要"拿他当史看,不如拿他当文看;不过,一面拿他当文学作品看,一面也可以知道一些史事,故我以为《史记》这部书,绝像是现在的历史小说"②。但是,读《史记》又不容易读,有"卷数太多,不容易卒业""有后人增补的,将坏作品混在好作品里""传写错误很多""注家的错误,也不能免""难句缺乏注解""句子没有断点"等"六个障碍"。这个选本"就是想竭力免去这六种障碍,帮助青年去读《史记》。虽然不敢说能完全免掉,但是总好得多了。至如读者读了这书之后,再要一读《史记》全文,无妨自己去读"③。作者在序言中还介绍了几种读《史记》的参考书。这样的读法指导,针对性很强,对于提高青年的阅读能力和阅读水平有着积极的意义,让更多的人能读《史记》、会读《史记》。梁启超等人的《史记》读法,更加系统化,更有针对性。

(三)《史记》讲授让读者读懂经典

古代的公学、私学等教育形式,是传授《史记》的重要途径之一。进入近代,有了新式大学教育。大学课堂是文学经典传授的主要阵地之一。近现代以来,不少学者除著书立说研究《史记》外,还充分利用大学讲台为青年学生讲授《史记》,为《史记》一书在社会上普及流传做出了积极的努力,像梁启超、朱自清、钱基博等,就是其中的代表。他们培养的学生,有的成为《史记》研究的爱好者或骨干力量。梁启超在不同的场合、不同的论著中倡导、鼓励人们阅读和学习《史记》,认为司马迁的文章是作文的最好范本。

20 世纪 20 年代,梁启超主要从事著书、讲学等学术活动,与王国维、

---

① 胡怀琛、庄适、叶绍钧选注:《史记选注·序言》,商务印书馆 2018 年版,第 12 页。
② 胡怀琛、庄适、叶绍钧选注:《史记选注·序言》,商务印书馆 2018 年版,第 14 页。
③ 胡怀琛、庄适、叶绍钧选注:《史记选注·序言》,商务印书馆 2018 年版,第 18 页。

陈寅恪、赵元任同为当时清华著名国学教授，他率先将《史记》引入大学课堂。后来，到1924年，应清华同学们要求，梁启超在讲稿的基础上出版了《要籍解题及读法》。梁启超讲授撰史之法，认为司马迁注重考察历史实迹、善于论次史迹，是后来学人的榜样；还客观分析《史记》首创纪传体，有助于人们取法、借鉴，运用于实践。他指出，史部书是国学最主要的书，除先秦几部经书、几部子书之外，最要紧的便是读正史，《史记》作为正史之祖，毫无疑问，"凡属学人，必须一读"。为此，他专门为青年学生写了《国学入门书要目及其读法》一文，特意开了一个包括《史记》在内的共有25部书的"最低限度之必读书目"。他自己在南开和清华为学生讲授"中国历史研究法""要籍解题及其读法""中学作文教学法"时，都用了大量的精力来评论、介绍《史记》。像他这样孜孜不倦地为学生传授《史记》的，在当时是不多见的。

总之，《史记》的大量出版能够让更多的人阅读《史记》，阅读指导和讲授让读者会读并读懂《史记》，这都为《史记》文学经典建构奠定了阅读基础。

二 《史记》的系统研究为其文学经典建构提供了理论支撑

理论研究与阐释是文学作品经典化的重要途径。近现代《史记》研究学者不断涌现，研究论著丰富，研究内容涉及面广，系统化理论研究局面已经形成。

（一）《史记》体例研究

《史记》体大思精，历来受人重视。古代以来，不少学者对《史记》体例进行多方面的研究。进入近现代后，文史研究学者继续关注《史记》体例。如梁启超在《要籍解题及其读法》一书中谈到《史记》体例的意义，认为主要有四点：第一，以人物为中心写史，是司马迁开创的，一百三十篇《史记》除十表八书外，其他都是人物传记，这不仅在中国过去的古籍中没有，即使在外国历史中也没有。第二，具有历史之整个的观念。《史记》以前的文书，或为一书有关文书，如《尚书》；或限于国别地方的记载，如《国语》《战国策》；或以时期为主，如《春秋》《左传》。而"《史记》则举其时所及知之人类全体自有文化以来数千年之总活动冶为一炉"，这种识力和伟力，是无论何人不能否定的。第三，组织之复杂及其联络。《史记》以十二本纪、十表、八书、三十世家、七十列传组织而成。"内中意匠特出，尤在十表。据桓谭《新论》谓其'旁行斜上并效《周谱》'，或以前尝有此体制亦未可知；然各表之分合间架，总出诸史公之惨澹经营。表法既立，可以文省事多，而事之脉络亦具。《史记》以此四部分组成全书，互相调和，互保联络，遂成一部博大谨严之著作。后世作断代史者，虽或于表志门目间有增减，而大体组织，不能越其范围。可见史公创作力之雄伟，能笼罩千古也。"第四，叙列之扼要而美妙。认为司马迁每叙一人，能将其面目活现，又能将其复杂的事情剖析条理，缜密而清晰。梁启超对《史记》以写人为主的特点、能包罗万象的特点，和五体互相配合、组织严密的特点，以及司马迁的文学才华，都作了充分肯定，说明他对《史记》体例的认识，是比较深刻的。① 《史记》文本的特殊性是其成为经典的一个重要因素，因而研究《史记》，首先要从体例入手，逐步进入内核。纪传体，实际上还包括了其他体例在里面。蔡尚思《中国历史新研究法》列举《史记》纪传体所包含的编年体、纪事本末体、政书体、史评体、史论体等7个方面的内容，认为《史记》体例包罗万象，是"纵通"的通古史，又是"横通"的社会史。不仅充分肯定了《史记》创造纪传体通史这一贡献，而且初步挖掘了《史记》体例的丰富内涵及其五体结构在社会史等角度上的结构意义。

　　当然，就《史记》本身而言，又有其独特性。靳德峻认为《史记》从体例可分为15例："曰两存传疑例，曰附记例，曰叙事杂论断例，曰较量例，曰互文相足例，曰微词例，曰终言例，曰引书多非原文例，曰说明作意例，曰标明取材例，曰繁重例，曰舒愤自解例，曰为文好奇例，曰阙文传疑例，曰一人再见、一事两系例。"② 《史记》体例方面的研究更加细致而且有了新意。

---

① 梁启超：《要籍解题及其读法》，岳麓书社2010年版，第20—21页。
② 靳德俊：《史记释例自序》，《师大国学丛刊》第1卷第2期。

有学者认为《史记》体例独到。李长之说，司马迁对自己的主观见解和客观描写是分开处理的，"大概在传记中的叙述往往是纯粹客观的，而主观的评衡则见之于《自序》中说到所以做各传之故处。所以我觉得要真正得司马迁的见解时，《自序》最重要。其次便是每篇的赞。但多数的赞是处在客观与主观之间的。所以就是有些评衡，也是个人的意味（personal）居多，如叙到个人的经验或与传中的人物的关系等，有时则是传中的补充而已。"李长之认为："司马迁这个办法也很好，让人假若要看客观的描写，就看他的传记。假若要看他的通体的看法，就看他的序。假若对他的自己的个人的印象发生兴趣，就看他的赞。他的体例如此（但只是疏而不失的体例），清清爽爽，免得有人执此而求彼，反而加以责难。至于司马迁在事实上是否绝对在描述中维持客观的限度呢，那是另一个问题，他之选择描写的材料，也无疑是经过了主观的决定的，但无论如何，他这体例是我们在论《史记》时必须考虑到的。"① 李长之的观点，实际上给我们认识《史记》体例提供了一个新的视角，即：《太史公自序》、传记本身、论赞，读者从这三个不同的层面可以对《史记》了解得更加全面。

（二）《史记》叙事研究

近现代学者也有对《史记》叙事详略从总体上评论，如陈元械认为，"史公之书，自黄帝讫麟止，备载历代，而卷帙不及《汉书》，似乎简矣，然简人所不能简，亦详人所不能详。事无论大小，但不铺叙则竟不铺叙，一铺叙则必使其音容笑貌，与夫性情心术，跃跃纸上。至其摹写精神，如东坡所言传神法，但观其意思所在，或在目或在颧颊而已。若此则一二言不为少，千万言不为多也。"② 评论《史记》详与简恰到好处，合理运用繁简之法，达到了"一二言不为少，千万言不为多"的效果。

近现代《史记》叙事研究也具体详尽。如梁启超认为，《廉颇蔺相如列传》"记蔺相如完璧归赵及渑池之会两事，从始至末一言一动都记得不漏，这是详记大事之法。因为这两件大事最足表现相如的个性，所以专用重笔写

---

① 李长之：《司马迁之人格与风格》，生活·读书·新知三联书店 2013 年版，第 287 页。
② 陈元械：《蛟川先生文存》卷 18《史记选序》，光绪八年刻本。

他，其余小事都不叙。廉颇的大事，三回伐齐，两回伐魏，一回伐燕，传中前后只用三四十个字便算写过，绝不写他如何作战如何战胜，因为这些战术战功是良将所通有，不足以特表廉颇的人格。倒是廉颇怎样的妒忌蔺相如，经相如退让之后怎样的肉袒谢罪；失势得势时候怎么的对付宾客；晚年亡命在外思念故国怎么的'一饭斗米肉十斤披甲上马示尚可用'；这些小事写得十分详细。读之便可以知道廉颇为人短处在褊狭，长处在重意气识大体"①。梁启超认为司马迁出于表现人物性格考虑，在行文时将蔺相如相关的大事详加以写，小事则只是略写；把廉颇相关的大事只略写，而详写小事，这样来突出蔺相如、廉颇个性的不同。梁启超对司马迁详写的事情和略写的事情都进行了具体罗列，与蔺相如有关的大事有完璧归赵、渑池会，与廉颇有关的大事有三回伐齐、两回伐魏、一回伐燕等，与廉颇有关的小事包括嫉妒蔺相如、肉袒谢罪、对待宾客、念故国、尚可用等，不仅所列事件详细，论述也十分透彻。再如曾国藩从《吴王濞列传》中"悟为文详略之法"。其《求阙斋读书录》卷3云："（《吴王濞列传》）先叙太子争博，晁错削地，详致反之由。次叙吴诱胶西，胶西约五国，详约从之状。次叙下令国中，遗书诸侯，详声势之大。次叙晁错给诛，袁盎出使，详息兵之策。次叙条侯出师，邓都尉献谋，详破吴之计。次叙田禄伯奇道，桓将军疾西，详专智之失。六者皆详矣，独于吴军之败不详叙，但于周丘战胜之时闻吴王败走而已。此亦可悟为文详略之法。"② 在曾国藩看来，司马迁在《吴王濞列传》中，详叙吴王刘濞反叛的起因：皇太子与吴王太子争博致吴太子死，晁错削减吴王封地；再详叙反叛之谋：吴王刘濞私约胶西王，胶西王约五国；再详叙叛乱声势之浩大：吴王下令全国，并给诸侯写信；再详叙平息叛乱之策：晁错被诛，袁盎出使吴国；再详叙平叛的计谋：周亚夫进军，邓都尉献计；再详叙叛军智谋之失：吴臣田禄伯出奇道、桓将军西进之策未被采纳。一篇之中，对"致反之由""约初之状""声势之大""息兵之策""破吴之计""专智之失"等都进行详写，单对"吴军之败"一笔带过，只是略写，具体分析司马迁在《吴王濞列传》中"详因略果"之法的运用，认为可以成为文章

---

① 梁启超：《梁启超全集》第7册，北京出版社1999年版，第4080页。
② （清）曾国藩：《求阙斋读书录·史记》，陕西师范大学出版社2015年版，第83—84页。

详略之法的借鉴，分析深刻。

李景星在评《留侯世家》时说："子房乃汉初第一谋臣，又为谋臣中第一高人，其策谋甚多，若从详铺叙，非繁而失节，即板而不灵。且其事大半已见于《项》《高》二纪中，世家再见，又嫌于复，故止举其大计数条著之于篇。而中间又虚括其辞曰：'常为画策臣，时时从汉王。'篇末又总结之曰：'所与上从容言天下事甚众，非天下所以存亡，故不著。'用笔如此，乃觉详略兼到，通体皆灵。"① 李氏假设司马迁若从详铺叙张良一生的策略计谋，不仅会"繁而失节""板而不灵"，而且又会与《项羽本纪》《高祖本纪》相重复。因此，只略举"其大计数条"，且篇中篇末仅用简短之辞虚括和总结，这样就会达到"详略兼到"的效果。

潘吟阁《史记货殖列传新铨》，有商务印书馆发行的国学小丛书本。此书成于1925年，是以近代资产阶级观点系统诠释《货殖列传》的第一篇著作。潘氏按梁启超《中国历史研究法》第六章《货殖传》一节，将全传分四段后再划分为若干小节，依次进行解释，将诠释词义、分析内容与评价思想糅合在一起，随文指出各段关键。在结语中概括以"汉兴海内为一"划全传为前后两部分，认为前部分以"富家"二字作骨，后部分以"千金之家"四字作骨。又细分全传为七段。潘吟阁认为，《货殖传》可当小说读。"《史记》一书，是吾国文学界的京都。吾们一到京城里头，觉得形形色色，非常好看，有种种不同的人物、宫室，非他处所有。《史记》一书，也是这样。但是《史记》里头别篇文章，讲的都是一个人（或几个人）的事情，或是就一件事说，惟有《货殖传》一篇，讲的是种种社会的情形，且一一说明他的原理。所写的人物，又是上起春秋，下至汉代。所写的地理，又是北至燕、代，南至儋耳。而且各人有各人的角色，各地有各地的环境。可当游记读，可当小说读。读中国书而未读《史记》，可算未曾读书；读《史记》而未读《货殖传》，可算未读《史记》。美哉《货殖传》！……天下的事理，条条是真的，夏葛冬裘，贵乎用当其时。本传人物，读者或将以为是乘时攫利之资本家，但国际经济竞争剧烈的时候，为中心人物的专家，实不可无此手段。本传中有运用财政上手腕于一家的政治家，有各地方各都市之

---

① 李景星：《史记评议》，载《四史评议》，岳麓书社1986年版，第54页。

大商帮，有一姓世守之专家。可见史公并不注重一个私人之攫利。况且篇首冠以老子之说，以自然主义笼罩一切经济主义，无论何种经济最新学说，都不能出其范围；亦可见史公之识，卓绝千古了。"① 可以说，作者对《货殖列传》文学特征的分析，比以前的分析更细致、更透彻，而且更有新意。

《史记》叙事，不只是形式问题，更重要的是要表达自己的思想。齐树楷《史记意》（有四存中学排印本），取司马迁"好学深思，以知其意"之语自励，务期阐明《史记》微旨，以为司马迁明于以事势考察历史。"势自有力存乎间"，且表现为偶然之势，即"一时之趋势"，还表现为必至之势，即"根本盘固之定势"。故此，则于从前的社会行为有"审势""乘势"之识，而关系事件的成败。势，"根于人性，而见于人事"，有其延续性，因延续时间长短不一而引起变化，"变则势生，不变则势定"。齐氏以为要基于"势"为事物"性分之所有"，来明确谨慎地阐发《史记》的意旨，才能了解司马迁作史"有以处之至当"的深识。齐氏过人之论，表现出随时代发展，对《史记》的研究正接触到注意探求事物变化规律的深度。

（三）《史记》文章方法研究

前人从文章学角度分析《史记》的艺术特点，已有较大成就。近现代文人学者在研究文章写作方法时，多以《史记》篇目为例又有新的进展。

论《史记》"收笔"之法。林纾《春觉斋论文·用收笔》篇云：

> 大家之文，于文之去路，不惟能发异光，而且长留余味，其最擅长者无若《史记》。《史记》于收束之笔不名一格：如本文饱叙妄诞之事，及到结束必有悔悟之言；偏复掉转，还他到底妄诞，却用一冷隽之笔闲闲点醒，如《封禅书》之收笔是也。有痛叙奸逸误国，今读者愤懑填胸，述到收局，人人必欲观其伏诛，此似行文之定例；乃不叙进谗者之应伏其罪，偏叙听谗者之悔用其言，不叙用谗者之以间成功，偏叙诛谗者以不忠垂诫，如《吴太伯世家》之收笔是也。有叙开国之勋臣，定霸之巨子，功高不赏，幸免弓狗之祸，却把其退隐之轶事尽情一述，竟

---

① 张新科、高益荣、高一农主编：《史记研究资料萃编》（下），三秦出版社2011年版，第681页。

似以国史为其家传；虽捕摹琐屑，愈见其人能全身而远祸，寓其微旨，如《越王勾践世家》之收笔是也。有同等之隐事，同恶之阴谋，同时之败露，是天然陪客；文中且不说明，直到结穴之处，大书特书彼人之罪状，与本文两不关涉；然句中用一"亦"字，见得同恶之人亦同抵于族，不加议论，其义见焉，如《春申君列传》之收笔是也。有三传联为一气，事一而人三，则每传不能不划清界限；顾三人终局，必待第三传之末始能分晓，在每传中又宜有收笔，此应如何分界者？乃史公各于本传之末，各用似了非了之笔，读之雅有余味，则《魏其》《灌夫》《武安列传》之收笔是也。三传中惟武安得保首领以没，不就刑诛，故收束处用淮南王馈金事，上曰："使武安在者，族矣！"余味盎然。而《平津侯传》末亦用此意。独《荆轲列传》终写荆轲之勇，行刺之难，秦王之惊骇，廷臣之慌乱，五光十色，使读者大息，以为一刺一掷，秦王之死，其间不能容发，只能归诸天意；而史公冷眼直看出荆轲剑术之疏，又不便将荆轲之勇抹杀，故于传末用鲁勾践一言，闲闲回顾篇首，说到荆轲若能虚心竟学，则亦不致失此好机会矣，似断非断，却用叙事作结穴。此等收笔，直入神化。①

林纾继承桐城派文论特点，分析问题细致深入，这段论《史记》文章收笔之法，以具体作品为例，说明《史记》文章的独特韵味，使读者感受到《史记》的文笔之妙。

　　论《史记》的烘托法。《史记》写人叙事，除正面描写之外，往往还用其他手法加以烘托。如郭嵩焘评论《项羽本纪》："案项王自叙七十余战，史公所记独钜鹿、垓下两战为详。钜鹿之战全用烘托法，不一及战事，而于垓下显出项羽兵法及其斩将搴旗之功。项羽英雄，史公自是心折，亦由其好奇，于势穷力尽处自显神通。钜鹿、鸿门、垓下三段，自是史公《项羽本纪》中聚精会神，极得意文字。"②《项羽本纪》用烘托法，把钜鹿之战写得

---

① 林纾：《春觉斋论文》，范先渊点校：《论文偶记·初月楼古文绪论·春觉斋论文》，人民文学出版社1959年版，第127页。
② （清）郭嵩焘：《史记札记》卷1，商务印书馆1957年版，第58—59页。

有声有色，刻画出项羽顶天立地的英雄形象，成为司马迁极得意文字。

论《史记》的旁敲侧击法。梁启超《中国历史研究法补编》评论信陵君传记时说："信陵君这样一个人，胸襟很大，声名很远。从正面写，未尝不可，总觉得费力而不易出色。太史公就用旁敲侧击的方法，用力写侯生，写毛公、薛公，都在这些小人物身上着笔，本人反为很少。因为如此，信陵君的为人格外显得伟大，格外显得奇特。这种写法不录文章，不写功业，专从小处落墨，把大处烘托出来，除却太史公以外，别的人能够做到的很少。"① 旁敲侧击法的运用，也就是侧面写人的方法，把信陵君写得生动传神。

论《史记》文章的句法。陈衍以《吴王濞传》为例评论《史记》句法："《史记》叙事以简捷见工者，如《吴王濞传》云：'吴兵欲西……士卒多饥死，乃畔散。'条理井然。上云'欲西'，下即云'不敢西'；上云'欲战'，下即云'不肯战'，又云'数挑战'；上云'走条侯军'，下云'奔条侯壁'；中必先云'条侯壁'，乃使于易军言壁也。下又言'条侯使备西北'，上两言西，下两言西北，中一言东南；上言'卒饥'，下言'多饥死'，皆条理也。而句法特劲炼，如短兵相接然。多二字、三字、以至四字、五字，最长者惟二句，亦仅六字。"② 认为《史记》叙事有条理，句法"劲炼"，简短有力。

论《史记》寓意褒贬。李景星认为："《酷吏传》共叙十人，曰郅都，曰宁成，曰周阳由，曰赵禹，曰张汤，曰义纵，曰王温舒，曰尹齐，曰减宣，曰杜周。立格遣辞，以短悍为主，以穿插见长。一篇之中，感慨悲愤，纯是一片肃杀阴惨之气。考其结果，则汉之得于酷吏者，不过曰事益多，民巧法也；奸吏侵渔也；取为小治，奸益不胜也；吏民轻犯，盗贼滋起也；上下相匿，以文辞避法也；官事寖以耗废也。酷吏之自得者，则郅都之斩也；周阳由之弃弃也；张汤之自杀也；义纵之弃市也；王温舒之五族也；减宣之自杀也。叙酷吏之所以见用，曰'上以为能'，曰'天子以为能'，曰'天

---

① 梁启超：《中国历史研究法补编·人的专史》，商务印书馆1933年版，第80—81页。
② 陈衍：《史汉文学研究法》，载陈步编《陈石遗集》，福建人民出版社2001年版，第1669—1670页。

子以为尽力无私'。叙酷吏之转相效法，曰'治效郅都'，曰'治效于禹'，曰'声甚于宁成'，曰'治放尹齐'，曰'治与宣相放'，曰'治大放张汤'，曰'酷甚于温舒'。开首曰'酷吏独有侯封'，罪侯封之作俑也。晁错非酷吏，而亦先列之者，以其文法深刻，为用刑者之倡，故推本及之也。《张汤传》独详，以其为酷吏之魁也。叙杨仆，以其严酷不详本末，意不在为仆传也。《杜周传》不终，以周为当时人，未有结束也。或前或后，或分或合，或单说或互见，极行文之乐事，开无限之法门，那能不令人佩服！赞语与传意义各别：传言酷吏之短，赞取酷吏之长，褒贬互见，最为公允。"① 靳德峻认为，"史公之修《史记》，原欲续周、孔之业，法《春秋》，寓褒贬，示一己之意，垂后世而为一家之言也。然先代褒贬，诚无所讳，而于汉时之君相，岂敢放笔直书，明加褒贬乎？故不得不隐寓而微其词也。《匈奴列传·赞》曰：'孔氏著《春秋》……而罔褒忌讳之词也。'是史公此法，亦有所本也。其法可分为三：（1）借议他人，以寓微词者；（2）用反写法以寓微词者；（3）引他人语以寓微词者。"② 可以看出，《史记》的褒贬色彩非常浓厚，但司马迁以多样的手法表达自己的褒贬态度。

（四）《史记》人物传记研究

司马迁《史记》在文学方面，尤其是人物传记方面的创造，是不可低估的，对后代产生了巨大影响。对《史记》人物传记成就的研究，是本时期研究的一个重点。尽管前人在这方面已经取得了不少成绩，近现代的许多学者抛弃陈见，从新的角度进行了有益的探讨。梁启超认为《史记》以传主人物体现主旨。他在《中国历史研究法补编·人的专史》中说："一个人的性格兴趣及其作事的步骤，皆与全部历史有关。太史公作《史记》，最看重这点。后来的正史，立传猥杂而繁多，几成为家谱墓志铭的丛编，所以受人诟病。其实《史记》并不如此，《史记》每一篇列传，必代表某一方面的代表人物。如《孔子世家》《孟荀列传》《仲尼弟子列传》代表学术思想界最重要的人物，《苏秦》《张仪》列传代表造成战国局面的游说之士，《田

---

① 李景星：《史记评议》，载《四史评议》，岳麓书社1986年版，第113—114页。
② 靳德峻：《史记释例》，商务印书馆1933年版，第18页。

单》《乐毅》列传代表有名将帅，四公子《平原》《孟尝》《信陵》《春申》列传代表那时新贵族的势力，《货殖列传》代表当时经济变化，《游侠列传》《刺客列传》代表当时社会上一种特殊风尚。每篇都有深意。大都从全社会着眼，用人物来做一种现象的反影，并不是专替一个人作起居注。"① 说明《史记》每篇主旨乃是通过人物体现的。而传记本身又有不同的形式，徐浩认为《史记》"列传之体有四"：一是"专传"。乃是对"勋业显著"的"巨卿大臣"及"有关国政之大奸大恶"，皆立专传，或称大传。二是"合传"。此例皆见于其他通史体史书。三是"附传"。乃是"史家对于同一事迹，或共事之人，恒取其主要之一人为主，而下附载此事相关之人一一类叙，或带叙，盖人各一传，则不胜传。不为立传，则其人又有事可传，故用附传之例。亦有祖孙父子无大事可传，而又不胜没者，则以子孙附祖父，或祖父附子孙，各视其地位轻重大小以决定之"。四是"类传"。如《儒林列传》《滑稽列传》等，"传目各就一朝所有人物传之，有其人不妨增，无其人不妨缺，固不必尽拘旧名"②。这个分类是符合《史记》实际的。司马迁的传记不拘泥于单一的形式，根据人物事迹或类型，或根据自己对人物选择的需要而采取不同的形式，体现出多样化的特点。

（五）《史记》艺术美学研究

前代学者在评论《史记》艺术成就时，零星地从文章学角度谈《史记》的叙事美、语言美等，但还没有系统地挖掘司马迁的美学思想及《史记》的美学价值。随着社会科学的不断发展以及美学理论的逐步建立与发展，越来越多的人注意从艺术美学方面去研究《史记》。

鲁迅《汉文学史纲要》论及《史记》抒情性及其审美作用。他认为，司马迁"恨为弄臣，寄心楮墨，感身世之戮辱，传畸人于千秋，虽背《春秋》之义，固不失为史家之绝唱，无韵之《离骚》矣。惟不拘于史法，不囿于字句，发于情，肆于心而为文，故能如茅坤所言：'读《游侠传》即欲轻生，读《屈原贾谊传》即欲流涕，读《庄周》《鲁仲连传》即欲遗世，读

---

① 梁启超：《中国历史研究法补编·人的专史》，商务印书馆1933年版，第41页。
② 徐浩：《廿五史论纲》，上海书店出版社1989年版，第23—24页。

《李广传》即欲立斗，读《石建传》即欲俯躬，读《信陵》《平原君传》即欲养士'也"。① 鲁迅特别注意到司马迁个人遭遇对人物选择的影响，也注意到《史记》超越前代而达到的史学、文学的高度，也注意到司马迁的情感色彩以及这种情感所引发的读者共鸣，是非常有见地的论述。李长之特别注意到《史记》的讽刺艺术。说《史记》"尽了讽刺的能事，也达到了讽刺技术的峰巅"。论及《史记》讽刺的手法，李长之说："一则用揭穿事实的方法，事实往往是最强有力的讽刺。如他写景帝，只说周亚夫死后，乃以王信为盖侯，就够了。二则用无言的讽刺，凡是他不赞成的事便不去写，如《循吏列传》中不叙汉代，《张丞相列传》中不叙那些备员的人物的事迹，读者自然可以晓得什末是在缺乏着了。三则用互见的方法，他决不把高祖的流氓行径及小气忌刻写在《高祖本纪》里，却分散在《项羽本纪》《萧相国世家》里。四则用反言的方法，他口头在赞扬，骨子里却是在讥刺。五则用轻重倒置的方法，偏把主旨放在次要。六则用指桑骂槐的方法，他不骂汉而骂秦，其实他对秦并不坏，《六国表》可见。七则用借刀杀人的方法，用孔子抵挡封禅，用汲黯直斥武帝。八则全然在语气里带出来，他用几个'矣'字，往往就把他的意思表达出来了。九则常用无理由为理由，如三世为将不祥，坑降不得封侯之类，那真正的理由却是统治者的忌刻。""撇开司马迁的一切文学造诣不谈，即仅以讽刺论，他也应该坐第一把交椅！"② 作者从九个方面全面、准确地对《史记》讽刺艺术作了高度评价，比以往的研究大大前进了一步。

《史记》的美学特征，既有内在的，也有外在的，还可以从形式上进行分析。对此，李长之的看法新颖独特，认为《史记》艺术形式律则，主要有："一、统一律。他竭力维持一篇作品的审美意味上的统一性。在这种地方，他有时不惜牺牲历史上的真。可是他未尝没有补救的法子，那就是把一个历史人物的性格分散在不同的篇章里，而在同一篇章里则极力维持他那所要表现的某种突出的个性。""二、内外谐和律。司马迁尽量求他的文章之风格和他的文章中之人物性格相符合。""每一种风格的变换都以内容为转

---

① 鲁迅：《鲁迅全集·汉文学史纲要》，人民文学出版社1973年版，第581页。
② 李长之：《司马迁之人格与风格》，生活·读书·新知三联书店2013年版，第432—433页。

移。""象一个熟练的名演员一样,他能够扮演老少男女的一切角色,演什么象什么。""三、对照律。司马迁往往用两种突出的性格或两种不同的情势,抑或两种不同的结果,作为对照,以增加作品的生动性。""四、对称律。大抵司马迁在写合传的时候,如果不用对照律,便往往用对称律,当然也有时二律并用。这是中国人的一种特有的审美意识,这是象大建筑物前一定摆两个大石狮,或者堂屋里一定挂一副对联似的。司马迁也是意识地要求这种安排的。""五、上升律。凡是司马迁叙一个情节或一种心理状态的进展时,往往使用这个逐渐加强或加浓的原理。""六、奇兵律。司马迁在行文时,是象行军一样。有时往往用一支奇兵,使他的行程得到更愉快的效果。"如《平准书》中的"卜式就是司马迁所设的奇兵,卜式在篇中时出时没,司马迁用他,以求杀敌致果"。"七、减轻律。这就是司马迁在叙述很严重的事情的时候,却有时会忽然出现轻松之笔,让人的精神得到刹那间的解放,对他所说的故事会更集中注意的听下去,同时也别有一种新鲜的趣味。"① 作者从7个方面总结《史记》的艺术形式律则,详尽具体,且很有理论体系,此前还没有人如此分析《史记》的艺术美,引导读者进入艺术美的殿堂。

(六)《史记》散文艺术研究

《史记》问世以后,其散文成就一直是历代文人学者关注的重点。近现代的《史记》散文研究更加全面。李长之在《司马迁之人格与风格》中说:"司马迁是被后来的古文家所认为宗师的。其中几乎有着'文统'的意味。因为,第一次的古文运动领袖是韩愈,他推崇司马迁。第二次的古文运动领袖是欧阳修,他推崇韩愈。后来的桐城派的先驱归有光,以司马迁为研究目标,后来者则追踪韩欧,而曾国藩一派又探索于《史记》。这样一来,前前后后,司马迁便成了古文运动的一个中心人物。"② 说明《史记》散文艺术乃是历代散文学习的楷模。钱基博论《史记》散文风格说:"《史记》积健为雄,疏纵而奇,以为唐宋八家散行之祢。……文章变化,不出二途。故曰

---

① 李长之:《司马迁之人格与风格》,生活·读书·新知三联书店2013年版,第305—333页。
② 李长之:《司马迁之人格与风格》,生活·读书·新知三联书店2013年版,第394—395页。

文章之大宗也。读一书抵千百书。"① 可见《史记》是文章之宗。顾实《中国文学史大纲》中说："彼（司马迁）之笔，纵横无尽，不论何事，靡不巧于叙述。如《项羽本纪》《张良世家》《刺客列传》《淮阴侯列传》《游侠列传》之豪放雄壮，不待言矣。试一观《魏其武安列传》，虽饮酒喧争，寻常猥琐之事，亦一经其笔，栩栩生动，宛如目睹。"② 说明司马迁《史记》文章巧于叙事。在此，我们还要特别提出的是，李长之认为司马迁的人格与《史记》的风格是一回事儿，那就是浪漫的自然主义。他认为，"司马迁在风格上所表现的浪漫性"，是"浪漫者在追求无限，所以司马迁在用字遣词上也都努力打破有限的拘束，所谓'疏荡有奇气'也不过是这意思的另一种说法罢了"；"以画喻之，司马迁的文如写意画，但并非率尔的写意，却是由工笔而写意"；"以书法喻之，司马迁的文如米芾的字，表面看是不拘常调，其实却是经过了观摩善碑名帖，集大成而为之"。③ 在《史记》研究史上，宋代的马存曾将司马迁的经历与作品风格联系在一起，此期的李长之第一次系统研究司马迁人格与作品风格之关系，开拓了《史记》文学研究的领域，其价值值得肯定。

（七）司马迁《史记》"爱奇"研究

司马迁"爱奇"，古人早有论说，近现代时期这一问题研究则推陈出新，颇有价值。曾毅认为："《史记》之文字——生动而疏宕有奇气。盖迁多爱之人也，故其文热血横进；多恨之人也，故其议论悲愤郁遏。若以儒教之家法绳之，诚不免扬雄所谓不与圣人同是非之嫌。而以历史之眼光观之，变易编年，创为纪传，冠冕群伦，师法百代；实有如刘子元所称才学识三才，而邀郑渔仲之钦赏。即以文学价值论之，自来文人学士，孰不仰为空前之杰作，绝后之至文乎。"④ 高度评价《史记》之"奇"。在具体作品评析中，也有许多评论家非常注意司马迁"爱奇"倾向。李景星《史记评议》最为突出。他认为："《田单传》以'奇'字作骨，至赞语中始点明之。盖

---

① 钱基博：《古籍举要》，岳麓书社 2010 年版，第 83 页。
② 顾实：《中国文学史大纲》，商务印书馆 1926 年版，第 137 页。
③ 李长之：《司马迁之人格与风格》，生活·读书·新知三联书店 2013 年版，第 393—394 页。
④ 曾毅：《中国文学史·司马相如与司马迁》，泰东书局 1923 年版，第 62—63 页。

单之为人奇，破燕一节其事奇，太史公又好奇，遇此等奇人奇事，那能不出奇摹写？前路以傅铁笼事小作渲染，已是奇想；随即接入破燕，而以十分传奇之笔尽力叙之。写田单出奇制胜，妙在全从作用处著手。如'乃纵反间于燕宣言曰'，'田单因宣言曰'，'乃宣言曰'，'单又纵反间曰'，'令即墨富豪谓燕将曰'，节次写来，见单之奇功，纯是以奇谋济之……赞语曰：'兵以正合，以奇胜，善之者出奇无穷，奇正还相生，如环之无端。'连用三'奇'字，将通篇之意醒出。'始如处女'四句，亦复奇语惊人。君王后，奇女；王蠋，奇士，不入传中，而附于赞后，若相应若不相应，细绎之，却有神无迹，是乃真奇格也。合观通篇，出奇无穷，的为《史记》奇作。"[1]把本篇的"奇"分析得非常透彻。又如他评《魏其武安侯列传》：

> 此传虽曰《魏其武安侯列传》，实则窦、田、灌三人合传也。两个贵戚，一个酒徒，惹出无限风波。头绪纷繁，如何措手？而太史公用独力搏众兽手段，构成一篇绝热闹文字，真是神力。传以魏其武安为经，以灌夫为纬，以窦、王两太后为眼目，以宾客为线索，以梁王、淮南王、条侯、高遂、桃侯、田胜、丞相绾、籍福、王臧、许昌、庄青翟、韩安国、盖侯、颖阴侯、窦甫、临汝侯、程不识、汲黯、郑当时、石建许多人为点染，以鬼报为收束，分合联络，错综周密，使恩怨相结，权势相倾，杯酒相争，情形宛然在目。而武安侯田蚡恃其宠骄，以琐屑嫌隙倾杀窦、灌，此尤千古不平之事，故传又特意写出：曰"蚡为诸郎，未贵，往来侍酒魏其，跪起如子侄"。曰"武安侯新欲用事为相，欲以倾魏其诸将相"。曰"武安日以横"，曰"貌侵，生贵甚"，曰"武安由此滋骄"，曰"武安由此大怨灌夫、魏其"，曰"使武安在者，族矣"。赞语又重责武安，曰"迁怒及人，命亦不延。众庶不载，竟被恶言"。奇文信史，兼擅其长，宜乎于古今史家中首占一席也。[2]

这段评论，把《魏其武安侯列传》的奇特之处挖掘得非常细致，线索、人

---

[1] 李景星：《史记评议》，载《四史评议》，岳麓书社1986年版，第76页。
[2] 李景星：《史记评议》，载《四史评议》，岳麓书社1986年版，第98页。

物、结构等，都体现出"奇"的特点。他还评《司马相如列传》"洋洋万余言，一气团结，在《史记》中为一篇最长文字，亦为一篇最奇文字"①。评价《游侠列传》："游侠一道，可能济王法之穷，可以去人心之憾。天地间既有此一种奇人，而太史公即不能不创此一种奇传。故传游侠者，是史公之特识，非奖乱也。"② 李景星关于司马迁《史记》"奇"的研究，他已经深入探讨"奇文""奇人""奇事""奇意"等方面，比前代研究大大前进了一步。

（八）《史记》文学研究新突破

《史记》的艺术成就是巨大的、多方面的。近现代时期人们研究趋向细致化、深刻化，在宏观把握的基础上抓住某一具体问题进行深入剖析。

有学者注意《史记》的小说特征。施章认为，《史记》中的许多篇目具有小说气息。《史记》"把历史中人物特起的个性太显露的具体地描写出来，于是历史变成文学了。他的全书中有许多都可当作小说看。如《项羽本纪》《汉高本纪》等，都可视为最有价值之历史小说。因为科学是说明的叙述的，而小说是描写的表现的。所以我说《史记》最精彩的部分是文学不是历史。而且他的《史记》中，每篇之中有时又可分为几个短篇小说"③。李景星评《滑稽列传》说："《滑稽传》是太史公游戏文字，唐人小说之祖也。写极鄙极亵之事，而开首却从六艺说入。在史公之意，以为常经常法之外，乃有此一种诙谐人物，于世无害而于事有益，可见天地之大，无奇不有也。"④ 这些评论，视《史记》为小说，给读者认识《史记》文学特征以新的启发。

有学者注意到《史记》的史诗特征。郭沫若认为："《史记》不啻是我们中国的一部古代的史诗，或者说他是一部历史小说集也可以。那里面有好些文章，如《项羽本纪》《刺客列传》《货殖列传》《廉颇蔺相如列传》《信陵

---

① 李景星：《史记评议》，载《四史评议》，岳麓书社1986年版，第109页。
② 李景星：《史记评议》，载《四史评议》，岳麓书社1986年版，第116页。
③ 施章：《史记新论》，北新书局1931年版，第14页。
④ 李景星：《史记评议》，载《四史评议》，岳麓书社1986年版，第118页。

君列传》等等，到现今还是富有生命的。"① 李长之也说："《史记》是中国的史诗""诚然以形式论，他没有采取荷马式的叙事诗，但以精神论，他实在发挥了史诗性的文艺之本质"。作者认为，"史诗性的文艺之本质首先是全体性""司马迁的《史记》是作到了的""史诗性的文艺之本质之第二点是客观性"，这一点也做到了，史诗性的文艺本质的发展性，造型性，《史记》也做到了。"就抒情方面说，司马迁也许是一个最主观的诗人，但就造型艺术说，司马迁却能尽量地维持他对于艺术的忠实，于是中国便有了无比的史诗性的纪程碑——《史记》——了。"② 可以说，把《史记》视为史诗，这是一个全新的课题，更突出了《史记》文学性的本质特征。

关于"班马异同"问题，前人多有研究，本时期对此进一步深入。郑鹤声的《史汉研究》，1930 年由商务印书馆出版。全书分为《史记》《汉书》和《史汉比较》三个部分，着重对前人的《史记》《汉书》研究评论进行汇总，对两书叙事也有论及。该书是这个时期关于史汉比较研究的代表性著作，具有较为宽广的理论视野，既总结历史上关于史汉比较的问题，也体现了自己对史汉两部著作的认识，具有承前启后的功用。另外，鲁迅在《汉文学史纲要》中列"司马相如和司马迁"为一篇，并说："武帝时文人，赋莫若司马相如，文莫若司马迁。"把两个司马并列，且指出各自的成就。郑振铎则把司马迁与司马相如相比较，认为司马迁胜过司马相如，他说："这个时代，两司马并称，然司马迁的重要，实远过于司马相如。司马相如以虚夸无实之辞，写荒诞不真的内容，他以乌有先生、亡是公为其所创作的人物，其作品的内容，也不过是'乌有''亡是'之流而已。司马迁的著作却是另一个方面的，他的成就也是另一个方面的。他不夸耀他的绝代的才华，他低首在那里工作。他排比，他整理古代的一切杂乱无章的史料，而使之就范于他的一个囊括一切前代知识及文化的一个创作的定型中。而他又能运之以舒卷自如，丰泽精刻的文笔。他的空前的大著《太史公书》不仅仅是一部整理古代文化的学术的要籍，历史的巨作，而且成了文学的名著。中

---

① 郭沫若：《关于"接受文学遗产"》，《郭沫若文集》第 12 卷，人民文学出版社 1959 年版，第 255—256 页。
② 李长之：《司马迁之人格与风格》，生活·读书·新知三联书店 2013 年版，第 400—402 页。

国古代的史书都是未成形的原始的作品,《太史公书》才是第一部正式的史书,且竟是这样惊人的伟作。司马迁于史著上的雄心大略,真是不亚于刘彻之在政治上。……自此书出,所谓中国的'正史'的体裁以立。作史者受其影响者至二千年。"[1] 对司马迁予以高度评价。

(九)《史记》与民间文学研究

《史记》一书,在编纂中采纳了许多民间资料,有些还是司马迁亲自走访所得。郭嵩焘在《史记札记》中说:"诸侯起微贱,一时遗闻轶迹,传闻必多,史公身历其地而知其遭际风云,未有异于人者也。史公于萧、曹、樊哙、滕公等《传》,盖得于民间传说为多,此所谓纪实也。"[2] 认为司马迁写《史记》时从民间采集资料。当然,《史记》更重要的是具有民间精神,李长之认为:"司马迁虽因为儒家的教育之故,讲缙绅先生的趣味,讲雅,可是他骨子里的精神是平民的。他对于皇帝吧,每每赤裸裸的把他们的外衣剥掉,而极尽讽嘲之能事。……对于官僚呢,他尤其在揶揄着,挖苦着。……反之,在平民方面,他却极端礼赞着,向往着,用尽了他那极其熟悉而亲切之笔描绘着";"司马迁的精神已经浸润在民间生活的内层了!所以他的文字也有着民间语言——白话——的生动和有力";"司马迁不但所写的是白话,而且不是纸上的白话,却是地地道道的口语了";"又不止写口语,而且能写方言和口吃";"口语之外,司马迁又爱援用俗谚";"司马迁之引用俗谚,就如同引用经典似的一样郑重了,他仿佛在民间的体验结晶之中,而灌注着自己生命似的了";"因为富有民间精神之故,司马迁的《史记》不止取材于堂皇的史乘和档案,他还访问了许多老百姓";"这种民间精神,于是使司马迁有着一些朴素的反抗性。他对一切接近民间的人,常常情不能已的歌赞着"[3] 这个评价是非常具有眼光的,揭示了《史记》民间精神的内涵。

总之,关于《史记》文学性的总体评价,近现代学人在前人基础上取得了一定的新认识。尤其是李景星的《史记评议》,在继承前代评点成就基

---

[1] 郑振铎:《插图本中国文学史》,人民文学出版社1957年版,第119—120页。
[2] (清)郭嵩焘:《史记札记》卷5上,商务印书馆1957年版,第328页。
[3] 李长之:《司马迁之人格与风格》,生活·读书·新知三联书店2013年版,第276—284页。

础上，注重从文学方面分析《史记》的文章结构、写人艺术等，颇有特色。李长之《司马迁之人格与风格》一书是一部系统研究《史记》文章风格的著作，对《史记》的美学风格也进行了细致分析，并探讨了《史记》的史诗特征、《史记》与中国小说戏剧的关系、《史记》的讽刺艺术等问题。还融汇西方学理，全面分析了司马迁的生平体验与创作的关系，深刻阐明司马迁《史记》的"风格之美学"，对《史记》文学艺术性的认识达到了前所未有的高度。可以说，在学者们的不懈努力下，基本建构了《史记》文学性研究的理论框架，为《史记》文学经典建构提供了有力的理论支撑。

三 文学史著作和教材编写强化了《史记》文学经典的地位

近现代时期，文化事业发生了许多变化，其中有两件事情需要我们特别关注。第一是中国文学史学科的建立，许多学者开始编纂中国文学史著作，对中国古代文学的历史发展进行总结。第二是新式教育尤其是大学教育和古代相比发生了重大变化，相应的教学体系、教材体系也发生变化。这两项是紧密结合在一起的。

宣统二年（1910）6月，由武林谋新室出版的《中国文学史》，原为林传甲光绪三十年（1904）于京师大学堂优级师范馆讲授中国文学课程时所写授课报告书，封面书名上方以行字注有"京师大学堂国文讲义"字样。单行本正式出版前，先行在《广益丛报》第229号（1910年4月19日）上开始连载至256号（1911年1月10日）刊完。据陈玉堂《中国文学史书目提要》著录，此前有讲义本署名林归云于1904年与1906年两度印行。此书作为教科书，不完全等同于个人独立的撰述。全书篇幅不长，而内容繁多。该著作用大文学史观念认识文学，其中论及《史记》《汉书》《后汉书》《三国志》四史文体，对《史记》格外重视，"《史记》为经天纬地之文""《史记》通六经自成一家之文体""《史记》本纪世家文体之辨""《史记》世家列传文体之辨""《史记》十表创统计学之文体""《史记》列传文体之奇特""褚少孙裴骃司马贞张守节诸家增补《史记》文体""归震川评点《史记》之文体"等，全面论述《史记》的价值，尤其是文学价值。作者还从统计学的角度来研究《史记》十表,认为《史记》创立史表,其价值可视为在于创统计学之文体,角度很新。他分析道:"今历史新裁,尤以图表为重,实不能出史迁范围。观《三代世表》,则古今帝王统计也。《十二诸侯年表》《六国年表》,则强大各国之统计也。《秦楚之际月表》,则因战局未定而变迁较多,不能不力求详密也。《汉兴以来诸侯年表》《高祖功臣年表》《惠景间侯者年表》《建元以来侯者年表》《建元以来王子侯者年表》《汉兴以来将相名臣年表》,皆汉室之统计册也。或年为经而人为纬,或年为经而地为纬,丝连绳贯,开卷犁然。"① 见解独到,这说明这个时期的《史记》研究者,其眼界是比较开阔的。胡适的《白话文学史》把《史记》的某些篇章作为白话文的早期代表作品进行分析评论,认为《史记》文章的好处不在于它的"古色古香",而在于它的"白话化",这也具有鲜明的时代特色。所有这些使我们看到,《史记》研究正合着时代前进的节拍,出现了一种不同于以往任何时代的新的景象。这时出版的文学史著作,大多都列专章或专节,对《史记》作重点分析评论,这是《史记》在文学史著作中被专门评述介绍的开始。鲁迅作为中国新文学的奠基人,其《汉文学史纲要》系 1923 年在厦门大学讲授中国文学史课程时编写的讲义,题为《中国文学史略》;次年在广州中山大学讲授同一课程时再次使用,改题《古代汉文学史纲要》。该书在作者生前未正式出版,1938 年编入《鲁迅全集》时改用此名。鲁迅用极为精练的语言,称《史记》为"史家之绝唱,无韵之《离骚》",评价的高度是前所未有的。此期其他文学史著作,如郑振铎《插图本中国文学史》(1932),陆侃如、冯沅君《中国文学史简编》(1932),刘大杰《中国文学发展史》(1941),谭丕模《中国文学史纲》(1933),林庚《中国文学史》(1947)等,都不同程度地对《史记》文学成就进行论述。把《史记》列入中国文学史,这是《史记》文学经典建构的重要途径。通过各种不同形式、不同时期、不同作者的文学史论述,《史记》名正言顺地进入中国文学史的经典之列。

近现代时期,许多作家的文学创作也深受《史记》的影响。在 20 世纪 30 年代前后,作家自传创作进入高峰时期,如胡适的《四十自述》、郭沫若

---

① 林传甲:《中国文学史》,吉林人民出版社 2013 年版,第 97 页。

的《沫若自传》、郁达夫的《自传》、沈从文的《从文自传》、巴金的《巴金自传》、庐隐的《庐隐自传》、张资平的《资平自传》、林语堂的《林语堂自传》等，或多或少、或明或暗受到《史记》传记手法的影响。郭沫若在自传中叙写了他对《史记》的研读和喜爱，并深受其影响。郭沫若也以《史记》故事为题材创作了不少历史剧，其中《屈原》是其所创作的影响最大的剧作，该剧于1942年由中华剧艺社在重庆国泰大剧院公演，此后还曾在苏联和日本上演。该剧的重要价值在于凸显了屈原的爱国主义精神，在他的笔下，屈原不仅是伟大的民族诗人，更是中华民族尊重正义、抗拒强暴的仁人志士。《棠棣之花》讲述的是战国时期义士聂政刺杀韩相侠累的故事。聂政是重义气的侠客，但他刺杀侠累的行为超出了"士为知己者死"而升华为报家国公仇而舍身的崇高行为。另外还有《湘累》《女神之再生》《卓文君》《李陵与苏武》等历史剧作，都是从《史记》中提取材料，给予历史人物以崭新的艺术生命，从而经久不息地活跃在舞台之上，产生了广泛的影响力。其于30年代创作的历史小说，诸如《司马迁悲愤》《秦始皇将死》等作品，也都以《史记》中的记载为基础，在保持历史真实性的前提下，注重对现实社会的讽喻和对史材的解读。

综上所述，近现代时期，文人学者通过推广普及、系统研究、文学史编写及讲授等途径，《史记》文学经典的地位越加巩固。在《史记》文学经典建构过程中，近现代是一个承前启后的过程，既有前代许多传统的继承，又有历史转折时期新的特点，为中华人民共和国成立后《史记》文学经典的再建构打下坚实的基础。

第 九 章
当代：《史记》文学经典化的新时代

一部经典著作因其内在价值而具有永恒的魅力和生命力，而历代读者对经典的阅读与消费、传播与研究，使其生命力得到进一步延伸和扩展。司马迁的《史记》就是这样的典范。从汉魏六朝开始，随着《史记》文学价值的不断被挖掘、认可，其文学经典地位也得以不断地稳固、强化。到了当代，随着社会的变化、学术的繁荣和理论的发展，人们的认识更加系统化，大量的著作、论文，对《史记》文学成就进行阐释，使《史记》的文学经典地位更加巩固。对于当代这70年的过程，我们分阶段论述。

一 《史记》文学经典化的新起步

1949年中华人民共和国成立，中国社会进入新的阶段。我们认为，20世纪50年代到60年代前期是中华人民共和国成立后《史记》文学研究、文学阐释的第一个高潮时期，也是经典化新的起步。相对于古代而言，这种新起步主要体现在以下几个方面。

（一）新的思想。本时期文史工作者开始广泛运用马克思主义新方法研究《史记》，端正了《史记》研究的方向。1951年，翦伯赞在《中国青年》总第57期上发表了《中国历史学的开创者司马迁》一文。这是中华人民共和国成立以来的第一篇评论《史记》的有影响的文章。作者以马克思主义的唯物史观这一新的思想、新的方法研究《史记》，充分肯定了司马迁在中国史学史上的重大贡献。他说：

> 司马迁的不朽，不仅因为他写成了一本《史记》，特别是因为他开创了一种前所未有的新的历史学方法，即纪传体的历史学方法。
> ……
> 司马迁不朽，不仅因为他开创了这种历史学的方法，而且在于他具有远大的历史见识，他的见识之远大，首先表现在他的眼光能够投射到中国以外的世界，即以世界规模研究中国历史……其次表现于他的眼光能够投射到历史上的社会的每一个侧面。……最后而又是最重要的，是表现在他把眼光投射到社会的每一个阶级……
> 司马迁的不朽，不仅由于他具有远大的历史见识，而且又在于他具有大胆的批判精神。他的《史记》，不是一部死板的记述的历史，而是一部富有灵魂的批判的历史。
> 从《史记》中，我们到处可以看到司马迁在大胆地进行他的历史批判。他用锐敏的眼光，正义的观察，怀疑的精神，生动的笔致，沉重而动人的言语，纵横古今，褒贬百代。①

该文简洁明快，且发表在通俗刊物上，对于《史记》的普及和研究起了很好的作用。卢南乔《论司马迁及其历史编纂学》《司马迁在祖国文化遗产上的伟大贡献与成就》等文，用历史唯物主义观点对司马迁的编纂学及其文学成就进行评价。另外像对司马迁哲学思想等问题的研究，都是历史唯物主义观点方法的体现。② 许多学者已经运用历史比较法对《史记》进行较为全面深入的研究，把《史记》与先秦史书进行对比，与《史记》以后的史书作对比，与希腊史书作对比等，提高了对《史记》价值的认识。如齐思和的《〈史记〉产生的历史条件和它在世界史学上的地位》一文，通过历史比较认为，"司马迁不但是中国史学家之父，也是全世界古代最伟大的历史学家之一"③。这是把司马迁放在世界文化的大背景下进行评论。这个时期，许多学者在宣传普及方面作出了努力，金兆梓、荣孟源、汪篯、尚钺、李长

---

① 翦伯赞：《中国历史学的开创者司马迁》，《中国青年》1951 年，总第 57 期。
② 卢南乔：《论司马迁及其历史编纂学》《司马迁在祖国文化遗产上的伟大贡献与成就》，分别载《文史哲》1955 年第 11 期、1956 年第 1 期。
③ 齐思和：《〈史记〉产生的历史条件和它在世界史学上的地位》，《光明日报》1956 年 1 月 19 日。

之等人，都撰写了通俗性的评介论文，形成了普及《史记》、宣传司马迁的热潮。他们的文章深入浅出，语言平易明快，对司马迁的思想、生平以及《史记》的价值等进行了全面的介绍。本时期王伯祥《史记选》、郑权中《史记选讲》、张友鸾《史记选注》等《史记》选本，选择《史记》中写人叙事最有特色、文学性最强的篇章进行选注或选讲，突出《史记》在中国文学史上的价值和地位。本时期全国报刊及学报也纷纷发表关于《史记》的文章，尤其是《文史哲》杂志发表了大量的《史记》研究论文，并且编辑出版了《司马迁和史记》丛刊，对促进《史记》的传播与研究起了积极的作用。20 世纪五六十年代，展开过"《史记》的文学成就的评价"和"《史记》艺术力量的根源"问题的讨论，如《解放日报》1959 年 4 月 4 日和 5 月 9 日分别载陈咏的《〈史记〉文学成就的评价问题》和山鹰《应该怎样评价〈史记〉的文学成就》，《光明日报》1960 年 3 月 13 日载慕义《〈史记〉艺术力量的根源》；《陕西日报》1958 年 11 月 9 日载杜甫若《伟大的史学家和文学家司马迁》，同报 1961 年 7 月 29 日载伊凡《伟大的文史学家司马迁》，说明《史记》的文学特征和价值一直受到人们的关注。

（二）新的《史记》文本。《史记》在流传过程中，出现许多不同的版本，且是没有标点断句的文本。1959 年，中华书局出版了新点校本《史记》，它以金陵书局本为底本，对《史记》原文及"三家注"作了全新的断句、标点和分段整理。这一读本有两大特点。第一，分段精善。1930 年顾颉刚、徐文珊本，北平研究院排印已作分段，新点校本在顾徐本的基础上，作了更精善的分段。一般是每事一段。但为了避免琐碎，凡事情简易、文字短小者，数事合为一段。反之，一个大事件，文字很长，则按事件发展的波澜分成若干段。如《项羽本纪》中的"鸿门宴"一节就分为四段，分段精善，使史事内容条理清晰，线索分明。第二，技术处理合理。为了使段落之间眉目清楚，根据段与段之间的不同联系做了不同的技术处理。凡大段之间空一行。二人以上合传，关系密切的叙完一人事迹接续另一人事迹时空一行；关系不密切的，人物之间空两行，附传人物为一组，中间不空行，正文中的大段引文如《秦始皇本纪》和《陈涉世家》所引《过秦论》，以及后人增补的文字均另起行，低两格以示标志。年表部分，在书眉上标注了西历纪年，阅读和考证都十分方便。点校者对于已断定的增删文字也作了有标志的技术处理。删去的文字用圆括号小字排。增添的文字用方括号标排,以避免武断。三家注则用小字分条排列于各段正文之后,标注号码照应。《史记》经过这样整理以后,具有很高的学术价值,不仅给广大读者提供了精善的读本,也给专门研究者提供了完善的引证本。① 新的文本,对于《史记》经典化起了重要作用,由此,成为《史记》传播的经典文本。

(三)新的理论。对《史记》文学进行研究,前人在这方面已经取得了不少成绩,如何进一步认识《史记》的艺术价值,是摆在每位研究者面前的首要任务。许多学者抛弃陈见,从新的角度进行了有益的探讨。其中最主要的是两个新的文学理论,一是现实主义,二是典型化。这是苏联文学理论在中国学术领域的体现。

季镇淮在《司马迁》② 一书中,有一专节"伟大的现实主义的历史家和文学家",对司马迁的文学成就进行了一定的论述。之后,又发表《司马迁是怎样写历史人物的传记的——从"实录"到典型化》一文③,认为"实录"是司马迁写历史人物传记的一个根本精神,但"司马迁的实录并不是无动于中地、完全被动地直录事实,而是和他的著述理想有密切联系的";"司马迁从根本的实录精神出发,首先他要选择或识别人物,从而选取其可信的和重要的事件,适当地安排、剪裁,并加以一定的具体描写:这是司马迁写作历史人物传记的一个创造性的、典型化的过程。……他写的许多人物不仅是实有的、互不相同的个别人物,而且是一定社会条件下具有典型意义的代表人物。他突出地写出了人物的重要方面,反映了复杂的、丰富的历史内容。由于他努力模拟或运用口语来描写人物,许多人物的个性和典型性更明显了,更加强了。"作者从典型化的角度对《史记》人物传记的分析是别开生面的,虽然司马迁在当时还不知道所谓的"典型化",但他的写作实践却已经达到了这种程度,是值得肯定的。

冯其庸《司马迁的人物特写》④ 一文,从四个方面具体分析了《史记》

---

① 张大可:《史记研究》,商务印书馆1985年版,第471—472页。
② 季镇淮:《司马迁》,上海人民出版社1979年版。
③ 季镇淮:《司马迁是怎样写历史人物的传记的——从"实录"到典型化》,《语文学习》1956年8月号。
④ 冯其庸:《司马迁的人物特写》,《新闻战线》1959年第7、8、9、10期。

描绘历史人物的方法：一、人物性格的刻画和细节描写；二、对人物或事件进行直接或间接评论；三、材料的取舍和结构的安排；四、作者的叙述语言和作品中人物的语言。作者在分析时，不只是引证说明，同时从分析中归纳出一些有规律性的东西。如认为《史记》的结构有单线发展和岗峦起伏式结构，有两线交错式结构，有不断上升式结构等，对于人们深入研究《史记》的艺术结构有很大的启发作用。

本时期对《史记》艺术成就进行探讨的还有任访秋《伟大的现实主义散文作家司马迁》，高亨《〈史记〉的思想性与艺术性》，苏仲翔《试论司马迁的散文风格》[①] 等。大家普遍认为，司马迁在文学方面尤其是人物传记方面的创造，是不可低估的，他是一位伟大的现实主义作家，他的散文别具一格，并对后代产生了巨大影响。

在研究《史记》人物传记的同时，人们还注意到了《史记》的语言特征。殷孟伦在《略谈司马迁现实主义的写作态度》[②] 一文中对《史记》的史学、文学成就作了全面的概括、评价。其中有一节专论《史记》的语言艺术，认为"《史记》在语言的采用上，有着谐适、整齐的色彩"。首先司马迁对古代语言的处理，不是要求在狭隘的形式上的复制作为他的出发点，而是根据各个要素在整体意义上的联系来达到以今译古的作用。虽然采用了古人的语言，但赋予了它新的生命，使它具有了作者自己所独具的风格。不但如此，在司马迁创作《史记》时，所采用的是当时的口语和通用的书面语，运用这样的语言，在人物性格的刻画和人物说话时神情态度的描绘上，更表现了他现实主义的写作态度。司马迁还常常利用歌谣、谚语、俗语等穿插在他的叙述和论赞里，丰富了他的文学语言，同时也加强了他的作品的表现力和战斗力。之后，作者又发表《试论司马迁"史记"中的语言》，《通过"魏其武安侯列传"来看司马迁"史记"的语言艺术》二文[③]，详细探讨了《史记》的语言艺术，认为："《史记》的语言艺术，是跨进了一个新的时代的新标志"；

---

① 分别载《长江文艺》1954 年第 8 期、《文史哲》1956 年第 2 期、《文学遗产》增刊 1957 年第 4 辑。

② 殷孟伦：《略谈司马迁现实主义的写作态度》，《文史哲》1955 年第 12 期。

③ 殷孟伦：《试论司马迁"史记"中的语言》，《通过"魏其武安侯列传"来看司马迁"史记"的语言艺术》，分别载《文史哲》1956 年第 2 期、第 6 期。

"为了表现人物性格和心理特征,在人物语言方面,作者几乎每篇都抓着这个要点来运用和适应,不但表现出他所复制、塑造的人物特有的活动领域各有不同,而且表现出人物的心理状况也各有不同。……在叙述语言方面,作者在各种不同的场合中,随着事件情节的开展变化,又有了极其生动、形象的运用和适应,并且有着丰富多样的美学色彩的渲染";"司马迁对于社会事物观察的深刻细致,通过他固定在书面上的语言形式来体认,他是最善于抓住社会矛盾来阐明历史现象和人物的活动的。这是评价司马迁《史记》的语言艺术的一个主要环节,也就是作者语言艺术的本质问题。"作者研究《史记》的语言艺术,是非常细腻、具体的,但又不是仅从文字的表面去研究,更重要的是透过司马迁的语言艺术,深入司马迁的内心世界,并且看到更深更广的社会复杂关系,这是难能可贵的。另外,卫仲潘《司马迁的讽刺语言艺术》[①] 等也从不同侧面对《史记》的语言进行了较为深入的研究。

(四)新的高度。一部著作,之所以能成为经典,并且具有强大的生命力,关键在于它内容的丰富性和思想的深刻性,作品中隐藏着有意义、有价值的"密码"。从读者研究的角度看,只有深入挖掘经典的内在"密码",才能使其内涵得以呈现,生命力得以延伸和扩展。这个时期《史记》研究的内涵不断提升,并且由"史料学"向"史记学"发展。《史记》是史学著作,所以,历代研究首先从史料、史学入手,探讨其真实性及其历史价值。当代以来,"史料学"研究仍然是《史记》研究的重要内容之一,这是研究《史记》最重要的方法之一,即使今天,仍不可缺少。但是,《史记》不是一般的史料汇编,司马迁要"究天人之际,通古今之变,成一家之言",这是《史记》之魂。如果仅在史料考释上辨析史实,还不能深入探究《史记》内在的价值。从史料的整理和挖掘中分析司马迁思想,通过具体材料探讨《史记》丰富的思想内涵及其价值,上升到"史记学"的理论高度,这是《史记》研究的必经之路。这就是要探讨司马迁对历史规律的总结、对历史的认识、对社会发展的认识,探讨司马迁如何用文学的手法描绘历史过程、刻画历史人物。传统的《史记》研究也已开始注意这方面的问题,但大多比较零散而不成系统。这个时期,《史记》研究出现新的高度,除前所述

---

① 卫仲潘:《司马迁的讽刺语言艺术》,《文史哲》1958 年第 2 期。

外，再以白寿彝先生为例。他的《司马迁与班固》和《史记新论》①两篇宏文，把唯物史观与丰富的史料相结合，对司马迁的思想和艺术进行了系统的论述。《司马迁与班固》一文共分 10 个专题：司马迁著《史记》；《史记》编写上的特点；《史记》的人民性；"究天人之际"；"通古今之变"；两汉之际的史学；刘向、歆；班固改《史记》；《汉书》的博洽；《汉纪》的继出。我们可以看出，从《史记》到《汉纪》，时间跨越 300 多年，作者是从这个广阔的背景上去评价马班成就的。《史记新论》则上溯 700 多年，从西周末年共和执政说起，一直讲到司马迁写《史记》为止，分 6 个专题：《史记》写作的历史背景；"究天人之际"；"通古今之变"；"成一家之言"；"寓论断于序事"；空前的巨著，优秀的楷模。这两篇宏论采用上溯下及、纵横比较的方法，把《史记》放在整个历史长河中进行考察，分析它的创造性。一篇上溯 700 多年，一篇下及 300 余年。这样远距离探索的方法，在前代是少见的。第一次将"究天人之际，通古今之变，成一家之言"作了贯通的评述。作者对司马迁的这三句话给予高度评价，认为"不只是自己的要求，而且是提出了历史工作的中心问题。并且他作出了空前的成就，为以后的历史学者提出了途径，提供了学习的榜样。此后的历史学者究竟作出了什么成绩，司马迁提出来的几个问题和他已达到的成绩就好象是测量器一样可以用以测量出他们的高低来。司马迁之所以成为中国史学的建立规模的人，成为笼罩整个中国封建时代的史学大师，其秘密也就正在于此"。总之，白寿彝的两篇宏论在研究司马迁思想方面取得了重要的成就，对司马迁思想作了科学的分析和实事求是的评价，比前期学者的认识更深刻、全面。对于司马迁与班固的比较也更深入。

另外，陈直《太史公书名考》②一文列举 9 条证据证明《史记》书名开始于东汉桓帝之时。他的另一文章《汉晋人对〈史记〉的传播及其评价》③对《史记》早期传播情况进行了研究。程金造《从史记三家注商榷司马迁

---

① 《司马迁与班固》一文载《北京师范大学学报》1963 年第 4 期。《史记新论》写成于 1963 年，求实出版社 1981 年版，故视为这个时期的代表作。
② 陈直：《太史公书名考》，《文史哲》1956 年第 6 期。
③ 陈直：《汉晋人对〈史记〉的传播及其评价》，《四川大学学报》1957 年第 3 期。

的生年》① 对《史记》三家注进行研究。贺次君《史记书录》对六朝至民国60余种《史记》版本进行研究。本时期金德建《司马迁所见书考》一书，对《史记》所凭借的各种典籍加以探讨，成就卓异。

由于马克思主义立场、观点、方法的引入，这一阶段的《史记》研究呈现出全新的繁荣景象，这是20世纪《史记》研究的一大新变。但也出现了过分拔高、美化的倾向，有人认为司马迁的著作"充满了人民性，处处从人民立场上来评价历史人物和历史事件"，有人认为司马迁是"人民的歌手"等，用今人的思想改造司马迁。受政治环境影响，阶级分析法流于形式，许多人机械地给司马迁及《史记》人物贴上标签。有些文章以今人的思想苛求司马迁，从而贬低甚至否定司马迁及其创作的《史记》。过分拔高或贬低《史记》都违背了历史唯物主义的基本原则。

二 《史记》文学经典化的新高潮

《史记》文学经典化新的起步之后，前进中也遇到了一定的挫折。20世纪60年代后期至70年代前半期，学术研究被政治斗争风暴完全吞没，《史记》及其文学研究处于停顿沉寂状态。

自1977年新时期以来至今，广大文史工作者解放思想，重新研究《史记》，出现了一个新的高潮。就《史记》文学研究而言，这40年也是有史以来成就最辉煌的时期，《史记》文学经典化更加巩固。

（一）普及化。《史记》的普及是《史记》文学经典化的基础。进入新时期后，《史记》的普及工作比前代有了更大的发展。从普及的层面到普及的形式都有新的变化，各级党政领导的培训班，大中学生的课堂，民间各种国学学习班，新媒体的使用，等等，使《史记》得到广泛传播。

这个时期出版了许多《史记》选注本、导读本、赏析本等。有白话翻译、鉴赏、人物故事、连环画等，有辞典、索引、研究年鉴等。如韩兆琦主编《〈史记〉文白评精选》、杨燕起等人翻译《白话〈史记〉》、强尚龙等人编译的《图说〈史记〉》、覃仕勇评译《〈史记〉精选》（插图版）等。韩兆

---

① 程金造：《从史记三家注商榷司马迁的生年》，《文史哲》1957年第2期。

琦主编《〈史记〉赏析集》①是一本附有原文的《史记》名篇鉴赏集。这本鉴赏集共收《史记》作品 29 篇，连同《报任安书》，共 30 篇，规模壮观。选文的标准首先是那些历史价值大而且艺术成就高的，同时也适当照顾了司马迁思想的各个侧面。鉴赏文字尽管都是针对单篇，但尽可能地照览司马迁全人与《史记》全书，每一篇作品都放到了《史记》全书与汉代社会这个广阔的背景上来。作品原文，尽量保持原貌，个别太长的，如《项羽本纪》《高祖本纪》，适当地作了删节。在当时对于大学文科学生，中学语文、历史老师，对于广大自学者和电大、函大的学员来说，都很有用的。他还有《史记选注集说》《史记选注汇评》《史记笺证》等著作，在普及方面做出了重要贡献。张大可《史记选注讲》《史记全本新注》等，也是《史记》普及的重要著作。王利器主编《史记注译》、杨钟贤等主编《文白对照全译史记》、霍松林等主编《宋本史记注译》等，各有特色。陈桐生《〈史记〉名篇述论稿》、顾晓鸣主编《史记鉴赏辞典》等，是具有理论分析的《史记》鉴赏。段国超、丁德科主编的《〈史记〉人物大辞典》②共收《史记》人名 6821 条，包括了姓名、字号、籍贯、生平事迹、庙号、谥号、太史公对其评价及出处等内容，并附载了主要人物家族世系表。为方便读者查找和学习，在每条词释文后还注明了相应的中华书局和商务印书馆《史记》版本的页码，该书具有人物全、资料细、文字简的特点。黄新亚《司马迁评传》、张大可《司马迁评传》等，全面介绍司马迁及其《史记》，也各具特色。渭南师范学院连续多年编纂《司马迁与史记研究年鉴》，也从一个侧面宣传《史记》。

在《史记》普及方面，《史记》教材在其中起了十分重要的作用。游国恩主编的《中国文学史》和袁行霈主编的《中国文学史》作为新时期以来高校采用最广泛的教材，司马迁与《史记》都是其中的重要内容，且作为独立的一个章节进行安排与设计。各种针对《史记》教学的慕课、微课在高校得以开展，如中央社会主义学院张大可、山东大学张富祥开设有"《史记》导读"的慕课。在专门的《史记》教材方面，中国史记研究会编的

---

① 韩兆琦：《史记赏析集》，巴蜀书社 1988 年版。
② 段国超、丁德科：《〈史记〉人物大辞典》，商务印书馆 2017 年版。

《史记教程》、张新科主编的《史记概论》《史记导读》等为高校学生全面系统学习《史记》提供了极大的方便,是推进《史记》普及化的重要推手。宋嗣廉等编写的《〈史记〉与中学古文》,将中学教材与《史记》相关的作品全部进行梳理,并且分析这些作品与《史记》的关系,别具一格。

　　新时期以来,随着科技的进步,电视、电脑、手机等都成为传播普及《史记》的方式。1987年,哈尔滨师范大学、黑龙江省电子研究所及计算技术服务公司的李波等人用微机处理《史记》全文,如果要对《史记》的字、词、句进行检索,只需几秒钟,计算机就会显示其结果;几分钟,便可拿到全部打印材料。其检索速度之快,比传统的手工方法高出几百倍。在此基础上,他们编纂了《史记索引》,为研究者提供方便。20世纪后半期随着科学技术的发展,利用现代化的数字网络技术,建立起不同形式的信息资料库,有数字化的检索系统,满足不同研究者的需求。还有专门的网站如中国史记研究网、司马迁研究网等。2006年,王立群登上中央电视台《百家讲坛》栏目,讲述"读《史记》"系列人物并出版相关图书,被观众誉为"百家讲坛最佳学术主讲人",极大地推动了《史记》的传播与普及。还有许多《史记》内容被改编为电影、电视剧等。如2005年胡玫执导的《汉武大帝》、2012年高希希执导的《楚汉传奇》等,都得到广大观众的好评。在陕西本土赵光勇、许允贤等人编拍了《司马迁故里行》《黄帝》两部电视片。司马迁是陕西人,《史记》所记许多事件又发生在陕西,因此,既得天独厚,又责无旁贷,相信会拍出更多更好的电视片。伴随个人计算机与智能手机的普及与革新,网络时代新媒体也发挥着重要作用。新媒体又叫数字化新媒体,是利用数字、网络技术,以手机、电脑、数字电视为终端的新兴媒体。未来《史记》的研究与普及传播,与新媒体密不可分。比如,研究者可以将《史记》符号化,《史记》的文化符号相对精简,灵活性强,便于渗透到新媒体传播的各个平台。再如,研究者可以打破《史记》文本的时间与空间限制,从《史记》中提取出短小精悍的片段,呈现于手机App界面或大型网站平台。如何利用好新媒体为《史记》研究助力,是研究者在未来需要面对的问题。

　　在《史记》普及方面,我们还应特别注意司马迁的故乡——陕西韩城市。1985年韩城市成立司马迁学会,30多年来,学会成员发挥地方优势,出版了《司马迁祠碑石录》《司马迁与韩城民俗》《司马迁年谱》《司马迁自述集》《历代咏司马迁诗选》《司马迁传奇》《司马迁与太史祠》《司马迁新证》《司马迁研究》等著作，都具有浓厚的乡土气息。近年来举办司马迁大讲堂，邀请全国专家宣讲司马迁和《史记》，每年清明节还举办民祭司马迁活动，扩大司马迁和《史记》的影响。

（二）系统化的研究。对于《史记》文学成就的研究，从汉魏六朝时期就已开始，取得了较大的成绩。当代的研究，在前期基础上更加系统化、理论化。仅著作而言，如郭双成《〈史记〉人物传记论稿》是本时期专门从文学角度评价《史记》人物传记的著作，这也是中华人民共和国成立后第一部系统研究《史记》人物传记的著作。作者从思想性和艺术性两方面对《史记》人物传记进行了评价。宋嗣廉《〈史记〉艺术美研究》首次引入"艺术辩证法"概念，分析《史记》中实录与想象、多样与统一、共性与个性等关系问题；韩兆琦《史记评议赏析》运用悲剧理论，分析《史记》的悲剧特征及其价值；吴汝煜《史记论稿》深入探讨了《史记》散文、传记的文学成就及其影响问题；李少雍《司马迁传记文学论稿》重点探讨《史记》与中国古典小说的关系问题；可永雪《〈史记〉文学成就论稿》系统抉发《史记》写人艺术和语言成就；何世华《〈史记〉美学论》对《史记》的审美意识、基本美学原则、描写和评价人物的特色等问题进行系统阐发；覃启勋《〈史记〉与日本文化》系统研究《史记》在日本的传播研究以及对日本文化的影响；张大可《史记研究》中关于《史记》取材、体制、论赞、互见法、班马异同等问题有全面论述；陈桐生《中国史官文化与〈史记〉》从史官文化的角度探讨《史记》在中国文化史上的地位；张强《司马迁与宗教神话》《司马迁学术思想探源》系统论述司马迁与原始宗教神话的关系以及司马迁的学术思想渊源；徐兴海《司马迁的创造思维》从创造心理学角度探讨司马迁的思维特征及其知识结构；李志慧《〈史记〉文学论稿》、张新科《〈史记〉与中国文学》《唐前史传文学研究》、俞樟华《史记新探》《史记艺术论》《〈史记〉与古代小说戏曲研究》《唐宋史记接受史》等从不同的角度论述《史记》的文学源流、成就及其在中国文学史上的地位；杨燕起《〈史记〉的学术成就》系统论述了司马迁的哲学思想、政治思想、历史思想以及《史记》独特的体例问题；王子今《史记的文化发掘》将《史记》及其有关的社会文化现象放置在人类文化的总格局中加以探讨,破译司马迁以前的若干文化密码,从而发现中国早期史学若干文化人类学的基因,在此基础上探讨《史记》的文化涵括;陈雪良《司马迁人格论》、程世和《司马迁精神人格论》分别探讨司马迁的精神、人格及其意义;任刚《〈史记〉战国人物取材研究》既全面论述《史记》所写战国人物的取材问题,又具体分析战国人物传记的具体篇目;弋言《〈史记〉中的历史人物与文化意蕴》意在捕捉《史记》中人物的风采神韵,揭示司马迁笔下历史人物的精髓,并发掘《史记》人物传记及其篇章的文化内涵;杨宁宁《〈史记〉人物的性格与命运》从性格与命运出发,将《史记》人物分为若干类型与主题进行深入发掘;王长顺《先秦士人与司马迁》从"士"的角度探讨司马迁与先秦士人的关系以及文学创作的渊源;陈曦《〈史记〉与周汉文化探索》,其中涉及《史记》的战争叙述、隐含叙述、历史虚构、悲剧艺术等理论问题,同时也以不同的人文类型具体分析《史记》的艺术特征;郭必恒《〈史记〉民俗学探索与发现》,把《史记》纳入民俗学的视野予以考察,给人耳目一新,如此等等。这种大规模的系统性的研究,是当代《史记》文学研究的一大亮点。其中所探讨的问题,深入《史记》的灵魂深处,挖掘《史记》的史学价值、思想价值、文学价值。这种专题研究有几个明显的特点:一是突出问题意识,以问题为导向,层层深入;二是以理论为统帅,系统性强;三是以资料为依据,不空发议论;四是视野开阔,纵横开拓。这种系统的理论研究,还表现在数量众多的学术论文(包括硕士、博士学位论文),《史记》研究的最新成果往往首先从这些论文中体现出来,它们也是《史记》文学研究向纵深发展的重要标志。据初步统计,1905—1998年,各类《史记》研究论文达2269篇①;自2001年以来,仅中国史记研究会主办的《史记论丛》1—12集刊发的论文就多达897篇,《渭南师范学院学报·司马迁与史记研究》栏目1989—2015年刊发《史记》论文380篇。② 可见自20世纪以来《史记》研究论文的数量日益剧增,在这些论文中,除史学

---

① 张大可主编:《史记教程》,华文出版社2002年版,第9页。
② 张大可主编:《史记论丛》专辑第6卷《中国史记研究会十五年》,中国文史出版社2015年版,第191、385页。

研究外，还涉及经济学、军事学等，最多的还是文学领域。总之，大量著作和论文，对《史记》进行理论性、规律性的研究，提升了《史记》研究的内涵，为"史记学"体系的建立打下坚实的基础。随着研究的不断深入，对《史记》研究之研究也已展开，如张新科、俞樟华《史记研究史略》，杨海峥《汉唐〈史记〉研究论稿》等，或系统勾勒《史记》研究史，或选取某一阶段的《史记》研究进行研究。在此基础上，建构"史记学"体系的著作应运而生，张新科《史记学概论》一书对"史记学"的范畴、性质、价值等问题进行了较全面的论述，进一步上升到了学科体系。全面系统的理论探讨为深入挖掘《史记》的文化价值起了重要作用[①]。当然，理论建设并没有结束。我们需要在总结中外《史记》研究史的基础上，进一步提升我们的理论水平。

（三）多样化。多样化研究也是经典著作生命力延伸与扩展的体现之一。如果说，对于经典的研究只局限于某一方面或某一种形式，就无法真正透视经典的丰富内涵。

新时期以来，《史记》文学研究在传统基础上逐步向多样化发展。从20世纪80年代起，文学研究的问题越来越多样化，有人研究《史记》的讽刺艺术，如赵逵夫《论〈史记〉的讽刺艺术及其对〈儒林外史〉的影响》[②]，李世尊《谈太史公讽刺之"奇"》[③] 等；有人研究《史记》的心理描写，如朱一清《略谈〈史记〉人物的心理刻划》[④]，刘德萱《〈史记〉的心理描写》[⑤] 等；有人研究《史记》的细节摘写，如石泉《司马迁的细节描写》[⑥]，何旭光《〈史记〉细节描写浅说》[⑦] 等；有人研究《史记》的场面描写，如胡晓明《笔补造化·代为传神》[⑧]、白静生《〈史记〉的场面描写》[⑨] 等；有

---

① 张新科：《史记学概论》，商务印书馆2003年版。
② 赵逵夫：《论〈史记〉的讽刺艺术及其对〈儒林外史〉的影响》，《社会科学》1981年第4期。
③ 李世尊：《谈太史公讽刺之"奇"》，《杭州师院学报》1982年第1期。
④ 朱一清：《略谈〈史记〉人物的心理刻划》，《安徽大学学报》1979年第3期。
⑤ 刘德萱：《〈史记〉的心理描写》，《语文》1986年第3期。
⑥ 石泉：《司马迁的细节描写》，《哈尔滨师专学报》1980年第2期。
⑦ 何旭光：《〈史记〉细节描写浅说》，《南通师专学报》1985年第4期。
⑧ 胡晓明：《笔补造化·代为传神》，《贵州民族学报》1981年第1期。
⑨ 白静生：《〈史记〉的场面描写》，《河北师范学院学报》1981年第3期。

人研究《史记》的浪漫主义色彩,如潘啸龙《论〈史记〉人物传记的浪漫主义》①等;有人研究《史记》的抒情特征,如刘德煊《〈史记〉的抒情特征》②,韩兆琦《〈史记〉的抒情性》③等;有人研究《史记》中的民间文学色彩,如杨迅《论〈史记〉的民间文学色彩》④,康学伟《〈史记〉中歌谣谚语的思想性及艺术价值》⑤等,还有人研究《史记》的标题,《史记》的开头和结尾,如俞樟华《妙题寓旨·匠心独运》,陈兰村、俞樟华《漫谈司马迁人物传记的开头和结尾》⑥等。梁建邦《史记论稿》中专门探讨《史记》的重复修辞、夸张修辞、比喻修辞、讳饰修辞等。⑦另外如资中筠《太史公笔法小议》⑧,可永雪《司马迁的创造力散论》⑨,章明寿《试论〈史记〉中传记散文的文史分野》⑩等,也都从不同侧面对《史记》的艺术成就进行了研究。我们从这些文章的题目就可以看出本时期研究《史记》艺术,正在向更细、更深的方向发展。自20世纪90年代以来,以上论题的研究虽然原来有人涉及过,但这个时期的研究有新的变化。如《史记》语言研究方面,这个时期的研究可以说大大前进了一步。何乐士《〈史记〉语法特点研究》⑪将《左传》与《史记》进行比较,在比较中探索《史记》语法的若干特点。具体做法上,一方面把《史记》中记载史实与《左传》相同的部分跟《左传》进行对照,从司马迁的古今对译和引文变化中找出《史记》语法的一些特点,同时也对《史记》全部篇章进行调查分析,尽量找出全书在语法上的主要特征。他发现了《史记》句子成分进一步完备、名词短语发达,定语丰富多彩,动词谓语发展变化,状语生动多样,介宾状语大量

---

① 潘啸龙:《论〈史记〉人物传记的浪漫主义》,《安徽师范大学学报》1983年第3期。
② 刘德煊:《〈史记〉的抒情特征》,《西南师范大学学报》1985年第3期。
③ 参阅韩兆琦《史记评议赏析》,内蒙古人民出版社1985年版,第117—129页。
④ 杨迅:《论〈史记〉的民间文学色彩》,《南昌大学学报》1980年第2期。
⑤ 康学伟:《〈史记〉中歌谣谚语的思想性及艺术价值》,《松辽学刊》1984年第2期。
⑥ 俞樟华:《妙题寓旨·匠心独运》,陈兰村、俞樟华:《漫谈司马迁人物传记的开头和结尾》,分别载《浙江师范学院学报》1983年第1期、《浙江师范学院学报》1984年第4期。
⑦ 梁建邦:《史记论稿》,西北大学出版社2001年版。
⑧ 资中筠:《太史公笔法小议》,《光明日报》1980年4月16日。
⑨ 可永雪:《司马迁的创造力散论》,《内蒙古师范学院学报》1981年第1期。
⑩ 章明寿:《试论〈史记〉中传记散文的文史分野》,《淮阴师专学报》1981年第2期。
⑪ 何乐士:《〈史记〉语法特点研究》,商务印书馆2005年版。

出现、介宾补语减少，无介词补语增加，以及结果补语、趋向补语、程度补语都有重大发展的特点。李波《史记字频研究》① 利用《史记》文献语料库和由语料库得到的文献数字化信息，全面描述并分析《史记》用字的量和位。公布了《史记》字表的各个字频区的用字，并对其进行分析，阐述了字频表的功能。这是以往《史记》语言研究不曾有过的。

为了使研究不断深入，许多学者就研究中存在的问题及时进行分析、总结。张大可《三十年来〈史记〉研究述评》《建国三十五年来〈史记〉研究综述》②《司马迁研究中值得注意的问题》③，肖黎《建国以来〈史记〉研究情况述评》④，张新科《〈史记〉研究应走出误区》⑤，曹晋《〈史记〉百年文学研究述评》⑥，陈桐生《百年〈史记〉研究的回顾与前瞻》⑦ 以及其他学者的文章，对不同时期《史记》研究中的成绩进行总结，并及时指出研究中的不足与偏颇，具有一定的指导意义。石玉铎、王春光《浅谈〈史记〉的历史地位》⑧ 则提出了建立一门"史记学"的构想。高振铎《历代对〈史记〉提出的疑难问题辨析》⑨，就如何研究《史记》这一问题辨析疑难，寻找途径。特别是张新科、俞樟华《史记研究史略》⑩，是第一部系统总结历代《史记》研究的重要著作，并对未来的研究提出前瞻性的看法，具有重要意义。此外，杨海峥、费振刚《〈史记〉学史（汉至唐）》试图对《史记》研究的历史作一勾勒，对每一时期的重要成果进行介绍，在比较各阶段《史记》研究不同特点的基础上，把握《史记》学史发展的脉络。⑪ 张新科《"史记学"体系的建立及其意义》指出《史记》研究之所以能成为一门学

---

① 李波：《史记字频研究》，商务印书馆 2006 年版。
② 张大可：《三十年来〈史记〉研究述评》《建国三十五年来〈史记〉研究综述》，分别载《人文杂志》1983 年第 6 期，《文史知识》1985 年第 9 期。
③ 参阅张大可《史记研究》，甘肃人民出版社 1985 年版，第 400 页。
④ 肖黎：《建国以来〈史记〉研究情况述评》，《社会科学研究》1983 年第 5 期。
⑤ 张新科：《〈史记〉研究应走出误区》，《学术月刊》1998 年第 3 期。
⑥ 曹晋：《〈史记〉百年文学研究述评》，《文学评论》2000 年第 2 期。
⑦ 陈桐生：《百年〈史记〉研究的回顾与前瞻》，《文学遗产》2001 年第 1 期。
⑧ 石玉铎、王春光：《浅谈〈史记〉的历史地位》，《锦州师院学报》1987 年第 4 期。
⑨ 高振铎：《历代对〈史记〉提出的疑难问题辨析》，《古籍整理研究学刊》1986 年第 4 期。
⑩ 张新科、俞樟华：《史记研究史略》，三秦出版社 1990 年版。
⑪ 杨海峥、费振刚：《〈史记〉学史（汉至唐）》，《中国典籍与文化》2003 年第 1 期。

科——"史记学",并且建立自己的体系,这是由于《史记》本身的价值、研究的历史、现状以及学科发展的需要等多种因素决定的。"史记学"的体系包括基础部分、理论部分和相关部分三大类若干小类,它是一个开放型的体系。这个体系的落脚点应有益于现实。建立"史记学"的学科体系,具有重要的理论意义和现实意义。为了建立这个体系,文史工作者应采取相应的措施和步骤。① 张新科《〈史记〉文学研究资料整理刍议》号召对中外《史记》文学资料进行更全面的综合整理,建立丰富的资料库,在此基础上进行理论总结,形成系统的中外《史记》文学研究史,为《史记》研究走向国际化奠定良好基础。② 丁德科、马雅琴《两千年史记学研究》纵观《史记》学研究两千多年来的进程与成就,将其概括为"本""注""评""著""歌""戏""传""人""台""质"十个方面。"本",即关于《史记》的各种版本,包括写本、刻本、全本、选本等,《史记》各种版本的兴盛与司马迁和《史记》研究的深入、广泛传播密切相关。"注",即对《史记》文本的考证、注释与研究,古今中外学者对《史记》文本研究呈现出从微观的文献史料研究到宏观的全本文献研究的飞跃。"评",即对司马迁与《史记》的评论,包括对《史记》编纂体例、实录精神、《史记》人物、文章风格等方面富有真知灼见的评论。"著",即对司马迁与《史记》研究的论著,这些论著呈现出诠释性、辨析性、普及性、理论性等特征。"歌",即传诵司马迁与《史记》的诗歌,用诗歌形式品评司马迁与《史记》,或在诗歌中运用《史记》典故作为比喻,内容丰富,形式多样。"戏",即以戏剧形式反映司马迁、传播《史记》的史记戏,具有内容与形式的时代性、虚实相生的艺术构思、寓教于乐的教化功能等特点。"传",即以多种形式使《史记》故事、语句、人文观念广为流传颂扬,熏陶滋润人们的心田。"人",即研究司马迁与《史记》的学人,在他们身上体现出《史记》研究家与《史记》人文精神践行者两方面的特征。"台",即司马迁与《史记》研究平台,具有众多、学术、教化等特点,是司马迁人文精神与《史记》研究、传承与普及的载体。"质"即司马迁精神,或曰《史记》精神,为历代研究

---

① 张新科:《"史记学"体系的建立及其意义》,《中国典籍与文化》2004年第1期。
② 张新科:《〈史记〉文学研究资料整理刍议》,《兰州大学学报》2014年第4期。

者探索、提炼、概括，为仁人志士、有责匹夫的人们所遵循。①

"多样化"意味着《史记》多方面的价值正在被逐渐认识和挖掘。而且，由《史记》研究延伸到"史记三家注"研究，如程金造《史记索隐引书考实》、张衍田《史记正义佚文辑校》、应三玉《〈史记〉三家注研究》等，也延伸到对"三家注"之外《史记》研究著作的研究，如对明代凌稚隆《史记评林》、清代吴见思《史记论文》、清代牛运震《史记评注》等著作的研究，这是与《史记》密切相关的研究领域。虽然不是直接研究《史记》文学特征，但也与《史记》文学特征有关，尤其是研究《史记评论》这样的著作，其中很大一部分涉及《史记》文学评点，这是不可忽视的。

（四）深入化。前代研究提出的许多问题在此时得到进一步深入。略举几个方面予以说明。

关于《史记》体例的研究。李少雍《〈史记〉纪传体的创立问题》《纪传体产生的原因问题》②、许绍光《司马迁在历史编写体制上的创造和贡献》《〈史记〉体例论述》③、赵生群《论司马谈创〈史记〉五体》《〈史记〉体例与褒贬》《〈史记〉体例平议》（上、下）④ 等，在前人研究的基础上，不断创新，使这一传统课题向前深入了一步。如李少雍认为，纪传体的创立，不只是史书的体例问题，其实质是"人"的地位提高、"人"的价值被发现之后所产生的新的体例，与社会发展有密切关系。这是此前没有的认识。赵生群认为，《史记》五种体例，不只是形式问题，其中包含着司马迁对历史人物的褒贬态度。赵明建《论〈史记〉在体例编辑上的特点》着重阐述《史记》在史书体例编辑方面的成就。《史记》的编辑特色，在中国历史编辑学的产生和发展史中占据承前启后的地位，使纪传体史书定型化和规格化。《史记》的"本纪""世家""表""书""列传""史评""自序"七种编辑体例在书中视内容需要而有多有少，有详有略，彼此之间既有纵的联

---

① 丁德科、马雅琴：《两千年史记学研究》，《渭南师范学院学报》2017 年第 21 期。
② 李少雍：《〈史记〉纪传体的创立问题》，《纪传体产生的原因问题》，分别载《四川师院学报》1980 年第 2 期，《西北大学学报》1981 年第 2 期。
③ 许绍光：《司马迁在历史编写体制上的创造和贡献》《〈史记〉体例论述》，分别载《阜阳师范学院学报》1982 年第 2 期，《历史论丛》1983 年第 4 辑。
④ 分别载《南京师大学报》1984 年第 2 期，《人文杂志》1985 年第 3 期，《南京师大学报》1993 年第 3 期、1994 年第 2 期。

系，又有横的联系，形成一个整体。《史记》编辑体例的成熟化和科学化，使纪传体史书在以后的年代里在中国史书编辑中占据了主导和支配的地位。① 向燕南《〈史记〉编纂体例之数的意义》认为司马迁生活的时代，是一个宇宙论盛行的时代。受社会一般知识和思想世界的制约，司马迁提出的"究天人之际"，也不可避免地存在当时所流行的神秘数字的绰约身影，其中一个具体的表现就是《史记》体例各部的数②。杨义《〈史记〉人文世界及著述体例》认为作为一部影响中国历史进程和思想文化形态的大书，《史记》在三个方面可以称为文化典范。"一是中国正史的典范，二是中国文章的典范，三是中国人物行为的典范。作为第一部完整形态的中国通史，《史记》把民族记忆写进了历史，为中华民族植下了文化共同体的根脉，在历史的纵向演进中展示了横向融合，是中国多元一统历史观的伟大尝试。《史记》具有诸子著作写作情结和先秦诸子思想自由的遗风，司马迁不仅从民间实地获取材料，而且获得民间思想，改造了历史写作的形式，他的历史观也因此带有深刻的民间性和开放性。《史记》以人物为本位的史学体系，反映了人的意识觉醒的新主题。从中国人的文化心理结构或精神谱系形成的角度来看，《史记》所塑造的一系列有声有色的'中国故事'，久远地作用于世道人心，应该把它放到模塑中国精神这一高度去认识。"③ 陈其泰《"体圆用神"——〈史记〉编纂体例、结构的匠心运用》指出《史记》体例上的匠心运用凸显出司马迁雄奇的创造力，全书达到了丰富、详核的内容与高度的审美要求二者的完美统一。④ 方坚伟《古史体例编纂与士人国家观念探源——司马迁〈史记〉体例观念论析》认为《史记》的体例不仅表现了司马迁的世界观及方法论，也蕴含了其政治观念，且是那个时代士人阶层的整体价值追求。《史记》从体例的设计及内容的安排上，始终隐含着强烈的"大一统"观念，这种观念也代表了汉代士人阶层的普遍价值追求。司马迁问公羊学于董仲舒，《史记》八书之"八"暗合"天人感应"观念。同时，

---

① 赵明建：《论〈史记〉在体例编辑上的特点》，《河南社会科学》1998 年第 2 期。
② 向燕南：《〈史记〉编纂体例之数的意义》，《南开学报》2007 年第 3 期。
③ 杨义：《〈史记〉人文世界及著述体例》，《学术研究》2012 年第 12 期。
④ 陈其泰：《"体圆用神"——〈史记〉编纂体例、结构的匠心运用》，《理论与史学》2015 年第 1 辑。

《史记》也继承了先秦"中华边夷"的思想,以十二本纪为纲,三十世家、七十列传为目,其中,数字"十二"为中心,"三十"与"七十"则为辅佐之义。①

《史记》美学研究。前代学者在评论《史记》艺术成就时,零星地从文章学角度谈《史记》的叙事美、语言美等,但还没有系统地挖掘司马迁的美学思想及《史记》的美学价值。随着社会科学的不断发展以及美学学科体系的逐步建立,越来越多的人注意从美学方面去研究《史记》。韩兆琦《司马迁的审美观》②一文认为,"《史记》作为一部以悲剧人物为主体的文学作品,它和我国后代任何一部悲剧作品(如《红楼梦》等)都不同。这里边的人物死得大都非常壮烈,有政治意义,有重要价值。""我们从《史记》中读到的不是失败的挽歌,悲伤的叹息,而是无畏的进取,是胜利成功的快慰,是一种道德上获得满足的欢欣。"作者通过分析后指出,司马迁在其写史立意时,"喜爱英雄人物,喜爱悲剧主题,喜爱豪宏壮伟的气氛、色彩。"司马迁在选材方面"所感兴趣的是那些惊天动地的大事件,是那些战争、政变、格杀、祝捷,是大军的行列,是巡狩的仪容"。在情节和场景的安排上突出地强调场面的戏剧性;特别注意描写那种扣人心弦的情节,"因而使得整部作品呈现出一种剧烈、紧张、悲壮的色彩,带有一种飞动、迅猛、不可阻抑的力量。"最后,作者从五个方面论述了司马迁审美观产生的原因。由于作者是从新的角度去论述问题,因此,那些传统的话题如人物形象、选材、情节、风格等,都给人以新的启迪,新的昭示。而且,作者较早地强调到《史记》的悲剧性特征。李泽厚、刘纲纪主编的《中国美学史》第四章《司马迁的美学思想》认为,《太史公自序》中所说的"舒其愤"或"舒愤懑","正是司马迁美学思想的核心和实质所在",这在"中国古代美学思想的发展上,有着划时代的深远的意义"。其意义表现在:"第一,司马迁看到伟大的文学家和文学作品常常是在怀有崇高的正义感和远大理想的志士仁人同非正义的、黑暗势力的尖锐冲突中产生的。这种看法,包含有深

---

① 方坚伟:《古史体例编纂与士人国家观念探源——司马迁〈史记〉体例观念论析》,《人民论坛·学术前沿》2017 年第 17 期。
② 韩兆琦:《司马迁的审美观》,《北京师范大学学报》1982 年第 2 期。

刻的历史的真理";"第二,同上述思想相联系,司马迁突出了文学所具有的揭露社会黑暗的批判性";"第三,中国古代美学一向强调文艺是合乎理性的情感的表现,司马迁继承了这一传统,又赋予了它以新的内容和含意。由于他把情感的表现同个人与复杂尖锐的社会矛盾冲突直接联系起来,因而一方面扩大了情感表现的社会意义,赋予了这种表现以批判的性质;另一方面,又鲜明地强调了个体在文学创造中的作用,把文学看作是个体独立地抒发情感的产物";"总起来看,司马迁可以说处处是从个体与社会的矛盾冲突这个基本的出发点上去观察文艺的,这和儒家从个体与社会的协调发展去观察很不一样。"作者最后指出,司马迁美学思想的光辉,"正在于他很好地结合了儒、道、屈先秦三大思想的精华"。[①] 这种思想对后世产生了深远的影响。这部著作是中华人民共和国成立以来第一部系统的美学史专著。作者抓住核心进行了论证,是极为深刻的,而且具有一种哲学思辨的意识。吴汝煜《论〈史记〉散文的艺术美》一文从四个方面系统地论述了《史记》散文的艺术美所在。其一,叙事与描写场面之美:悲壮慷慨,诙谐滑稽。其二,刻画人物形象之美,形神兼备,呼之欲出。调动了多种艺术手段:捕捉特征,妙笔传神;刻画心理,画龙点睛;虚实相生,气韵生动;对比映衬,个性鲜明。其三,论赞咏叹之美:真情感发,含蕴靡穷。其妙处是:已情自发,抒写真性情,真怀抱;强调补衬,突出传主的品格;隐微探切,包含着丰富的弦外之音。其四,艺术风格之美:刚柔相兼,以刚为主,主要表现在气魄恢宏,笔力千钧;内容奇伟,卓绝一代;气势凌厉,一泻千里。最后,作者对司马迁的美学观作了高度评价,认为在汉代是"最进步的";"《史记》在当时具有无与伦比的美学价值。在整个中国古代文学史上,它在塑造人物形象和描写动人场面方面所显示的艺术水平也完全可以同标志中国古典小说最高成就的《红楼梦》相媲美"。[②] 分析透彻,结论允当。

本时期从美学角度探讨《史记》艺术美的专著是宋嗣廉的《〈史记〉艺术美研究》。它从几个侧面去论证《史记》的艺术美,发现《史记》的审美价值。作者认为,"发愤著书"的非"中和"美思想,渗透在整部《史记》

[①] 李泽厚、刘纲纪主编:《中国美学史》,安徽文艺出版社1999年版,第479—481页。
[②] 吴汝煜:《史记论稿》,江苏教育出版社1986年版。

之中，这是形成《史记》雄浑悲壮的美学风格极其重要的因素。作者还对《史记》的艺术风格和艺术方法等作了较为全面的评述，认为《史记》的艺术风格是雄浑的，具体表现在所传写的人物多雄奇而悲壮；所叙述的事件往往具有某种气势和速度，其结构既庞大又匀称。从艺术方法的运用上看，《史记》在处理"实录"与想象，褒美与贬恶，人物性格的多样与统一，共性与个性等方面都较好地体现了艺术辩证法，对后代文人的审美趣味及其写作均产生了深刻的影响。这部专著问世以后，产生了一定的影响，郭维森在给该书写的序言中评价说："在从美学角度去研究《史记》还不多见的今天，可以说这部著作开阔了一片新的园地。"[①]

本时期从美学角度研究《史记》的文章还有：韩林德《试论司马迁的审美观》[②]、叶幼明《试论司马迁的美学思想》[③]、马雅琴《论〈史记〉中英雄传奇的美学价值》[④]、穆陶《〈史记〉："文史合一"的美学典范》[⑤]、郭永朝《论司马迁〈史记〉的崇高美》[⑥]等。由于角度新颖，所以往往能突破旧说，颇有见地。

从文学角度看司马迁写战争。清人顾炎武说："秦楚之际，兵所出入之途，曲折变化，唯太史公序之如指掌。以山川郡国不易明，故曰东、曰西、曰南、曰北。一言之下，而形势了然。……盖自古史书兵事地形之详，未有过此者。太史公胸中固有一天下大势，非后代书生之所能几也。"[⑦]顾氏的看法是正确的，但过去似乎还未引起人们注意。本时期围绕着司马迁写战争的问题，许多学者陈述了自己的看法。

陈辽《论〈史记〉对我国古典军事文学的杰出贡献》一文，从三个方面论述了《史记》对中国古典军事文学的贡献。其一，从反映战争的深度和广度的结合上描写战争。其二，创造了传记军事文学的艺术新品种，专门为统帅、参谋长、将领立传，以人物为中心、比较具体地描写某一战役、某

---

① 宋嗣廉：《〈史记〉艺术美研究》，东北师范大学出版社1985年版，第1页。
② 韩林德：《试论司马迁的审美观》，《思想战线》1983年第6期。
③ 叶幼明：《试论司马迁的美学思想》，《求索》1986年第1期。
④ 马雅琴：《论〈史记〉中英雄传奇的美学价值》，《西南民族大学学报》2005年第7期。
⑤ 穆陶：《〈史记〉："文史合一"的美学典范》，《文艺报》2016年9月7日，第3版。
⑥ 郭永朝：《论司马迁〈史记〉的崇高美》，硕士学位论文，河北大学，2006年。
⑦ （清）顾炎武著，黄汝成集释：《日知录集释》卷26，上海古籍出版社2014年版，第562页。

一战争。司马迁运用了多种艺术手段,一是在对同一事件的不同态度中显示人物性格;二是通过心理描写来刻画人物;三是善于抓住人物性格"核心"来表现;四是通过人物典型行动来表现人物的典型性格。其三,在描写战争的场景和场面方面,也超越了前人而有其显著特点。表现在:历史地、具体地、真实地再现了古代战争的场面和场景。对战争场面场景的描写,常常和对人物性格的刻画结合在一起,笔端常带感情,自然地流露出他的思想倾向。该文从中国古典军事文学的角度深挖了《史记》战争描写的艺术,是一个新的开拓。在《史记》之前,中国军事文学作品一般局限于某个战役,某次战争,缺少对某一时期战争的整体性描写,广度不够。对造成战争的根源和胜负的因素,开掘的深度不够。而《史记》突破了以往军事文学的写作水平,把战争描写的艺术往前推进了一大步,这个贡献是值得肯定的。①

施丁《〈史记〉写战争》一文从《史记》写形势,写战略,写谋计,写细节,写胜负,写得失 6 个方面探讨了《史记》写战争的基本特点。作者认为,司马迁善于写战争,首先就是对军事形势胸中有数,并且着意写战略方针的制定与贯彻。《史记》写将领灵活机智的谋计用兵,能尽将领用兵之妙。写战争的细节,或浓墨,或淡笔,都很具体生动地反映出历史上千奇百态的战争情景。写战争的胜负,能够写出多种的复杂因素,考虑到主观和客观各方面,较为全面。战争的进行和胜负,直接影响到战争两方面的得失,司马迁真实地写出了这种得失,颇令人注目。② 该文从历史与文学的结合上立论,揭示出一些规律性的东西,启人耳目。

从文学角度对《史记》写战争进行探讨的还有郭双成《入细刻划·独雄千古——论〈史记〉军事人物传记写作的成就》③,徐传武《〈史记〉军事描写篇章的几个特点》④ 等文。还有些学者从历史地理角度进行探索,如奚柳芳《从〈吴越世家〉考吴越战争的水道》⑤ 等;还有些学者对司马迁描

---

① 陈辽:《论〈史记〉对我国古典军事文学的杰出贡献》,《艺谭》1982 年第 3 期。
② 施丁:《〈史记〉写战争》,《中国历史文献研究集刊》第 4 集,1984 年。
③ 郭双成:《入细刻划·独雄千古——论〈史记〉军事人物传记写作的成就》,《解放军报通讯》1984 年第 10 期。
④ 徐传武:《〈史记〉军事描写篇章的几个特点》,《人文杂志》1986 年第 1 期。
⑤ 奚柳芳:《从〈吴越世家〉考吴越战争的水道》,载刘乃和主编《司马迁和史记》,北京出版社 1987 年版,第 249—263 页。

写的战争进行具体分析,如张大可《司马迁写汉武帝征伐匈奴》①等,都取得了一定的成就。肖振宇《论〈史记〉对〈左传〉战争描写的继承与发展》②认为《史记》在战争描写上,不仅继承了《左传》中的方式方法,而且在某些方面有所创新,使其所写战争,完整具体,形象生动。陈曦《游走于"崇儒"与"爱奇"之间——〈史记〉战争叙述探索》③司马迁不仅依据儒家经典记述了商汤、周武王等"圣人"的战争事迹,还第一次将黄帝描绘成华夏历史上合乎儒家理念的战争英雄。然而面对东周以来残酷无情的战争实际,司马迁所遵循的儒家思想往往无力应对,这促使他从"崇儒"的一极,奔向"爱奇"的另一极,刻画了以伍子胥、项羽、李广等为代表的战争英雄形象。尽管这些人的思想行为多与儒家大义存有距离,但司马迁却对他们情有独钟,大墨渲染他们在生死关头的英雄本色,揭示了他们深邃复杂的人性内涵,并在其中融入了他对人类历史、社会政治、现实人生等多方面的思考,融入了他的以崇高为底色的悲剧审美观。"爱奇"与"崇儒"作为《史记》战争叙述的两大基石,其基本的关系模式表现为:"爱奇"是对"崇儒"的冲决与超越,"崇儒"则对"爱奇"起到了规范和制约的效用。

上述学者从不同的角度对司马迁写战争进行了分析研究,成果是可喜的。特别一提的是宋嗣廉《司马迁兵学纵横》④一书对司马迁的兵学思想、《史记》军事史传、《史记》刻画军事人物等进行论述,全面解析了《史记》军事文学的成就。王俊杰《〈史记〉战争文学研究》⑤一书,从司马迁的战争观、《史记》的战争叙事、战争人物、战争人物的艺术风范等方面,系统研究《史记》战争文学的成就以及对后代战争文学的影响。

关于司马迁之"爱奇"。汉魏六朝时期,扬雄、应劭、刘勰等人都指出司马迁有"爱奇"倾向,但没有作明确的专门的阐述,经过细致寻绎,我

---

① 张舜徽主编:《中国历史文献研究1》,华中师范大学出版社1986年版,第103页。
② 肖振宇:《论〈史记〉对〈左传〉战争描写的继承与发展》,《张家口师专学报》1999年第3期。
③ 陈曦:《游走于"崇儒"与"爱奇"之间——〈史记〉战争叙述探索》,《解放军艺术学院学报》2006年第1期。
④ 宋嗣廉:《司马迁兵学纵横》,陕西人民教育出版社2006年版。
⑤ 王俊杰:《〈史记〉战争文学研究》,中国社会科学出版社2016年版。

们可以看到，前人所谓司马迁的"爱奇"不外指他喜欢"旁搜异闻"予以著录，在史料的选择上对人物的特异事迹、行为特别感兴趣，在对历史人物的选择与评价标准上与一般的历史家坚持的传统观念有重大差异等，但这些只是说了一些现象，而没切中要害，揭出问题的实质。

本时期对这一问题进行系统研究的文章首推刘振东《论司马迁之"爱奇"》，作者认为"司马迁之'爱奇'就是对于'奇人'——有特异性的历史人物的推崇与偏爱，至于'旁搜异闻''多闻广载'，等都是围绕着表现和突出有特异性的历史人物这一中心点派生的具体问题。"在司马迁"爱奇"倾向后面，"反映了他世界观中存在的、在他那个时代所能达到的稀有高度的积极的进步的思想因素。"作者认为司马迁为了达到传奇人于天下的目的，在艺术表现上也采取了相应的手段：其一，在材料的选择上特别注意特异性的事迹和情节；其二，在叙事中特别注意情节的组织安排，从情节的曲折性、戏剧性突出人物事迹的特异性；其三，突破了"史法"的局限，调动各种艺术手段来增强内容的特异色彩，加强表达的特异效果。总之，司马迁所爱之奇不是出于人们幻想、揉合着迷信色彩的灵异鬼怪、神话传说之"奇"，而是历史和现实社会生活领域之"奇"，他的"爱奇"是与"实录"精神结合在一起的，他的"爱奇"在内容形式两方面是高度统一的。最后，作者还分析了这些特点对中国叙事文学产生的影响。[①] 该文对司马迁"爱奇"的本质进行了全面深入的分析，挖掘出了"爱奇"的思想意义，是一篇很有学术价值的文章。

本时期人们从美学角度研究《史记》时，也涉及"爱奇"的问题。叶幼明《试论司马迁的美学思想》一文中认为，"爱奇的确是司马迁重要的审美原则"，并从内容和艺术表现两方面对"爱奇"倾向进行了论述，认为这种"爱奇"倾向"表现出离经叛道的独特思想"，司马迁在人物的选择、历史题材的提炼、故事情节的安排等方面都是为了这种独特思想而服务的。[②] 杨睿《"爱奇"——司马迁独特的审美情趣》认为"爱奇"的审美情趣在司马迁写作《史记》的过程中发挥了重要作用：由于"爱奇"，才使得他对历史人物的选

---

① 刘振东：《论司马迁之"爱奇"》，《文学评论》1984 年第 4 期。
② 叶幼明：《试论司马迁的美学思想》，《求索》1986 年第 1 期。

择和褒贬冲破了"史"的规范,喜欢"旁搜异闻",予以著录。满腔热情地为古今那些德高行远、才华卓著的英雄贤才树碑立传,无情揭露和抨击凶官恶吏的恶德劣行,真正做到了"不隐恶",这种"爱奇"来源于司马迁对社会历史和现实生活的深刻认识和正确理解,更来源于自身性格气质中的浪漫情调。[1] 张强《司马迁"爱奇"》指出,司马迁的家学、楚文化、时代风尚、壮游四个方面是司马迁"爱奇"品质形成的重要因素[2]。学位论文方面,栾春磊《"奇":司马迁的艺术追求》[3]、张煜《论太史公的"崇儒"与"爱奇"之变》[4]、苏娜《论司马迁爱奇》[5]、罗开凤《试论司马迁的"爱奇"》[6]、佟珊珊《论〈史记〉中司马迁好"奇"的审美倾向》[7] 等都以此为题。

从上述研究可以看出,人们对司马迁的"爱奇"基本持肯定态度,而且在认识上远远超过了前代。当然,司马迁的"爱奇"与"成一家之言"也是有密切关系的,"爱奇"是"一家之言"的突出表现,要"成一家之言",就必须有独特的思想,独特的审美观。司马迁本人就是一个奇人,身负奇耻大辱,仍然发愤著书,顽强不屈。正因此,他对那些奇人奇才特别注重,形成了独特的"爱奇"倾向。

《史记》与小说的关系问题。明清以来的学者提出了不少新见,但还没有形成系统理论。陈磊《略谈〈史记〉在中国小说史上的地位》《再谈〈史记〉在中国小说史上的地位》[8]、韩兆琦《〈史记〉的小说因素》[9]、吴功正《传记散文和古典小说的审美关系》[10] 等文都较系统地论述了《史记》与小说的关系,尤其是李少雍的《司马迁传记文学论稿》一书[11],更深入地探

---

[1] 杨睿:《"爱奇"——司马迁独特的审美情趣》,《湘湖论坛》2005年第4期。
[2] 张强:《司马迁"爱奇"》,《古典文学知识》2003年第6期。
[3] 栾春磊:《"奇":司马迁的艺术追求》,硕士学位论文,辽宁师范大学,2011年。
[4] 张煜:《论太史公的"崇儒"与"爱奇"之变》,硕士学位论文,重庆师范大学,2014年。
[5] 苏娜:《论司马迁爱奇》,硕士学位论文,辽宁大学,2015年。
[6] 罗开凤:《试论司马迁的"爱奇"》,硕士学位论文,西南大学,2016年。
[7] 佟珊珊:《论〈史记〉中司马迁好"奇"的审美倾向》,硕士学位论文,长春理工大学,2017年。
[8] 陈磊:《略谈〈史记〉在中国小说史上的地位》《再谈〈史记〉在中国小说史上的地位》,分别载《广西民族学院学报》1983年第4期、1984年第4期。
[9] 韩兆琦:《〈史记〉的小说因素》,载韩兆琦《史记评议赏析》,内蒙古人民出版社1985年版。
[10] 吴功正:《传记散文和古典小说的审美关系》,《学习与探索》1986年第4期。
[11] 李少雍:《司马迁传记文学论稿》,重庆出版社1987年版。

讨了《史记》纪传体与古典小说的内在、外在的关系。张新科《〈史记〉与中国文学》① 著作中也有专章分析,针对《史记》与古代小说的渊源关系,《史记》形象化的人生、立体化的叙法、戏剧化的场面,以及小说对《史记》艺术的发展、《史记》与戏曲等问题进行了深入探讨。赵明正《〈史记〉的小说性》认为《史记》是一部信史,却体现出一定的小说色彩,对此历代学者已达成了共识,它记载了大量的神话传说、梦兆预言、灾异祯祥和奇闻逸事。其实历史和文学在叙事职能上是相近的,由于司马迁采用口述历史作为史料来源,用"好奇"的审美观来择采史料,并继承了先秦史书中的文学虚构手法进行艺术创作,这都使《史记》呈现出一定的小说性,但并不削弱它的史学价值,从其小说笔法中我们同样能获得历史信息。《史记》所以杂用小说笔法,有作者塑造人物形象的良苦用心,也寄寓着司马迁发表一家之言的许多感慨。② 马雅琴《论〈史记〉对魏晋六朝志怪小说的沾溉》认为《史记》以历史、现实传说内容为主,同时有志怪成分。它保留、改造了一些神话传说,记载了来自民间的神异传闻。《史记》是志怪小说的母体。从汉魏六朝时期小说家创作的实际情况来看,志怪小说家多以史学家司马迁的实录原则来规范小说创作,志怪小说在思想观点和叙事方法上继承发展了《史记》的传统。③ 吴礼权《〈史记〉史传体篇章结构修辞模式对传奇小说的影响》认为由司马迁《史记》开创的史传体篇章结构修辞模式对唐代开始的传奇小说有着巨大的影响。该文运用比较法,从整体篇章结构、起首结构、起首之"生平"次结构、结尾结构、"文备众体"修辞模式5个方面探讨两者之间的渊源关系及其原因。④ 闫立飞《中国现代历史小说与〈史记〉文本》认为中国现代历史小说与《史记》有着密切联系,它从互文性的角度对《史记》文本进行了历史诗学的转换。在这一过程中,现代作家通过母题的重组,建构了文学性的情节形式,同时还把个体经验融入《史记》人物及事件中,在丰富和发展这些情节形式的同时,也表现了对世界的

---

① 张新科:《〈史记〉与中国文学》(增订版),商务印书馆2010年版。
② 赵明正:《〈史记〉的小说性》,《山西大学学报》(哲学社会科学版)2001年第1期。
③ 马雅琴:《论〈史记〉对魏晋六朝志怪小说的沾溉》,《理论导刊》2006年第11期。
④ 吴礼权:《〈史记〉史传体篇章结构修辞模式对传奇小说的影响》,《福建师范大学学报》(哲学社会科学版)2008年第1期。

新的看法。中国现代历史小说的审美特征在《史记》母题与小说情节形式的互文关系中展现出来。① 陈莹《唐前小说对〈史记〉题材的接受与超越》认为唐前小说在取材《史记》的同时，又不断地加以纵横延伸，在创作的过程中逐渐形成了自己独有的题材内容，显示出小说的新特点，为中国古代小说的成熟奠定了基础。② 刘新生《〈史记〉的叙事特点及小说因素分析》认为《史记》不仅以纪实的方法完成了对历史性事件、人物的表现，更为重要的是司马迁充分运用形象思维，在实中有机地融入了"虚"的成分，以天才的艺术思维和高明的表现技巧创造了栩栩如生的人物形象。其历史叙事中所表现出的突出的文学色彩，显示了有别于传统史书的历史人物叙述方式，在"史"的叙述中有着浓郁的小说因素，为后来的小说发展提供了借鉴。③ 张海明《〈史记·荆轲传〉与〈燕丹子〉比较论——兼谈〈燕丹子〉的小说文体属性及意义》通过文本比对及结合江淹本事进行考察，认为《燕丹子》只是沿袭了《荆轲传》的基本故事框架，在情节、人物、题旨等方面则大异其趣，且其所增添变动并非得自民间传闻，而是江淹据于现实处境所作想象之语。这从根本上决定了《燕丹子》有别于杂史杂传的小说文体性质，也决定了它在中国古典小说发展史上的特殊意义，即作为中国古典小说即将趋于成熟的标志和衔接由史传到小说的重要环节。④ 俞樟华《从金批〈水浒传〉看古代小说评点与〈史记〉评点的关系》认为明清时期的小说评点作品与《史记》评点作品在体例与内容上都存在着相似之处。在评点形态上，《史记》奠定的中国史著"论赞"传统是小说评点的源头之一，两类评点作品的最终形态也趋于一致。在评点过程中，小说评点家通常在与《史记》的比照中评判小说优劣。在评点内容与角度上，二者都喜好从叙事文学与文章学角度分析作品情节结构、人物形象、行文布局与遣词造句。金批《水浒传》确定了古代小说评点的完整形态，是古代小说评点的优秀代表。金圣叹对《水浒传》与《史记》的对比分析，以及对小说叙事技法的

---

① 闫立飞：《中国现代历史小说与〈史记〉文本》，《广西社会科学》2009 年第 2 期。
② 陈莹：《唐前小说对〈史记〉题材的接受与超越》，《青海社会科学》2010 年第 6 期。
③ 刘新生：《〈史记〉的叙事特点及小说因素分析》，《齐鲁学刊》2011 年第 2 期。
④ 张海明：《〈史记·荆轲传〉与〈燕丹子〉比较论——兼谈〈燕丹子〉的小说文体属性及意义》，《文学评论》2013 年第 3 期。

概括对后世产生了深远的影响。对比金批《水浒传》与《史记》评点代表作可以窥见中国古代小说评点与《史记》评点之间的互动①。王晓玲《张竹坡〈金瓶梅〉评点中的〈史记〉文学性阐释》②、赖祥亮《论明清长篇小说体例的〈史记〉渊源——从小说评点话语谈起》③、刘彦青《论金圣叹拟史评点的小说史价值》④ 等也从明清评点角度出发，分析了《史记》的小说因子与价值。

关于《史记》"太史公曰"研究。司马迁在《史记》中经常以"太史公曰"的形式，或评论历史事件，或褒贬历史人物，或对复杂的历史现象作出某种说明。"太史公曰"是研究司马迁思想的重要资料。过去的有些史家虽然涉猎了"太史公曰"，但没有发掘"太史公曰"所蕴含着的丰富思想。本时期许多文史工作者对这一问题进行了深入的探索。俞樟华《试论〈史记〉中的"太史公曰"》是本时期较早探讨这一问题的一篇文章。作者认为"太史公曰"传承了《左传》《国语》的传统，但在使用的范围上、深刻的程度上和形式的多样化上，都比前者大大地发展了。"太史公曰"的主要内容有七个方面，其一，阐明立篇旨意；其二，论史料的选择和运用的态度；其三，引据事实辟去相传的谬论；其四，叙述实际调查行踪和收获；其五，谈个人成败得失和人与人之间的关系；其六，论统治阶级为政得失；其七，自述学习和研究历史的经过及撰著《史记》的动机、意旨和感想。作者还对"太史公曰"的表现手法进行了分析，认为它丰富多彩、富有创造性；作为一幅绚丽多彩画面上的精彩一笔，非但没有破坏文章艺术上的统一性和完整性，而且还起到了画龙点睛的作用，提高了文章的思想性。该文对"太史公曰"内容的挖掘是全面深刻的，值得一读。⑤ 本时期研究"太史公曰"的文章还有朱榴明《〈史记〉"太史公曰"抉疑》⑥、唐贤全

---

① 俞樟华、虞芳芳：《从金批〈水浒传〉看古代小说评点与〈史记〉评点的关系》，《解放军艺术学院学报》2016 年第 3 期。
② 王晓玲：《张竹坡〈金瓶梅〉评点中的〈史记〉文学性阐释》，《文艺评论》2016 年第 5 期。
③ 赖祥亮：《论明清长篇小说体例的〈史记〉渊源——从小说评点话语谈起》，《语文学刊》2006 年第 7 期。
④ 刘彦青：《论金圣叹拟史评点的小说史价值》，《云南师范大学学报》2017 年第 6 期。
⑤ 俞樟华：《试论〈史记〉中的"太史公曰"》，《浙江师范学院学报》1982 年第 2 期。
⑥ 朱榴明：《〈史记〉"太史公曰"抉疑》，《人文杂志》1986 年第 3 期。

《论"太史公曰"的春秋笔法》①等，或抉疑，或探幽，都取得了一定的成就。自21世纪以来，以此为题的成果也十分丰富。郦波《从"太史公曰"到"臣光曰"——略论二"司马"史论义例之异同》通过比较《史记》与《资治通鉴》的史论义例的异同，指出其主要表现在史论形式和书法义例两个方面，由此可以看出《史记》和《通鉴》作为两大史学名著不同的史论特色。②张颖《深意远神 不拘一格——论〈史记〉的"太史公曰"》专从《史记》的"太史公曰"之内容、作用、形式等三方面来进行探讨。③过常宝《论〈史记〉的"太史公曰"和"互见法"》认为《史记》中颇有一些"太史公曰"偏离了传记的主旨，显得言不由衷。"太史公曰"承"君子曰"而来，本应发挥裁决史实的责任，但汉代史官丧失了神权，而司马迁从个体命运出发的史著也脱离了史官传统。这些冠冕堂皇的"太史公曰"不过显示了司马迁的职业意识和对史官传统的依恋之情。《史记》"互见法"深受古史"十功不能赎一过"观念的影响。司马迁相信在其他传记中出现的过失记载，并不影响人们据本传而对人物所作出的评价。"互见法"的真正目的是求得人物在本传中道德和精神的明确单一，以便于评判，而这又与史官的撰述传统相联系。"互见法"显示了司马迁为遵从古史体制而对自己情感的抑制，也反映了史传由记事转而为述人的某种限制。④张浩兰《〈史记〉中"太史公曰"之人文观照》认为司马迁《史记》"太史公曰"将个体作为置于特定的历史时代、特殊的人物个性下，以特别磊落的史家胸怀作了辩证人文的观照，其可谓是认知和弘扬人文精神的典范。⑤杨玲《司马迁评商鞅探微——兼论〈史记〉"太史公曰"的独立价值》认为司马迁对商鞅是矛盾的。一方面是《史记·太史公自序》《秦本纪》和《商君列传》正传中对其历史功绩的充分肯定；另一方面却是《商君列传》的"太史公曰"中不能抑制的苛责和怒斥。之所以如此，一方面在于李陵事件对司马迁身心的影

---

① 唐贤全：《论"太史公曰"的春秋笔法》，《上海社会科学院学术季刊》1988年第2期。
② 郦波：《从"太史公曰"到"臣光曰"——略论二"司马"史论义例之异同》，《学海》2001年第1期。
③ 张颖：《深意远神 不拘一格——论〈史记〉的"太史公曰"》，《江淮论坛》2001年第1期。
④ 过常宝：《论〈史记〉的"太史公曰"和"互见法"》，《唐都学刊》2006年第5期。
⑤ 张浩兰：《〈史记〉中"太史公曰"之人文观照》，《内蒙古大学学报》2008年第1期。

响;另一方面是《史记》"太史公曰"独立价值的体现,同时也是儒法两家思想在司马迁身上合而未融的反映。① 此外还有大量相关的学位论文以此为题进行研究,如翁俊松《〈史记〉"太史公曰"研究》②、刘猛《论〈史记〉中的"太史公曰"》③、梅杰《关于"太史公曰"的若干问题考辨》④、李艳丽《"太史公曰"、"异史氏曰"比较研究》⑤、盖业明《〈史记〉"太史公曰"研究》⑥、陈金锋《〈史记〉"太史公曰"再研究》⑦、邓燕《论〈史记〉中的"太史公曰"》⑧、刘嘉《〈史记〉"太史公曰"文体研究》⑨ 等。

  张大可在本时期对《史记》中的"太史公曰"进行了更为深入、全面的研究。他的《简评〈史记〉论赞》一文认为,司马迁的"太史公曰"是首创的史论形式,使历史编纂成为真正的史学论著,为后世史家提供了典范。"太史公曰"言约义丰,博大精深,涉及政治、经济、军事、思想、文化、天文、地理、历史、伦理、世俗、形势、人事等,往往补篇中所未备。"太史公曰"议论宏阔,笔势纵横,言辞精练,旨义深微,或考证古史,或叙游历所得,或提示取材义例,或明述作之旨,或褒贬人物,或纵论史事,或隐微讥刺,皆直抒胸臆,观点鲜明,并构成了系统的史学理论。"太史公曰"的形式既整齐又灵活。总之,"史记论赞是司马迁一家之言的重要组成部分"。⑩ 张大可另有专著《史记论赞辑释》将《史记》130 篇的论赞全部进行了注释、翻译,大多数篇章的论赞还附有简论。在五体结构各单元的前面也有一个"说明",全书之前冠以序论,对《史记》的论赞进行了全面的分析评述,这本书既给研究"太史公曰"提供了资料,也体现出作者对

---

① 杨玲:《司马迁评商鞅探微——兼论〈史记〉"太史公曰"的独立价值》,《兰州大学学报》2012 年第 5 期。
② 翁俊松:《〈史记〉"太史公曰"研究》,硕士学位论文,四川师范大学,2001 年。
③ 刘猛:《论〈史记〉中的"太史公曰"》,硕士学位论文,华中师范大学,2004 年。
④ 梅杰:《关于"太史公曰"的若干问题考辨》,硕士学位论文,辽宁师范大学,2007 年。
⑤ 李艳丽:《"太史公曰"、"异史氏曰"比较研究》,硕士学位论文,内蒙古民族大学,2009 年。
⑥ 盖业明:《〈史记〉"太史公曰"研究》,硕士学位论文,辽宁师范大学,2010 年。
⑦ 陈金锋:《〈史记〉"太史公曰"再研究》,硕士学位论文,安徽师范大学,2012 年。
⑧ 邓燕:《论〈史记〉中的"太史公曰"》,硕士学位论文,重庆师范大学,2013 年。
⑨ 刘嘉:《〈史记〉"太史公曰"文体研究》,硕士学位论文,华东师范大学,2013 年。
⑩ 张大可:《简评〈史记〉论赞》,《青海社会科学》1983 年第 6 期。

"太史公曰"研究的成果,是值得重视的一部学术著作。① 赵彩花《前四史论赞研究》专门研究《史记》《汉书》《后汉书》《三国志》四部史书的论赞,除对论赞的思想进行研究外,还特别注意对"春秋笔法"的继承发展、艺术个性、对文体的影响等方面进行研究,并且四史论赞之间有一定的对比分析。②

应该肯定,上述学者对"太史公曰"内容的探讨及其史学思想的挖掘比前代有了更进一步的发展。"太史公曰"不仅仅是一种简单的论赞,或者仅是一种感叹,它是司马迁一家之言的重要组成部分,这种结论已为大多数学者所接受。

司马迁的文学思想。过去人们一直注重研究司马迁的哲学思想、政治思想、史学思想等,而对文学思想研究不够。从20世纪80年代开始,这个问题逐渐深入。探讨司马迁文学思想的论著有姚凤林《论司马迁的文学观》③,李培坤《司马迁的文学思想》④,何旭光《谈司马迁的创作观和文学观》⑤,韩兆琦《司马迁的文学观》⑥,聂石樵《司马迁论稿》⑦ 等,都比较系统地阐述了司马迁的文学思想。韩兆琦认为,司马迁的文学思想表现在以下几个方面:其一,表现在他有意识地注意文学的特点,努力使之与学术分开,表现在他突出地重视文学家和突出地喜爱文学作品上;其二,表现在他对文学创作的一系列问题的看法上,如文学的功用,文学与现实生活、现实政治的关系,作家的思想世界观和文学创作的关系,"发愤著书"说等;其三,表现在文学标准、文学批评上,他强调文学要有艺术性、要有审美价值、要内容和形式并重、要艺术与人格统一。许多学者对司马迁的文学思想予以高度评价。李培坤指出,司马迁从自己的创作实践出发,探测了生活阅历是进行文学创作的基础的创作源泉观,并在此基础上提出了"发愤著书"的创作动力

---

① 张大可:《史记论赞辑释》,陕西人民出版社1986年版。
② 赵彩花:《前四史论赞研究》,中山大学出版社2008年版。
③ 姚凤林:《论司马迁的文学观》,《北方论丛》1980年第5期。
④ 李培坤:《司马迁的文学思想》,《唐都学刊》1985年第1期。
⑤ 何旭光:《谈司马迁的创作观和文学观》,《吉安师专学报》1985年第4期。
⑥ 韩兆琦:《司马迁的文学观》,载刘乃和主编《司马迁和史记》,北京出版社1987年版,第264—278页。
⑦ 聂石樵:《司马迁论稿》,北京师范大学出版社1987年版。

论。尤为可贵的是,他在《史记》中给文学家立传,传中有独到而精辟的评论,体现着司马迁的文学批评论,是其文学思想的重要组成部分。徐正英、路雪莉《古代司马迁文学思想研究的学术透视》通过系统全面梳理西汉至清代1800余年间的有关司马迁文学思想研究资料,对其逐一作细致客观的解读、评析与学术透视,发现古人对司马迁文学思想的体系性认识尚少,基本局限于对"发愤著书"说、"春秋笔法"理论、"实录"精神、"立言扬名"思想、"爱奇"审美趣味等几个"点"的讨论。其讨论又是褒贬评论多而具体分析少,非理性感悟多而理论研究少,重复意见多而发展深化少,解决具体问题多而理论提升少。这些研究虽然整体上为司马迁文学思想体系研究奠定了一定基础,但是真正意义上的系统研究尚未能正式开启,从而为后人留下了广阔的研究空间。① 张强《〈史记〉文学特质研究中的几个问题》认为:司马迁是以文学笔法担当历史叙述的,是以生动的艺术形象承担博大精深的历史哲学观的。在以文学的笔法叙述历史时,司马迁重点关注的对象是人。在《史记》人物传记叙述时,司马迁有意识地建立了"通古今之变"与"原始察终,见盛观衰"之间的关系。在叙述"天人之际,承敝通变"的过程中,始终扣住人物的言行,用以小见大的叙述方式揭示一个王朝之所以被另一个王朝取代,是因为社会运动中有"敝"的存在。在表述其通变思想时还吸收了孔子的文质思想。为了把文质互变的理念贯穿到历史事件和人物的叙述中,司马迁别开生面地采用议论的方式,将人物活动放到社会历史变化的大背景下。司马迁以"六经"为最高范本含义:展示了中国传统文化及文学的风貌。司马迁通过反省记言、记事的局限性,通过为人物立传以文学笔法提出了新史学追求的文化目标,大大地改变了先秦史学旧有的结构,即在历史叙述真实性的基础上,选择典型事件、典型细节,用充满文学气息的笔法和生动形象的语言展示人物的精神风貌,关注他们在历史中的价值。②

"发愤著书"是司马迁创作理论的中心,并对后代产生了巨大的影响。陈子谦在《司马迁的"发愤著书说"及其历史发展》一文中认为,这一理论"实质上阐明了文艺与政治,文艺与生活的关系,以及个人的身世遭遇对文学

---

① 徐正英、路雪莉:《古代司马迁文学思想研究的学术透视》,《中州学刊》2015年第1期。
② 张强:《〈史记〉文学特质研究中的几个问题》,《陕西师范大学学报》2016年第1期。

创作的巨大影响，从而使这一理论在以后的历史发展中获得了不断发挥和充实的极大可能性"①。袁伯诚有 4 篇文章探讨这一问题：《试论司马迁"发愤著书"的因素和条件》《试论司马迁的"发愤著书"说对讽谕文学理论的影响》《试论司马迁的"发愤著书"说对叛逆文学理论的影响》《司马迁"发愤著书"说的理论意义》。② 作者认为，这一理论既是对从《诗经》到《楚辞》先秦文学创作的理论概括，也是他对自己的充满血泪的著书实践的痛苦总结，并对后世的讽谕文学理论、叛逆文学理论产生了很大的影响。"愤"是创作的动力和作品的要素，是文学真实的感情要素，是作家感情熔炉里最强烈的审美"火焰"，是进步文学主要的表现对象。可永雪《关于司马迁的发愤著书说》③ 也就"发愤著书说"提出了自己的看法，对司马迁的创作思想进行了较为深入的分析。顾植、王晓枫《司马迁"发愤著书"说浅论》揭示了文艺创作中一条带有普遍性的规律，体现了不满现实、批判现实的精神。这一学说的思想远源为孔子的"诗可以怨"，思想近源为屈原的"发愤以抒情"，而它所具有的反抗性、批判性则来自道家思想中批判传统、向往自由的精神，它熔汇了先秦儒家、道家、屈原这三大思想的精华。这一学说对后世也产生了深远的影响，南北朝刘勰、钟嵘，唐代韩愈，宋代欧阳修以及明代李贽等，都有与"发愤著书"说一脉相承的论述。④ 王长顺《司马迁"发愤著书说"的心理美学内涵探析》认为"发愤著书说"是司马迁在继承屈原"发愤以抒情"理论的基础上提出的一个文艺心理学命题。它蕴含着强烈的心理内驱力，是司马迁完成《史记》的心理动力；它隐含着内心巨大的自我表现欲，成为司马迁实现人生超越的心理基础；它饱含着深切的情感体验，透射出司马迁在《史记》上取得巨大成就的心理根源。⑤ 李建明《"发愤著书"对〈史记〉写作宗旨的升华》认为《史记》表现了司马迁"发愤著书"的心理状态，不过"发愤著书"不是司马迁的创作宗旨。创作主旨应该是网罗天下放失旧闻，

---

① 陈子谦：《司马迁的"发愤著书说"及其历史发展》，《厦门大学学报》1981 年第 1 期。
② 分别载《陕西师范大学学报》1984 年第 2 期，《固原师专学报》1984 年第 2 期、1984 年第 3 期、1985 年第 1 期。
③ 可永雪：《关于司马迁的发愤著书说》，《语文学报》1981 年第 1 期。
④ 顾植、王晓枫：《司马迁"发愤著书"说浅论》，《山西大学学报》1992 年第 1 期。
⑤ 王长顺：《司马迁"发愤著书说"的心理美学内涵探析》，《渭南师范学院学报》2006 年第 6 期。

稽其成败兴坏之理。司马迁把个人的不平和愤懑宣泄在对历史人物的褒贬上，述往事，思来者。他身陷刑狱而交游莫救，从而认清了人世的真相，并从经济的角度审视社会的发展，在忍辱痛苦中反思生死之理，他蒙冤却有口难辩，进而究天人之际，升华了《史记》主题，彰显了《史记》的写作主旨。[①] 刘怀荣《"诗可以怨"与"发愤著书"说》认为孔子在以诗讽谏的政治文明传统基础上提出"诗可以怨"的命题，促进了《诗》教的系统化进程。司马迁"发愤著书"说的本义，首先应在其文化理想的语境中加以理解。它与"诗可以怨"各有源流，各具特色，并无直接的关系。而后世所谓"不平则鸣""穷而后工"等影响深远的论说，与其说是对"发愤著书"的继承和发展，毋宁说更多的是误读与引申。[②] 此外，大量的学位论文以此为题进行专门研究，如王茜《"发愤著书"说及其郁闷心理》[③]、王艳《司马迁"发愤著书说"的当代美学诠释》[④]、韦俊梅《"发愤著书"说源流探析及文学理论意义》[⑤]、王庆《论司马迁的"发愤著书"说》[⑥]。

当然，作为文学家的司马迁的主要成就不在文学理论方面，而是在他的文学实践，即《史记》的成功上。因此，本时期人们从各个不同的角度对《史记》的文学成就进行了新的探索。

（五）研究方法的改进

从两千年的《史记》研究史看，方法论问题是学术研究的重要问题。中华人民共和国成立以后，《史记》研究者以马克思主义的立场、观点、方法作指导，改变了以往那种纯考据的"史料学"方法，把唯物史观与丰富史料相结合，使研究走上了科学化的轨道。但是，其中也走了弯路。20世纪50年代，许多学者由于还不能很好地掌握马克思主义，出现了过度拔高、美化司马迁的倾向。60年代由于受极"左"思潮的影响，又出现了过度贬低甚至否定司马迁的倾向。如何以马克思主义的唯物史观对司马迁作实事求是的分析、

[①] 李建明：《"发愤著书"对〈史记〉写作宗旨的升华》，《南昌大学学报》2015年第5期。
[②] 刘怀荣：《"诗可以怨"与"发愤著书"说》，《陕西师范大学学报》2019年第2期。
[③] 王茜：《"发愤著书"说及其郁闷心理》，硕士学位论文，郑州大学，2004年。
[④] 王艳：《司马迁"发愤著书说"的当代美学诠释》，硕士学位论文，四川师范大学，2009年。
[⑤] 韦俊梅：《"发愤著书"说源流探析及文学理论意义》，硕士学位论文，延安大学，2010年。
[⑥] 王庆：《论司马迁的"发愤著书"说》，硕士学位论文，青海师范大学，2011年。

评价，成为人们长期探索的一个问题。在本时期的《史记》研究中，这一方法论的问题可以说得到了较好的解决。聂石樵《司马迁论稿》采取实事求是"不虚美、不隐恶"的精神，对司马迁的论述既说明他在当时历史条件下提出了哪些新思想、新问题，又看到他的不足。既陈述他对史学和文学等各方面的贡献，又指出他的阶级和历史的局限，评价比较准确、完整。就文学和史学两方面来说，作者既不单纯地从文学创作典型、描写人物的角度评论司马迁所写的历史事实，也不单纯地根据历史必须真实记载历史的要求，来责备司马迁对某些事件或传记记载不完备的现象，而是注意从史学、文学统一的角度进行评价。作者在方法上避免了单一的平面化的形式，使他的著作颇具新意，极有分寸。①

就具体方法而言，近年来主要取得了以下成就。

第一，《史记》文学研究放在整个汉代文化、中国文化，乃至于世界文化的背景上去考察、分析、评价。

《史记》的产生，与前代文化、当时的文化背景有密切关系。过分拔高和贬低倾向的出现，原因之一，就是没有把《史记》放在具体的背景上去分析。本时期，许多学者高瞻远瞩，从历史的变化发展、文化的批判继承来考察《史记》。张大可《论〈史记〉成书的历史条件》把《史记》放在汉武帝大一统时代的背景上去认识，认为西汉盛世为司马迁著作一部通史提出了时代的要求，也提供了物质条件，这是《史记》成书的历史背景。"司马迁所受教育、修养及其经历是《史记》成书的著述内因。历史背景是客观条件，著述内因是主观条件"；"《史记》之所以成为一部不朽的名著，乃是主客观条件的统一，历史的必然与偶然错综交织所产生的效应"。②《史记》的产生，也与前代文化有因果关系。所以，许多学者在探讨司马迁与先秦诸子、《史记》体例的来源等问题时，都注意到了《史记》对前代文化的继承、批判，如张大同《论司马迁文化思想的特点》一文论述了司马迁思想是战国以来融合趋势的发展。③ 赵吉惠《司马迁对古代文化史研究的开拓》

---

① 聂石樵：《司马迁论稿》，北京师范大学出版社1987年版。
② 张大可：《论〈史记〉成书的历史条件》，《山西大学学报》1984年第2期。
③ 张大同：《论司马迁文化思想的特点》，《东岳论丛》1988年第2期。

认为司马迁的《史记》为中国古代文化史的研究提供了典范,是继承孔子之后为古代文化史的整理与研究奠定的另一块里程碑,是"全面反映人类历史本来面貌以及全部文化成果的综合性文化史巨著"①。黄新亚《论司马迁在中国文化史上的地位》从司马迁对当时历史、社会的认识入手,从世界文化发展的角度,论述了司马迁作为中华民族走向统一时代的文化代表人物的地位。作者认为:"司马迁无论在知识的积累、认识的深度、表现力的强弱方面,都有超出西方同时代文化代表人物之处。从这个意义上说,西汉时期的中国,不仅在生产力的发展水平方面居于世界前列,就以司马迁为代表的文化发展水平而言,也可以说居于世界前列。"② 陈其泰《司马迁在中国文化史上的崇高地位》认为司马迁撰成气魄雄伟的不朽巨著,为史学的发展奠定了雄厚的基础,成为传统史学的优秀楷模。《史记》又运用高超的文学手法来写历史,刻画了许多栩栩如生的人物形象,成为历代作者揣摩效法的古典文学的典范之作。司马迁"最通经学,最尊孔子",对确立孔子作为古代圣人的地位贡献至为巨大。《史记》突出地表现出大一统民族观,并对各家学说兼容并包,因而成为民族精神的巍峨丰碑。总之,从文化史的宏观角度考察,司马迁是仅次于孔子的,又一位对中华文化影响最大的杰出人物。③田瑞文《司马迁对太史令职责的理解与〈史记〉写作》认为太史令在西汉时期社会地位低下,其主要职责是掌管天文历法,而太史在西周时期则享有尊崇的地位。司马迁父子因为祖上曾是周之太史,因此他们认为西汉的太史令也理应享有太史在周室时的尊崇地位。他们出于对祖先尊崇社会地位的追慕,从而希望通过论载天下"史文"来达到比肩先祖的目的,这正是司马迁写作《史记》的信心所在。但是汉代大一统的政治格局限制了司马迁对历史经验的解读和表达,因此,"亦欲……成一家之言"实际上是司马迁欲比附先祖周之太史的期望与西汉太史公地位卑下之间不对称关系的一种妥协表达。由于司马迁的写史思想和自武帝后占主导地位的儒家思想有所出入,因此,在赵宋之前,"成一家之言"的初衷并没有得到人们的理解和认同。④

---

① 赵吉惠:《司马迁对古代文化史研究的开拓》,《人文杂志》1988年第5期。
② 黄新亚:《论司马迁在中国文化史上的地位》,《陕西师范大学学报》1988年第3期。
③ 陈其泰:《司马迁在中国文化史上的崇高地位》,《中国历史文物》1999年第2期。
④ 田瑞文:《司马迁对太史令职责的理解与〈史记〉写作》,《史学月刊》2009年第5期。

韩兆琦《〈史记〉在中国与世界传记文学史上的地位》认为司马迁的《史记》是中国古代传记文学的成熟的开始。"《史记》是我国古代第一部以人物为中心的伟大的历史著作，同时也是我国古代第一部以人物为中心的伟大的文学著作。"而且《史记》作为第一部传记文学地位的确立，是具有世界意义的。另外，《史记》作为第一部传记文学在世界上同样具有巨大影响和先驱地位。[1] 杨燕起《〈史记〉和人在历史发展中的主体地位》从思想理论和社会现实的角度，论说了《史记》认识到人在历史发展中的主体地位这一问题的意义。文章从人神关系认识的历史发展引出"主体史观"的看法，并从多方面阐发出在历史发展中突现人的主体地位的重要历史表现。《史记》的体例表现了一定的社会结构和人群的整体作用。《史记》叙述内容的全面性，反映了作为主体地位的人的创造性和主动精神；并从人的自身活动出发，强调包含着具有人的追求、品格、奉献、情感为特征，所塑造的众多人物形象，对表现人在历史发展中的主体地位的重要意义。《史记》认识到人在历史发展中的主体地位，是史学成长体现自觉的一种标志，对以后的史学发展有着密切的影响。[2]

应该说，司马迁不只是汉代的文化巨人，而且是整个中国文化乃至于世界文化中的巨人。只有从广阔的历史背景上去考察，才可能真正认识司马迁。这种大背景考察的方法，在前期已经出现，到这时显得更为成熟。

第二，纵横比较的方法。

这里包括三种情况：一是《史记》本身篇目的比较；二是《史记》与前代、后代的史学、文学著作的比较；三是《史记》与国外的文史著作的比较。就第一种情况而言，由于《史记》写作时运用了"互见法"，因此，要理解司马迁的写作目的，褒贬态度，就要采用互相对比的方法，这是最基本的，这里不再详述。就第二种情况来说，本时期的研究中，许多学者把《史记》与《春秋》《左传》《战国策》《楚汉春秋》《离骚》作比较，把《史记》与《汉书》作比较等。赵生群《〈史记〉与〈春秋〉》把《史记》与《春秋》进行了

---

[1] 韩兆琦：《〈史记〉在中国与世界传记文学史上的地位》，《重庆教育学院学报》2002年第4期。
[2] 杨燕起：《〈史记〉和人在历史发展中的主体地位》，《史学史研究》1997年第1期。

对比研究，认为《史记》继《春秋》而不同于《春秋》，司马迁有更大的创造性。① 金家兴《〈史记〉人物描写的艺术创新》从文学发展的角度论述了《史记》的艺术创新，作者把《史记》与《战国策》相比较认为，人物形象由片断描写发展到整体描写，人物性格由概括性描写发展到个性化描写，语言描写由单一性发展到多样性，表现艺术由简单发展到丰富多彩。② 张新科《史传文学中人物形象的建立》具体分析了《左传》《战国策》《史记》在写人物方面的特点，认为《史记》比《左传》《战国策》有了新的发展，史传文学中的人物形象到《史记》才真正建立起来。③ 当然，也有人认为司马迁作《史记》未采《战国策》。④ 吴汝煜在《"史家之绝唱，无韵之〈离骚〉"试释》中，把《史记》与《离骚》作了比较，认为《史记》与《离骚》"神合韵谐"。⑤ 后来，吴汝煜在《〈史记〉中的骚影》⑥ 一文中对这一问题作了进一步的探讨。还有一些学者把《史记》与《资治通鉴》相比较，如施丁《两司马史学异同管窥》⑦，徐景重《论〈史记〉与〈通鉴〉的会通思想》⑧ 等。曲沐《〈三国演义〉和〈史记〉》⑨ 将《史记》与《三国演义》相比较。徐日辉《〈史记〉〈汉书〉书、志序列比较研究》考溯《史记》八书，比较八书与《汉书》十志的序列，认为《史记》八书源于《尚书·八政》，《汉书》十志源于《史记》八书。八书、十志代表着不同时代的经济水平和思想认识。八书侧重当代承弊通变，忧国忧民，有肇起之功；十志侧重技术，丰富详赡，具发展之能，二者均为一代文化之大成。⑩ 任刚《〈史记〉〈汉书〉"以事写人"方法的比较》认为二书写人的总方法就是以事写

---

① 赵生群：《〈史记〉与〈春秋〉》，《兰州大学学报》1986年第4期。
② 金家兴：《〈史记〉人物描写的艺术创新》，《孝感师专学报》1984年第2期。
③ 张新科：《史传文学中人物形象的建立》，《陕西师范大学学报》1988年第1期。
④ 徐克文：《司马迁作〈史记〉未采〈战国策〉说——兼简论〈史记〉与〈战国策〉文章》，《辽宁大学学报》1988年第1期。
⑤ 吴汝煜：《"史家之绝唱，无韵之离骚"试释》，《南通师专学报》1986年第1期。
⑥ 吴汝煜：《〈史记〉中的骚影》，《人文杂志》1986年第6期。
⑦ 施丁：《两司马史学异同管窥》，载刘乃和、宋衍申主编《〈资治通鉴〉丛论》，河南人民出版社1985年版。
⑧ 徐景重：《论〈史记〉与〈通鉴〉的会通思想》，《西北民族学院学报》1986年第3期。
⑨ 曲沐：《〈三国演义〉和〈史记〉》，《贵州民族学院学报》1986年第2期。
⑩ 徐日辉：《〈史记〉〈汉书〉书、志序列比较研究》，《陕西师范大学学报》2002年第6期。

人。就此而言,《史记》《汉书》中典型篇章,不相上下,各具特点。① 可永雪《〈史记〉与〈国语〉的上溯比较研究》认为《国语》是司马迁写作《史记》所重点依据的史书,《国语》的史料素材,对《史记》具有史源性的价值和意义。《史记》对《国语》的援据、采用,主要有采用、关涉、未用三种情况,常用"取事约辞"或"取事弃辞"等办法予以改写或改造。《国语》的"观人法"和对人物"为人"的关注,在《史记》中得到了传承。② 马洪良《〈史记〉〈战国策〉对战国历史记载之比较》③、高晓颖《〈史记〉与〈战国策〉的比较研究》④ 从文献学的角度对《史记》《战国策》共同记载的战国时期的历史进行比较研究。金明生《〈史记〉与先秦历史散文人物描写艺术比较》认为先秦历史散文描写的人物大多流于片断,人物形象是既单薄又不完整的。而《史记》则以文学手法塑造了许多完整、生动、丰满、具有典型意义的历史人物形象,充分而集中地刻画出人物性格,从而再现了历史。因此,《史记》在人物描写艺术上比先秦历史散文有着明显的进步和提高。⑤ 许勇强《〈史记〉与〈水浒传〉叙事艺术比较研究——兼论〈水浒传〉的叙事艺术源流》运用西方结构主义叙事学的基本理论,结合中国传统叙事文学的特点,对《史记》与《水浒传》在叙事时序、叙事视角和叙事结构上进行比较。⑥ 崔玉英《〈蒙古秘史〉与〈史记〉之历史叙述比较研究》探究《蒙古秘史》与《史记》之历史叙述。⑦ 其他还有把《史记》与《儒林外史》与后代戏曲等作比较研究。

就第三种情况而言,李少雍《司马迁与普鲁塔克》一文颇有代表性,普鲁塔克比司马迁晚了两个世纪,是古罗马时期的希腊作家。作者将二人所处时代、世界观、作传记的目的、传记的内容特点、传记的形式特点等方面

---

① 任刚:《〈史记〉〈汉书〉"以事写人"方法的比较》,《内蒙古师范大学学报》2002年第6期。
② 可永雪:《〈史记〉与〈国语〉的上溯比较研究》,《渭南师范学院学报》2015年第7期。
③ 马洪良:《〈史记〉〈战国策〉对战国历史记载之比较》,硕士学位论文,郑州大学,2004年。
④ 高晓颖:《〈史记〉与〈战国策〉的比较研究》,硕士学位论文,安徽大学,2005年。
⑤ 金明生:《〈史记〉与先秦历史散文人物描写艺术比较》,《图书馆建设》2002年第2期。
⑥ 许勇强:《〈史记〉与〈水浒传〉叙事艺术比较研究——兼论〈水浒传〉的叙事艺术源流》,硕士学位论文,重庆师范大学,2004年。
⑦ 崔玉英:《〈蒙古秘史〉与〈史记〉之历史叙述比较研究》,硕士学位论文,内蒙古师范大学,2007年。

进行了详细、全面的比较,认为司马迁在成就上"不稍逊于这位古罗马传记文学的最杰出的代表。司马迁的《史记》在世界传记文学史上应当有其非常重要的地位,它可以特立于世界古代传记巨著之林而毫无愧色"①。黄新亚《论司马迁在中国文化史上的地位》一文把司马迁的《史记》与古希腊史学家希罗多德的《历史》、古希腊三大悲剧家、希腊化哲学进行了比较,认为司马迁的功绩有超出西方同时代文化代表人物之处。②刘清河《从〈旧约〉与〈史记〉的比较试探东方文学的一点规律》一文认为《旧约》和《史记》分别记述了各自民族传说中的始祖,到公元二世纪前后数千年间民族起源、发展、兴盛、衰落、分化演变的历史及其许多先贤名士的言行事迹。但《旧约》文学有服务于宗教的目的,有比较浓重的宗教色彩。《史记》文学以"史"为轴心,现实生活的成分更多。两者"对西伯来和华夏民族的古代文化进行了历史性的总结。它们不仅是这两个民族的重要精神财富,也是世界文化大厦的基石之一。"③李万钧《〈史记〉与〈荷马史诗〉——中西长篇小说源头比较》④一文把《史记》与《荷马史诗》进行比较,并由此探讨中西小说的源头,颇有启人之处。王成军《中西古典史学的对话——司马迁与普鲁塔克传记史学观念之比较》⑤系统探讨了中西方两位史学家的传记观念及其传记成就,在比较研究方面颇有代表性。此外,雷晓斌《司马迁的〈史记〉与希罗多德的〈历史〉比较研究》对中西方历史在书写原则、书写目的、作者感情等方面进行比较,以此管窥中西方历史观之异同。⑥胡祥琴《文化模式对史家神话编纂的影响——以〈史记〉与〈历史〉的比较为例》认为中华民族自先秦以来就具有"重现实,轻玄想"的理性主义传统。受此影响,司马迁在撰述《史记》的过程中对先秦以来历史文献中本不丰富的志怪材料加以斟酌削减,仅存留那些能够代表重要政治

---

① 李少雍:《司马迁与普鲁塔克》,《文学评论》1986 年第 5 期。
② 黄新亚:《论司马迁在中国文化史上的地位》,《陕西师范大学学报》1988 年第 3 期。
③ 刘清河:《从〈旧约〉与〈史记〉的比较试探东方文学的一点规律》,《汉中师范学院学报》1987 年第 3 期。
④ 李万钧:《〈史记〉与〈荷马史诗〉——中西长篇小说源头比较》,《文艺研究》1993 年第 6 期。
⑤ 王成军:《中西古典史学的对话——司马迁与普鲁塔克传记史学观念之比较》,中国社会科学出版社 2009 年版。
⑥ 雷晓斌:《司马迁的〈史记〉与希罗多德的〈历史〉比较研究》,《学术评论》2018 年第 6 期。

人物政治活动的神话事件。相比较而言，希罗多德著述的《历史》则透露出"人神不分"，主张人神二者共同创造历史的认识论倾向，这与作者所处古希腊城邦制社会条件下浓厚的神话氛围紧密相关。① 祁泽宇、阿孜古丽·尔曼《司马迁与苏维托尼乌斯传记思想之比较——以〈史记·本纪〉与〈罗马十二帝王传〉为中心》认为司马迁和苏维托尼乌斯是生活在不同时代的传记文学家，二者的传记思想有着异同。相同之处在于：其生活的社会背景相似，有丰富的人生阅历；都拥有可靠的史料来源；对人物评价力求客观，褒贬兼具。不同之处在于：司马迁子承父业、立"成一家之言"之志，苏维托尼乌斯力求"搜集史料，不致遗漏"；司马迁多关注政治，苏维托尼乌斯多关注帝王的私生活。②

本时期能够把这几种比较方法综合运用，并且取得成就的，还有钱锺书。他的《管锥编》中直接涉及《史记》的文字有 58 则，作者既考证事实，又发表宏论，古今中外，纵横比较，使人耳目一新。我们仅举一例说明。如作者在谈《项羽本纪》"范增起，出，召项庄谓曰：'君王为人不忍……'"一语时，列举《高祖本纪》《陈丞相世家》《淮阴侯列传》等篇目，指出"言语呕呕"与"喑恶叱咤"，"恭敬慈爱"与"剽悍滑贼"，"爱人礼士"与"妒贤嫉能"，"妇人之仁"与"屠阬残灭"，"分食推饮"与"刓印不予"，皆若相反相违。"而既具在羽一人之身，有似两手分书、一喉异曲，则又莫不同条共贯，科以心学性理，犁然有当。《史记》写人物性格，无复综如此者，谈士每以'虞兮'之歌，谓羽风云之气而兼儿女之情，尚粗浅乎言之也。"③ 由辨析一句话而引出一段人物性格分析，而且是相当精彩的。

第三，艺术辩证法。

艺术辩证法是唯物辩证法的普遍真理在艺术创作中的运用，其基本特点就在于能把人类社会和自然界描写为一个具有内在联系的合乎规律发展

---

① 胡祥琴：《文化模式对史家神话编纂的影响——以〈史记〉与〈历史〉的比较为例》，《西南民族大学学报》2014 年第 8 期。
② 祁泽宇、阿孜古丽·尔曼：《司马迁与苏维托尼乌斯传记思想之比较——以〈史记·本纪〉与〈罗马十二帝王传〉为中心》，《成都理工大学学报》2019 年第 2 期。
③ 钱锺书：《管锥编》第 1 册，生活·读书·新知三联书店 2007 年版，第 450—451 页。

的历史过程。司马迁的《史记》，在描写历史人物时，较好地体现了艺术辩证法。它以真人真事为基础，但又能化腐朽为神奇，"生死而肉骨"，使历史生动化、形象化。钱锺书曾指出："史家追叙真人真事，每须遥体人情，悬想事势，设身局中，潜心腔内，忖之度之，以揣以摩，庶几入情合理。盖与小说、院本之臆造人物、虚构境地，不尽同而可相通。"① 《史记》正是如此。近年来，人们在研究时，也注意从艺术辩证法的角度去探讨司马迁描写历史、刻画人物的特征。宋嗣廉在《〈史记〉艺术美研究》一书中专有一章，运用艺术辩证法探讨了《史记》的"实录与想象""多样与统一""共性与个性"等艺术特征。就以"实录与想象"而言，作者认为，《史记》在"考信"史实的前提下，对某些细节通过"入情合理"的想象，"称量以出之"加以"文饰"，这与"小说家"之言是不可相提并论的，这也说明《史记》的"实录"除了包括"事核"——"不虚美，不隐恶"之外，还包括"文直"——"辨而不华，质而不俚"的特点在内。那种把"实录"只理解为承认客观事实的看法倒是不全面的。② 作者一反常人之说，观点颇为新颖。

刘玉平、周晓林《论〈史记〉人物性格的丰富性和整一性》探讨了《史记》在塑造人物性格方面所取得的成就，认为司马迁笔下的历史人物，其性格是丰富的、复杂的，但又不是杂乱无章，而是做到了丰富性与整一性的统一。作者是从"性格组合论"的角度把握《史记》人物的特征的，给读者以启发。③ 何旭光、李毅凌《历史的"实录"原则与文学的表现方法》④ 就《史记》的文史结合问题进行了探讨，马翼《生死而肉骨——从〈史记〉看传记文学的实与虚》⑤ 就《史记》现实主义与浪漫主义相结合的问题进行了探讨，他们的探讨都有一定的深度。另外，郭双成《〈史记〉人物传记论稿》中专有一节谈《史记》的生活真实与艺术真实问题，作者认

---

① 钱锺书：《管锥编》第 1 册，生活·读书·新知三联书店 2007 年版，第 272—273 页。
② 宋嗣廉：《〈史记〉艺术美研究》，东北师范大学出版社 1985 年版。
③ 刘玉平、周晓林：《论〈史记〉人物性格的丰富性和整一性》，《南充师院学报》1987 年第 2 期。
④ 何旭光、李毅凌：《历史的"实录"原则与文学的表现方法》，《信阳师范学院学报》1987 年第 1 期。
⑤ 马翼：《生死而肉骨——从〈史记〉看传记文学的实与虚》，《语文学刊》1987 年第 4 期。

为,"通过想象对历史基本事实在细节上作一些补充,在一定程度上是不可避免的。离开了想象,也便没有了描写的具体性,所以这种情形却反而给《史记》人物传记增添了无限的文学色彩,可以更好地具体揭示出特定的人物的性格特征、面貌和心理。"[1] 对《史记》的合理想象予以充分肯定。

如何用艺术辩证法探讨《史记》在虚与实、疏与密、刚与柔、奇与正等方面的特点,目前已取得了一些成绩,但还有待于进一步的深入。

第四,国外新方法的借鉴与运用。

新时期以来,随着对外开放政策的实行,国外的文化大量传入中国,有新学科的介绍,有新方法的借鉴。这给《史记》文学研究也注入了新的活力。系统论、价值论等都已被人们借鉴和运用。徐兴海《〈史记〉所体现的系统观》用系统论的方法对《史记》的目的与结构、时间层次等问题进行了探讨。作者指出,目的性是系统论的重要特征,《史记》是一个人造的系统,有明确的目的性:"究天人之际,通古今之变,成一家之言。"要实现这个目的,就要在体例上超越前人。《史记》的体例就是一个整体结构,"本纪"是五体中最高层次,"表"是对"本纪""世家""列传"三种体例的补充。这三种将人物、事件以时间顺序排列,使历史成为动态的系统,具有时间性程序,但它们所描述的是一个个独立的事件,是纵的方向的描绘,"表"则是从横的方面描写历史的断面,将以上三体所记述的内容综合起来,勾勒出一个时期的历史总貌。这样一来,《史记》对这个系统的内容结构就形成一个纵横交错的立体网络。作者还认为,"究天人之际",是从空间的角度研究历史,"通古今之变"是从时间的角度研究历史发展。《史记》全书贯穿着不同时间长度的辩证思想,每一种时间长度,都各自同历史发展的一定阶段和深度相适应相联系,时间的层次是鲜明的,而鲜明的层次性又是组成系统必不可少的条件。将中华民族史以不同的时间单位划分层次,固然有材料原因,更重要的是因为司马迁有进步的历史观,厚今薄古也是种层次的思想。[2] 由于作者把《史记》作为一个整体系统去研究,方法新、结论新,发前人未发,颇有深度,引起了一定的反响。

---

[1] 郭双成:《〈史记〉人物传记论稿》,中州古籍出版社1985年版。
[2] 徐兴海:《〈史记〉所体现的系统观》,《人文杂志》1987年第3期。

齐效斌《〈史记〉文化符号论》①、俞樟华等《唐宋〈史记〉接受史》②以及博士学位论文如王齐《〈史记〉在明代的传播与接受》③、陈莹《唐前〈史记〉接受史论》④、樊婧《〈史记〉在元代的传播接受研究》⑤等，都是借鉴新理论新方法的代表。刘宁《〈史记〉叙事学研究》⑥借用西方叙事学的理论从叙事视点、叙事情节、叙事时间、叙事结构、叙事话语、叙事接受等方面来研究《史记》的文学形式和文学特征，提出了许多新的见解，能够自立一说，敢于提出自己的见解，是一项很有意义的尝试。蔡丹《古代诗人接受〈史记〉论稿》⑦上编勾勒从汉代到清代诗人接受《史记》的情况，结合时代背景，按照萌芽、发展、高峰的线索进行论述；下编是个案研究，选取诗人对刘邦、韩信等6位人物形象的接受进行具体分析。张新科《〈史记〉文学经典的建构过程及其意义》指出司马迁的史学巨著《史记》成为中国文学的经典之作，其原因是多方面的，除了它本身具有独特的文学价值外，还在于历代读者对其文学价值的阐释、认可与接受，即文学经典的建构。汉至唐，是《史记》文学经典地位的奠定时期；宋元则是《史记》文学经典地位的确立时期；到了明清，《史记》文学经典地位进一步巩固；至近现代，《史记》文学经典地位不断加强。《史记》文学经典的建构，扩大了《史记》的文化价值，促进了中国文学的发展，并且使《史记》中有价值的历史人物走向永恒的时间和无穷的空间。在历时与共时的存在范畴里，《史记》不断实现着自我的保值与增值。这种增值与保值，就是《史记》不断被经典化的过程。⑧程苏东《失控的文本与失语的文学批评——以〈史记〉及其研究史为例》根据文本生成的不同方式，将《史记》分为司马迁独立创作的原生型文本和他根据既有文本编纂而成的衍生型文本。对于衍生型文本，司马迁在钞撮的过程中，难免会存在一些疏漏，在不同程度上留下

---

① 齐效斌：《〈史记〉文化符号论》，陕西师范大学出版社1998年版。
② 俞樟华等：《唐宋〈史记〉接受史》，吉林人民出版社2004年版。
③ 王齐：《〈史记〉在明代的传播与接受》，博士学位论文，北京师范大学，2005年。
④ 陈莹：《唐前〈史记〉接受史论》，博士学位论文，陕西师范大学，2009年。
⑤ 樊婧：《〈史记〉在元代的传播接受研究》，博士学位论文，陕西师范大学，2014年。
⑥ 刘宁：《〈史记〉叙事学研究》，中国社会科学出版社2008年版。
⑦ 蔡丹：《古代诗人接受〈史记〉论稿》，陕西师范大学出版社2015年版。
⑧ 张新科：《〈史记〉文学经典的建构过程及其意义》，《文学遗产》2012年第5期。

了一些"失控的文本"。程苏东认为:"这些失控的文本展现了编钞者试图构建有序文本的过程及其所遭遇的困境,成为我们进入文本深层结构、了解编钞者文本编纂意图和方式的有效途径,也为我们对这一类型的文本展开文学批评提供了有益的视角。发现并对这些个案进行类型化研究,不仅有助于我们深入了解司马迁编纂《史记》的过程,也是我们认识这类衍生型文本文学价值的基础。"① 赵望秦《透过文化记忆窗口看"史汉优劣"的演变》一文认为古代书目具有文化记忆功能,可以通过这些书目有关《史记》《汉书》著录数量的多少为切入点,通过对数据的量化分析,探讨不同时代文化背景下,人们对"史汉优劣"的不同认识。② 刘彦青《〈史记〉十二本纪文本生成研究》从文本生成角度研究《史记》,通过史料对比分析司马迁与《史记》文本之间的复杂关系,把握《史记》成书过程中的细节性问题,探究司马迁的思想、汉代的时代特点、《史记》所传承的文化记忆以及《史记》的独特文学价值。③

当然,借鉴新方法,不只是用一些新名词,更重要的是要以此为手段,去挖掘《史记》的内在价值。这项工作有待于人们的继续努力。

(六)《史记》文学资料的整理

进入新时期,随着出版业的繁荣,一大批《史记》研究典籍被整理出来,特别是其中有关文学的典籍资料的整理出版,一方面方便了学界,为展开进一步的研究奠定了基础;另一方面,这些典籍资料本身就是有关《史记》研究的重要成果,对这些资料的整理,将其从常人难以接触到的故纸堆、胶卷等形态转变为常规出版物,这本身就有嘉惠学林,普及经典的作用。这里就《史记》文学资料的整理略作论述。

1985 年陆永品对清代吴见思《史记论文》的总批内容和李景星《史记评议》进行整理并结集出版。1985 年上海古籍出版社将日本学者泷川资言《史记会注考证》与水泽利忠对该书的《校补》影印出版,题为《史记会注考证附校补》。《史记会注考证》是继《史记》"三家注"后,对《史记》

---

① 程苏东:《失控的文本与失语的文学批评——以〈史记〉及其研究史为例》,《中国社会科学》2017 年第 1 期。
② 赵望秦:《透过文化记忆窗口看"史汉优劣"的演变》,《陕西师范大学学报》2018 年第 2 期。
③ 刘彦青:《〈史记〉十二本纪文本生成研究》,博士学位论文,陕西师范大学,2018 年。

研究成果最重要的总结和梳理，集两千年来注家、学者对《史记》的研究之大成。泷川资言一方面收集了宋以前的《史记》各种版本，利用日本学者所取得的校勘成果，对《史记》进行了全面的校刊。另一方面，搜罗了中日120余种历史典籍，将历代学者的注释加以系统整理，并附加自己的研究成果，以"考证"的形式，与经其订补后的三家注内容，合刻在《史记》正文下，从而完成此书。2015年杨海峥对其进行系统标点整理，出版了《史记会注考证》[1]，更大程度地方便了学界使用。1998年天津古籍出版社也将明代凌稚隆辑校、李光缙增补的《史记评林》影印出版，使得这一明代集大成的评点典籍得以广泛传播。此外，2011年霍松林、赵望秦以影印《百衲本二十四史》所收南宋黄善夫刻本为底本，整理出版《宋本史记注译》[2]。该书以兼顾学术性和普及型为宗旨，雅俗共赏，一方面可资专业学者利用研究，另一方面可资读者欣赏阅览。同年高益荣、赵光勇、张新科整理出版了清代程馀庆《历代名家评注史记集说》[3]，使该书得以广泛传播。2011年魏耕原、张亚玲点校出版了清代牛运震的《史记评注》[4]，2012年崔凡芝也对《史记评注》加以整理，进行了校释，并将牛运震《史记纠谬》一书附于其后，题为《空山堂史记评注校释附史记纠谬》[5]出版。2008年宋嗣廉编著《历代吟咏史记人物诗歌选读》，收录历代160多位诗人600多首诗歌和1500多条相关诗句，为《史记》文学研究开拓了新的领域。2012年赵望秦、蔡丹等人编著出版《史记与咏史诗》[6]，该书从186部典籍中录出909家诗人的咏史之作凡3346题、3628首，众体兼备，足可用以更加深入系统地探讨《史记》与咏史创作的互动关系。2013年赵生群在中华书局标点本《史记》的基础上，吸收当代《史记》研究的新成果（文物、文献资料、学术定论），历时8年完成了对中华书局《史记》点校本的系统修订，修订本《史记》新增校勘记3400多条，约30万字，并改动标点6000余处，

---

[1] ［日］泷川资言著，杨海峥整理：《史记会注考证》，上海古籍出版社2015年版。
[2] 霍松林、赵望秦：《宋本史记注译》，三秦出版社2011年版。
[3] （清）程馀庆撰，高益荣、赵光勇、张新科整理：《历代名家评注史记集说》，三秦出版社2011年版。
[4] （清）牛运震撰，魏耕原、张亚玲点校：《史记评注》，三秦出版社2011年版。
[5] （清）牛运震撰，崔凡芝整理：《空山堂史记评注校释附史记纠谬》，中华书局2012年版。
[6] 赵望秦、蔡丹等人编著：《史记与咏史诗》，三秦出版社2012年版。

成为符合现代古籍整理规范、代表当代学术水平，能够体现21世纪新的时代特点的典范之作。

  新时期以来对《史记》文学资料的整理成绩斐然。其中尤为突出的是陕西师范大学与渭南师范学院两个《史记》研究团队。陕西师范大学团队先后整理了一大批《史记》文学研究资料，以"《史记》文学研究典籍丛刊"名义先后出版，其中包括了（唐）司马贞《史记索隐》，（宋）洪迈《史记法语》，（宋）娄机撰、（宋）李曾伯补《班马字类》，（明）凌迪知《太史华句》，（明）沈国元《史记论赞》，（明）穆文熙《四史鸿裁》，（明）赵南星撰、（清）仲弘道增定《增定史记史韵》，（明）朱之蕃汇辑、（明）汤宾尹校正《百大家评注史记》，（清）金圣叹《金圣叹评史记》，（清）葛震撰、曹荃注《史记四言史征》，（清）林伯桐《史记蠡测》，（清）曾国藩《求阙斋读书录·史记》，（近代）李澄宇《读史记蠡述》，秦同培选辑《〈史记〉评注读本》，并有整理本（明）凌稚隆《史记评林》，（明）钟惺《钟惺评〈史记〉二种》，（明）许相卿《史汉方驾》，（清）吴见思《史记论文》，（清）孙琮《山晓阁史记选》，（清）邵晋涵《史记辑评》，（清）徐公修《史记百咏笺注》即将出版。与此同时，渭南师范学院丁德科、凌朝栋等一批学者先后整理出版了司马迁《史记》选本丛书12种，包括（明）茅坤《史记钞》，（明）凌稚隆《史记纂》，（清）周宇澄《广注史记菁华》，（清）汤谐《史记半解》，（清）王又朴《史记七篇读法》，（清）储欣《史记选》，（清）李晚芳《读史管见》，（清）蒋善《史记汇纂》，中华书局编纂《史记精华》，王有宗《分段详注评点史记菁华录》，此外还包括（日本）芳本铁三郎《史记十传纂评》，（李朝）李算、李淑芳《史记英选》。此外，孙晓主编的《二十四史研究资料汇编·史记》（全10册）[1] 广罗博收，增益集结，以影印出版的方式，汇聚前贤《史记》考证研究成果100余种，数量之多，远超几部同类汇典。吴平、周保明选编《〈史记〉研究文献辑刊》（全18册）[2] 也选录宋代至民国时期较为重要的《史记》研究文献32种，其中多为首次影印出版，旨在为学术界提供新的研究资料，并且在正文后附

---

[1] 孙晓主编：《二十四史研究资料汇编·史记》，巴蜀书社·人民出版社2010年版。
[2] 吴平、周保明选编：《〈史记〉研究文献辑刊》，国家图书馆出版社2014年版。

有详细的《史记》研究论著目录，编者较为全面地整理了 2001 年至 2011 年间，国内所有研究《史记》的论文、专著，以及相关书目中涉及《史记》章节的目录，按照时间顺序进行编排，以供读者检索使用。杨海峥主编的《和刻〈史记〉文献汇编》（第一辑）①（全 20 册）则对日本现存的《史记》珍稀文献进行了系统整理、汇编与影印，不但具有珍贵的版本价值，而且其中有大量日本学者的批注，这些批注内容丰富，是历代日本学者研习《史记》成果的积累。这些资料的整理，为研究《史记》文学经典化的问题提供了很好的基础。

随着大量资料的整理，《史记》文献学也越来越受到学者重视。赵生群《太史公书研究》②《〈史记〉文献学丛稿》③，郑之洪《史记文献研究》④，张大可《〈史记〉文献研究》⑤，张玉春《〈史记〉版本研究》⑥，吴淑玲《史记文献学简纲》⑦等，从理论上对文献整理予以总结。总之，文学资料的整理是新时期《史记》研究高潮的集中反映，也将在更深的层面进一步推进《史记》研究与《史记》的经典化传播。

三 港、台地区的《史记》文学研究

近现代以来港、台地区《史记》研究也有很大进展，尤其是当代 70 年里，《史记》文学研究取得了丰硕的成果，成为《史记》文学经典化过程中的重要力量。

就香港地区而言，20 世纪以来，以高校教师为《史记》研究主力，伴随 1949 年之后国学研究在南下学者，如钱穆、唐君毅、牟宗三、徐复观、张君劢等的推动下，成为传统与西方学术思维集合的一支新势力。受客观条件所限，香港地区的《史记》研究多采用新方法重读文本的方式展开。以

---

① 杨海峥主编：《和刻〈史记〉文献汇编》，天津人民出版社 2020 年版。
② 赵生群：《太史公书研究》，陕西人民出版社 1994 年版。
③ 赵生群：《〈史记〉文献学丛稿》，江苏古籍出版社 2000 年版。
④ 郑之洪：《史记文献研究》，巴蜀书社 1997 年版。
⑤ 张大可：《〈史记〉文献研究》，民族出版社 1999 年版。
⑥ 张玉春：《〈史记〉版本研究》，商务印书馆 2001 年版。
⑦ 吴淑玲：《史记文献学简纲》，人民出版社 2016 年版。

部分高校中文学报如《中国文化研究所学报》（香港中文大学，1968 年创刊）、《东方文化》（香港大学，1954 年创刊）、《饶宗颐国学院院刊》（香港浸会大学，2014 年创刊）、《人文中国学报》（香港浸会大学，1994 年创刊）、《岭南学报》（岭南大学，1999 年复刊）等为阵地，开展国学研究，其中多载有《史记》相关的研究成果，成为推动《史记》文学经典化的重要途径之一。

香港地区的《史记》文学研究，主要可分为以下几类：

一、《史记》体例编排研究。潘重规《史记导论》[1] 分成 8 个章节，包括《史记》之体制、记事的开端和截稿、材料来源、采用稿件的译述工作、采访工作、插图、短评、发刊词等，指出《史记》如同现代社会的报纸。刘伟民《史记一百三十篇篇目的研究》[2] 从全书篇目系统考查其编列次序的旨意。钟应梅《史记读法》[3] 则就《秦始皇本纪》和《平准书》做讨论，以小见大，揭示细读《史记》之门。

二、《史记》分篇研究。此类研究内容涉及《史记》130 篇，研究成果也最多。如杨勇《读史记伯夷列传》、胡咏超《〈史记·封禅书〉征指试析》、许亦群《读〈史记·太史公自序〉札记》、吴淑惠《史记汉兴以来将相名臣年表之研究》等，这些论文资料丰富，见解独特。如吴淑惠《史记汉兴以来将相名臣年表之研究》参考新旧材料，综合比较中西学者的观点，尝试从古今中外有关《汉兴以来将相名臣年表》作者的讨论、表的形式和内容（尤其是倒书与提栏）、汉代的官僚爵制度与权力的递嬗等方面作一深入探析。并且利用近年来出土的汉简，给表十的外形、格式与保存方式提供新的诠释。[4]

三、史汉比较研究。汪春泓的《史汉研究》[5] 将其有关《史记》《汉书》及汉代文学思想的论文合集出版，客观上已有史汉比较的意味。秦名扬

---

[1] 潘重规：《史记导论》，《新亚书院学术年刊》1960 年第 2 期。
[2] 刘伟民：《史记一百三十篇篇目的研究》，《联合书院学报》1972 年第 10 期。
[3] 钟应梅：《史记读法》，《崇基校刊》1974 年第 57 期。
[4] 吴淑惠：《史记汉兴以来将相名臣年表之研究》，《中国文化研究所学报》2014 年第 59 期。
[5] 汪春泓：《史汉研究》，上海古籍出版社 2014 年版。

《从史记汉书的货殖意识看中国经济思想的歧途》① 以《史记·货殖列传》与《汉书·货殖传》为例讨论中国经济思想所走的异路歧途。徐复观《史汉比较研究之一例》② 站在《汉书》的角度而出之，以《汉书》如何袭取《史记》之资料，以及两书在史学精神的异同为线索而加以讨论。此外，潘铭基《中华书局标点本〈史记〉〈汉书〉标点异同举隅》《〈史记〉〈汉书〉互见部分避讳情况研究》《〈史记〉〈汉书〉关系新议》③ 等文也皆针对具体问题对《史记》《汉书》进行比较，多有所得。

除上述之外，黄坤尧《〈史记〉三家注异常韵母及声调之考察》《史记三家注异常韵母及声调之考察》《〈史记〉三家注的重纽现象》④ 着眼于三家注读音进行研究，潘铭基《司马贞〈史记索隐〉引用〈汉书〉颜师古注研究》⑤ 针对注释进行解读，叶鉴天《倪豪士〈史记·项羽本纪〉英译指瑕两则》⑥ 指出倪豪士英文翻译本《史记》在《项羽本纪》"稍稍"，以及"止壁河内"之"壁"上翻译的错误。何志华、朱国藩、潘铭基三人合编了工具书《唐宋类书征引〈史记〉资料汇编》。另外还有不少关于司马迁及其生平的研究。此外香港地区还产生了一定数量的以《史记》为研究对象的学位论文。总之，针对《史记》的不同内容，在不同层次，通过专著、论文、工具书等不同方式，新时期《史记》的传播与研究在香港地区都取得了一定的成绩。香港地区的《史记》研究成为新时期《史记》文学经典化的重要助力。⑦

---

① 秦名扬：《从史记汉书的货殖意识看中国经济思想的歧途》，《信报财经月刊》1980 年第11 期。
② 徐复观：《史汉比较研究之一例》，《新亚学报》1980 第 13 期。
③ 潘铭基：《中华书局标点本〈史记〉〈汉书〉标点异同举隅》，《中国语文通讯》2005 年第 73 期；潘铭基：《〈史记〉〈汉书〉互见部分避讳情况研究》，见何志华、沈培编《先秦两汉古籍国际学术研讨会论文集》，社会科学文献出版社 2011 年版，第 465—486 页；潘铭基：《〈史记〉〈汉书〉关系新议》，《海南热带海洋学院学报》2017 年第 6 期。
④ 黄坤尧：《〈史记〉三家注异常韵母及声调之考察》，《东方文化》1993 年第 2 期；黄坤尧：《史记三家注异常韵母及声调之考察》，《声韵论丛》1994 年第 1 期；黄坤尧：《〈史记〉三家注的重纽现象》，《中国语言学报》1999 第 9 期。
⑤ 潘铭基：《司马贞〈史记索隐〉引用〈汉书〉颜师古注研究》，载何志华、冯胜利编《承继与拓新：汉语语言文字学研究》，香港：商务印书馆（香港）有限公司 2014 年版。
⑥ 叶鉴天：《倪豪士〈史记·项羽本纪〉英译指瑕两则》，《中国语文通讯》2015 年第 2 期。
⑦ 本节有关香港地区的《史记》研究，参考了潘铭基相关论文，详细内容请参看潘铭基《香港地区的《史记》研究（1949—2019）》，《渭南师范学院学报》2020 年第 3 期。

台湾地区的《史记》文学研究，在70年里也取得了丰硕的成果。《史记》研究的基本队伍，大致可分两部分：一是原先在大陆就研读《史记》，后来去台湾继续研究的，如《史记评介》的作者徐文珊，早在1936年就与顾颉刚一起用新式标点符号点校了《史记》，在《史记》研究史上第一次为《史记》做了标点分段，它为1949年以后新点校本《史记》的早日出现奠定了基础。其他如《史记斠证》的作者王叔岷，《史记地名考》的作者钱穆等人，都是从大陆去台湾的。二是台湾近70年来成长起来的学者，如《史记导论》的作者田博元、《史记解题》和《史汉关系》的作者吴福助、《司马迁之学术思想》的作者赖明德、《史记论赞研究》的作者施人豪、《司马迁的世界》和《史记的故事》的作者郑樑生等都是。与大陆《史记》研究的队伍相比，台湾地区《史记》研究的队伍也有老中青结合的特色，特别是中青年学者的《史记》研究比较活跃，水平也较高，他们是目前台湾《史记》研究的主要力量。这些学者除了用传统的考证、校勘、比较等方法研究《史记》以外，更注意用西方的一些理论为武器，从新的角度去重新认识和评价《史记》，涉及一些前人和大陆学者研究较少的问题，提出了一些新颖独到的见解。

（一）普及《史记》。台湾学者通过今注今释，或白话翻译，或编成故事，或在大学里开《史记》课程等多种形式来介绍《史记》，出版了不少有分量的专著，像马持盈的《史记今注》，劳榦和屈万里的《史记今注》，杨家骆的《史记今释》，60名教授合译的《白话史记》，郑樑生的《史记的故事》，陈飞龙的《史记导读》，黄华表的《史记导读》，周虎林的《司马迁与其史学》，徐文珊的《史记评介》，李永炽的《历史的长城——史记》，以及国学丛书本《史记精华》等，是其中影响较大的著作。这些著作的编写，有一个共同时目的，就是普及《史记》，让《史记》人人能读，家喻户晓，深入人心。如马持盈在《史记今注》的说明中，开宗明义地提出，他撰写这本书的目的是"辅导读者能够轻松愉快的阅读《史记》，并进而引起其研究中国文化的兴趣，加强其宣扬中华文化的能力"；《白话史记》在凡例中也首先揭示"本书编译的目的在于求《史记》的普及化，适用于一般有基本文史知识的大众"。编译者"希望透过本书，有更多人有兴趣及能力研究《史记》原文，进而研究其他中国古籍"。作者的良苦用心，于此可见一斑。

1967年7月28日,台湾地区成立了中华文化复兴运动推行委员会,在该委员会的倡导和组织下,大量的古籍被重新注释或翻译,几十种《史记》注释本和有关司马迁及《史记》的评介著作,正是在这种普遍宣扬中国文化的浓厚氛围下不断出现的。台湾学者大张旗鼓地宣传《史记》,普及《史记》,做了大量行之有效的工作,是极有意义的。这里我们择要介绍几部注译、评介性的专著。

马持盈的《史记今注》对《史记》130篇全部进行了今注今释,1983年由台湾商务印书馆出版。作者为了节省青年们的研读时间并适应研读需要,在编撰时采取了注译结合的方式,其中的译文,占全书的一半以上。这对帮助读者正确理解原文是很有用的。在具体注释时,作者又注译了因文作注、难易有别的处理方法,对比较难懂的篇章进行了详尽的注释,对那些较易理解的篇章则惜墨如金,注文相应比较简略。如《天官书》原文万余言,注文则多达3万多字;《五帝本纪》原文5000字左右,注文有16000多字;《礼书》原文只有3000字,注文约有9000字。可是像《伍子胥列传》原文3600字左右,注文才千余字;《仲尼弟子列传》原文6800字左右,注文约5000字。作者这种因文作注,难易有别的注释方法,不仅节省了作者自己的时间,也节省了广大读者的宝贵时间,是值得提倡的。当然,作者以一人之力完成《史记》这部巨著的注释工作,是非常不容易的,在肯定其成就的同时,我们也看到,此书在注释、译文、句读等方面也存在一些错误和不足,其当注而未注,不当注而注,注文畸轻畸重,体例驳杂不一的现象,也是有的,不过这些都不影响《史记今注》的价值和它在社会上的流传。

杨家骆的《史记今释》,1977年由台湾正中书局出版。这是一部编辑自具特色、注释也较好的《史记》选本。关于《史记》的选注本,大陆出版的不下一二十种,所选篇章均限于本纪、世家和列传,忽略了表和书,不能够反映出《史记》由五体构成的特点,因此很难给读者一个关于《史记》的全面认识。而杨家骆的《史记今释》正好弥补了这种缺憾,是目前仅见的一部本纪、世家、表、书、列传俱全的《史记》选本。作者从《史记》中选了35篇,分为甲乙两编,颇费苦心。他在该书《序例》中说:"今就《史记》选本及总集三十五种统计去取,诸本共选《史记》七十二篇,其中互选达十八次以上者三十五篇,此三十五篇中互选达二十四次以上者十九篇，录之为本书甲编，其余十六篇录为乙编。"由此可见，杨书所选篇章是历代《史记》选本中选率最高的。这样，使杨书一方面照顾了选文的可读性及所记载史事的重要性；另一方面由于篇目中选率高，历代对它们的研究自然也比较深入，因而为作者的注释、考订奠定了良好的资料基础，这也是本书的注释质量较高的原因之一。

《史记今释》在台湾是"大学用书"，所以作者的注释总体比较简单，其中乙编比甲编的注文更少。但是甲编在解释疑难词句时，作者却不惜笔墨，广征博引，不论古今中外只要说的对，就统统拿来，为我所用。遇到各家释义不同时，则附以按语，择善而从，互相矛盾的地方，也认真辨析，定其是非。书后又附编三种，即王叔岷的《史记名称探源》、杨家骆的《太史公世系、太史公父子年谱、及著史年代考》，以及《史记》参考资料。《史记》参考资料共列书目355种，其中"《史记》全书参考资料"287种。读者可以此为线索，按图索骥地去查找有关古今中外的《史记》研究资料，这实际上是为读者开列的一份"《史记》书录"。

1979年，台湾河洛图书出版社出版了由台湾14所院校的60名教授合译的《白话史记》。把《史记》全部译成白话，这在《史记》研究史上还属首次，对台湾学者的这一贡献，是应该大力称颂的。《白话史记》作为海内外第一部《史记》全译本，它的出现对普及和阅读《史记》全书，起了积极的推动作用。该书由湖南岳麓书社和中国友谊出版公司分别在1987年、1988年重印出版，也受到大陆读者的普遍欢迎。

司马迁的《史记》上记轩辕，下迄汉武，贯穿经传，整齐百家，为中华民族保存了几千年的历史文化，这一百科全书式的通史巨著，是先秦所有典籍无法相比的，作为一个中国人要了解自己的历史文化，《史记》是非读不可的。但是，《史记》文字古朴，没有相当学历的人是不易读通读懂的。所以将《史记》译为今天通行的白话文，使这部两千年前的巨著人人能读而无阻塞，已经是当务之急。台湾学者通力合作，以集体的力量，用两年时间译成了这部近120万字的《白话史记》，这是《史记》研究史上一件大快人心的喜事。虽然该书的译文水平参差不齐，还有不少错译之处，但总体来说，全书基本上采取直译的方法，译文通畅简明，比较正确，且注意文采，韵文能做到整齐押韵，译文能反映出原文的语言风格和人物性格，不愧为一部有质量的《史记》全译本。在 1985 年，台湾辅新书局又出版了一种《白话史记》，编著者是张雨楼。我们把两种本子做了对照，发现从编译体例到译文内容都相差无几，说明后者是在前者的基础上编写而成的。

在普及方面，除了一些选本、注本、译本之外，还有不少评介司马迁及《史记》的著作和论文，数量较多，难以枚举，其中以徐文珊的《史记评介》和郑樑生的《司马迁的世界》两部专著具有代表性。这两部书有一个共同的特点，书的前半部分都是全面介绍司马迁的生平事迹和《史记》的基本内容，后半部分是专题研究。可以说，这是一部兼有普及和研究性质的书。

《史记评介》由台湾维新书局初版于 1973 年，这是一部在台湾影响较大的《史记》评介书。全书共 8 章，第一章为导论，第二章是司马迁传略，全面叙述了司马迁的家世和生平事迹，包括幼年生活、漫游、仕宦、受刑、作史，以及生活的时代背景，还有《史记》的名称、全书的篇数、补续与改窜、司马迁的学术思想和性格与风格等，使人对司马迁和《史记》的一般情况有个基本的了解。第三章转入《史记》读法及研究的指导。作者先从 10 个方面论述了怎样读《史记》的问题。作者认为，《史记》是文史兼美的名著，无论读史习文，都应该阅读，至于功夫重点，可因人而异，即读史者应着重在史学方面，习文者着重在文学方面。《史记》是个统一的整体，彼此互相连贯、照应、配合，不可分割，但在具体阅读时，可有重点有选择地读，有些该先读，如司马迁自己创作的最精彩的部分，以及书中的论赞等；有些可暂时不读，如表只读序即可。此外，为了深一层地了解《史记》的内在价值，还必须注意到司马迁的学术基础、思想立场、著书动机，以及他的抱负与作风、生活的政治背景、学术风气，还有司马迁忍奇耻以完成其著作的苦心等。至于古史常识、文字训诂等方面的基本知识，也是阅读《史记》必不可少的条件，甚至要边读书边作笔记，作者也作为一种要求郑重其事地提出来了。接着，为了培养青年朋友研究《史记》的能力，作者为读者设计了 14 个方面的自我训练课题，其中有为《史记》标点分段；作司马迁传或年谱；作《史记》版本考；作《史记》集评；作《史记》索引；把《史记》所载的若干大事作成纪事本末；将《史记》和《汉书》作比较研究；为《史记》中的主要人物重新作传；把司马迁所据原始史料与《史记》

对勘，以观作者取舍详略，比较其得失异同；试就现存古书中可用的史料，而未经司马迁所采用的，为之辑录，补作若干篇目；试将《史记》全书打散，改作编年史；从文学方面来评点《史记》的笔法、章法、句法、字法；为《史记》作注，等等。作者希望读者经过这样的训练，提高自己研究《史记》及其他古籍的能力。文章循循善诱，指导有方，对读者怎样入手去研读《史记》确实有指示门径的作用。作者为普及《史记》和培养后人所付出的辛勤劳动，是值得褒奖的。

徐书的第四章至第七章，分别论述了司马迁在史学和文学上的伟大贡献，以及作者读《史记》的心得体会，同时也指出了《史记》一书的缺点。第八章是用现代眼光纵观司马迁与《史记》。在这一章里，作者谈了5个问题：一、试为司马迁《史记》撰拟史例；二、由《史记》看中国社会；三、由文化人类学看司马迁《史记》；四、由历代史学家与史籍看司马迁与《史记》；五、史学创新刍议。从第四章到第八章是作者的专题研究，其中有许多新人耳目的见解，像从社会学和文化人类学的角度来认识、评论《史记》，就是作者的贡献。更可贵的是，作者作为老一辈《史记》研究者，在新的时代里毅然抛弃了自己驾轻就熟的传统的《史记》研究方法，在《自序》中公开声明他撰此书既不用乾嘉学派的考证方法，也不取崔适《史记探源》的疑古精神，而是用现代人的思想和眼光去认识和评论《史记》，使《史记》研究更贴近现实。作者在研究方法上刻意追新的精神，是令人钦佩的。

郑樑生的《司马迁的世界——司马迁戏剧性的一生与〈史记〉的世界》，1977年由台北志文出版社出版。全书分前后两篇，前篇以翔实、浅近、生动的文字，娓娓述说了司马迁充满悲剧性的一生，并对其撰写《史记》的动机作了较深入的探讨，这是作者综合中、日两国学者的见解，并加上他自己的认识写成的。后篇则偏重于论述《史记》的结构方面，是以日本汉学家武田泰淳的《司马迁——〈史记〉的世界》一书为主并加上作者的若干看法而成篇的。作者曾到日本留学，获日本国立东北大学文学硕士，对日本学者的《史记》研究情况了解较多，所以其书实际上以译介武田泰淳的《史记的世界》为主。通过此书，我们可以了解到日本学者对司马迁和《史记》的一些评价。该书认为：所谓《史记》的世界，即以人为中心的世界。作者通过本纪、世家、年表、列传的具体分析，肯定了司马迁以人为主来写历史的做法，认为司马迁是古今中外最杰出的传记文学作家，这是完全正确的。

与此选题类似，林聪舜《史记的人物世界》[1]选择对伯夷、叔齐、信陵君、范雎、吕不韦、田单、荆轲、李斯、项羽、刘邦、张良、陈平、范增、韩信、彭越、黥布、叔孙通、李广、魏其、武安、酷吏、游侠等人物进行研究，发掘其背后呈现的深刻的人性与历史观念，认识各类型的生命在历史场景中呈现的各种风姿。林聪舜还有《〈史记〉的世界——人性与理念的竞逐》[2]认为司马迁的《史记》是一部很吸引人的巨著，它有超越所处时代的历史洞见，有多元的政治、社会与人生观照，更有建立王道政治的"以史为经"理想。由于它深入现实，又超乎流俗价值观的羁绊，前人颇多以"异端"视之。《史记》的异端性，在传统中国士大夫眼中，或会引起争议，但它却因此能发掘出更多的历史真相，呈现人类活动多元化的丰富多彩，因而也就为人类文明留下了更多宝贵的记录。《史记》的洞察力与丰富性，让我们回顾它所记载的历史时，发现古代的世界，其深刻性与复杂性远超出后人的想象。人性与理念的竞逐是该书的论述重点，但人性与理念不是抽象物，它是在行动世界中呈现的。透过对历史人物行动世界的解析，隐藏着的人性与理念，以及诸多面相的社会关系都会呈现出来，引领我们一探复杂、深邃的人的世界之奥秘。

此外，吴福助《史记解题》[3]认为《史记》一书为太史公马迁"究天人之际，通古今之变，成一家之言"的皇皇巨著，不仅开正史之首，且更为文学史上可藏诸名山之瑰宝。该书即为引领读者踏入《史记》殿堂之敲门砖，娓娓叙来史公百三十篇之大义微言，以史为主，兼及其文，凡学人所当知者，无不巨细并举，详为之说；至于精微幽隐之处，则又征引其端，使读者深思妙悟，悠然神会。

（二）《史记》文学专题研究成果。台湾学者的《史记》研究成果是多

---

[1] 林聪舜：《史记的人物世界》，台北：三民书局2003年版。
[2] 林聪舜：《〈史记〉的世界——人性与理念的竞逐》，台北：鼎文书局2009年版。
[3] 吴福助：《史记解题》，台北："国家"出版社2012年版。

方面的，在大力普及《史记》的同时，在深入研究方面，也取得了十分显著的成绩。比如在对《史记》的文字、史实的校勘考订方面，王叔岷《史记斠证》、施之勉《史记会注考证订补》、钱穆《史记地名考》、海屏《史记的补续与改窜问题》、曲颖生《史记八书存亡真伪疏辩》、张森楷《史记新校注》、陈槃《史记世家缀录》、吴福助《汉书袭录史记考》、高葆光《史记终止时期及伪篇考》、李崇远《史记篇例考述》、赵澄的《史记版本》、胡韫玉的《史记汉书用字考证》等，都就某一方面对《史记》作了考证，提出了新的见解，其学术价值是应该受到重视的。

《史记》文学阐释研究方面，比较突出的如施人豪《史记论赞研究》，从《史记》论赞出发，分析了司马迁的史学思想；叶龙《司马迁史记叙事法类述》、殷豫川的《司马迁史笔妙生花》，从文学角度肯定了司马迁千变万化、不主一格的叙事方法；吴福助的《史汉关系》和《史汉体例比较》、刘安立的《从史记汉书儒林传比较司马迁及班固的思想》，研究了《史记》和《汉书》的关系，评价了马、班异同。逯耀东《抑郁与超越——司马迁与汉武帝时代》探讨了《史记》产生的社会文化背景，其中有对列传与本纪的关系、史传论赞与"太史公曰"等问题的专门讨论，等等。下面我们侧重介绍一下赖明德的《司马迁之学术思想》和柯庆明的《论项羽本纪的悲剧精神》、徐复观的《论〈史记〉》、周虎林《司马迁与其史学》、许淑华《两宋〈史记〉评点研究》、李纪祥《〈史记〉五论》、邱诗雯《〈史记〉之"改""作"与历史撰述》等论著，从中可以看到台湾学者对《史记》文学研究领域的不断开拓和研究程度的进一步深入。

赖明德的《司马迁之学术思想》[①]，是一部侧重研究司马迁学术思想的专著，全书共 10 章，40 余万言。分别论述了司马迁生长的时代和社会；司马迁的读书游历和师友；司马迁撰写《史记》的心理背景；司马迁的经学；司马迁的史学；司马迁的诸子之学；司马迁的文学；司马迁的历学；司马迁的政治、经济、社会思想等。在一书中对司马迁的学术思想作如此全面深入的研究评论，这样的著作，在海峡两岸众多的《史记》研究著作中，也是不易多见的。特别值得称赞的是，作者在论述司马迁的学术思想时，不是凭

---

① 赖明德：《司马迁之学术思想》，台北：洪氏出版社 1982 年版。

空立言，信口雌黄，而是本着知人论世、实事求是的精神，始终联系司马迁的生活经历和《史记》记载本身，以及广阔的西汉社会政治背景和学术发展的实际来研究，评论司马迁的学术思想，做到言之有理，持之有故，很有说服力。

作者认为，伟大的时代孕育了伟大的人物，伟大的人物催生了伟大的历史文化，要了解一位对历史文化有伟大贡献的人物，不能不先了解他所生长的时代和社会。司马迁是中国继孔子之后，两千年以来历史文化界最伟大的巨人。他那卓越的历史观点、丰富的人生体验、深刻的社会见解、精湛的学术造诣，以及高度的文学修养，除了一部分得之于禀赋以外，大部分都和他所生长的时代与社会有不可分割的密切关系。由于繁荣的经济和壮盛的国威，使司马迁孕育了他那种海阔天空的浪漫精神和雄伟气魄；由于学术文化从多元趋于单一，使司马迁深深感受了多元文化的可贵和思想自由的难求；由于森严的法纪，使司马迁感受了被蹂躏的人性是多么的可怜，被压抑的人权是多么的可悲。那是一个风云际会的时代，也是一个激发智慧的时代；那是一个笼络知识分子的时代，也是一个磨炼天才的社会。司马迁的一生便是在这样的时代和社会中成长，《史记》一书也是在这样的时代和社会中写成的。所以，司马迁的学术思想自然而然地打上了这个时代和社会的烙印。全书议论风发，新见迭出。作者在广泛吸取前贤今人的研究成果的基础上，又突破陈言，大胆创新，对司马迁的经学思想、史学成就、诸子之学、文学成就，以及政治、经济、社会等思想作了更加深入的分析评论，提出了许多新的观点。该书在1982年2月由台湾洪氏出版社出版后，很快销售一空，1983年2月又增订再版一次，说明这是一部受到读者欢迎的书。

柯庆明在他的《文学美综论》[①]一书中，收录了一篇长达11万字的论文——《论项羽本纪的悲剧精神》，作者"以《项羽本纪》以及其相关的篇章为例，从作者、作品与读者三方面探索反映在此一叙事文体中，创作、结构与欣赏三种心灵活动如何交互作用，终至达成文学活动的整体意义。所以，虽以《项羽本纪》的结构为其主要的脉络，但是兼及司马迁创作《史记》的悲剧意识，并且大量地参酌采用了前哲和今贤的评论与批语，以作为

---

① 柯庆明：《文学美综论》，台北：长安出版社1983年版。

读者欣赏反应的例证。由于《项羽本纪》本身的丰富性，这篇讨论，遂又使我们触及荒诞滑稽的喜剧情节，如何被掺和在整体的严重凛肃的悲剧情境中，而终于达成了最后的崇高宏伟的悲剧意识。同时，更导引我们走到了文学与历史的边际境域，因而深切体认到文学了解与历史了解的藤牵蔓引，难分难割。"作者《自序》中的这番话，较好地概括了该文的主要内容和作者的撰写目的。《项羽本纪》是历代研究最多的篇章之一，老题新作，没有相当的识力，不易有所发明。该文洋洋十余万言，摆脱了传统的思维模式，提出了许多与众不同的评价。作者首先认为，《项羽本纪》是《史记》中唯一纯正的严肃而崇高的悲剧作品。项羽是功败垂成，位虽不终，然却临难不苟、自甘灭亡而从容就死的悲剧形象。然后从项羽的权力意志和伦理品质两个方面入手，分析了项羽的成功与失败的原因。文章指出，项羽是个权力意志极强的人，他不甘屈居人下，受人节制，也不能容忍别人对他不敬不恭。从吴中起事开始到杀宋义，抗暴秦，直至逐义帝，分封天下，都是他的权力意志的表现。但是，项羽的权力意志又是受到伦理制约的有限的权力意志。比如在鸿门宴上项羽不杀刘邦，论者向来都从项羽政治上的幼稚立说，而柯文却认为，一方面是刘邦所表现的柔顺依服满足了项羽的权力意志；另一方面是项羽思想上的伦理观念在起决定作用。因为项羽接受了"今人有大功而击之，不义也"的伦理观念的制约，并且他对于自己所允诺的盟约，一直都是诚实信守的，不像刘邦那样当面一套，背后一套，因此当他"许诺"了项伯"因善遇之"之际，事实上就已经决定了善待刘邦了无相害之意。作者还指出，项羽不杀刘邦，是不想在灭秦之后马上挑起诸侯军之间互相残杀的斗争，对项羽的这种明智的选择，予以了很高评价。文章说，漫长的楚汉战争完全是一心想当皇帝的刘邦挑起的；而在灭秦以后，项羽是渴望"以休士卒"，缔造一个"计功割地"的新秩序的。正是项羽那种以"霸王"为满足的权力意志的有限制性，才使他沦为"后则为人所制"的被动挨打局面。也因为项羽身上保存了一些良好的伦理品质，所以他想用和刘邦决斗的形式来结束这场旷日持久的战争，来解脱人民群众的痛苦，但是实际上他在以前又一直未曾具体地去关注过使天下百姓归心于己的事情，他好杀成性，失去了最广大的人民群众的支持。文章用大量具体翔实的事例说明，项羽一生事业的成功与失败和性格品质的优劣长短，都和他的权力意志及伦理品质密切相关，成亦在此，败亦在此。文章运用比较研究的方法，广征博引，纵横议论，发语精辟，见解新颖，是一篇不可多得的好文章。

徐复观《两汉思想史》① 卷3有3篇文章涉及《史记》：《论〈史记〉》《读〈论史记驳论〉——敬答施之勉先生》《〈史〉〈汉〉比较研究之一例》。《论〈史记〉》一文近8万字，分10个专题：一、前言；二、《太史公行年考的补证》；三、史公的家世、时代与思想；四、史公的史学精神及其作史的目的；五、《史记》构造之一——本纪、世家；六、《史记》构造之二——表；七、《史记》构造之三——书及其中的存缺问题；八、《史记》构造之四——列传中的若干问题；九、《史记》构造之五——立传的选择；十、《史记》构造之六——表现方法上的若干特点。作者从广阔的时代背景出发，对《史记》进行了全面的评述，尤其是深挖了司马迁的史学精神及其作史的目的。作者认为，史公作史的精神，主要是发挥在"贬天子，退诸侯，讨大夫"与权威相抗拒之上。他作史的目的则是要使他的著作成为"礼义之大宗"，标示以人民为主体的"王事"的大方向。《史记》之所以能成为"实录"的原因在此，《史记》之所以有千古不磨的真价的原因也在此。"究天人之际，通古今之变，成一家之言"，这是由知识的睿智来表明他作史的目的。上述"贬天子""退诸侯""讨大夫"的精神，可以称为道德理性的批判精神，道德理性的批判精神可以引发知识的睿智，而知识的睿智，又可以支持道德理性的批判。作者还对《史记》的五体及意义、《史记》立传的标准、《史记》列传（包括若干世家）的表现方法等问题进行了深入的分析。以列传的表现方法而言，作者认为有6个特点：其一，在政治的成王败寇、赏荣诛辱的巨大势利浪潮中，以巧妙的手法，透出历史的真实，展现历史的良心；其二，从一个小的具体故事，把握人的个性；由其人的个性以解释其人的一生行为，于是这里提供了个性潜力的自我展现的范例；其三，掌握具体的关键性材料，以显露人物精神面貌的特征；其四，以微言侧笔，暴露人与事的真实；其五，史公所传的人物，都是历史中具体的人物，而不是思想中抽象的人物；其六，史公怀有道德的因果报应观念。

---

① 徐复观：《两汉思想史》，台北：台湾学生书局1979年版。

施之勉在读了《论〈史记〉》这篇长文之后，写了《〈论史记〉驳议》[①]一文就司马迁的生年、《报任安书》写作年代、褚少孙补《史记》等问题与徐复观商榷，因此，徐又作《读〈论史记驳议〉——敬答施之勉先生》一文，对上述问题进行了回答。

《〈史〉〈汉〉比较研究之一例》全文近 6 万字，对《史记》与《汉书》进行了全面的比较。分 9 个专题：一、问题的回顾；二、班氏父子的家世、思想及其著作的目的；三、班氏父子对《史记》的批评；四、《汉书》之成立历程；五、《史》《汉》比较之一——纪；六、《史》《汉》比较之二——表；七、《史》《汉》比较之三——书、志；八、《史》《汉》比较之四——传；九、《史》《汉》比较之五——文字的比较。这种全面性的比较，使人们能够看出班、马的不同旨趣、不同风格。结论建立在详细的分析比较之上，也较为公允。如《史》《汉》文字比较，作者认为，史公的文体疏朗跌宕，富于变化；文句的组成较为圆满；篇章的结构；线索分明，照应周密，理解上较为容易。叙述上则较精确而能尽量保存历史的原貌。班氏的文体较为质重简朴面缺少变化，结构的线索不甚分明，文字上似乎较《史记》为古奥。于叙事，渐流于空洞化；对人物，渐流于抽象化。但《汉书》中有的传也写得很绵密，作者对班、马不同风格的分析颇为周密。

周虎林《司马迁与其史学》[②] 分 7 章对司马迁的史学思想进行研究，其中导论一章，述与《史记》相关诸事，并详考史字之命义与史官源流。第二章述司马迁之家世与经历，而尤致力考订其生年，所据者为《史记》本书与《汉书》相关各篇，并采王国维、郑鹤声、杨家骆诸先生之说，证明唐张守节正义所推较为合理。第三、四两章，述《史记》编纂过程与内容，并以《史记会注考证》为本，详计各篇字数，其结果多于史公《自序》所云总数 3 万余字，或可备他日详考分合亡佚之资。第五章述《史记》之增补与传沿，并略述其版本问题。第六、七两章，就历史哲学与史学方法立论，并及于史赞之研究，例目较细，盖仿义法与释例之书为之。

台湾学者在《史记》研究中，也很重视对《史记》的艺术成就作深

---

① 大陆杂志社编辑委员会：《史记考证·秦汉中古史研究论集》，大陆杂志社 1981 年版。
② 周虎林：《司马迁与其史学》，台北：文史哲出版社 1980 年版。

入探讨。1987年5月，台湾文史哲出版社出版了范文芳的《司马迁的创作意识与写作技巧》一书。作者认为，"司马迁撰写《史记》，是一种创作的行为，他是有意识地把《史记》当作一家之言来经营的。因此，他刻意地采用了丰富的技法，完成了一部古今中外都推崇的巨著。"在第一章里，作者分析了司马迁生活的时代，阐述了当时的学术、政治、经济、文学方面的大转变，以及这种转变对司马迁的巨大冲击和影响。正是这种时代背景，为司马迁的成长提供了温床和激素。第二章，作者着重探索了司马迁的基本生命精神，特别强调了司马迁的悲剧个性，认为由于这种个性，导致司马迁在现实世界中受了挫折，也激励他走上了创作《史记》这一条艰辛的大道。该书的第三章，作者研究了司马迁的创作意识。历来的评论者，每当提到司马迁撰述《史记》的动机时，多半只强调司马迁秉承其父的遗志和"发愤著书"两个方面，范文芳则强调，司马迁作史的目的是批判当时的时代，为了启发世人，也为了完善自我。作者还专门介绍了司马迁"向文学借火"的方法，认为司马迁是有意识地用文学的技法来创作《史记》的。第四章，作者用大量例证，论述了司马迁卓越的写作技巧，说明司马迁是一位伟大的作家。该书把司马迁当作一个作家，放到当时的社会背景之中，着重分析了司马迁的创作意识和写作技巧，角度新颖，颇有价值。

许淑华著《两宋〈史记〉评点研究》[①]着眼于两宋《史记》评点成就，重要内容共分为5部分，第一部分对两宋评家生平考略。在一定程度上补充了凌稚隆《史记评林》未及评家小传的不足。第二部分对重要评点作品《史记评林》涉及的两宋评点内容进行校勘。注明资料之完整与出处，以符合学术严谨之要求；还原《评林》之增减，以利学者采择；提示学者正式引文之含义，避免误解；对比字形异同，以知用字之趋向；增益《史记评林》一书的使用性。第三部分补《史记评林》宋人评点之阙。增补《评林》既有两宋评家评论条目之不足，增补《评林》所未收之评家及其评点。第四部分是运用分析、统计、综合等方法对两宋评家史评进行分析。分析内容包括评点梳理、类别分析，得出北宋诸多评家，史评倾向贬抑，其中尤以苏

---

① 许淑华：《两宋〈史记〉评点研究》，新北：花木兰文化出版社2009年版。

辙为代表。南宋贬抑者,以叶适、王若虚为代表,然褒赞史公的评价颇有增加。第五部分,由继宋之后评点人数的空前壮大,评注、选评与集评本的大量刊刻,评点合刻本的纷纷问世,得出明代以后《史记》评点风潮深受两宋《史记》评点的影响。

李纪祥《〈史记〉五论》[①] 主要讨论两个问题。其一,司马迁在《报任少卿书》中以"究天人之际,通古今之变,成一家之言"为主轴的"成一家之言",历代对"一家之言"真谛为何,言者虽多,皆未得意。该书自其为"家言(私撰)"入手,揭示其由"子"之"史"的历史形成;以及原称《太史公书》何以改称《史记》的史学变化。其二,以"刺客世界"塑成"刺客列传",在司马迁笔下,如何定位?如何能是"国士",又如何"立意较然"?跌宕的书写与叙事,展现了"刺客"作为人世间一等人物的类型,特殊生命中如何以血染其风采!该书分析了"刺客世界"中"曹沫"与"豫让"两人物的叙事,借叙事角度而入于三《传》与"史(剧)"之中,道出另一种阅读《史记》的"古典今在"的别韵。在具体操作上该书分别对"《太史公书》由'子'入'史'考""《史记》之'家言'与'史书'性质论""太史公'成一家之言'别解""曹沫与柯之盟"等5个问题进行讨论,并附载"《史记》'柯之盟'探原"。

邱诗雯《〈史记〉之"改""作"与历史撰述》通过材料的对比分析,分章梳理了司马迁运用材料撰述《史记》的情形,探讨了《史记》"改""作"背后的义法与思想寄托。全文共7章,第一章绪论介绍了研究对象与研究方法;第二章从文史同源角度分析了《史记》史蕴诗心传统的构成,认为《史记》蕴含着"士不遇"的抒情传统,受此影响,《史记》在历史编纂中通过特题、特称、合传等方式融入了司马迁的情怀;第三章从《史记》历史"记注"的使命与纂集史料的范围角度探讨其据事类之记注义法;第四章将《史记》改易史料的类别分为考据、义理、词章而改三个层面,举例分析了《史记》改易史料的方法;第五章举例分析撰写方法,进而探讨了《史记》撰述之撰作义法;第六章分析了《史记》"改""作"在后世文学与史学所产生的深远影响;结论章总结了司马迁先立其大的书写框架、史

---

① 李纪祥:《〈史记〉五论》,台北:文津出版社2007年版。

蕴诗心的行文方法与承先启后的撰述风格。①

在《史记》文学研究之外，吕世浩《从〈史记〉到〈汉书〉——转折过程与历史意义》一书着眼于从《史记》到《汉书》的转折过程，结合两汉之际的政治文化背景，探讨史学与政治之间的互动，由此阐发了从《史记》到《汉书》的过程在中国史学发展史上的深远意义。作者认为司马迁以通史的理念与形式包揽古今，在古今对比中，完成了对当代政治的参与，而班固为迎合君王，篡乱《史记》的理念，后世史学多取法《汉书》，于是再也没有司马迁那样面对当代以论政治得失的勇气与史识。② 该书尽管以史学为中心对《史记》进行研究，然其涉及的文化意义变迁对《史记》文学研究具有重要意义。

四 对当代《史记》文学研究一些问题的思考

每个时代的《史记》文学研究都有其独特的成就和贡献。这种持续不断的研究，使《史记》更加深入人心。自 1949 年以来的《史记》文学研究形成了自己的一些特点，主要有：注重系统化的研究，改变感悟式的散评，使问题研究逐步深化；注重开拓新领域，使研究的问题更为广泛；注重新资料的挖掘，为《史记》研究提供了新的依据、新的思路；注重研究方法的更新，在传统的考证、比较等方法基础上，不断探索新的研究方法，并能以积极的态度，借鉴西方的学术研究方法，使研究不断出新；注重普及工作，使《史记》的传播更为广泛，司马迁精神被更多的人所理解。当然，《史记》的文学研究离不开对它的史学研究、思想研究，因为《史记》文学成就是建立在史学成就基础上的，以历史真实为前提，施展文学才华。这些特点和优势，对于促进《史记》文学研究的深入发展起了积极的作用。

研究领域的多样、研究方法的多样、成果形式的多样，意味着《史记》研究队伍在不断扩大，接受《史记》的群体在不断扩大，司马迁与《史记》的影响在不断扩大。多样化也意味着自 20 世纪以来学术氛围逐渐浓厚，学

---

① 邱诗雯：《〈史记〉之"改""作"与历史撰述》，新北：花木兰文化出版社 2012 年版。
② 吕世浩：《从〈史记〉到〈汉书〉——转折过程与历史意义》，台北：台大出版中心 2009 年版。

术研究在不断进步。尤其是新时期以来，随着中外文化交流的发展，研究者的视野、观念也在发生新的变化，学术创新成为研究者共同追求的目标，这就促进了学术的繁荣发展。这种变化，也使《史记》的生命力不断延伸和扩展。

《史记》文学研究发生如此巨大变化，既有《史记》本身的内在原因，也有外在因素的影响。《史记》展现了中华民族三千年的历史进程，涵括各种文化形态，所体现的中华民族的积极进取精神、自强不息精神、爱国主义精神、勇于探索的创新精神对后世的文化价值观、人生价值观、道德价值观、社会开放观、大一统的政治思想等各个方面产生了深远影响。[1] 这也促使一代又一代人传播、接受、研究《史记》，形成文化链条，使《史记》的生命力不断延伸。

《史记》作为文学经典不是自封的，而是历代读者对它的认可、研究而形成的。不同读者通过不同的途径传播《史记》，研究《史记》，使《史记》的经典地位不断巩固。研究热潮的兴起与成果的丰富多样，有许多外在因素不可忽视。归纳起来，主要有以下几方面。第一，中华人民共和国的成立，社会性质发生了重大变化，这是历史的转折点，《史记》研究也随之发生了质的变化，进入研究的新时代。第二，马克思主义的唯物辩证法与历史唯物主义理论为《史记》研究建立起一个完善的、科学的理论体系，这是当代《史记》研究的又一个重大转折点，为《史记》研究打开了新的局面。第三，自20世纪80年代以来，改革开放促进了思想的解放，学术研究走上健康道路。同时改革开放打开了中国大门，使中国认识世界，也使世界了解中国。国内的研究者可以面向世界，了解更多国外研究的新理论、新视角、新方法，与国外研究者交流切磋。第四，国家文化大发展，尤其是近年来专门制定繁荣哲学社会科学计划，为学术研究创造了良好氛围，许多高校及研究机构中有一大批专家学者进行《史记》的专项研究。宽松的学术政策使得《史记》研究呈现出百花齐放的学术盛况。第五，国家经济水平的不断提高，为学术研究提供了必要的基础条件，也给《史记》研究提供了技术、资金等方面的支持。每年国家及各省、地方设立各类研究课题，其中《史

---

[1] 张新科：《〈史记〉与民族精神塑造》，《光明日报》2017年4月16日。

记》研究课题也受到普遍重视，并予以立项支持。第六，教育水平提高，科研人员数量增加。全民受教育水平的普遍提高，各大高校为《史记》研究培养出一大批新的科研人员，为《史记》研究队伍注入新的活力。第七，印刷技术的发展。自20世纪以来的印刷技术不断发展，尤其是汉字激光照排技术的应用使《史记》及其研究成果的出版印刷质量和效率大大提高，为传播《史记》、研究《史记》起了积极作用。第八，网络信息技术的发展以及电子产品如电脑、电子书阅读器的普及，使《史记》研究的信息资料检索与传播更加便捷，推动了《史记》研究的普及与深入。

当代学术的发展，还有一个重大变化，就是《史记》研究团队的形成，集体攻关，产生了重大的成果。国家启动了点校本二十四史及《清史稿》修订工程，以赵生群为代表的团队完成了《史记》点校本的修订工作，台湾60位教授翻译的《白话史记》，王利器主编的《史记注译》，霍松林、赵望秦主编的《宋本史记注译》，张大可等主编《史记研究集成》，仓修良主编的《史记辞典》等工程的完成，都是靠集体的力量，群策群力，体现出协作的优势。陕西省司马迁研究会组织的《司马迁与华夏文化》丛书（23种）和主编的《司马迁与史记研究论文集》（9集）、渭南师范学院组织编写的《司马迁与〈史记〉研究年鉴》《〈史记〉选本丛书》，中国史记研究会组织的《〈史记〉研究论著集成》（20册）、《史记通解》（9册）、《〈史记〉论丛》（12集）等，陕西师范大学史记研究中心组织的《史记文学研究典籍丛刊》等，都是有计划的集体攻关的成果。另外有组织地编写多种层次的《史记》教材，如《史记教程》《史记导读》等，在大学的中文、历史等专业开设《史记》研究课程，培养大批《史记》研究人才等。目前正在进行的集体项目如张大可主编《〈史记〉疏证》、陕西省司马迁研究会主编《史记研究集成·十二本纪》等，也都采取集体协作的方式，组合团队，集体攻关。目前，全国各类《史记》研究机构对于推动《史记》研究起了重要作用。事实证明，要进行大的工程项目，就必须有组织有计划地进行，避免盲目性和资源浪费，共同推进《史记》研究深入发展。

但是，当代的《史记》文学研究，也存在一些问题。或过分拔高、美化司马迁，用今人的思想改造司马迁，或贬低甚至否定司马迁及其创作的《史记》。有些《史记》研究课题重复与老化，理论深度欠缺等。这些问题在《史记》研究历程中已得到一定程度的反拨和解决,有些问题则有待深入发展和不懈努力。同时我们也应该看到,国内的研究在某些方面还赶不上海外,研究方法还存在一定的问题。有些研究还流于大而化之的空谈,缺少细致深入的分析。这些问题的存在,有些是客观造成的,有些是研究者的主观造成的,这都需要我们进行深入的反思。只有清醒地认识到我们的不足,才能有针对性地进行改进。学术研究只有在不断地自我总结、反省中,才能健康地向前发展。

另外,值得注意的是当代作家的文学创作,尤其是长篇小说创作追求宏大叙事的观念继承了《史记》的史诗性叙事传统。许多文学作品取材于《史记》,如曹晓波的《乌江东去》、白桦的《西楚霸王》、潘军的《重瞳》,三部小说塑造了不同的项羽形象。白桦的《吴王金戈越王剑》、陈白尘的《大风歌》等话剧[1],张艺谋导演的《英雄》、陈凯歌导演的《赵氏孤儿》等电影,杨洁导演的电视剧《司马迁》、熊召政编剧的话剧《司马迁》、张泓编剧的秦腔《司马迁》等也以《史记》故事为题材进行再创作。还有许多散文家从《史记》中汲取了丰富的营养,创作了具有浓厚思想情感与艺术价值的作品,从中可以看出《史记》作为文学经典不朽的生命力!

自 20 世纪以来的《史记》文学阐释和研究与古代两千多年的研究相比,确实是发生了质的变化,而且硕果累累,远远超过了古代的《史记》研究。但是,经典著作的生命力是无限的,是不朽的。随着《史记》普及程度的提高和《史记》研究的世界化,《史记》的生命力将不断延伸和扩展。因此,《史记》文学经典化的过程并没有结束,还将继续下去,也就是说,《史记》的文学经典化永远在路上。

---

[1] 详参樊星《〈史记〉与当代文学》,《中国当代文学研究》2004 年秋冬卷。

第 十 章

海外《史记》文学研究对经典建构的作用

司马迁的《史记》，不仅是中华民族的宝贵文化遗产，而且是具有世界意义的经典巨著。《史记》流传到国外以后，引起了国际汉学家们的广泛兴趣，研究者日益增多，还出现了一批《史记》研究的专家，像日本、朝鲜、法国、德国、美国等国家的《史记》研究，都取得了一定成就，其中尤以日本为最。由于资料有限，仅我们所知见的一部分来看，《史记》的文学价值在海外也逐渐被普遍认可和接受，从而成为其文化经典建构中的特殊路径。

一 《史记》传播空间的扩展

《史记》传播空间的不断扩展，对于经典著作生命力的延伸具有重要作用。《史记》以其独特的魅力，在海外得以广泛传播，进一步扩大了它的影响力。

《史记》流传到海外的具体时间已经难以稽考。依据史书记载，大约在魏晋南北朝时就已经传播到海外了。如唐初李延寿所撰《北史》卷94《高丽传》记载，唐以前"三史"已传到高丽。又《旧唐书·高丽传》说，高丽"俗爱书籍""其书有《五经》及《史记》、《汉书》、范晔《后汉书》、《三国志》、孙盛《晋春秋》、《玉篇》、《字统》、《字林》；又有《文选》，尤爱重之。"[1] 据高丽朝金富轼（1075—1151）编写的《三国史记·高句丽本

---

[1] （后晋）刘昫等：《旧唐书》卷199上，中华书局1975年版，第5320页。

纪》记载，公元 372 年，高句丽在中央"立太学，教育子弟"，太学里除讲授以"五经"为代表的儒家经典之外，还讲授"三史"，即《史记》《汉书》《东观汉记》。这说明《史记》《汉书》等史籍在唐代以前已传到高丽，并且受到高度重视。所谓高句丽，即是今天的朝鲜半岛。在韩国，《史记》有广泛的影响，据韩国《出版杂志》1988 年 2 月 5 日号介绍，韩国汉城大学人文科学研究所出版了《史记》的抄译本，作为《大学古典丛书》中的一卷。把《史记》作为大学生的基本阅读书，这在国外还是不多见的。这个抄译本为了最大限度地反映原作的意图和便利本国读者的阅读理解，编译者李成珪对《史记》的结构和叙述方式作了阐释，又对《史记》的序例作了新的编排。如译本第一编的"序部"，由反映司马迁著述动机和基本立场的《太史公自序》，以及相当于列传序的《伯夷列传》组成。第二编"秦朝兴亡"，重点叙述战国时代以后从秦朝建立到灭亡的政治过程。为了超越政治兴衰过程和王朝的秩序，重视社会和文化的发展等问题，该书的第三编设立了"古代的社会和文化"一目。这部书编排比较合理，既基本体现了《史记》的特色，又适合韩国读者的阅读习惯，对帮助韩国民众了解《史记》这部历史巨著，无疑起了积极作用。另据有关资料，自 20 世纪 60 年代中期至 1994 年，韩国出版韩文《史记》翻译本（包括全译本和节译本）共十余种，其中第一部《史记》韩文翻译本《史记列传》1965 年由崔仁旭完成，为广大初学者提供了极大方便，后来，此书译者在原韩译本的基础上，又与金荣洙合作重新修改和补充，并完成《史记列传》2 册。1973 年李英根翻译的《史记》（共 6 册），是第一部韩文全译本，由汉城新太阳社出版，从此韩国有了《史记》韩文全译本。1973 年另一部韩译本《史记列传》出于中国语言文学研究专家文璇奎之手，全书共 3 册，此书以具有中等以上文化程度的广大读者对象，在强调通俗性的同时，对传播和普及中华民族优秀的传统文化也很重视，可以说是中国古籍韩译事业的一种新的尝试。几年后，此书译者在原韩译本的基础上，重新作了修订工作，并完成《史记列传》2 册，作为"世界古典全集"的一种出版发行。1977 年史学家洪锡宝也完成另一部韩译本《史记列传》，并将此书作为"世界思想全集"的一种，使《史记》成为世界思想文化宝藏的重要部分。到 20 世纪八九十年代，《史记》在韩国的翻译和介绍又出现了一批新成果。1983 年汉学家南晚星译注的《史记列传》（共 2 册），由汉城乙酉文化社出版发行，并将此书作为"世界思想全集"第 3、4 卷。1986 年汉学家李相玉译注的《史记列传》（共 3 册），由汉城明文堂出版社发行。1988 年"《史记》列传讲读会"译注的《故事史记列传》（共 3 册），由汉城清雅出版社发行。1991 年姜英敏译注的《实录史记列传》由汉城昌佑出版社发行。1991 年汉学史家权五铉译注的《史记列传》，由汉城一信书籍出版社发行。1993 年崔大林译注的《史记本纪》《史记世家》等书，均由汉城洪信文化社出版。除此以外，自 1992 年以来，在中国文学研究专家丁范镇的率领下，由成均馆大学中文系以博士研究生为中心的青年学者共同参与进行《史记》全文的韩译工作。丁范镇在首册里的《解说》中，对《史记》的名称、体例和成书经过以及司马迁的时代、生平和思想分别作了较全面的论述和评价。书末还附有《自夏至前汉的历代系表》以帮助一般读者了解和认识《史记》内容所涉及的历史年代概念。① 从这些介绍可以看出，《史记》作为世界性优秀著作正在受到更多的关注。此外，朴晟镇《〈史记〉在传记文学史上的地位——兼论其对韩国的影响》② 指出高丽王朝金富轼所著韩国民族第一部纪传体正史《三国史记》在写作体例、表现手法、创作态度、评价人物方式等多方面都全面吸收了《史记》的特点和长处。

《史记》从隋朝时传入日本，至今已有 1400 多年的历史，对日本的政治、文化等产生了重要影响。在日本，《史记》的传播非常广泛，研究成果也非常丰富，我们在第三部分专门介绍。

根据有关资料，《史记》在 18 世纪传到俄国。俄罗斯汉学家从 19 世纪起就节译过《史记》。苏联出版过帕纳秀克《司马迁〈史记〉选译》和越特金与塔斯金合译的《史记》两卷本。十月革命后的《史记》译作据不完全统计有 71 种。2010 年，由越特金和其子花 40 年翻译的《史记》俄文出版，标志着《史记》全书第一个欧洲语言译本的问世。目前，《史记》在俄罗斯有广泛的影响。柳若梅《〈史记〉在俄罗斯的收藏与翻译》一文对此有一定

---

① ［韩］诸海星：《〈史记〉在韩国的译介与研究》，载袁仲一等主编《司马迁与史记论集》，陕西人民出版社 1996 年版。
② ［韩］朴晟镇：《〈史记〉在传记文学史上的地位——兼论其对韩国的影响》，《张家口师专学报》（社会科学版）1998 年第 2 期。

介绍。① 1955 年 12 月 22 日,苏联的东方学家、高等学校的教师和研究中国历史、语言、文学的青年学生等,在莫斯科举行晚会,纪念伟大的文学家和史学家司马迁诞生 2100 周年。会后,雅·沃斯科波依尼科夫写了一则消息,发表在 1955 年 12 月 27 日的《光明日报》上。从这篇消息我们可以了解苏联学者对司马迁和《史记》的重视与评价。文章说:"主持晚会的是苏联科学院通讯院士古别尔,他在简短的开幕词中称司马迁是中国的第一个历史学家、最伟大的文学艺术家和古代中国的一位卓越学者和《史记》的编辑者。""历史学硕士图曼在会上对司马迁的生活和活动作了一篇很长的和富有内容的报告。他指出了司马迁对中国文化宝库的伟大贡献,他又着重指出了中国人民的这个伟大儿子的著作为中国人民带来了光荣,并且使他的祖国永远地扬名于国外。图曼说,司马迁真正应当在大家公认的世界科学和文化泰斗中占有重要的地位。"可以看出,苏联学者对司马迁和《史记》非常推崇。目前,《史记》在俄罗斯有广泛的影响。

《史记》在欧美其他各国也有程度不同的传播。在法国,汉学家沙畹(1865—1918)曾翻译《史记》,并有很好的注释和序跋,这在法国是个有一定影响的《史记》读本,而且是第一部西洋《史记》翻译,总共 5 本。沙畹去世之后,他的学生康德谟(Maxime Kaltenmark)在 1969 年,把沙畹留下的 3 卷世家和他自己翻译的 2 卷,编成第 6 本。② 沙畹在《导言》最后对司马迁及其《史记》予以高度评价:"我们不能否认司马迁及其父谈在史学上创造之功的最大之处,乃是为我们发明了一部通史的写法。……我们且不能不以兴奋的心情去惊喜其父子能以如此耐烦的功力去搜集史料,与其不可及的天才去写了出来。《史记》之声光真足以与中华民族共垂不朽也!"③ 可见《史记》在法国人眼中的地位。此后汉学家雅克·班岜诺教授续译"列传"。2015 年,九卷本全法文版《史记》问世。还有 1972 年吴德明(Yves Hervouet)《司马相如列传译注》,等等。美国自 19 世纪 40 年代开始关注《史记》,1840

---

① 柳若梅:《〈史记〉在俄罗斯的收藏与翻译》,《广东社会科学》2014 年第 3 期。
② [美] 倪豪士:《一百年史记翻译(1895—1995)》,载袁仲一等主编《司马迁与史记论集》,陕西人民出版社 1996 年版。
③ 李璜:《沙畹:司马迁史记的法文译注卷首导言》,载《法国汉学论集》,珠海书院出版委员会 1974 年版。

年出版的《中国丛报》开始有介绍司马迁的文章。自 20 世纪 50 年代以来，《史记》在美国有两次重要的译介，即 Burton Watson（中文译名华兹生）和 William H. Nienhuaser 译本（中文译名倪豪士）。华兹生教授从 1950 年至 1993 年，将《史记》130 卷中的 80 卷翻译成了英文。倪豪士教授计划翻译整部《史记》，目前已在国内出版 4 卷，还有 3 卷会陆续出版，其余部分仍在翻译中。在英国，也有学者翻译《史记》，较有代表性的是 1994 年雷蒙·道森（Raymond Dawson）《司马迁史记》，它作为"世界经典系列丛书"之一由牛津大学出版社出版。19 世纪中期，奥地利汉学家先驱菲茨迈耶（August Plzmaier）把《史记》24 卷翻译成德文，这是最早的德文译介，此后，德国慕尼黑大学海尼诗（Erich Haenisch）、汉学家弗雷兹·杰格（Fritz Jaeger）等，都对《史记》有部分翻译。其他国家如丹麦、匈牙利等也有《史记》译本。对于这些情况，美国汉学家倪豪士曾撰文介绍[①]。近年来，国内学者吴原元、李秀英等对西方《史记》译介情况有较多的关注[②]。

特别值得一提的是，1956 年司马迁被列为世界文化名人，这对于《史记》在海外的传播起了重要作用。尊敬司马迁的人越来越多，研究司马迁和《史记》的人也越来越多了。1979 年，中国外文出版社出版的英文版《史记选》，也为外国朋友阅读《史记》提供了方便。这对于《史记》经典化起了积极的促进作用。

二 建立在考证基础上的《史记》文学阐释

国外的《史记》文学研究，由于历史的原因，呈现出不平衡状态。相对来说，欧美国家起步较晚，成果不如东亚丰富。但有一个共同特点，这些研究不是就文学研究文学，大多建立在史料考证的基础上。

（一）欧美地区。《史记》与《汉书》的比较研究，在《史记》研究史上是一个重要课题。海外学者对此课题也很重视。但出发点和研究方法各不

[①] ［美］倪豪士：《一百年史记翻译（1895—1995）》，载袁仲一等主编《司马迁与史记论集》，陕西人民出版社 1996 年版。

[②] 吴原元：《百年来美国学者的〈史记〉研究述略》，载《史学集刊》2012 年第 4 期；李秀英：《〈史记〉在西方：译介与研究》，《外语教学与研究》2006 年第 4 期。

一样。如法国学者吴德明在题为《论〈史记〉和〈汉书〉文献的相对价值》[①] 一文中说，他为了翻译《司马相如列传》，特意将《史记》和《汉书》中的这两篇列传作了仔细的比较工作，结果发现这两篇列传中的主要歧异处相当多，约800多例。对于这800多处歧异的半数来说，作者认为没有任何道理在这两种释读之间进行选择，因为这两种释读是相同的，或者即使不同的话，也没有任何客观理由使我们相比较而偏重于其中一方。然而，对于另外400多种歧异处，我们完全可以相比较而偏重其中一方。作者的研究结论是，有利于《史记》的为120例，有利于《汉书》的为292例，因此作者认为，《史记》的史料价值不如《汉书》。吴德明的文章没有把这几百个例子都一一罗列出来，他只是通过几个字的分析，来说明《汉书》的写法优于《史记》的。如说："《史记》中的一个'分'字使用得很不得体，而它在《汉书》中的用法则恰得其所。"又说："《史记》中的'卒'字由《汉书》中的'薨'字所取代，后者似乎明显为最佳，因为在谈到一位王殁没的时候就是这样讲的，而本处所指的则恰恰又是梁孝王。""我们在《史记》中发现的'唐尧'一词，在汉代尚非常罕见，只是在后来才变得常用起来。这样一来就导致我们更加偏爱《汉书》的文献，因为它仅满足于记载'尧'。"总之，作者的主要意思是，《汉书》中的古代字数目要比《史记》中多得多，"唯有它才代表着最古老的写法"，因此，《汉书》的价值更应该肯定。吴氏的分析比较的功夫很细致，但是他就文字的今古来评判《史记》《汉书》的高下，扬彼抑此，其结论是值得商榷的。

　　吴德明的文章还提到了美国学者卜德对《司马相如列传》的认识，说："卜德在《中国的第一次统一》中说明，《史记》中有数卷，至少是这几卷中的主要内容不可能是司马迁的作品。……最有价值的证明是作者针对《司马相如列传》中所作的解释。……我们发现该卷的末尾提到了扬雄，而扬雄则生活在司马迁之后的四十年，当然没有任何人会否认这是一段新增入的内容。但是卜德先生认为对《史记》和《汉书》两种文献仔细比较之后就会看到后者是原文。"发现《司马相如列传》后面的"太史公曰"已经被后人所窜乱，这不是件新鲜事，中国清代学者赵翼等人早已指出，但是他们都没

---

① 该文见于《国外中国学研究译丛》第1辑，青海人民出版社1986年版。

有因此而说此传整篇都是抄袭《汉书》的,卜德的意见比较大胆,但是不管怎样说,要讲《司马相如列传》是全盘承袭《汉书》的这个结论,我们是不能轻易苟同的。

　　认为《史记》有抄袭《汉书》的地方,持这种观点的不只是卜德一人。吴德明的文章还提到说,法国学者哈隆曾证明《史记·大宛列传》中有很大一部分是综合《汉书·张骞传》和《西域传》而成的。另外一位德国汉学家弗里茨·耶格尔以专长研究《史记》文献而著名,他在《现阶段的史记研究》一文中,也暗示了《史记》抄袭《汉书》的种种可能性,但没有提出更多的证据。2002 年,在陕西咸阳举行的"司马迁与班固文化比较学术讨论会"上,美国汉学家倪豪士介绍了西方国家《史记》研究的现状,其中特别强调了在西方有些学者多次提出《史记》抄袭《汉书》的问题。这样看来,《史记》抄袭《汉书》,已是国外许多学者的普遍看法。造成这种认识的原因之一,是《史记》中确实掺和进了《汉书》的内容,最明显的就是国外学者屡屡提及的《司马相如列传》太史公曰:"杨雄以为靡丽之赋,劝百讽一,犹驰骋郑卫之声,曲终而奏雅,不已亏乎?"[1] 南宋王应麟《困学纪闻》即说:"雄后于迁甚久,迁得引雄辞何哉?盖后人以《汉书赞》附益之。"[2] 但从已有的研究成果表明,这种附益是零散的,少量的。造成《史记》抄袭《汉书》的认识的第二个原因,是东汉杨终曾奉章帝之命将 52 万余字的《史记》删节成十多万字。所以有人就认为,《史记》经过杨终删节,已是面目全非,现在《史记》仍是足本,乃是后人抄录《汉书》补充而成的。其实这也是一种误解。杨终受诏删《史记》,见于《后汉书·杨终传》,原文说:"(终)后受诏删《太史公书》为十余万言。"[3] 这条史料只能说明《史记》在流传过程中曾出现过一个删节本,至于这个节本出现后,是否就毁掉了原本或所有的抄本,从史料上看不出来,所以没有任何理由说有了简本,《史记》就已面目全非了。国外学者的这些观点,中国近代就有人提过,并受到了批评。如陈直说,"有人说现存

---

[1] (汉)司马迁:《史记》卷 117,中华书局 2013 年版,第 3722 页。
[2] (宋)王应麟著,(清)翁元圻辑注:《困学纪闻注》卷 11,中华书局 2016 年版,第 1495 页。
[3] (南朝宋)范晔:《后汉书》卷 48,中华书局 1965 年版,第 1599 页。

的《史记》不是太史公的原本，而是杨终的删本""我看这种说法，是极端错误的。古代删定的书，与原书皆是同时并存，不是删本一出，原本就湮没不传，例如楚太傅铎椒，摘录《左传》的《铎氏微》，晋杨方有《吴越春秋》削繁，两种在当时并行不悖，目下《左传》及《吴越春秋》二书均存，而摘录削繁的书反而不存。杨终的书，久经亡佚，决不能指现存的原书，而代顶替已佚的书，说此者不仅是好奇，而且是无识"[①]。总的来说，认为《史记》已经面目全非以及夸大《史记》抄袭《汉书》内容的做法，都是不确切的。

欧美国家对《史记》文学的阐释也有较深入的地方。法国汉学家沙畹在翻译《史记》时，前面有长达 250 页的《前言》和《导言》，对司马迁及其《史记》进行了全面深入的分析，是西方汉学史上研究《史记》最为权威的著作。《前言》主要确立了自己研究《史记》的基本原则和方法。《导言》共 5 章，探讨的主要问题有：（一）司马迁的生平及其著作；（二）汉武帝在位的那一个时代；（三）《史记》编著中的史料来源；（四）司马迁的写作方法及其见解；（五）《史记》的遇合，其附加者、注释者与评论者。[②] 作者在这些专论中，依据大量资料，系统分析了司马迁与《史记》研究中的许多疑难问题，对于《史记》的写作方法也进行了全面阐释，在国外《史记》研究史上具有重要意义。美国学者研究《史记》，成就突出的如华兹生《司马迁：伟大的中国历史学家》、侯格睿（Grant Handy，一译葛兰特·哈代）《青铜与竹子的世界：司马迁对历史的征服》、杜润德《雾镜：司马迁著作中的紧张与冲突》等著作，都是很有见地的著作。[③] 美国学者杜润德通过对《史记》的分析，认为《史记》"创立了中国通俗'历史小说'风格。实际上中国历来在'史书'和'小说'之间的分界线比西方还要模糊不清，而这种界线不明的现象多少是受了《史记》文体的影响。例如《史记》经常采用对话，有时还采用独白的形式，发展情节、刻划人物，而这种对话、独白，史书作者大都无从听到。从人物的摹写向象征性描写的

---

① 陈直：《汉晋人对史记的传播及其评价》，《四川大学学报》1957 年第 3 期。
② 李璜：《沙畹：司马迁史记的法文译注卷首导言》，载《法国汉学论集》，珠海书院出版委员会 1974 年版。
③ 对于这三部著作的介绍，详见吴涛等《史记研究三君子》一文，《学术探索》2012 年第 9 期。

发展趋势又是另一个对之后的中国小说产生影响的'小说成分',尤其是对《三国演义》和《水浒传》这类历史传奇小说产生了重大影响。小说人物可以分为几类,如:忠臣、昏君、伯乐、妖精等。大多数象征性描写中的人物,一旦进入角色,便赋有了这种人物的所有特征——他的个性渐渐化入了人物的象征。"① 这种认识是比较符合《史记》实际的。美国另一位学者王靖宇认为:"《史记》叙事的最大特色也正是它在历史叙述中所流露的浓郁的文学性,而司马迁在叙事上最大的成就,也就在于他能将平铺直叙的史笔与活泼生动、变化多端的文笔自然糅合一处,浑为一体。"作者还提出一个问题:"在古代以简牍书写的困难条件下,司马迁为何不满足于简单的平铺直叙的方式,而却还要花费大量时间与精神去致力于文学效果?"作者从司马迁的个性以及他写作《史记》的目的两方面分析了这个问题,颇有理论深度。② 美国学者汪荣祖《史传通说——中西史学之比较》一书③,结合古今中外史学的大量例证,系统分析了司马迁的经历、思想渊源、《史记》的体例、史料来源、创作主旨、文章风格以及在中国史学史上的地位等问题,许多见解令人深思。如司马迁将陈胜放入"世家",历来史家颇有微词,汪氏认为,"若陈胜者,虽无世可传,却开新世之运。迁曰:'陈胜虽已死,其所置遣侯王将相竟亡秦,由涉首事也。'则胜之居所,譬如北辰,众将相拱之;譬如众轮所凑之心,运行无穷。迁《秦楚之际月表》曰:'初作难,发于陈涉;虐戾灭秦,自项氏;拨乱诛暴,平定海内,卒践帝祚,成于汉家。'历史之转折乃明。迁以陈涉为世家,一如以项氏为本纪,正见史公识见,以确定陈涉、项氏、汉家之'历史地位',故不必若钱辛眉所谓意在尊汉黜秦也。"又如,对于司马迁的历史观,作者说:"《太史公书》固非史实之汇编,复有史家之生命在焉。迁精神所贯注者,乃欲'究天人之际,通古今之变,成一家之言'耳。究天人分际,盖欲明'史中之动力'。西洋中古之世,耶教鼎盛,基督史家,莫不以'上帝'为史之动力,神魔相高,善恶竞胜,而神必制魔,善必制恶。故史者乃'上帝选民之圣事',而由圣事

---

① [美]杜润德:《试评史记》,载王守元、黄清源主编《海外学者评中国古典文学》,济南出版社1991年版,第32—33页。
② 参见[美]王靖宇《中国早期叙事文研究》,上海古籍出版社2006年版。
③ 参见[美]汪荣祖《史传通说——中西史学之比较》,中华书局1989年版。

以见'无尚天帝之筹划'。亦即梯格尔氏所谓'神力左右史事'也。当马迁之世，天人感应，五德终始，方士求仙，皆风尚不衰。作史者不可无记，而迁独能疑之，别究天人之际，其识可谓高矣。"这种分析是非常深刻的。美国另一学者柯马丁认为，《史记》《汉书》里有一种极具特色的现象，即叙事当中天衣无缝地包含着许多历史人物的即兴诗歌表演。与东周的《左传》《国语》里的"赋诗"形式不同，汉代的《史记》《汉书》显示的诗歌表演不是以引《诗经》的诗为主，而是叙事中的一位历史人物新作一首诗来歌唱个人心情。与保存在传统文学选集里的诗歌相比，历史叙事当中的诗歌还保留其特有的起源语境。在汉代历史著作的不少篇章中，当事件发展到极富戏剧性的时刻，用词就开始有韵了。其认为，无论是围绕着归于历史主人公名下的诗歌展开的叙述，还是在回顾当中被有预言性质的歌谣、谚语充实的叙述，我们都不能脱离汉代历史文献编纂文化来讨论当时的诗歌文化；同时，我们也应该意识到诗学的基本思维对古代历史著作的影响。这些诗歌中的大多数都被融入了相当有章法的叙述中。很明显，有一只具有组织能力的作者的大手或者在令人不安的政治趋向中安排了佚名的歌谣，或者在绝望和毁灭的高潮时刻安排了主人公的悲歌，或者在诗歌的表演场合下安排有人"泣数行下"。对汉代的读者来说，接受这样有章法的叙事方式是没有问题的。"泣数行下"这一套语所描述的心情表明了一种既具主观性、又具客观性的现象。①

（二）东亚地区。日本、韩国对于《史记》文学阐释较为突出，尤其是日本，成就最大，我们在第三部分作专门介绍。韩国自 20 世纪 60 年代以来，对《史记》的研究呈现出逐步发展的趋势。据国立汉城大学徐经浩教授编纂的《国内中国语文学研究论著目录（1945—1990 年）》（汉城正一出版社 1991 年版）提供的材料看，70 年代以前在韩国关于司马迁及《史记》的研究，除大学教材《东方文化史》和《中国文学史》的一些简略介绍之外，几乎找不到任何一篇论文和专著。虽然 1958 年历史学家洪淳昶在《邱大学报》第 32 号上发表《司马迁与史记》一文，但是所有的介绍和解说性

---

① ［美］柯马丁：《汉史之诗：〈史记〉〈汉书〉叙事中的诗歌含义》，《中国典籍与文化》2007 年第 3 期。

的文章还算不上是真正进入研究阶段。从学术研究的角度考察，直到1971年以后，韩国学者对《史记》一书的研究才有了起步。自1971年至1994年的24年间，在韩国国内学术刊物上发表的研究论文26篇；研究专著4部，硕士学位论文7篇（包括韩国留学生在台湾撰写的硕士学位论文3篇），博士学位论文5篇（包括韩国留学生在台湾撰写的博士学位论文4篇），其数量和内容上都有长足的发展。从研究的范围看，主要有司马迁的生平和思想研究、《史记》的历史性质研究、《史记》的语法研究、《史记》的文学性质研究、《史记》的写作技巧和人物描写研究、《史记》总体研究、《史记》与《汉书》比较研究等各方面。这些多方面的研究成果，无论从学术研究的方法上，还是从内容和水平上都开创了一个新时代。① 在司马迁的生平和思想、历史观的研究之外，文学研究也是重点。关于《史记》的语法方面的研究论著有：1974年许璧撰写《〈史记〉称代词与虚词研究》、1989年尹上林撰写《〈史记〉被动文类型研究》等。关于《史记》的文学性质方面的研究论著有：1971年李汉祚在《大同文化研究》第8辑上，发表《伯夷与司马迁——作为〈史记〉总序的〈伯夷列传〉》；1972年在《淑大论文集》第12辑上，发表《关于〈项羽本纪〉》；1972年李章佑在《东洋学》第2辑上，发表《〈史记·伍子胥列传〉的构成》；1981年洪淳昶在《中国语文学》第3辑上，发表《论司马迁的文学观——以〈屈原贾生列传〉为中心》；1986年林春城在《中国学研究》（韩国外国语大学）第3辑上，发表《司马迁的文学理论与文艺批评——以〈史记〉议论文为中心》；1987年朴宰雨在《韩国外文论文集》第20辑上，发表《〈史记〉的文学性质及其特性考》。另外如李星、郭廷植、权锡焕等发表了探讨《史记》与小说关系的论文。

关于《史记》的写作技巧与人物描写，朴宰雨、金圣日发表了大量论著，其中金圣日的《〈史记〉列传人物描写技巧研究》是韩国国内培养出的第一部研究《史记》的博士学位论文，他从西方传记、现代小说的文章运用技法、人物描写论、对话方法论等写作技巧理论角度入手，对《史记》

---

① 参见［韩］诸海星《史记在韩国的译介与研究》，载袁仲一等主编《司马迁与史记论集》，陕西人民出版社1996年版。

列传的写人技巧作了较为深入的探讨。此论文不仅重点论述了描写人物的基本态度和具体方法（包括场面描写、要约、记述、评论、互见）及两个观点（褒贬、因果报应），而且将提示人物的具体方法分为两种：一是直接提示方法；二是间接提示方法（包括事件描写、背景提示、行为描写、对话描写、独白描写、心理描写、逸闻描写、对比描写、烘托），并对这些具体方法分别作了较为详细的论述。

1991 年李寅浩撰写了《〈史记〉文学价值与文章新探》（台湾师范大学国文研究所博士学位论文）。全书内容大约分为历来研究《史记》文章的概况、《史记》的文学价值、《史记》的文章新探三个部分，主要对以往研究成果进行系统、全面的梳理，并对《史记》的文章和文学价值作了较为详细的分析和探讨。值得注意的是，在《〈史记〉之文学价值（描绘人物之上品）》一文中，他将《史记》全书的人物描写技法分为说明与暗示、浮刻、侧面描写、对话、心理描写 5 种技法，并对这些技法一一作了详细的说明和例证。1994 年他在《中国语文论丛》第 7 辑上，发表《〈史记〉人物描写研究——〈史记〉人物描写研究史略》。

另外，1986 年林春城撰写《〈史记〉议论文的内容与技法分析》[①]，同年在《中国语文论集》第 3 辑上，发表《〈史记〉议论文的修辞技巧分析》。1989 年金苑撰写《〈史记〉列传义法研究》[②]（台湾政治大学中文研究所博士学位论文）。

关于《史记》总体方面的研究论著有：1982 年洪淳昶撰写的《〈史记〉的世界》，由岭南大学出版部发行。此书内容主要有：司马迁的生平、《史记》的时代、《史记》的写作过程、《史记》的体裁及其内容、《史记》的世界。文末附有司马迁及《史记》年谱。所以大部分文章从文学的角度来理解，也是很有价值的。

关于《史记》与《汉书》的比较方面的研究论著，以朴宰雨《〈史记〉〈汉书〉比较研究》为代表。这是作者的博士学位论文，1994 年作为"中

---

① ［韩］林春城：《〈史记〉议论文的内容与技法分析》，中国语系硕士学位论文，韩国外国语大学，1986 年。
② ［韩］金苑先生：《〈史记〉列传义法研究》，中文研究所博士学位论文，台湾政治大学，1989 年。

外学者学术丛书"之一种，由中国文学出版社出版。作者首先分析总结了历代研究史汉异同的状况，然后从"史汉总体""史汉传记文的编纂体例、形式、人物"与"史汉传记文的写作技巧"三方面将《史记》《汉书》的相关部分条分缕析地一一进行了详细勘比。《史记》研究专家韩兆琦对此书有较高的评价，在《序言》中说："首先分析总结了历代研究'史汉异同'的状况，涉猎该博，条理清晰，使人一览之下，顿时将这一部分学术史了然于心。接着这本书便从'史汉总体''史汉传记文的编纂体例、形式、人物'与'史汉传记文的写作技巧'三方面将《史记》《汉书》的相关部分条分缕析地一一进行了详细勘比。其用功之勤，其思想之细，其所表达的观点之准确明晰，都是令人叹服的。例如朴先生将《史记》《汉书》所显示的各自作家思想倾向的区别概括为'《史记》通变古今与《汉书》尊显汉室'；'《史记》兼尊儒道与《汉书》独尊儒术'；'《史记》兼顾民间与《汉书》倾向上层'；'《史记》感情移入与《汉书》不失客观'四条，真是归纳得既全面，又扼要。又例如朴先生将《史记》《汉书》中的所有传记文分别归纳为'世系中心型集体传记文''国史中心型个别传记文''人物中心型个别传记文''人物中心型合作传记文''中外关系中心型族别传记文''叙传''附传'共八类，这就把《史记》《汉书》中除去'表''志（书）'以外的所有写人叙事的篇章通通概括无遗了。"韩兆琦的分析是十分准确的，由此可以看出此书的重要特征。① 朴宰雨《韩国〈史记〉文学研究的回顾与前瞻》一文②，对于韩国《史记》文学情况进行了梳理，认为20世纪70年代初，韩国开始注目《史记》的文学性，70年代末或者80年代初留学台湾的年轻学者，开始注目《史记》所具有的文学性，开了研究《史记》文学的一个新局面，90年代出现兴盛与发展。据介绍，金苑的博士学位论文《〈史记〉列传义法研究》（1989），分"显示之精神"（追求仁义、崇尚礼义、究天人之际、通古今之变、人文主义）、"类型"（形式、内容）、"篇法章法""句法字法"（句法21种，字法8种）4项，对《史

---

① 以上韩国《史记》研究情况，主要参考诸海星《史记在韩国的译介与研究》一文，载袁仲一等主编《司马迁与史记论集》，陕西人民出版社1996年版。
② [韩]朴宰雨：《韩国〈史记〉文学研究的回顾与前瞻》，《文学遗产》1998年第1期。

记》义法的探究非常细致。李寅浩的博士学位论文《〈史记〉文学价值与文章新探》(1991)，其中文学价值部分列举10项，如各种文体之集林、成语谣谚之宝库、引诗援文之活例、诗文赋曲之题材、幽默文学之启迪、武侠小说之发源等，文章新探部分接受卢卡奇的典型论，从社会写实主义观点分析，又对《史记》里所见人的本性与人生问题进行探讨，具有较大的突破性。

三 日本的《史记》文学阐释与研究

海外《史记》文学研究，成就最突出的是日本。

(一)《史记》在日本的广泛传播

关于《史记》传入日本的时间，至少可确定在日本奈良朝以前。这里涉及两个问题，一是中日交流史，二是汉籍传入日本的时间。关于前者，中国历史文献明确记载中日最初的交流始于东汉，《三国志》《后汉书》的"东夷传"记载了汉与倭国的关系。关于后者，日本的《古事记》《日本书纪》记载是公元285年百济国的和迩吉师（据研究和迩吉师即王仁）赴日时携带两部汉籍《论语》和《千字文》。尽管有学者对此提出怀疑，但综合起来看，中日交流、汉籍传入，作为文化背景，为《史记》传入日本奠定了一定的基础。

《史记》传入日本的时间，日本学者竺沙雅章认为，"制定于604年的圣德太子《十七条宪法》第十条，引用了《史记·田单传》的'如环之无端'，由此可知至迟在6世纪，《史记》已传来日本。"[①] 中国学者覃启勋经过考证认为，"《史记》是在公元600年至604年之间由第一批遣隋史始传日本的"，明清之际，是《史记》东传日本的黄金时代。[②]《史记》传入日本后，对日本的政治、文化等产生了广泛影响。日本《史记》研究专家池田

---

① [日] 竺沙雅章：《中国史学在日本》，载蔡毅编译《中国传统文化在日本》，中华书局2002年版，第12页。
② 覃启勋：《〈史记〉在日本》，《文史知识》1988年第12期。

英雄曾经介绍说，孝德天皇大化二年（646）八月，设立大学寮，天智天皇元年（662），命从百济归化日本的和尚詠还俗，任命他为大学长官。文武天皇大宝元年（701），发布了所谓的大宝律令，大学国学制终于完备。那时大学的科目，有明经、明法、史学纪传、算道四种，各科设置主任。其中专攻纪传的学科也学习文章，和《汉书》《后汉书》《文选》《尔雅》一起学习的就是《史记》。称德天皇的神护景云三年（769）十月，太宰府只藏有五经，未有"三史"，请求天皇能赐给"三史"。《续日本纪》卷30有这样的记载：

  太宰府言：此府人物殷繁，天下之一都会也。子弟之徒，学者稍众，而府库但蓄五经，未有三史正本。涉猎之人，其道不广。伏乞列代诸史各给一本，传习管内，以兴学业。诏赐《史记》《汉书》《后汉书》《三国志》《晋书》各一部。

以上是奈良朝（710—794）的事情。进入平安朝（794—1192）后，在《六国史》及其他书中可看到这样的记载：《史记》被广泛传阅，甚至作为天皇学问习用的一部书，从嵯峨、清和、醍醐天皇开始如此，并命令儒臣讲授《史记》。此外，醍醐天皇昌泰三年（900）十月，三好清行的《意见封事》云："至于天平之代，右大臣吉备朝臣恢弘道艺，亲自传授，即令学生四百人，习五经、三史、明法、算术、音韵、籀篆等六道。"[①]

《史记》传入日本后，很受重视，据《正斋书籍考》《三代实录》《日本纪略》以及《扶桑略记》等日本史书记载，推古以降，历代天皇都有攻读《史记》的风气，以明治天皇为例，就特别爱读《史记》。比如明治十年（1877），他在东京的住所中，凡逢二、七的日子，专学《史记》，所用课本为鹤牧版之《史记评林》。《史记》在日本的流传范围相当广泛，上至天皇，下至幼童，包括僧徒，都在阅读《史记》，诸王诸臣也讲《史记》，甚至学

---

  ① 参考池田英雄《从著作看日本先哲的〈史记〉研究》，《大东文化大学创立六十周年纪念中国学论集》，1984年。张新科等译文，载《唐都学刊》1993年第4期，中国人民大学复印报刊资料《历史学》1994年第1期全文转载。

生入学还要考试《史记》，这种情况在全世界都是罕见的。《史记》在没有正式刻印以前，一直以手抄本的形式流传。根据大宝律令，从设立大学的奈良朝到室町时代（1338—1573）开始《史记》被列为教科书，当时还没有发明版本印刷，学生得从藏书家借用，自己手写，因此，留下了许多手抄本。据泷川资言《史记会注考证》及水泽利忠《史记会注考证校补》载，日本流传的《史记》古抄本有《五帝本纪》《夏本纪》《殷本纪》《周本纪》等17种之多，而且日本自己也有一些抄本，著名的有《英房史记抄》《桃源史记钞》和《幻云史记钞》等。据张玉春《〈史记〉版本研究》，唐写本《史记》现仅存9件残卷，其中敦煌石窟藏本3件：《史记集解燕召公世家》《史记集解管蔡世家》《史记集解伯夷列传》（现存法国巴黎国家图书馆），其余6件传世本皆藏于日本。[①] 江户初期，随着日本印刷术的发展，和刻《史记》出现，进一步扩大了读者层，形成了《史记》传播的高潮。在日本，最早的《史记》刊本是嵯峨本。它是吉田素庵（1623年卒）用活字版印刷的，当时他用的是以宋代元丰刊本为基础在朝鲜复制的翻版本。此后，元、明、清版的《史记》在日本也广为流传，并被翻印，其中最盛行的是《史记评林》本，有各种各样的评林版刊刻行世。明治（1868—1912）及其以后，受"脱亚入欧"思想影响，中日关系从师从逐步演变为竞争，为此更加深了对中国的研究，因而《史记》的流传更加广泛，刊刻、研究的学者越来越多，出现了一大批专门的《史记》研究者，而且形成一支实力强大的《史记》专门研究队伍。

翻译《史记》是传播的重要途径之一。据有关资料来看，著名僧人、学者桃源瑞仙于文明年间（1469—1487）亲手写成的《史记桃源抄》19卷，是日本最早的"国字解"《史记》。解释非常仔细，又加入当时的俗语，因此容易理解，在日本颇有影响。塚本哲三《对译史记》，于大正十四年（1925）五月刊行，它以原文和译文对举的形式，给读者阅读《史记》提供了方便。公田连太郎、箭内亘译《国译史记》（1922—1926）也是把《史记》译成日文，并成为受人欢迎的著作。据不完全统计，《史记》的全译本和选译本在日本有上百种之多，说明日本学者对《史记》翻译的重视。如

[①] 张玉春：《〈史记〉版本研究》，商务印书馆2001年版，第77页。

野口定男等翻译的《史记》，被收入日本平凡社出版的《中国古典文学大系》中，该书前面的"解说"部分，对《史记》及司马迁作了全面的介绍，是一部颇受欢迎的《史记》读本。日本明治书院出版的《新释汉文大系》收入了吉田贤抗的《史记》，这是一部《史记》注释书，分"解说""正文""训读""通释""词解""轶事"几部分，其中"解说"部分，对于《史记》的名称和体裁，著者司马迁、《史记》的流传、《史记》的主要书目等都进行了全面介绍，并附有司马迁年谱，一册在手，可以对司马迁和《史记》的基本情况都有大致了解。池田芦洲的《史记补注》，也是注解方面的佳作。《史记补注》130卷，2册，原稿为著者昭和八年的绝笔。《本纪》《世家》《列传》在昭和四七—五〇年（1972—1975）由池田英雄校订，明德出版社刊行。著作内容包括史实的考证、注释、文字的校勘等，引用诸名家390人，引用书目达400余种，也散见有自己的见解。著者在30岁时已著有《校注史记读本》本纪、列传部分3册。至晚年，自评这部书说："本于旧注，广采和汉古今诸家之说，特别吸收清儒考证家之说。"这个读本，是后来《补注》的母胎，这个自评也可以认为是《补注》的评语。水泽利忠博士在《史记研究书目解题新编》所写的跋文说：

> 通览明治、大正、昭和三代，对于《史记》注解作出辛勤劳动有名的业绩者是君山的《会注考证》和芦洲的《补注》，正可以成为双璧吧。

可见此书的价值。这个时期的译注著作还有小川环树、今鹰真、福岛吉彦的《史记》，福岛中郎的《史记》，小竹文夫、小竹武夫《现代语译史记》等。这么多的译注本，大大推动了《史记》的普及工作。

汇集资料是研究的基础。日本学者在学习研究《史记》的过程中，特别注重有关资料的汇集。成绩最大的当推泷川资言和有井范平二人。泷川资言的《史记会注考证》从大正二年（1913）开始编纂，到昭和九年（1934）完成出版，前后经历了22年时间。作者广采博搜，用力至勤，汇集了日人及中国对《史记》的各家注释计100多种，并加以考释，成此巨著。除正文注释以外，该书还在书前书后附列了一系列重要材料。如书前附有司马贞

《史记索隐序》、《史记索隐后序》和《三皇本纪》,以及张守节的《史记正义序》《史记正义论例》、裴骃的《史记集解序》,书后附有《史记总论》,包括太史公事历、太史公年谱、史记资料、史记名称、史记记事、史记体制、史记钞本刊本、史记文章、史记残缺、史记附益、史记流传、史记钞本刊本、史记集解索隐正义、史记正义佚存、司马贞、张守节事历、史记考证引用书目举要等15个方面的内容,差不多涉及了《史记》研究的所有重要方面,这是一部集前人时贤《史记》注释考证之大成的书。该书出版后,被日本学术界誉为空前之作,在中国也有很大影响,直到今天,在新的《史记》会注会评本出现以前,泷川之书仍然是《史记》研究者案头必备的有用之书。

日本还有一部重要的资料书,是有井范平的《补标史记评林》。《补标史记评林》的底本,是中国明代学者凌稚隆辑校的《史记评林》。该书汇集了从晋代至明代的近150人的《史记》评论,引用书目达140余种,几乎将明代以前评论《史记》的零散文章都搜集在一起了,为读者的阅读和研究提供了大量的有用资料。所以该书在明清以来备受《史记》爱好者的欢迎。《史记评林》刊刻后,对其未备之处,李光缙又作了增补,使原书的内容更加丰富。但是历代评论《史记》的文章实在太多了,凌稚隆、李光缙的搜集还是不够完备。《史记评林》传到日本后,有井范平就在凌、李的基础上,"订正谬误,其评论未备者,折衷于古今诸家,间以己见补之,命曰《补标史记评林》"(《史记补标序》)。《补标》成书于1884年6月,时值清光绪十年,因其书成于清代,所以有井范平除了补充了凌氏未收的明人的《史记》评论外,还补充了不少清人的评论,并增加了他自己的许多评语。清人的《史记》评论文章远远多于明代,但有井范平所补充的内容,侧重于评论《史记》文章的艺术性方面,所以他对清初吴见思的以论《史记》艺术美为主的《史记论文》特别推崇,将其评论大量收录在《补标》一书中。他自己所作的许多按语,也主要是论《史记》文章的艺术成就的。如评论司马迁写项羽、高祖这两个人物说:"《项羽纪》奔腾澎湃,《高祖纪》汪洋广阔,笔仗不同,各肖其人,可谓文章有神矣。"又说:"史公作传,每一人用一种笔仗,至苏(秦)、张(仪)二传,笔仗相配,机调又相合。苏传有苏代附传,张传有陈轸等附传,是笔仗相配也。二传纵横变化，极写精神态度者，亦相似，是机调相合也。盖史公胸中早知以苏、张为反复一流之人也。"① 这些评论都指出司马迁写人笔法的灵活多变，是很恰当的。

泷川之书以会注考证为主，有井范平之书以汇集前人评论为主。两书各有所长，可以互相补充，相得益彰。通过这两部书，日本对中国历代《史记》研究的基本成就，可以有一个概括的理解，所以泷川资言和有井范平的介绍之功，十分值得肯定。

(二)《史记》文学阐释研究

我们首先应注意的是日本学者对《史记》文学的总评价。从 20 世纪开始，日本学者对《史记》的文学阐释逐步强化。1900 年藤田丰八编著的《支那文学大纲》在卷首导读即主张以史学与文学双重身份认识司马迁。该书第 12 卷为《司马迁》，其中不仅介绍了司马迁发愤著书的过程，还涉及其"尚奇"笔法，并且认识到"项羽"的文学形象与"鸿门宴"的叙事艺术。藤田丰八采用的《史记》的文学阐释视角对其后日本学者的《史记》研究产生了很大的影响。1912 年福本日南出版的《英雄论》列举日本和欧洲的英雄，并探讨英雄的特质，其附录《文学的英雄：汉代司马迁》从文学的角度认识《史记》，褒扬司马迁为文学英雄。1926 年高须芳次郎《东洋文艺十六讲》中第七讲"汉代的小说和杂文"的第二部分"历史文学者司马迁"以历史文学者介绍司马迁，肯定司马迁的创体之功与立体化的人物刻画手法，从而将其与小说联系起来。从《史记会注考证》所附的材料看，日本学者对《史记》的史学和文学成就都有较高的评价。例如，长野确对《史记》善于叙事给予了高度评价。"修史者，知记历代事实及文物制度，而不知摹写其人之气象、好尚、文章、言语之各殊，固不足以为史矣。故修史之难，在不失其时世之本色，使千载之下读者如身在其时，亲见其事也。司马子长作《史记》，自黄帝迄汉武，上下三千余年，论著才五十余万言。而三代之时自是三代之时，春秋战国之时自是春秋战国之时，下至秦、汉之际，

---

① （明）凌稚隆辑，（明）李兴缙增补，［日］有井范平补标：《补标史记评林》卷69，明治十六年东京报告社刊有井范平补标本。

又自是别样。时人之气象好尚，各时不同，使读者想见其时代人品，是所以为良史也。"① 冈本监辅《补标史记评林序》说："《史记》上补《六经》之遗，下开百史之法，具体莫不兼该，其文章变幻飘逸，独步千古。"② 对《史记》的史学成就和文学成就作了总的肯定。日本另一位学者斋藤正谦则把《史记》比为"群玉圃""连城之宝""绝佳"之作，极力推崇司马迁写人能写谁像谁、风姿如生的表现艺术，说："子长同叙智者，子房有子房风姿，陈平有陈平风姿。同叙勇者，廉颇有廉颇面目，樊哙有樊哙面目。同叙刺客，豫让之与专诸，聂政之与荆轲，才出一语，乃觉口气各不同。《高祖本纪》，见宽仁之气动于纸上。《项羽本纪》，觉喑噁叱咤来薄人。读一部《史记》，如直接当时人，亲睹其事，亲闻其语。使人乍喜乍愕，乍惧乍泣，不能自止。是子长叙事入神处。"③ 从个性化的角度进行分析，对《史记》写人艺术也给予了高度赞扬。这些评论代表了日本学者对《史记》的看法。另外，泷川在《史记总论》中，对于《史记》体制上的一些特点也进行了分析、评论。

战后的《史记》研究有较大的进展，尤其是近年来，发表了一大批《史记》研究论著，日本《史记》研究专家藤田胜久对此有全面的整理。④ 单从数量上看，日本的《史记》研究不仅一直持续不断地进行着，而且它的发展是很健康的。日本《史记》研究专家池田英雄在《最近五十年来〈史记〉研究的展开（1945—1995）——日中研究的比较及其长短》⑤ 一文中，将中日《史记》研究的项目总结为26门、204项，从这个概括可以看出，战后日本《史记》研究的领域非常广泛，涉及众多的方面。校注、拾遗方面以水泽利忠的成绩最大，他在20世纪50年代撰成《史记会注考证校补》一书，以泷川《考证》为底本，广校各种注本达30多种，参考中日校

---

① ［日］泷川资言考证，杨海峥整理：《史记会注考证》，上海古籍出版社2015年版，第4416页。
② （明）凌稚隆辑，（明）李兴缙增补，［日］有井范平补标：《补标史记评林》卷首，明治十六年东京报告社刊有井范平补标本。
③ ［日］泷川资言考证，杨海峥整理：《史记会注考证》，上海古籍出版社2015年版，第4414—4415页。
④ 见《〈史记〉〈汉书〉研究文献目录（日本篇）》，载间濑收芳编《〈史记〉〈汉书〉的再检讨与古代社会的地域研究》，1994年。
⑤ 该文载日本无穷会《东洋文化》第76号，1996年。

记资料近 40 种。《校补》与泷川的《考证》互相补充，相得益彰，成了考据方面的双璧。

《史记》书目解题也值得重视。《史记》问世后，研究者代不乏人，硕果累累，一人翻检不易，很需要一部书目解题之类的著作对此进行总结。1978 年日本明德出版社出版了池田四郎次郎著、池田英雄校订增补的《史记研究书目解题》一书。该书分版本、总说、校订注释、校勘、文字、音韵、文评、佳句、名言、史汉异同、太史公年谱、地理、国字解、稗史、《史记》研究关联图书等十几类，对 600 多种《史记》研究的有关著作作了提要介绍，其中有《史记》三家注、王若虚的《史记辨惑》、凌稚隆的《史记评林》、钱大昕的《史记考异》、赵翼的《史记札记》、牛运震的《史记评注》、吴见思的《史记论文》、梁玉绳的《史记志疑》等《史记》研究名著；也有中国科学院历史研究所编的《史记研究的资料和论文索引》、哈佛燕京学社编的《史记及注释综合引得》、钟华编的《史记人名索引》、贺次君编的《史记书录》等《史记》研究工具书；还有像刘知几《史通》、黄震《黄氏日抄》、顾炎武《日知录》、章学诚《文史通义》、梁启超《中国历史研究法》及《要籍解题及其读法》等和《史记》研究有关的专著，都包罗一尽，其规模之宏大，体例之专精，涉猎之广博，收书之殷富，远远超过了中国同类著作，价值极高。这对日本学者了解中国一千多年来的《史记》研究的基本成就和发展变化，是一部极为有用的工具书。这部解题书，对我们了解日本学者的《史记》研究成果，也很有帮助。该书著录日本学者的《史记》研究著作共 190 多部，这个数字是非常可观的，说明了日本学术界对《史记》研究的极大重视。从其内容和形式看，也很丰富多彩，有以选读为主的，如安滕定格的《史记读本》、田中庆太郎的《史记读书》及《幻云史记抄》等；有以辨误为主的，如恩田维周的《史记辨疑》、古贺煜的《史记匡谬》等；有以辑佚为主的，如水泽利忠的《邹诞生史记注佚文拾遗》《刘伯庄史记音义佚文拾遗》《陆善经史记注佚文拾遗》等；有以考证为主的，如龟井昱的《史记考》、大岛赘川的《史记考异》、冈本保孝的《史记考文》、泷川资言的《史记会注考证》、水泽利忠的《史记会注考证校补》等；有以评论为主的，如三岛毅的《史记论赞段解》、森田益的《太史公叙赞蠡测》、小仓芳彦的《史记私议》等；还有以翻译为主的，如塚本哲三的《对译史记》，加滕、公田共著的《译注史记列传》，小竹文夫的《现代语译史记》等；此外还有以研究版本为主的，如冈本保孝的《史记传本考》、池田四郎次郎的《史记的版本和参考书》、水泽利忠的《史记古本考》等，琳琅满目，涉及的方面既多又广，这是一项资料性工作，也是一项重要学术工作。日本学者在这方面的工作已经做在我们前面，应该大力肯定。

随着研究的逐步深入，评论司马迁的论著增多，出现了一些重要著作。如冈崎文夫的《司马迁》（1947）、武田泰淳的《司马迁——〈史记〉的世界》（1952）、平泉澄的《史记夜话》（论文，1956）、陈舜臣的《史记》（1974）、贝塚茂树的《司马迁》（1968）、黑羽英男的《不遇的史家司马迁和〈史记〉》和《司马迁论》（1975）、竹内弘行的《司马迁》（1975）、加地伸行的《〈史记〉——司马迁的世界》（1978）、增井经夫的《史记的世界》（1983）、今西凯夫的《史记的世界》（1986）、侯野太郎的《司马迁的精神》（论文）等，都对司马迁及《史记》作了全面分析、评价。像武田泰淳的《司马迁——〈史记〉的世界》最初即命名为《司马迁》，该书由《司马迁传》和《〈史记〉的世界构想》两部分组成。前一部分具有"评传"的性质，肯定了司马迁忍辱含垢、发愤著书的精神。后一部分《〈史记〉的世界构想》则对《史记》相关篇章作了自己的解读和评论。其中饱含了武田泰淳放弃左翼立场的思想转向体验、战争体验和对世界与生活的"残酷性"体验，成为其全部创作中影响最大、评价最高的作品，前后再版达10次之多。对台湾学者郑樑生《司马迁的世界——司马迁戏剧性的一生与史记的世界》（1977）一书很有影响。大岛利一《司马迁和〈史记〉的完成》（1972）一书由"一个青春""天下漫游""权力世界""历史家的诞生""发愤著书"五部分组成，卷末附有《司马迁年谱》。全书简洁朴素，按照年代顺序记录了司马迁的生平事迹，同时兼顾历史背景。神子侃（村山孚的笔名）《〈史记〉的人间学：司马迁世界的处世智慧》（1973）认为《史记》充满了人情世故和对待乱世的智慧。村山孚还另有《司马迁〈史记〉历史纪行》（1994）介绍了司马迁和《史记》相关的历史遗迹。竹内照夫《司马迁〈史记〉入门：胜者和败者的人间百科》（1975）借助司马迁与

《史记》重新审视日本民族的历史并反思战争。川野边明《司马迁的地平线》（1978）以司马迁生平行踪和《史记》中的文化人物景观为写作对象。加地伸行《〈史记〉——司马迁的世界》（1978）以传记的方式记述了司马迁家族谱系、生平大事和西汉的时代背景，分析儒家和道家思想对司马迁的影响，揭示司马迁的世界观。黑羽英男的论文《不遇的史家司马迁和〈史记〉》着重写司马迁的不幸遭遇和逆境创作，论文《司马迁论》从司马迁的生平和《史记》撰修过程、《史记》的史料使用和开创功绩、司马迁的史观和《史记》的文辞三个部分全面探究司马迁的价值。宫崎市定《话说史记》（1979年岩波书店），从《史记》读法入手，细致研究《史记》五体所体现的深刻思想。到20世纪80年代，和田武司将李长之的《司马迁之人格与风格》翻译为日文《司马迁》出版。和田慎之助的《司马迁：期待起死回生》一书采用传记形式，围绕《史记》的写作过程，笔触深入到司马迁的内心世界。渡部昇一的论文《古典人论：史记的魅力》肯定了《史记》人物的生动性，赞美司马迁写人不在莎士比亚之下。市川宏的论文《从屈辱中获取观照人之眼》着眼于司马迁的腐刑遭遇，探究其对《史记》的影响。吉原英夫的两篇论文《关于〈报任安书〉的写作时期》和《关于司马迁的李陵之祸》分别考证了《报任安书》的写作时期和李陵之祸对司马迁的影响。伊藤德男《从〈史记〉十表看司马迁的历史观》（平河出版社1994年版）系统分析了《史记》十表的构成及其所蕴含的意义，在此基础上挖掘司马迁的历史观。佐藤武敏的《司马迁研究》（汲古书院1997年版）从司马迁的家世、司马谈和历史、司马迁的生年、司马迁的旅行、司马迁的官历、李陵之祸、《史记》的编纂过程、《史记》体裁上的特点、《史记》内容上的特点等方面论述了司马迁及其《史记》。伊藤德男的《〈史记〉和司马迁》（1997）一书，采用评传方式分"《史记》成书""年表的秘密""司马迁的生涯"三章进行研究，其中涉及了《史记》的成书过程，对"年表"的深入研究和李陵之祸对司马迁著书的影响等内容。伊藤德男的《〈史记〉的构成与太史公之声》（2001）一书则讨论了《史记》构成上的诸多矛盾，探讨《史记》何以称为纪传体通史、《史记》八书作为文化史的规定是否妥当，以及"论赞"部分和"史记序"之间的关系等问题。佐藤武敏的《司马迁研究》（1997）一书分"司马迁家谱""司马谈与历史""司马迁生年""游履、仕宦、李陵之祸""《史记》的成书经历""《史记》订定的原委、体例内容的特色及其在目录学上的地位"等章节，内容全面，论证细致。新田幸治有《迁生龙门：读列传》（1982，小册子）、《司马迁小论》（1998，博士论文）两种《史记》研究著作，《司马迁小论》后经修订题为《司马迁论考》（2000）出版，旨在研究司马迁的人性论，肯定了《史记》中的真情流露，赞赏司马迁借助《史记》在一个高度集权的时代彰显了人的自由精神。① 藤田胜久《司马迁与他的时代》（东京大学出版会2001年版）细致探讨了司马迁本人经历以及当时社会特征，在此基础上分析《史记》产生的时代背景。他的《司马迁之旅》（中央公论新社2003年版）全面考察了司马迁当年壮游天下的行踪。吉本岛雅《史记探索》（东方书店1996年版）着重探索《史记》与先秦史学的关系，如《史记》与先秦史资料、《史记》的材料、《史记》与《春秋》、《史记》与战国史等。五井直弘《〈史记〉与正史——中国历史思想之源》一文②，从《史记》著书的动机入手，论述了司马迁的见识以及对中国历史思想的影响。

《史记》是部博大精深的巨著，怎样来读这部伟著，也是日本学者很重视的问题。竹内照夫的《司马迁〈史记〉入门》（1945）、野口定男的《史记读法》（1980）、桥本尧的《史记入门》（1985）、宫崎市定的《史记李斯列传读法》（1977）、中岛匠的《管晏列传读法》（1978）等，都对如何阅读《史记》提出了自己的意见，许多是言之有理的好意见。

《史记》传入日本有一千多年的历史，研究者在各方面取得了一定的成就，及时总结这些成就，也是一个重要的课题。池田英雄、藤田胜久两位在这方面的成果最为突出。池田英雄《从著作看日本先哲的史记研究》③ 一文，系统勾勒了一千多年来《史记》在日本的流传和研究情况，并就一些重要的《史记》研究著作进行了介绍；《最近五十年来史记研究的发展》一

---

① 参看陈玲玲《20世纪以来日本的司马迁与〈史记〉研究》，见杨正润主编《现代传记研究》第9辑，2017年秋季号，第12—26页。
② [日]五井直弘：《中国古代史论稿》，姜镇庆等译，北京大学出版社2001年版。
③ [日]池田英雄：《从著作看日本先哲的史记研究》，日本《大东文化大学创立六十周年纪念中国学论集》，1984年。

文①,仔细分析了1945—1995年日本、中国《史记》研究的特点。尤其是他的《史记学50年》②一书,详细介绍了1945—1995年间日本《史记》研究情况,并与中国的《史记》研究进行对比分析,是了解日、中两国《史记》研究史的重要著作。全书共分10章:一、《史记》研究最近50年的轨迹;二、关于司马迁的思想与历史观、文学性;三、关于司马迁的生卒年;四、从《史记》成书过程看未解决的诸问题;五、近年来一般大众的《史记》普及;六、人物传记书的空前繁荣;七、《史记》资料的整理及其成果;八、最近《史记》研究学界的动向;九、《史记》对后世的影响;十、追录:日本学者研究成果拾遗;附录一:《史记》和《汉书》的比较;附录二:日中《史记》研究盛衰史。这部著作条理清晰,资料丰富,是日本目前最有影响的《史记》研究史著作。藤田胜久近年来也致力于日本《史记》研究史的研究,发表了一系列重要论文,如《〈史记〉〈汉书〉研究文献目录(日本篇)》③《日本的史记研究》④《史记在日本的流传与接受》⑤等,结合中日文化交流的历史,对《史记》在日本的流传与研究情况进行了细致的介绍分析。

这里还应特别提到的是,1995年,为纪念司马迁诞辰2140周年暨国际学术研讨会,中国陕西省司马迁研究会与日本名古屋大学中国语学文协会合作编辑出版了《司马迁与史记论集》⑥,该论集收录了日本学者的文章有:樱井龙彦《史记的构思和结构——以"物盛而衰"为中心史观而观之》、今鹰真《将军们的列传》、《史记中所表现的司马迁的因果报应思想和命运观》、渡边幸彦《史记中的"三段表现"》、杉山宽行《读〈刺客列传〉——主题和变奏》、大田加代子《史记中所见"辩"字之概念》,这些

---

① [日]池田英雄:《最近五十年来史记研究的发展》,日本无穷会《东洋文化》76号,1996年。
② [日]池田英雄:《史记学50年》,日本明德出版社1995年版。
③ [日]藤田胜久:《〈史记〉〈汉书〉研究文献目录(日本篇)》,见[日]间濑收芳编《〈史记〉〈汉书〉的再检讨与古代社会的地域研究》,1994年。
④ [日]藤田胜久:《日本的史记研究》,日本《爱媛大学法文学部论集》人文学科编第7号,1999年。
⑤ [日]藤田胜久:《史记在日本的流传与接受》,日本《爱媛大学法文学部论集》人文学科编第9号,2000年。
⑥ 徐兴海、今鹰真、尚永亮主编:《司马迁与史记论集》,陕西人民出版社1995年版。

文章分析问题细致深刻，显示了日本学者对《史记》的独到见解。

日本学者对《史记》的研究，不仅涉及面很广，而且在有些问题上还相当深入，这里试举几例加以说明。

《史记·龟策列传》向来被批评为"烦芜陋略"而受到轻视，几乎无人对它作认真的研究。日本国学院大学文学部教授吹野安则肯定了该篇的重要价值，他的《史记龟策列传小察》一文认为，将此传视为司马迁原作、褚少孙续作比较稳妥。其价值在于给后人留下了了解古代传统和民俗的宝贵文化遗产。《龟策列传》所载祝辞反映了古人的思想和思维方式，占卜者公然逼迫神龟，使其佑助自己达到预想的目的，态度强硬而无所畏惧。这种对神讲条件的想法，说明了人这个善于思维的主体在此时已逐步认识了自我，认识了人的意志的优越性，人在神面前的地位已经与过去不同，从而动摇了对神的绝对崇拜，认为神的职责就在于忠实可靠地守护人的利益。应该说，这种祷祝文学所反映的思想，虽然尚未突破原先的神灵观念的本质，但毕竟已发生了重大变化。《龟策列传》是历史上记录这种发展变化的第一篇文章，它的意义和价值，应该是使人刮目相看的。① 在吹野安之前，国内学者也还没有这样认真地分析研究过《龟策列传》，尤其是从"祷祝文学"的角度分析文本，给读者许多启发。

吉川幸次郎是日本研究中国文学的泰斗，在国际汉学界亦负盛名。他的《中国诗史》已译成中文。书中有四篇文章涉及《史记》，即《项羽的〈垓下歌〉》《汉高祖的〈大风歌〉》《论司马相如》《对常识的反叛——司马迁〈史记〉的立场》。如《论司马相如》一文，吉川幸次郎首先对司马迁描写司马相如和卓文君的爱情故事的做法，作了很高评价。他说："在中国文献中，以这种形式记载这样的爱情，可以说始于司马相如的传。至此为止的文献中，以恋爱为话题的本来就很稀少。儒家的五经也好，诸子书也好，都以政治问题作为主题，与恋爱无缘。若要在其中勉强举出一些取材于男女之事的例子，那么大概只有《诗经》与《左传》吧。但充斥于《诗经》的，是已婚男女间的爱情，《左传》也是把已婚男女间不道德的私通作为应该非难的事记录下来的。记载像相如与文君间的这种恋爱故事，

---

① ［日］吹野安：《史记龟策列传小察》，董乃斌译介，载《中外文学研究参考》1985年第3期。

相如传记可说是第一篇；而且，又不仿说是用一种肯定的态度记录下来的，至少不是否定的。因为这个记载过于有趣，所以不难想象多少总有一点小说性的粉饰。但相如的同时代人司马迁已经在《史记》里以这种形式、这种态度记载了，用一种肯定的态度叙述并非夫妇的男女因爱情而燃烧的生命之火，这是一种前所未有的崭新的态度，应该说是显示时代转变的一个象征。"① 在汉代儒术独尊、礼法甚严的氛围下，司马迁把早期自由恋爱婚姻的故事生动传神地记载在堂堂正正的历史人物传记之中，并加以赞许、肯定，这是一种了不起的胆识。日本学者也看到了这一点，并从历史发展的高度对此作了肯定的评价。

日本学者研究《史记》文学，往往以资料考证为基础。如藤田胜久《〈史记〉战国史料研究》② 一书，结合地下考古资料，对《史记》战国时期的几篇作品进行了全面细致地考释。该书主要章节是：序章，《史记》和战国史研究。第一编：战国史资料的基础研究。第一章，《史记》和中国出土书籍；第二章，《史记》三家注的《竹书纪年》佚文；第三章，《史记》战国纪年的再检讨；第四章，《史记》战国系谱和《世本》；第五章，马王堆帛书《战国纵横家书》的构成和特征；第六章，《战国策》的特点及其关联试论。第二编：战国七国的史料学研究。第一章，《史记·秦本纪》史料的考察；第二章，《史记·赵世家》的史料考察；第三章，《史记·韩世家》的史料考察；第四章，《史记·魏世家》的史料考察；第五章，《史记·楚世家》的史料考察；第六章，《史记·燕世家、田敬仲完世家》的史料考察；终章，从史料学看战国七国的地域特色。如此细致的考释，使《史记》所记战国历史清晰地展现在读者面前。尤其是第二编，对七篇世家作品记事的分析，从结构到人物，等等，考论结合，历史与文学结合，阐释得非常精细。藤田胜久的另一部著作《司马迁和他的时代》③，结合司马迁的时代，对《史记》产生的过程进行细致分析，涉及司马迁的经历，司马迁的思想、

---

① ［日］吉川幸次郎：《中国诗史》，章培恒等译，复旦大学出版社2012年版，第68页。
② ［日］藤田胜久：《〈史记〉战国史料研究》，东京大学出版会1997年版。有曹峰等译中文版，上海古籍出版社2008年版。
③ ［日］藤田胜久：《司马迁和他的时代》，东京大学出版会2001年版。

笔法等方面，可以说是一部独特的司马迁评传。他的《司马迁之旅》①，前六章对司马迁在全国的旅行进行细致分析，第七章《旅行和〈史记〉的叙述》，全面总结司马迁的旅行对《史记》创作的影响，也注意到了对作品叙事和风格特点的影响。藤田胜久还有一部《〈史记〉战国列传研究》著作②，全面研究《史记》中战国时期的人物传记，既探讨史实，又探讨每篇人物传记的编纂方式、人物特点，探讨历史叙事与战国历史的复原，如战国诸子，伍子胥，纵横家苏秦、张仪，战国四君子，军事家白起，等等，并且结合出土文献《战国纵横家书》等进行分析，颇为细致。

山崎正《〈史记〉人物四十五讲》③，每讲分成"正文"和"补遗"两部分，正文根据《史记》讲述主要人物的人生轨迹，补遗部分对相关材料进行补充，并与相关人物进行对比，发表自己的见解。针对这部书最大的特点，译者在序言中说道："山崎先生的人物评论从'人为何物'和'人生应该怎样度过'的角度，通过生活经历、性格、环境影响、时代背景和观念等诸多方面予以展开，引导读者一步一步地去探究书中人物的行为动机和内心世界。"作者选取的人物，涉及君王、贵族、英雄、壮士、将军、游侠、刺客、商人，等等，挖掘人性的真善美与假恶丑，给人以深刻的启迪。

在研究方法上，日本学者的《史记》研究也很有借鉴价值。20世纪70年代加地伸行的《〈史记〉——司马迁的世界》已经试图用弗洛伊德理论揭示司马迁受宫刑后发愤著书的动机，具有很大的学术价值和文学价值。竹内弘行的《司马迁的封禅——围绕〈史记〉封禅书的历史叙述》（论文）、高桥稔《关于中国文学里的"侠"——司马迁和鲁迅——两种不同的看法》（论文）、山野井里子《从〈伯夷列传〉看司马迁的天道观》采用比较研究的视角关注司马迁与《史记》文本。80年代吉原英夫的《伍子胥和司马迁——兼说怨恨》和《波利比奥斯和司马迁的历史思想》两篇论文也采用比较的方法研究司马迁，等等。

---

① ［日］藤田胜久：《司马迁之旅》，中央公论新社2003年版。
② ［日］藤田胜久：《〈史记〉战国列传研究》，汲古书院2011年版。
③ ［日］山崎正：《〈史记〉人物四十五讲》，许云鹰译，中华书局2018年版。

日本学者在《史记》研究方面，范围广，有深度，有新意，他们思考问题，分析问题的思路、方法和我们不尽一致，但他山之石可以攻玉，日本学者的研究成果，对我们开创《史记》研究新局面，能够起到借鉴、促进作用。

当然也应该看到，日本学者对《史记》研究也有许多不足，他们有些见解往往失之偏颇，最明显的是关于《史记·屈原列传》的研究。早在20世纪20年代，中国学者廖季平、胡适、何天行等人，先后在他们的著作中，对屈原是否实有其人提出了质疑和否定。到50年代，也曾有个别人承袭这种观点，在当时就受到众多学者的有力反驳，以后便逐渐销声匿迹了。这桩本来已经解决的公案，近年来又被日本少数学者重新提起。在1983年第4期《重庆师院学报》上，韩国基翻译介绍了日本早稻田大学文学部稻畑耕一郎的《屈原否定论系谱》和日本关西大学三泽玲尔的《屈原问题考辨》两篇文章，这是日本学者屈原否定论观点的代表作品，他们的错误观点立即受到了中国学者的深刻批评。①

再以资料考据来说，泷川资言的《史记会注考证》最有影响，成绩不可磨灭，但其舛误不足之处也时见于篇。1940年，中国青年学者鲁实先撰《史记会注考证驳议》一书，从体例未精、校勘未善、采集未备、无所发明、立说疵谬、多所剽窃、去取不明7个方面对泷川之书作了较为系统的批评。书传到日本，泷川看了也心悦诚服，并专门致书称善，誉鲁氏为"秀才"。还应该提到的是泷川之书在当时以辑录、增补1300余条《史记正义》佚文赢得了学术界的极大重视。程金造著《史记会注考证新增正义的来源和真伪》一文②，详加考释，认为这1300余条绝不是《正义》佚文，它是读者的杂抄和解释，也录存了《正义》的佚文，但绝大部分是鱼目混珠，以伪为真。程先生的论断，得到了学术界大部分学者的认可。

总之，日本《史记》文学研究取得了令人注目的成就，在有些方面还超过了国内的研究。覃启勋认为日本学者关于《史记》文学研究的特点是：第一，在研究《史记》史学时，能就《史记》文学作出同步研究。第二，

---

① 详见金菊、余火、松啸《中日学者屈原问题论争综述》，《文史知识》1983年第9期。
② 程金造：《史记会注考证新增正义的来源和真伪》，《新建设》1960年第2期。

在研究《史记》文学时，善于分析描写传记人物姿势的绝词佳句。第三，在研究《史记》文学时，善于分析其中人物活动所占的空间位置。第四，在研究《史记》文学时，能够具体考察传记人物情况的矛盾状态。① 杨海峥《日本〈史记〉研究论稿》② 从《史记》在日本的传播与接受、日本《史记》研究的特点等方面对日本《史记》研究进行了全面论述，也有助于我们认识《史记》经典在海外的传播情况。

此外，在创作方面，基于司马迁形象和《史记》内容，日本文学与艺术界也产生了不少优秀的作品。1943年著名作家中岛敦在《文学界》上发表了绝笔之作《李陵》，以小说的方式通过李陵、司马迁、苏武三个历史人物组合揭示了"人在人的世界里无法坚守自我"的主题。虽然并非司马迁研究，但在一定程度上对司马迁和《史记》中的人物形象有丰富的文学性解读。1974年日本著名的俳句作家成濑樱桃子发表了散文《司马迁和秋刀鱼》，由"秋刀鱼锋利的身姿，青色的鱼身，猛然大睁的鱼眼"③ 联想到司马迁，文中近乎惨烈地描述了司马迁腐刑之痛，写出了日本人心目中忍辱负重、忠于职守的司马迁形象。山内昌于2000年后出版的散文集《鬼平、西塞罗和司马迁：历史和文学之间》高度评价了司马迁对世界历史与文学的贡献。三浦康之采用《史记》体例撰写伊斯兰历史，出版了《司马迁史记体〈伊斯科史记〉》。在短篇小说领域，21世纪以来日本出现如《司马迁的妻子》《父亲司马迁》等比较优秀的作品，前者着眼于《史记》完稿的最后一幕，以妻子的视角，想象司马迁如何写李陵以及司马迁的挣扎、持守与托付……描写细腻，真挚动人；后者则选择司马迁女儿的视角，通过受刑之后父亲和哥哥们之间的微妙关系，写出了自己的生存感受。视角独特，想象丰富，带有后现代的解构视角，很有创意。此外，20世纪以来日本漫画产业发展迅猛，特别是20世纪90年代漫画产业进入了辉煌时期，《史记》各种人物形象与故事不约而同地进入各种漫画作品中，成为《史记》文学经典化过程中的一个特殊现象。其中著名漫画家横山光辉于1998年出版的15卷

---

① 详见覃启勋《〈史记〉与日本文化·〈史记〉对日本文学的影响》，武汉大学出版社1989年版。
② 参见杨海峥《日本〈史记〉研究论稿》，中华书局2017年版。
③ ［日］成濑樱桃子：《司马迁和秋刀鱼》，《俳句》1974年第2期。东京：角川学艺出版。

漫画集《史记》和 2002 年出版的漫画集《司马迁》最具代表性，其笔下的司马迁十分具有生活气息。横山光辉以漫画的形式阐发了司马迁著述背后的孝道动机，在漫画结尾评价称："《史记》不是单纯的记录，他对登场人物加以富有人情味的短评。为此就被称为大历史小说。然而这部传流后世的书是为了向父亲尽一份全孝。"不论在创作方法上还是视角上对《史记》的经典化都有特殊的意义。

综上所述，海外学者对《史记》文学特征、文学价值的认识、阐释是逐渐发展的，由于文化背景以及语言的差异，对《史记》文学的研究有地区差异。但是，一部中国的文史名著，随着中外文化交流的发展，已经被认可和接受，这也扩大了《史记》的世界影响力，促进了《史记》的文学经典化，也进一步显示出《史记》的魅力和生命力。

余　论

中国古代"三不朽"的观念影响颇大，其中之一就是"立言"，通过著书立说达到不朽的目标，可见立言的重要性。每一个作者，在创作自己的作品时，都有一种强烈的愿望，就是自己的作品能够成为经典，流芳百世。司马迁以不屈不挠的精神完成《史记》，也有自己的目标，以期达到不朽，所谓"鄙陋没世而文采不表于后世也"，因而发愤著书，"藏之名山"。应该说，司马迁的这个愿望是实现了。

司马迁的《史记》，经过两千年的经典化过程，不仅是史学经典，而且成为中国文学的经典，具有不朽的魅力与生命力。关于经典，意大利学者伊塔洛·卡尔维诺的理解值得我们借鉴。他认为，经典具有如下特征：

一、经典是那些你经常听人家说"我正在重读……"而不是"我正在读……"的书。

二、经典作品是这样一些书，它们对读过并喜爱它们的人构成一种宝贵的经验；但是对那些保留这个机会，等到享受它们的最佳状态来临时才阅读它们的人，它们也仍然是一种丰富的经验。

三、经典作品是一些产生某种特殊影响的书，它们要么本身以难忘的方式给我们的想象力打下印记，要么乔装成个人或集体的无意识隐藏在深层记忆中。

四、一部经典作品是一本每次重读都好像初读那样带来发现的书。

五、一部经典作品是一本即使我们初读也好像是在重温的书。

六、一部经典作品是一本永不会耗尽它要向读者说的一切东西的书。

七、经典作品是这样一些书，它们带着先前解释的气息走向我们，背后拖着它们经过文化或多种文化（或只是多种语言和风俗）时留下的足迹。

八、一部经典作品是这样一部作品，它不断在它周围制造批评话语的尘云，却也总是把那些微粒抖掉。

九、经典作品是这样一些书，我们越是道听途说，以为我们懂了，当我们实际读它们，我们就越是觉得它们独特、意想不到和新颖。

十、一部经典作品是这样一个名称，它用于形容任何一本表现整个宇宙的书，一本与古代护身符不相上下的书。

十一、"你的"经典作品是这样一本书，它使你不能对它保持不闻不问，它帮助你在与它的关系中甚至在反对它的过程中确立你自己。

十二、一部经典作品是一部早于其他经典作品的作品；但是那些先读过其他经典作品的人，一下子就认出它在众多经典作品的系谱图中的位置。

十三、一部经典作品是这样一部作品，它把现在的噪音调成一种背景轻音，而这种背景轻音对经典作品的存在是不可或缺的。

十四、一部经典作品是这样一部作品，哪怕与之格格不入的现在占统治地位，它也坚持至少成为一种背景噪音。①

《史记》就是这样一部作品，它具有百科全书的特点，无论哪个阶层、哪个领域的人，都可以从中汲取营养，以丰富自己的人生，陶冶自己的情操。它具有历史的穿透力，已超越时间、空间，走向永恒。

一

文学经典化走过了漫长的道路。从垂直接受的角度看，汉魏六朝是《史记》文学接受和经典化的起步阶段，唐宋是确立期，元明清是巩固期，近现代是强化期，当代是传播接受和经典化的新时期，它们形成了《史记》文

---

① ［意大利］伊塔洛·卡尔维诺：《为什么读经典》，黄灿然、黄桂蜜译，译林出版社2012年版，第1—9页。

学传播接受及经典化的"时代之链"。每一时代的接受以及经典化，既受前代审美经验的影响，也受当代政治、经济、文化等各种因素的制约。如印刷技术的发展直接导致接受群体的扩大；唐宋古文运动、明代的复古运动等文艺思潮直接影响了《史记》文学的传播与接受；城市经济的发展影响着接受主体、审美观念等的变化；科举考试等制度文化也影响接受主体的变化。

我们通过《史记》文学经典化过程可以看出，每一时代的接受及经典化，具有不同的形式、特点。如唐代的散文和咏史诗、宋元的讲史小说、元代的戏剧、明清的演义小说、当代的新媒体等。另外如《史记》选本、古文选本及"评林"等也是传播与接受的重要形式。每一时代的接受，不只是单纯的接受，还在于进行新的发展、创造。古代的各种传记以及现当代的传记文学，既接受了《史记》的传统，又进行新的创造。后代接受中还以《史记》为原型母题，创造出许多新的文学主题，如侠义主题、复仇主题等。从接受群体来看，不同的读者有不同的期待视域。散文家把《史记》当作"古文"楷模，看重它的审美作用；小说家、戏剧家则把它当作取材的宝库，看重它的娱乐与教化作用，等等。当然也存在"去经典化"倾向。《史记》中隐藏着巨大的读者群，潜伏着极多的"空白"，不同的读者从中会有不同的发现、不同的收获。

经典化的过程，读者始终是主体。每一时代的接受，读者不仅参与了《史记》作品意义与价值的创造，而且这种接受还会转化为一种社会实践，对读者的实际行动产生影响。《史记》中的政治家、军事家、文学家、思想家，乃至下层的游侠刺客等，都给后人的行为产生或明或暗、或大或小的影响。由于《史记》独特的魅力，海外读者也对《史记》产生浓厚的兴趣。国外对《史记》文学的接受以及经典化，日本最为突出。隋唐以来，中日文化交流频繁，《史记》传入日本，并对日本的政治、文化、教育等产生深远影响；从接受角度看，由于文化背景的差异，接受对象、接受方式等与中国既有相同之处，又有许多不同之处。

《史记》文学经典的建构，从汉代起步，到近现代写入中国文学史，走过了漫长的道路。经过不同时代读者的认可，其经典榜样已经树立。到20世纪后期，对《史记》文学特征的认识更加丰富，更加深入，而且随着中外文化交流，《史记》在海外的影响也日益广泛。从《史记》文学经典的建构过程可以看出,《史记》文学经典的建构是与其史学经典的建构密切相关,起步阶段比较艰难,唐代以后,其文学价值逐渐得到挖掘和普遍认可,越来越受到人们的重视。文学经典的建构过程与史学经典的建构过程基本一致,但由于是文学家视域中的《史记》,所以又与史学的经典建构有不同之处。经典建构过程与社会政治、文化背景等有密切关系,如唐宋古文运动、明代复古运动等。经典建构过程也是多元化的,从建构方式说,有直接的,有间接的;有明显的,有隐蔽的。从体裁说,传记、散文、小说、戏剧、诗歌等不同的文体都从《史记》中汲取营养,又促进《史记》进入这些文学家园之中。从建构的读者层次来说,既有文学家的学习、评论家的引导、文选家的传播,也有普通百姓的欣赏与接受。经过不同时代、不同读者对《史记》的消费与接受,《史记》的文学经典地位得以建构,并越来越稳固。

二

　　《史记》文学经典的建构具有重要的意义。首先在于扩大了《史记》的文化价值。随着《史记》文学经典的建构,受众面不断扩大,不仅雅文化、主流文化学习它,视之为经典,而且俗文化也从中吸收许多有用的东西,在民间有较大的影响,一些说唱作品、戏曲、小说等或多或少、或直接或间接学习《史记》。史学著作被文学化,而且成为文学经典,这并不影响《史记》的史学价值。从某种意义来说,反而促进了《史记》的史学经典化。因为《史记》不是纯文学,它与历史密切联系,它的文学表现受历史真实的限制,如同"戴着镣铐跳舞"。所以,在历史真实的前提下,把《史记》纳入文学领域,更显示了《史记》多方面的价值。

　　《史记》文学经典建构的意义还在于促进了中国文学的发展。从经典影响史来说,中国文学中的传记、散文、小说、戏曲乃至于诗歌等文体,都受《史记》的影响,有些甚至直接取材于《史记》。正如李景星《史记评议序》所说:"由《史记》以上,为经、为传、为诸子百家,流传虽多,要皆于《史记》括之;由《史记》以下,无论官私记载,其体例之常变,文法之正奇,千变万化,难以悉述,要皆于《史记》启之。"如果从文学主题说,《游侠列传》《刺客列传》所引发的侠客文学,《伍子胥列传》为代表的复仇文学,《屈原列传》所表现的忠奸斗争,《司马相如列传》描写的才子佳人故事,《秦始皇本纪》《吕太后本纪》所展现的宫闱秘史、宫廷斗争,《伯夷列传》所引发的隐士文学,以及大量描写战争的作品所展现的军事文学,等等,都显示了《史记》文学经典的影响力。

《史记》文学经典建构的意义还在于使有价值的历史人物走向永恒的时间和无穷的空间。"子长同叙智者,子房有子房风姿,陈平有陈平风姿。同叙勇者,廉颇有廉颇面目,樊哙有樊哙面目。同叙刺客,豫让之与专诸,聂政之于荆轲,才出一语,乃觉口气各不相同。《高祖本纪》,见宽仁之气动于纸上。《项羽本纪》,觉暗噁叱咤来薄人。"[①] 司马迁把死的人物变成活的生命体,随着文学经典化过程,《史记》中所描绘的人物不只是历史人物,也成为文学典型,具有永久的艺术魅力。如屈原,成为爱国者的典型,李广,成为怀才不遇的典型,等等。

三

从文学价值学角度看,从文学创作到文学消费的过程,又是文学价值产生、确立和确证的过程。"所谓价值,是指客体对主体需要的满足或效应,也就是说,是指客体对主体的价值。"[②]《史记》作为读者(主体)欣赏的对象(客体),显然对读者具有特殊的价值和意义,这种价值是一种特殊的艺术价值。这种艺术价值存在于整个文学活动的大周期中。《史记》文学的经典建构过程,在这个大周期中并没有停止在原点,而是在历时与共时的存在范畴里,不断实现着自我的保值与增值的过程。应该说,读者的消费与接受,使《史记》的文学价值得以实现,而且也是《史记》不断增值的重要渠道。这种增值与保值,说到底,就是《史记》不断被经典化的过程。对于读者来说,《史记》作为文学经典,带来的既有历史的教益,又有文学的享受,同时从《史记》人物身上反观自己,以便加强修养,完善人格,甚

---

① [日] 泷川资言考证,杨海峥整理:《史记会注考证》,上海古籍出版社2015年版,第4414—4415页。

② 敏泽、党圣元:《文学价值论》,社会科学文献出版社1997年版,第197页。

至于从《史记》优秀人物身上引发自己的行为反应,如张骞的勇于开拓精神,屈原等人的爱国精神,等等。

在读者的消费过程中,我们特别注意《史记》在不同时期的普及情况。普及面越广,越说明《史记》的价值大。这是《史记》经典化的基础,如果失去这个基础,经典的价值就要打折扣了。同时,我们也注意到不同时期的文学实践,这是经典影响史的体现,也是经典实现价值之所在。可以说,文学实践体现着《史记》的文学价值,并且扩大着它的价值。

当然,从《史记》文学经典的建构过程来看,文学阐释仍然是重点。只有文学阐释,才能解开《史记》文学的"密码",挖掘其内在价值,引导读者进入司马迁所描绘的历史世界,真正认识《史记》的价值。

附录一

意、法、神的融合

——汤谐《史记半解》评析

唐代古文运动奠定了《史记》的文学地位,此后,《史记》作为古文典范被散文家广泛重视。宋代以来,各类形式的《史记》评点不断出现,到明清时期达到高潮,古文选本以及专门的《史记》评点著作层出不穷,《史记》所蕴含的文学价值得到充分的挖掘。① 而且,《史记》作为文学经典,影响了众多文学家的创作。

在清代众多的评点著作中,汤谐的《史记半解》是值得我们重视的一部著作。汤谐(1661—1724),初名大成,字展文,号怀村,他的一生主要活动于康熙年间。汤谐天资聪颖,自幼就被人称为"神童",后来相继考取增生、廪生,但屡次考举人不中。曾被诬陷入狱,后得以平冤。康熙五十二年(1713),汤谐完成了《史记半解》。雍正二年(1724),汤谐终于考中举人,却在去京参加会试的途中患病去世,终年63岁,其一生颇有悲剧色彩。

汤谐自幼熟读《史记》,即使在狱中"犹日手《史记》一编",可见其对《史记》的热爱。《史记半解》共选择《史记》原文68篇进行点评,其中"本纪"3篇,"表"8篇,"书"4篇,"世家"7篇,"列传"46篇②。汤谐在《自序》中对书名有自己的解释:"名之曰'半解',用志余不敢自

---

① 关于古代《史记》评点,笔者曾撰写《宋代的〈史记〉文学评论》(《文艺理论研究》2016年第5期)、《〈史记〉文学经典化的重要途径——以明代评点为例》(《文史哲》2014年第3期)、《清代的〈史记〉文学评论》(《陕西师范大学学报》2016年第1期)等论文,对相关问题进行探讨。

② 《史记半解》,清代汤谐编纂,今有韦爱萍整理本,商务印书馆2013年版。本文引《史记半解》之文,均出自该书,不一一详注。

信之意。"除自己评点之外,汤谐在一些篇目最后,还汇辑了前辈古文大家如钟惺、茅坤、邓以赞、孙执中等人的评论,有时还对这些评论进行批评,这对于读者理解作品也有一定的帮助作用。

一 《史记半解》的理论主张

《史记》作为古文典范,如何解读,不同的学者有不同的理论基础和主张。唐宋以来的古文家从不同的角度对《史记》进行解读,各有新意,而且有许多理论术语。如宋代对《史记》的评论,刘辰翁《班马异同评》中有"精神意气"、陈模《怀古录》中有"意味"、真德秀《文章正宗》中有"气象"等,可见当时的评论者对《史记》文章已有多种理解。到了明代,随着复古运动的兴盛,《史记》越来越受到重视;加之印刷术的进一步发展,尤其是套版印刷的出现,《史记》评点也越来越多。茅坤评点用"神理"、凌约言评点用"境界"等术语,充分显示出《史记》文章的多样化特点。到了清代,这种评点继承前代传统,并且不断发展,理论术语也日益丰富。明末清初的金圣叹评点《史记》,从文章角度看很有价值。汤谐之前,从文学角度评点《史记》最有代表性的著作是吴见思的《史记论文》,对《史记》叙事写人的手法进行了细致评点,比明代的《史记》文学评点有进一步发展。汤谐的评点,与《史记论文》相比,有相同又有不同。他对《史记》非常推崇,他在《自序》中说:"文章之有《史记》,譬则山之有泰岱,水之有沧海,其高不可得而攀,而深不可得而测也。"《史记》之文为山、为海,非好学深思难以探其真谛。汤谐在《杂述》中指出:"行文之有法度,犹审音之有六律,制器之有规矩。"《左传》"因经起传,编年、纪事多断续,分合之节法尤奥而难寻。《史记》事自为书,人自为传,皆整齐综括之篇法,虽微而可按。故余论古文之法自《史记》始。"《史记》之行文,无愧"法度之宗祖"之誉,"必先尽见其法,而乃可以深会其神,此余论《史记》所以独详于论法也"。由此可见,汤谐的《史记》评点,最重视的是"法",实际确实也是如此。

但是,"法"只是文的外在表现,文的关键是在内部,在内容。正如汤谐在《杂述》中所言:"文章之有法度也,非自法始也,必先有其意而后法以运之。意者，一篇之主宰而文之所由生。意不高，虽有良法无所附丽；然意立而法不密，则无以达意。……《史记》之文，一篇自有一法或一篇兼具数法。烟云缭绕处，几于勺水不漏，而寄托遥深，迷离变幻使人莫可端倪，一片惨淡经营之意匠皆藏于浑浑沦沦、浩浩落落之中，所以为微密之至，而其貌反似阔疏也。""文章之道有三：曰意，曰法，曰神。意之本在识，识高则意高；法之本在心，心细则法细；神之本在养，养到则神到。""须知平淡、拙朴、琐屑、不经意处，莫非精神贯注、浩气流行，乃为真不负《史记》。"由此我们可以看出，汤谐的《史记》评点理论主张很明确，是意、法、神三者的融合。

正是基于这种主张，汤谐《史记半解》的选目就很特别。《史记》十二本纪，他选了其中三篇：《秦始皇本纪》《项羽本纪》《孝文本纪》，这三篇从思想到叙事都是具有特殊意义的，而且以《史记》的近现代人物为主。秦始皇是一统天下的君主，代表了一个时代、一个王朝。项羽被司马迁破例列入本纪，因为他也是一个时代主宰天下的风云人物。孝文帝是西汉王朝最有仁德的帝王，司马迁对他予以高度评价。汤谐选择这三篇本纪，也体现出独特的历史眼光。《史记》十表，一般人不大重视，甚至还曾有废表之论，而他选了其中八篇表的序言，足见其对表的重视，这在《史记》选本中是很突出的。《史记》八书，他选了其中四篇，《律书》《封禅书》《河渠书》《平准书》，这也是非常独特的四篇，涉及社会发展中重要的四个方面。三十世家他选了七篇，从陈涉到梁孝王，显示出重视当代历史的思想观念。四十六篇列传，从伯夷到司马迁，基本涉及社会各阶层、各类人物，也包括传记的各类形式如单传、合传、附传、类传、自传。就《史记半解》的选目来看，有些篇目是其他《史记》选本有的，有些则是其他选本所不选的，但都是《史记》中的精彩篇章，既能体现司马迁的独特思想，又在叙事、写人、议论等方面别有韵味，可以说是意、法、神兼备的经典之作，也是体现评点者思想的代表作品。

二 《史记半解》的理论实践

《史记半解》所提出的理论主张，在其具体评点中得到很好的体现。评点并非易事，因为作品中隐藏着作者设置的"密码"，评点的过程就是解密的过程。曹植《与杨德祖书》曰："盖有南威之容，乃可以论于淑媛；有龙泉之利，乃可以议于断割。"① 《文心雕龙·知音》篇也说："夫缀文者情动而辞发，观文者披文以入情，沿波讨源，虽幽必显。世远莫见其面，觇文辄见其心。岂成篇之足深，患识照之自浅耳。"② 作为评点者应有一定的才学，还应有一双慧眼，"识"是关键。评点者既要站在原作者的角度考虑创作问题，又要站在读者的角度分析作品的得失。清人章学诚《文史通义·知难》云："人知《易》为卜筮之书矣；夫子读之，而知作者有忧患，是圣人之知圣人也。人知《离骚》为词赋之祖矣；司马迁读之，而悲其志，是贤人之知贤人也。夫不具司马迁之志，而欲知屈原之志，不具夫子之忧，而欲知文王之忧，则几乎罔矣。"③ 章学诚的话揭示了一个重要问题，要进行作品评论，就必须从思想上、心灵里与作者产生交流和共鸣，知其人，论其世，品其作，真正理解作品的深刻内涵。应该说，汤谐具备了这些要素，如其友人苏仕弘在《史记半解序言》中所说："怀村以公正发愤为群小所构，幽于缧绁，当事听谗，直欲置之死。会其罢官去，冤乃稍稍渐白。而群小又从而媒蘖之，流离转徙者垂六七年。余固疑怀村将不暇复致力于古文矣，然而怀村志不衰，在囹圄中，犹日手《史记》一编，至于间关播迁、风涛雾露之间，朝夕披吟，未尝少辍。嗟乎！怀村精神意气若此，宜其与太史公之心真能旷百世而相感也。""凡文章之有评注也，必读者之精神与作者之精神两相浃，而后其奥美出焉。"可见，评点者汤谐与司马迁的遭遇、精神有共通之处。

《史记半解》采用传统的评点方式，一是符号的"圈点"，二是文字的"评"。评点者的圈点，用不同的符号表示文章的关键、转折、线索、关合、提顿等，这些符号，具有特殊的功能，所谓"此时无声胜有声"，给读者点醒作品的意之所在、法之所在、神之所在。如同"路标"，给行路者指路。"、""○""◎"等表示不同的提醒。我们这里重点看文字评论。

关于"意"。《史记》不是一般的历史资料汇编，司马迁要"究天人之

---

① （魏）曹植著，赵幼文校注：《曹植集校注》卷1，中华书局2016年版，第236页。
② （南朝梁）刘勰著，范文澜注：《文心雕龙注》卷10，人民文学出版社1958年版，第715页。
③ （清）章学诚著，叶瑛校注：《文史通义校注》卷4，中华书局2014年版，第425页。

际，通古今之变，成一家之言"，在历史记载中表达自己的深刻思想，鲁迅先生高度赞誉为"史家之绝唱"。评点者在分析历史问题时能够探究司马迁的深意，挖掘《史记》所蕴含的思想内涵。他认为，只有抓住"意"，才能真正理解作品。《伯夷列传》尾评曰："缘其烟波杳渺，转接无端，使人猝难领会，而读者不复深求于史公作意，遂都如雾里看花，说来只成一场鹘突。夫读其文而不知其意，尚何以读为哉？"《货殖列传》尾评曰："凡学者读古文，须先看得全文意思融洽，然后细看他妙处，才有益此文意思，亦尽明了。"可见，"意"是基础和核心。如在评点《秦始皇本纪》时，先依次点评秦之所为：更帝号、销兵器、废封建、除谥法、议封禅、坑儒生等举措。然后再说秦王劳民之事：益治宫殿，劳民一；治驰道，劳民二；求神仙，劳民三；击匈奴，劳民四；开岭南，劳民五；戍岭南，劳民六；筑长城，劳民七；广北边，劳民八；徙北边，劳民九；益治宫殿，劳民十；分作骊山，劳民十一；益治宫观，劳民十二；益徙边，劳民十三。评点者随文逐一点评始皇十三处劳民之过，强调"至此则劳民已极，而胜、广之难，作矣"。同时，还随文指出秦亡的十一处"败兴"，并直言"败兴已极，败局遂终"，水到渠成地得出结论："许多罪过本只一个病根，然就事论之，则民为邦本，而残民尤速亡之道，此史公所以特加详写而得切著明此理，为千秋炯戒也。"非常细致地揭示出本篇的深意。《项羽本纪》尾评指出："太史公作本纪，自武帝及秦汉，以世相承。而项羽实为灭秦之主，沛公虽先入咸阳，然其始本属于项，而非羽战秦钜鹿，即欲入咸阳更不可得。至灭秦以后，虽随封随叛，迄无宁晷，然终不可不谓之'政由羽出'也。明此则秦后汉先，自应有《项羽本纪》一篇，与后贤所论正统诸说固各为一义矣，班孟坚止作《汉书》，而又不能不载羽事，故改从列传，岂得以彼而废此哉？此史公为羽作纪大指。文章作意往往由此而生，读者不可不知。"汤谐特别重视司马迁尊重历史把项羽破格放入本纪体例之中，并揭示出司马迁的深刻思想。又如《张丞相列传》评点深挖《史记》之旨："试问何故此传定该以官串人？何故两丞相传中定该将从前御史大夫不问贤否，并著一传？不几于茫然乎！岂史公漫然而作此章法乎？不知史公微意乃深惜周昌之不得为丞相也。昌立朝廷则萧、曹卑下，安太子则留侯同功，声价过苍与嘉远甚，使不左迁而得为丞相。当孝惠、高后时，必大有可观者。奈何以私故弃之诸侯？致使终抑郁以死哉！此史公之所为惜也。其不另立传，何也？另传则反不见其不为丞相之可惜，若明以此意入论赞，则又生硬非法也。惟合之等为御史大夫而得为丞相者传中，彼以贤而得为丞相，此尤贤而不得为丞相，则此之可惜不必明言而意已曲至，文章倍觉含蓄有味。……故以丞相名篇，以御史大夫作线，其故皆为周昌而起，而章法之所以确不可易者，乃在乎此。解此，乃见其文心之幻化，精神之飞动，意味之深长。否则寻行数墨而已矣。"这段评点，以"意"入手，再与"法""神"结合，使读者深刻领会司马迁的思想精神。《儒林列传》尾评："传儒林，自是并叙《六经》诸儒，然史公却另有微意，则以贬公孙而尊董子，薄公孙之希世取荣，而悲董子之直道见疾也。盖史公《史记》之作，本于《春秋》，《春秋》之义闻于董子，而董子之遇抑于公孙，故传中用意如此。"评点者揭示出司马迁的"用意"在于对董仲舒的推崇和同情。汤谐如此探究作品深意，引导读者进入《史记》的思想核心，而不是停留在一般的人物事件的表层上面。

关于"法"。评点者非常细致地评点每篇作品的独特之法。评点中关于章法的词语很多，如总括、关键、顿挫、过渡、关节、波折、余波、紧笔、闲笔、宾主、正反、唱叹、点睛、特笔、提笔、承上、起下、伏应、详略、虚实、层次等。如把《三代世表序》分出七层：

> 太史公曰：五帝、三代之记，尚矣。一层。自殷以前诸侯不可得而谱。二层。周以来乃颇可著。三层。孔子因史文次《春秋》，纪元年，正时日月，盖其详哉。四层。至于序《尚书》则略，此一层内又有四层。无年月；或颇有，然多阙，不可录。故疑则传疑，盖其慎也。五层。余读谍记，此一层内又有三层。黄帝以来皆有年数。稽其历谱谍终始五德之传，古文咸不同，乖异。六层。夫子之弗论次其年月，岂虚哉！七层。于是以《五帝系谍》《尚书》集世纪黄帝以来讫共和为《世表》。

短短一段文字，被分成七层，对于读者理解文章章法很有帮助，这种层次提示非常细致。再如《汉兴以来诸侯王年表序》的尾评：

文分四截。"非德不纯,形势弱也"以上,叙周事始终引起,为一截;"汉兴"已下,"用承卫天子也"已上,叙初定天下时分封,为一截;"汉定百年之间"已下,"万事各得其所矣"已上,叙后来抑损之宜,为一截;"臣迁谨记"以下,综括汉家当日始终,叙出作表意思,为一截。中二截对,后截与前截对,是一头两腹一尾格,指归则皆在束句注明。

把一段序言分成四截,而且指出每一截的核心内容和章法。只有理解了层次安排,才能逐步进入作品的内在核心。当然,大量的评论是关于《史记》叙事、写人之法。如《留侯世家》尾评:

文于前后幅,两用特笔提唱"为韩报仇"四字,如虎啸龙吟,声振天地。中间叙良大功十一条,皆曲传其立身事外之微情,于留侯全体大用,固已毫发无遗憾。而"愿沛公听樊哙言"与"刘敬说是也"两节遥对。"卒灭楚者,此三人力也","竟不易太子者,四人力也"两节遥对。"止立六国""计封功臣"两节亦微对。其余五节错综见,或整或散,参差不齐,章法尤有寓方于圆之妙也。

评点者对《留侯世家》章法的分析非常细致,共十一节文字,两个"两节遥对",还有两节"微对"和五节"错综见",使原作的笔法和内容清晰地展现在读者面前。《张耳陈馀列传》:"虽系耳、馀合传,而耳成馀败,故一篇以耳能'至千里客'为主句。因两人始以善说发轫,张耳后以客说成功。故排列局中,许多相说节目作章法。有耳、馀说人;有人说耳、馀;有人说人;有人为耳、馀说人。有合说,有分说,有明点说字,有暗含说字。一路宾主错综,出没隐见,排列几至二十余节。而烟波百道,缭绕行间,使人无迹可寻,宜乎向来未经拈出也不识。不识今之读者其有先我而窥之者否与?"这段评点抓住"说"字进行评点,使读者深入作品的内涵之中。类似的评点很多,如《李斯列传》:"以四叹、一哭、五上书作章法。"《李将军列传》:"此文妙处全在以沉着之笔为咏叹之文。"《平津侯主父列传》:"弘传入偃,偃传入弘,乃合传中因事立法之一端。平原君虞卿传亦如是也。"《卫将军骠骑列传》:"通身所叙者,命将出师、论功行赏。节目其语句,纯用凝重、排比、反复,波澜动荡处无几也。而笔势飘举,读之,但觉一片浑浩流转之气在人喉舌间。艨艟巨舰,轻若鸿毛,可以观江河之能事矣。"等等。

至于文中的夹评,在文章关键处提醒,点出要害,亦是非常精彩。如《信陵君列传》:"魏有隐士曰侯嬴,年七十,家贫,为大梁夷门监者"句下夹评:

> 公子抑秦大功全在救赵,其策却定自侯生。故史公用全副精神写此一段,以深表公子之知人能得士也。而"魏有隐士"句领起,比"郦自到"句煞住,若为侯生作小传者。中间宾主加写,水乳交融,痕迹俱化,文心之妙无以加矣。

评点者由侯生引出一段评论,看出此人在本篇传记中的重要作用,同时,也看出传记的匠心和意境。其他如《季布栾布列传》开头"季布者,楚人也"句下夹评:"一篇纲领"。《儒林列传》"太史公曰:余读功令,至于广厉学官之路,未尝不废书而叹也"这句下夹评:"贬公孙,尊董子,一篇大意,只此三句振动全神。"《酷吏列传》开头"昔天下之网尝密矣"一句下夹评:"此段是写往事,却是影当时,与后文相应。一段为一篇关键也。"《太史公自序》起笔"昔在颛顼"句下夹评:"起于历叙世次,枝分瓜析,却已全是一片神行"等。这些夹评,时时处处给读者以提醒,以引导。再如《田单列传》夹评:"写破燕复齐,势如破竹。然却用十层写出,细其不细,不足以表其奇。"《淮南衡山列传》夹评淮南王与伍被的问答:"写王与被问答,凡一十余往复。其参差历落,曲折悠扬之美,如叠嶂层峦,烟云缭绕。断续即离之际时露清光。"总之,通过评点者的圈点提示、夹评的段落分析、尾评的全篇总结,使读者对《史记》文章的章法结构、内在意义等有较全面的认识。

关于"神"。文章之"神",实乃是"意"与"法"融合之后产生的总体效果或意境。此前的评点者已有提及。汤谐的"神",则是"意""法"基础上的"神"。如《萧相国世家》尾评:"写相国朴忠,汉高猜忌,及诸人维护相国，章法极为缜密，情事极是刻透，而精神飞动，意致潇洒。读之，但觉一片爽气清光萦绕于笔墨之外，可谓妙处难名。"评点者从"章法""情事""精神""意致"入手分析，最后指出读者的感受，实乃进入作品所达到的一种境界。《曹相国世家》尾评："此篇是史公极质直，不作深曲文字，如前幅叙战功，固极简洁明晰。然《绛侯世家》及《樊郦列传》亦用此法，不专为参设也。惟一篇文字必有一段出色处，方厌人意，不为苟作。而史公却极赏参之清净简易，一遵萧何约束，故全在后幅著精神。然既是清净简易，无所作为，则更无可称述形容之事业。于是就其玩世不恭处摹写之，纯以饮酒作波澜。一则曰日夜饮醇酒，再则曰饮欲有言者以醇酒，三则曰复饮之酒，四则曰吏舍日饮歌呼，五则曰取酒张坐饮，亦歌呼相与应和，反写得极扰攘热闹，而清净简易之意已飞动于楮墨间。极质直之文遂发无限风神，异样出色矣，岂非化境！"评点者指出本篇独特的章法"全在后幅着精神""纯以饮酒作波澜"，写出"清净简易之意"，写出"无限风神"，达到一种"化境"，这样的评点能使读者真正进入作品的审美境界。又如《信陵君列传》尾评："其神理处处酣畅，精采处处焕发，体势处处密栗，态味处处浓郁，机致处处飞舞，节奏处处铿锵。初读之，爱其诸美毕兼，领取无尽；读之既久，更如江心皓月，一片空明。我终不能测其文境之所至矣！"评点者的语言非常生动，"神理""精采""体势""态味""机致""节奏"等组成了本篇特殊的艺术境界，评点者叹为"文境"难以探测。《刺客列传》写荆轲开始与狗屠交往，评点者夹评曰："荆轲之燕后先出，高渐离次出，田光以及太子丹、秦王、鞠武、樊於期皆一定之序也。开头叙一狗屠，无事实，不传其姓名，正如浩荡烟波，白鸥出没。何等摹写！何等风神！"同传写田光自杀，夹评曰："光以死明不言，非本念也。太子欲用光，又转用轲，不自杀何以留轲？然此意却道破不得，故托辞太子还疑耳。史公推见田光至隐，着自杀句为一篇血脉，通体皆灵。真非史公不能有此神笔，读者须识得。若无此笔，即前后神理尽成懈散，才不枉却古人也。"这是从细节处评点文章章法之妙、境界之妙。《李将军列传》尾评："广才略绝人，而功业未就。只中贵勒兵、匈奴生得、博望后期三节见其神勇，然亦非得意事也。故往往从诸人语意中及善射处咏叹之，然凭空咏叹，文情虽得缥缈，文气亦易松薄。气稍松则味不永，味不永则神不透。此文妙处全在以沉着之笔为咏叹之文。惟沉着，故刻露，而意味乃倍觉深厚，神理乃真觉飞动矣。"由咏叹之事进入沉着笔法再进入"神理"境界。《田叔列传》尾评："写田叔，节节以爽豁峭劲胜，只为要写得'刻廉自喜'四字，神理活现也。"《酷吏列传》尾评："全用上好下甚意作骨，每于接代回环处着眼。十余人中，有意气相合，有衣钵相传，有互相倾轧；有递相汲引；竟未有一个不蒙天子宠任。此未亡而彼已进，彼方败而此又兴。一路写来，为可浩叹也。而文之纵横变化，莫测其端，更不啻五花八门之胜矣。"这两篇评点，抓住原文的关键词，由此进入文章的思想、意境。再如《太史公自序》尾评："《史记》一书，长江大河洞庭彭蠡之胜备矣。到此自叙，要意理包括得完，更要气象笼罩得住，方称万壑朝宗境界，然可也是难。看此文，系则追溯皇初，学则融贯诸家，迹则遍周宇甸，志则根柢忠孝，绪则渊源周孔，道则统承列圣，用则才配《六经》。鸿裁伟论，拔地倚天，而文气深沦深厚，浩荡杳冥，正如大海容纳众流，茫无涯际，其中百怪变幻都归一片鸿蒙。宜乎二千年来，学士文人惟有为之望洋向若而叹也。使读此而有得焉，其文章境界不知如何出人头地矣。"这段评论，理论术语有"意理""气象""境界""文章境界"等，由于《自序》是《史记》全书的压轴之作，是司马迁个人身世经历、思想渊源、时代变迁、创作目的、文化整合、《史记》框架结构等内容的综合体现，必须以大气力、大气象、大境界进行展示，评点者也抓住了这些特征，揭示出本篇的深刻主旨和气象境界。从这些评论可以看出，汤谐的"神"，不是孤立的，是与意、法结合在一起的，是文章的一种最高境界，读者可以从中得到一种美的享受。

三 《史记半解》的价值

作为一部《史记》选本和评点著作，《史记半解》有其重要的价值，最主要的是评点者引导读者深入理解《史记》深刻的思想和独特的艺术手法。由于评点者对每篇的评点细致入微，大到整个文章布局，小到遣词造句，甚至一般人不注意的地方，都能深入挖掘，一步一步引导读者进入《史记》的世界。还应注意的是，评点者的语言生动活泼，读起来不生硬艰涩，能引人入胜。如《商君列传》尾评："妙处全在中间惠王一叹，振动前后，有点睛欲飞之势，使通身骨节皆灵。若不著此一叹，犹只是印板文字，无甚生气也。"《刺客列传》尾评："刺客事本奇特，传中写得风神勃发，笔墨淋漓，固是文与事称也。大意只士为知己者死。史公一生重知己之感，故其文尤极慷慨悲歌之胜矣。"《黥布列传》："此文自始至终一片奇气。其透快如刀砍斧截，蹦跳如生龙活虎。当时淮南勇冠三军，劈易万人。史公为之作传，便全是此意象，真化工肖物之神技也！"《郦生传》尾评："笔气横甚，不横不足以写郦生之豪宕也，然却多用坚重排叠之句，以厚其势。势不厚而强为横，则又恐其气之剽而不留也。看《史记》，大半不能多著圈点，学者须于此等处细细玩取，才见他妙用真是领略不尽。"这些评点，不只是指出文章章法之妙，更重要的是指出为什么妙、妙的效果如何，评点者引导读者透过表面深入作品内部，领略作品的韵味。又如《扁鹊仓公列传》，一般读者只看到其中治病的药方，看到医者高超的技艺，但评点者从文章章法入手进行分析，尾评曰："章法茂美，所不必言，而药论、丹经、方言、俗语，入手皆成雅驯，观者第觉古奥，则神骨有仙凡之别，是以铅汞砂石尽化黄金也。然其句法、字法，剪裁锻炼变换错综处，便是金针暗度，读者勿徒作绝技观。"揭示了本篇特有的文章价值。

合传是《史记》列传的重要类型之一，每篇合传都有其独特之处。我们看《史记半解》的几例点评：

《刘敬叔孙通列传》尾评：

> 此为《史记》合传中极悚莽浑朴之文。不另立起束，不苦作钩环，直叙直收，自行自止，只是以一定都、一制礼，两关国家大政而联合之也。然既称合传，关会终有不可废者。而文之关会，则在通传谏易太子节及上置酒见留侯云云，与敬传谏都关中节及留侯云云紧对。盖敬一味爽豁，通一味委蛇，性情颇反。而通谏易太子事，独与其平时意象迥别。又定储、定都两关国本，故特取此事作关会，亦因见通制礼之功，犹未足配敬定都之策耳。此外则敬不易衣，通更短衣，略相映射，以见其相反。盖合传之又一奇矣。

《张释之冯唐列传》尾评：

一边写二君质直不阿，一边写孝文从谏若流，君明臣良意象洋溢楮上。盖《张冯传》之兼写孝文，犹《酷吏》诸传之兼写孝武也。叙张语凡数节，皆简质；冯语止一节，颇详。然皆苍劲不作态，所谓言各如人。且二君独有古名臣风度，故史公文格亦进周秦而上之耳。虽对面旁面问出风神，以动荡其文境，然终以质劲胜矣。

《万石张叔列传》尾评：

五人以恭谨合传，乃其中间章法却另出一奇，则皆以历任文、景、武三朝为纲，官职升迁，罢免子孙，继续盛衰为目。往往枝枝相对，叶叶相当也。整齐处十之六七，亦有故作参差处，更有变幻不测处。虽系天然事料，实皆作者用意点，剔配合成章。学者于今所联点句字详察之，而得其伸缩轻抚之所以然。自信余言之非妄，盖合传之奇至此而已极矣。

《魏其武安侯列传》尾评：

魏其荣势以亲交，武安挟诈以肆横，灌夫负气以任性；传内三人都写得须眉欲动，妙矣！尤妙在传外诸人，如籍福之委曲调停，三边掩捺；安国之心袒丞相，故持两端；当时之是非不爽，畏势游移；天子之实恶武安，疑难自决；太后之一味私情，护持昆弟：无不面面如生。看来他传多作波宕，而此传全著精彩，为是花簇已极，更添入闲情不得耳。故即以精彩处为波宕处也。

《史记》合传往往是两位及其以上的传主同时在一篇传记中出现，有时传主的事情分开来写，有时则交织在一起，这种传记最能体现传主的个性特征，也最能显示出司马迁高超的写人艺术。《史记半解》在评点时能够细致分辨每篇合传的不同章法以及不同人的不同个性。如上所举，读者跟随评点者的指引，看到了为刘邦出谋划策的刘敬、叔孙通两人的相反个性，张释之、冯唐两人敢于直谏君主的相同个性，万石等五人谨小慎微相同中的不同。尤其是《魏其武安侯列传》，人物关系复杂，矛盾斗争激烈，人物性格也各不一样，评点者对魏其侯窦婴、武安侯田蚡以及灌夫、籍福、韩安国、郑当时、汉武帝、王太后性格的点评也非常到位，使读者看到了上层社会尖锐的矛盾冲突，也体会到了司马迁多姿多彩的写人艺术。

《史记半解》也常常引用前人的评论，帮助读者从不同的角度认识《史记》的精妙之处。但有时对前人的评论也予以批评和补充，如《张丞相列传》尾评引王维桢："一传中论张苍为丞相，及申屠嘉为丞相，皆非备员者，而周昌、周苛、赵尧、任敖、曹窋皆为御史大夫，故并著一传。"又引唐顺之："以官串人，《张苍传》《酷吏传》同体。《张苍传》，御史大夫也，《酷吏传》，中尉、廷尉也。"此后汤谐指出："二评皆见其表，未见其里。试问何故此传定该以官串人？何故两丞相传中定该将从前御史大夫不问贤否，并著一传？不几于茫然乎！岂史公漫然而作此章法乎？不知史公微意乃深惜周昌之不得为丞相也。"认为前人没有真正理解司马迁的深意，所以他要进行细致分析。又如《季布栾布列传》尾评："二布合传，金圣叹取赞中'贤者诚重其死'及'不自重其死'二句为说，是诚有之。而谓'求之传中，更不可得其故'，则亦未然。看来有踪迹相邻处，有意致相似处，有作用相反处，有声闻后先相望处，皆是也。文特精悍峭厉，侠烈意象宛然在目。"对金圣叹的评论既有肯定，也有批评。再如《游侠列传》尾评："史公论游侠赴士厄困存亡死生，而又廉洁退让，不矜能伐德，以致当时慕义无穷，故足述也。然赴士厄困存亡死生之足述，已于序文透发。故后文列叙处，尤着意写其廉洁退让，不矜能伐德，以见当时之所敬慕者尤在乎此。其行文一抗一坠，于离奇天矫之中具宛转悠扬之胜，则亦如游侠诸公于激昂慷慨之中有廉洁退让之美也。序文层次虽多，意思本自了然。因见一坊本注释舛缪已甚，恐反误学者，故详论之。"汤谐认为有些《史记》注本对《游侠列传》的理解有许多舛缪，所以要进行详细分析。《高祖功臣侯者年表》尾评引用明代杨慎的观点后直接指出"升庵说此文亦未稳"。由此可见，汤谐的评点，既有对前代的继承，同时又有新的发展。

《史记半解》也具有重要的文学理论价值。《史记半解》对于意、法、神的提出，具有重要的理论价值，虽然针对《史记》而论，但由于作者是从文章的角度评点《史记》，把《史记》作为典范的古文，所以，提出的理论具有普遍意义，丰富了古代文学理论，并且对于后来的古文家产生影响，特别是"法"的理论，影响颇为深远。①

《史记半解》在《史记》评点史上也具有重要的价值。《史记》评点，汤谐之前的评点者不少，尤其是明代以来的评点，成就斐然，汤谐对前人的评点既有继承，又有发展。特别是对于后来的《史记》评点，具有一定影响，许多精彩评论被集评著作所吸收、引用。

---

① 详参张新科《清代的〈史记〉文学评论》，《陕西师范大学学报》2016 年第 1 期。

附 录 二

由法见义、因义观法

——王又朴《史记七篇读法》析论

《史记》是文史结合的典范，历来受到人们的重视。宋代以来，出现大量古文选本，如《文章正宗》等，选择经典古文加以点评，作为文人士子学习的榜样，其中就选有《史记》的部分篇章。而且在宋代以倪思、刘辰翁《班马异同评》为代表，细致阅读《史记》《汉书》文本，进行比较分析和研究。明代以来，大量的《史记》专门评点著作出现，其中从文章角度评点的著作也较为普遍，归有光、茅坤等都评点过《史记》，乃至于出现凌稚隆《史记评林》这样集大成的著作。这种评点到清代继续发展，王又朴之前就有吴见思（1621—1680）《史记论文》、汤谐（1661—1724）《史记半解》、方苞（1668—1749）《评点史记》等。

王又朴（1681—1763），字从先，号介山，原籍扬州，6岁时迁居至天津。雍正元年（1723）进士，授翰林院庶吉士，又授吏部主事。曾在河东盐运使司、凤翔府、汉中府、泰州、庐州府任职，后累官至池州、徽州知府。王又朴是桐城派鼻祖方苞的门人，是清代中前期天津最有成就的文学家、经学家、史学家，著有《易翼述信》12卷、《大学原本说略读法》2卷、《中庸总说读法》2卷、《诗礼堂古文》5卷、《王介山时文》5卷、《孟子读法》15卷、《史记七篇读法》2卷等。《史记七篇读法》中的《项羽本纪读法》成于乾隆二年（1737），其他6篇则是乾隆十九年（1754）才最后完成的。王又朴曾自称"读《史记》三十年"，其精读《史记》几乎持续了半辈子。

王又朴《诗礼堂古文自序》谈到他与方苞的师生缘分："及成进士，见方先生于京邸，持所为古今文者为贽。先生曰：'时艺则得矣，然余久不视此。至古文,当观古之制作者,盖古人非苟焉而作也。有义焉,非于圣贤精理微言有所阐明则不作,非于世道有所维持关系则不作。有法焉,详所当详,略所当略,行乎其所不得不行,止乎其所不得不止是也。'因说《史记》萧、曹二世家以为概。余乃稍稍悟,退而出箧中旧稿,尽焚之。"方苞强调古文创作应以"义法"为主,这对王又朴产生重要影响。后来,王又朴对方苞一直执弟子礼,与方苞保持着十分密切的联系。乾隆十二年(1747),王又朴以所作古文及《项羽本纪读法》呈教。方苞回信评价道:"致来诸古文辞并《项羽本纪读法》,颇识高笔健,义法直追古人,而《项纪》一通,尤发前人未发,贤之用心勤矣"。乾隆年间,王又朴宦游吴中,恰逢方苞退老南京,便请受业:"及先生退老金陵,余亦宦游来吴,时以述职谒省,因请受业,而先生年已八十余矣。"可见二人之间的师生缘分越来越深。可以说,王又朴不仅古文创作得力于方苞的指点,其《史记七篇读法》亦颇受方苞"义法"之影响。本文从以下三个角度对《史记七篇读法》的特点进行分析。

一 从选本角度看

《史记七篇读法》2卷,选择《史记》中的《项羽本纪》《外戚世家》《萧相国世家》《曹相国世家》《淮阴侯列传》《李将军列传》《魏其武安侯列传》七篇文章。虽然选文不多,但从选本角度看,自有它的特殊之处。

首先是选编目的,这是选者思想的体现。最初,作者由于怀疑班固对《史记》的评价观点而"反复寻味"阅读《史记》,只选读了一篇《项羽本纪》,接着又在时隔十七年之后的乾隆十九年(1754)增选了后六篇,他认为"此七篇者皆世人误读而不识史公之所用心,余故特为著之;若他篇之佳,则先儒论之详矣,余又何庸喋喋为!"[①] 这七篇,世人误读,一定要特别深究,至于《史记》其他篇章,前人多有评论和研究,就不再选取

[①] (清)王又朴:《史记七篇读法·后序》,凌朝栋整理,商务印书馆2013年版。本文所引《史记七篇读法》文字,均出自该书,以下不再注明。

了。这是选编者为什么只选七篇的主要原因。

王又朴所说班固对《史记》的评价,见于《汉书》卷62《司马迁传》:"是非颇缪于圣人,论大道则先黄老而后六经,序游侠则退处士而进奸雄,述货殖则崇势利而羞贱贫,此其所蔽也。"班氏父子对司马迁的评价,引起后代无数争议。王又朴认为历来优秀的古文无不包含有崇"道"精神,即"文以载道","道"指的就是夫子之道,圣人之道,儒家之道。他在《项羽本纪读法题词》中指出:"昔班孟坚讥《史记》重货殖而轻仁义,进游侠而轻道德,以为是非颇谬于圣人,后之学者类多耳食,遂谓史公能文而未知道。……史公盖多恢宏谲诡之词,不肯显言正论,又时以他事闲文自掩笔墨之迹,且文辞浩瀚,读之者目眩神骇,往往一篇不能尽,故能得其旨者绝少。"他认为人们之所以误解司马迁,是由于没有真正理解《史记》"恢弘谲诡之词",有鉴于此,王又朴从分析《史记》文法入手,去寻求其文章背后隐藏的微意,以此证明司马迁并非不知圣人之道,并非轻仁义、轻道德,而是通过特殊的笔法,将深刻的思想隐藏在文章之中,班固对司马迁的指责是不识司马迁之真正用心,误导了世人,所以必须纠正,这就是整部《史记七篇读法》的根本宗旨所在。正是从这样的思想立场出发,他把七篇作品的内涵统一纳入儒家思想体系中进行分析,在每篇的读法中首先强调司马迁之"道"。他认为,《项羽本纪》创作目的在于指明项羽得失天下之始末的原因,以此为后世圣帝明王作借鉴,使世人明白得失之道全在于民心,即"得天下有道,得其民,斯得天下矣。得其民有道,得其心,斯得民矣"。在《外戚世家读法》中,王又朴着力否定"世人皆以为史公言命"的看法,认为史公之微旨在于知晓"人能弘道者也,命也,有性焉,君子不谓命也",符合孟子"言性命之精理",符合儒家人伦之大道。《萧相国世家读法》,认为萧何因崇尚俭德而得以自全;《曹相国世家读法》,认为曹参虽然文不若萧何、武不比韩信,但其能有"大过人"之处,全在于"学道谦让"。《淮阴侯列传读法》中,通过韩信一生境况的变化,认为韩信最大的不足在于没能"学道谦让"。《李将军列传》一篇,以"数奇"之论入手,通过对比史公之赞,将命运与天道统一,认为李将军"以一时之诈,失其平日忠信之心",杀死已经投降之人,违背天道,违背忠信之道。《魏其武安侯列传读法》,则以"争"

"让"二字为眼目,写传主的不容、骄横,不符合儒家谦让之道。因此,七篇作品的主旨,或正面或反面都反映了儒家之道。

在七篇读法中,选编者处处从"道"出发阐发司马迁的微旨,有一定的道理,有些甚至揭示了一般人忽略的重要思想,但用一把尺子衡量所有作品,有时难免牵强。如在《淮阴侯列传读法》中,选编者指出"信之用兵垓下一战,阵法、战法俱极正极奇,真大将旗鼓也。篇中反不录及,何也?盖垓下之事汉王实在行间。信,臣也,无成而代有终者也。故不录于此,而特详于《高纪》。谁谓史公不知道乎!"用君臣贵贱之说解释《史记》的谋篇布局。《外戚世家》世人多认为司马迁是在言说天命,王又朴则说"君子不谓命",认为本篇是为了通过夫妇、君臣之礼以言说"人道之大伦"。《李将军列传》中李广不得封侯,其原因是他诈坑降虏。《萧相国世家》论萧何因为崇尚俭德而在淮阴、黥布皆诛灭后独善其身,也是言道;《曹相国世家》《淮阴侯列传》《魏其武安侯列传》从正反两面说明了"学道谦让"的重要性。这种分析,在一定程度上又走向了极端,反而不能很好揭示《史记》的思想,甚至又误解了司马迁。比如在《李将军列传读法》中,王又朴认为导致李广一生悲剧的原因是李广坑杀降兵,司马迁作此传是为了表达他对李广坑杀降兵的批评。这显然没有理解司马迁的本意。实际上,司马迁在传记中所写李广才气天下无双,但景帝、武帝一味宠信和重用亲戚,对李广则一再排挤和压抑,这才是导致李广悲剧的根源所在,司马迁对李广是极为敬仰和同情的。因此,《史记七篇读法》批评世人误解司马迁,而自己由于思想境界的局限也常常误解司马迁。我们需要全面理解王又朴的选编思想和原则。

作为选本,我们再从选编《史记》作品的体例上看它的特点。《史记》开创了纪传体史书的新体例,包括本纪、表、书、世家、列传五种体例。《史记七篇读法》虽然只选择《史记》七篇作品,但涉及本纪、世家、列传三种体例。这三种体例都是属于叙写历史人物的传记作品,从不同的人事层面反映历史的变化。也就是说,这三种体例最能代表《史记》纪传体写人叙事的特点,从文章章法来说,也最能体现《史记》的"义法"。我们还应注意到,编者所选七篇作品都是完整的篇章,不是选取某一片段,这样做的目的就是由法见义,通过完整的篇章分析看出司马迁深刻的思想。如果只选片段,就不能连贯一气,不能很好把握整篇作品的义法。如《项羽本纪》,一般选本可能选择其中"鸿门宴"的片段,这确实是项羽一生的重要转折点,但不能看出项羽由微弱到强盛到衰亡的整个生命历程,看不出整个作品波澜起伏的情节、雄健奇伟的风格和变化多端的笔法。

作为选本,我们再从七篇的传主来看,都是当代历史的重要人物,这也与王又朴的选编原则有关。《项羽本纪读法》曰:"是太史公自出手第一篇用心得意文字。盖此以前之事皆有蓝本,史公则有所删、无所增,其不甚雅驯者,润色而已。此以后之事,在上者,既多所讳,而不能畅吾之言,在下者,又一人一事,非有关于天下故,而不能尽吾之意。独此可以放手抒写。"他认为,汉代之前的人物传记,司马迁基本采纳《左传》《战国策》等前代史书,个人的创造性受到一定的限制。而当代人物,能充分发挥司马迁自己的创作才能,更能体现《史记》的特色,体现《史记》文章的义法。事实也是如此。这七篇作品,从时间跨度上看,由秦楚之际到高祖时期、文帝时期、景帝时期、武帝时期;从人物层次来看,帝王、丞相、将军、皇后等上层人物;从空间方面看,涉及朝廷、后宫、战场等;从所反映的矛盾来看,有内部矛盾(君臣之间、臣与臣之间等)、外部矛盾(楚与秦之间、楚与汉之间、汉与匈奴之间等),等等。所以,七篇作品基本反映了一代历史的变化,反映了西汉王朝由建立到逐渐强大兴盛的过程。因此,七篇作品具有一定的代表性。

二 从评点角度看

王又朴之前已有许多《史记》评点的著作,从文章学角度评点的著作也不少,而且形成了比较系统的评点方式和话语体系,笔者曾撰文论证[①]。清代吴见思《史记论文》、汤谐《史记半解》等都有各自的特点。方苞的《史记评点》,对王又朴的影响不言而喻。王又朴以桐城派大家的眼光,以

---

① 详参笔者《宋代的〈史记〉文学评论》《〈史记〉文学经典化的重要途径——以明代〈史记〉评点为例》二文,分别载于《文艺理论研究》2016 年第 5 期、《文史哲》2014 年第 3 期。

"好学深思,心知其意"者自许,分析司马迁《史记》的写法及用意,也形成了自己的特点。

(一) 评点原则:义法

王又朴继承桐城派鼻祖方苞的"义法"理论,并把这种理论贯穿在具体的评点之中。方苞"义法"说的内涵,概而言之就是他在《书货殖传后》里所说的:"义即《易》之所谓'言有物'也,法即《易》之所谓'言有序'也。义以为经而法纬之,然后为成体之文。"① 王又朴对方苞义法说的继承体现在许多方面,有些篇目的读法中就有直接引用的段落。如《萧相国世家读法》引望溪师曰:"文中止举收图籍、举淮阴、守关中、荐曹参数事,而何之相业已复绝千古,其余则皆不足论耳!此史公见大处。"《曹相国世家》引望溪先生曰:"通篇皆叙其攻城略地之功,而末结以继何为相一事。史公之义法盖如此。"可见方苞在评论《史记》时也以"义法"为基础。王又朴把"义法"落实到每一篇的评点之中,抓住义和法之间的关系,透过文字和细节,挖掘《史记》文章的深意和妙处。比如,《史记·项羽本纪》在记叙项羽兵败自杀后,有一段交代:"诸项氏枝属,汉王皆不诛。乃封项伯为射阳侯。桃侯、平皋侯、玄武侯皆项氏,赐姓刘氏。"这段看似无足轻重的文字,实则大有深意。王又朴指出:"羽之不仁,秦人怨之,天下怨之,即楚之人亦怨之,即羽之诸父昆弟亦莫不怨之。然则羽虽气雄一时,实一独夫而已。文中写一项伯,即接手又写一项庄。项伯者,为汉间羽者也;项庄者,不尽力于羽者也。读至终篇诸项氏枝属,汉王皆不诛,封项伯为射侯。又云桃侯、平皋侯、玄武侯,皆项氏,赐姓刘氏。然则项氏之叛羽者固多矣。此固史氏深文隐笔,而人不得而知之者也。"由于项羽失去民心,甚至项氏内部的人也最终离开项羽,被赐姓刘氏。选编者由司马迁的文笔,探寻到文章背后的深意,即由"法"见"义"。又如,选编者认为司马迁为韩信功高盖世、却被无辜杀害而感到深深的不平,对高祖、吕后的阴险残忍感到愤慨,但在汉王朝残暴的统治之下,他无法正言直叙,所以只能采取自掩笔墨的方式,假意在

---

① (清)方苞撰,刘季高校点:《方苞集》卷2,上海古籍出版社1983年版,第58页。

论赞中批评韩信反叛朝廷是罪有应得："前叙信寄食南昌亭长、漂母饭信及受辱于少年诸琐事，后叙信之相报，一一详写，不少遗者，正为信不反汉作证。见信一饭尚报，况遇我厚之汉王乎？以少年之辱己，尚不报其怨，又岂以汉王之厚己，反肯背其恩乎？此亦史公之微意也。"同样，这也是由"法"见"义"。七篇作品的评点，基本采用这种基本原则。可以说，王又朴的《史记》评点之中，处处显示出"义法"的存在。许多地方对于"法"的分析非常细致，如《项羽本纪读法》分析垓下之围项羽走投无路时，"以'大惊'字收前无数'大怒'字，以'皆泣'字，收前无数'皆慑伏'等字，以'莫能仰视'字收前无数'莫敢起'等字。后一'笑'字，乃'大怒'字，'余皆伏'字，'乃皆慑伏'等字余波。"这是由用字入手分析前后章法之关联。《魏其武安侯列传读法》说魏其侯窦婴与灌夫交往为全文第一段，然后再分为三层："前以一笔总写，中一层写二人相交之心事，后一层写二人相交之游处，可谓淋漓尽致矣。"这是层次分析。《李将军列传读法》曰："写广之宽仁，凡三。一写与程不识对论，一写其平日为人，一写其将兵之日；而与程不识对论尤写得淋漓。写广之善射，凡五。一射射雕人，一射白马将，一射追骑，一射虎，一以大黄射裨将；而射白马与射追骑两段尤写得生动。"这是归纳分析。字、词、句、层次、段落，紧扣文法，进而探究文章深意，把义法落到实处。

（二）评点方法：特殊符号的圈点与系统的读法结合，间以精练的夹评

按照《史记七篇读法》选编体例：凡通篇主脑大关目，用双圆圈或大圈其字；凡通篇立柱抒写处及通篇眼目，用双尖圈；凡各段中主脑，用圆点；凡文字大结构精彩处，用单圆圈；凡文字用意处，用单尖圈；凡文字小波澜处，用斜点。这个圈点体例，显示了选编者对文章"法"的基本把握，大到"通篇主脑""通篇立柱"，小到各段的"主脑""结构""文字用意处""小波澜处"等，都予以标识，给读者的阅读提供路径，读者将随文圈点与篇前读法相配合，就能看出评点者的识见。每篇都"读法"可以说是理解全文的纲领，如《项羽本纪读法》有一万余字，其他6篇，一般也有千字左右。"读法"往往涉及文章的立意、篇法、章法、段落、层次、句法、节奏、用词等各个方面,解读全面、深入,超过了以往的著作。选编者在原文中还有一定的夹评,或提示段落层次,或揭示人物个性,或指出笔法技巧,或赞扬文笔高超,等等,一般都简明扼要。如《淮阴侯列传》韩信"背水一战"的夹评:"此于战时详写,笔端真如千军万马,纸上毫间奕奕生动。"韩信被斩后,刘邦"且喜且怜之",夹评曰:"喜者,其素日畏恶其能之心也;怜者,不昧其功之良心也。"这些夹评,也显示了评点者独特的眼光。因此,我们阅读时需要把读法、圈点符号、夹评三者结合起来,才能全面理解作品的思想和章法。那些特殊符号,具有此时无声胜有声的效果。我们试举二例:

《萧相国世家》第一段,选编者在"读法"中是这样评说的:

第一段写何之识。写何识处,一则曰护高祖,再则曰左右之,三则曰奉钱独以五:是于尘埃中已认定一高祖。此何等具眼!至御史入言征何,何不行,是于秦盛时已知其不能久,不肯轻出以就功名。此何等卓见!

我们再看原文的圈点:

萧相国何者,沛丰人也。以文无害为沛主吏掾。高祖为布衣时,何数以吏事护高祖(·)。高祖为亭长,常左右(·)之。高祖以吏繇咸阳,吏皆送奉钱三,何独以(·)五。秦御史监郡者与从事,常辨之。何乃给泗水卒史事,第一。秦御史欲入言征何(·),何固(·)请,得毋(·)行。

两相参照,明显看出圈点的地方虽然没有评语,但正是"读法"中强调的地方,或者说圈点的地方是证明"读法"的地方。两者互为补充,相得益彰。再看《淮阴侯列传》结尾一段,"读法"的评论是这样的:

《赞》内"学道谦让"四字,是一篇纲领。前叙信之寄食饮于人,一怒一喜;后写其千金百钱之报,琐琐恩怨于一饭之间,何其浅也！此已写出一不学道人身分来。其后请立张耳为赵王，听蒯通说袭已下之齐；请为假王，陈兵出入，不即会兵垓下，以良计始会；称病不朝从；羞伍绛、灌；与帝论将兵多寡：皆写其"不学道谦让"处。不惟非从赤松子游者之比，亦与遣子弟从军，让封勿受之萧何异矣！《赞》内言淮阴葬母，行营高敞地，令旁可置万家，亦与置田宅必居穷处者异。

原文的圈点、夹评是这样的：

太史公曰：吾如淮阴，淮阴人为余言，韩信虽为布衣时，其志与众异。其母死，贫无以葬，然乃行营高敞地，令其旁可置万家。闲文补写，然亦见信之志在富贵也。余视其母冢，良然。假令韩信学道谦让，不伐己功，不矜其能，则庶几哉，于汉家勋可以比周、召、太公之徒，后世血食矣（〇）。不务出此，而天下已集，乃谋畔逆，夷灭宗族（、），反言正，共用意处。不亦宜乎（〇）！

两相比较，我们可以看出选编者评价韩信的基本准则是"学道谦让"。其中的圈点符号特别突出这四个字，显示其纲领的重要性。其他符号和夹评也提示读者阅读的关键所在。

（三）评点理论：《史记七篇读法》 由于每篇前有"读法"，篇幅较长，形成了比较严密的论证和相对完整的体系，比之一般的评点有较大发展

对于《史记》的文学手法有较全面的总结，如他通过《项羽本纪》归纳的大关锁法、段段关锁法、大落墨法、零星点次法、埋伏法、照应法、明写、暗写、极详、极略、上下相形、急脉缓受、缓脉急递、语言中夹杂叙事、叙事中间夹叙别事、语未完而即接叙事、语言代叙事、文字互救等手法，都是《史记》写人叙事的重要手法，是读者理解作品的重要参照，引导读者一步一步进入《史记》的艺术殿堂，同时也为古文写作提供很好的借鉴。为了使读者理解这些方法，选编者还在每一方法下举例予以说明。其他篇章的读法也是如此，《淮阴侯列传读法》中对于写法的总结涉及"直叙""曲笔""陪衬渲染""前后相映"等，《魏其武安侯列传读法》中对司马迁文章的高度评价："此等文法，古今来惟史公独步；此种文心，亦惟史公独得""错综历落，真乃绝世文情""用笔可谓诙谐入妙""可谓淋漓尽致矣""一路草蛇灰线，极有脉络"，这些评语中亦有一定的理论总结。

选编者的评论语言也很生动形象，体现了王又朴作为一个古文家的本色。如《项羽本纪》写垓下之战，英雄末路，慷慨悲壮，王又朴在《读法》中的评论道："于风戈铁马、战苦云深之际，写歌，写饮，写诗，写和，写骏马，写美人，抑何风流婉丽也；然婉丽之中，纯是一片凄切，凄切之中，又觉甚是悲壮：此真化工之笔。""未写项王歌，先写楚歌，又写美人和歌，又写项王泣，又写左右皆泣，一片儿女深情，笔势几于不振；此下忽然换调，银瓶乍破，铁骑突出，而以'于是乃上马骑''乃觉之'二语过下，笔势真如兔起鹘落。"这种评论，不仅点出作品的独特之处，而且给读者以感染力。又如《魏其武安侯列传读法》评说魏其侯、武安侯、灌夫三人的矛盾："写三人之郄作四段。武安过魏其为一段，写得极琐细明划；武安请田为一段，写得极生动跳脱；诏会宗室为一段，写得极浓郁深至；魏其救灌夫为一段，写得极整齐变化：诚乃各极其致。"对于四个段落写法的总结非常到位，而且形成排比句式，读起来很有气势。还评说："此传乃将各人身份、各人性情、各人形状、各人行事一一描写，无不逼真，遂使后世读者亦如亲身遇之，亲目见之，真神于文者也。"连用相同的语句高度赞扬本篇的写人艺术及其动人的效果。

三　从读法方面看

《史记七篇读法》以"读法"的形式评论《史记》，这是有一定的渊源。王又朴在《后序》说明了这种方法的来历。"或又曰：'子之尊信史公固已，然所为读法者，例取之金圣叹氏，以其说稗官野乘者，而以读正史，毋乃猥甚，将所为尊信者何如欤？'余曰：'千古细心善读书人，固未有如金氏者也。且世儒为前说所锢蔽已久，非详为说之，不能破其愚而解其惑，故特用其例。'"王又朴称赞金圣叹为历史上最细心、最善读书之人，为了破除旧说，解除人们对《史记》的误解，就采用金圣叹"读法"的体例，详细解释《史记》的义法。金圣叹曾评点过《离骚》《庄子》《史记》、杜甫诗歌、《水浒传》《西厢记》等"六才子书"，王又朴所受金圣叹的影响，最突出地表现在他借鉴金圣叹评论《水浒传》文法的眼光，对《史记》七篇的文法进行揭示和总结。金圣叹在评《水浒传》时，提出了"倒插法""夹叙法""草蛇灰线法""大落墨法""弄引法""极不省法""极省法"等写人叙事的方法。王又朴在《项羽本纪读法》中提出的"大关锁法""段段关锁法""大落墨法""零星点次法""埋伏法""照应法""明写""暗写""极详""极略""上下相形""急脉缓受""缓脉急递""于语言中夹叙事""于叙事中间又夹叙别事""文字互救"等方法，就是金圣叹评《水浒传》方法的继承和发展，并且对每一种方法都有举例说明。当然，王又朴在《后序》中还说道："宋朱子于四子书皆标读法与其前（见《大全》中），是其例实不始于金氏也。余师方望溪先生曾约取《左传》数首，而特著其义法，有非世儒之所知而语特简妙。"可以看出，王又朴的评点方法也受到朱熹和方苞的影响。

既然是"读法"，《史记七篇读法》最重要的贡献就在于提供了阅读《史记》的方法。《项羽本纪读法》提出阅读应该"一气读""分段细读"。"此篇为史公第一篇文字，故其大旨有如此者。至其行文之妙，则先当一气读。不一气读，则不能悉其本末意义、脉络通贯，而旨趣不得而出也。然又须分段细读，不分读则不能得其顺逆、反正、隐显、断续、开合、呼应诸法，而旨趣亦有不得而贯通者也。先当分作两大段读，于'各就国'画住。上是写羽之得，下是写羽之失。再于两大段中分作六段读。首叙羽起事为一段，次叙钜鹿之战为一段，又次叙入关为一段，又次叙封王诸侯为一段，又次叙楚汉相持为一段，又次叙垓下亡羽为一段。段段浓郁，段段变化，无法不备，无美不臻，天下之奇文也，大文也，神文也，至文也。""一气读"的目的在于整体上把握全文的思想和脉络，"分段细读"的目的在于逐段逐段挖掘文章的起承转合，把"一气读"落实、落细。选编者把《项羽本纪》先分为两大段，这是项羽一生"得"与"失"的分界线，然后再分为六小段，细致分析。如分段读项羽起事一段，选编者认为"羽起事一段最难写。盖羽非首事,而首之者则梁。若从梁顺叙下,于事则得,而于文欠顺。盖此篇乃纪羽,非纪梁也。看他从羽叙入梁,写梁即兼写羽,而宾主自明,是何等手法!即单写梁处,亦非写梁。盖写梁之部勒宾客及部署豪杰处,乃为羽不能用人反照;写梁击倍陈王之秦嘉,乃为羽倍怀王约,而为王三秦将反照;写梁立楚后,乃为羽弑义帝反照;写梁不忍杀田假,乃为羽忍杀子婴反照。惟栎阳逮一笔,为羽后日忘梁陪案,则写梁,即无非写羽也,及写至项梁死,即宜直接羽矣。及写怀王遣将救赵,从卿子冠军始卸出羽来,此种出落,是何等手法!梁之能用人,上是虚写,下是实写。必如此两番写之者,盖经营天下全在得人。某事不能办,虽以吴中故人,且不肯用,况无能如咎、欣等,岂肯以其私恩而用之哉?反是以观,则梁之所用者可知也。至于羽,则知如范增而疑之,勇如黥布而怨之。篇中写羽之失人多矣,而独于增、布两人,前后甚着意写。然则人才之所系,顾不重哉!陈婴一段甚详者,非于《羽纪》中,又附婴传。盖举一婴,以例从梁之人;举一婴母,以例从梁之丈夫。点明项氏之世为楚将,非从项,实从楚也。梁以楚将而得人,羽以杀楚怀王而失人,为此篇之大关键,故详写此事以实之。"把项羽起兵一事分析得非常透彻,既注意到项羽作为传主的主体地位,又注意到各种手法的变化,如反照、实写、虚写、详写等,引导读者一步一步进入作品的境界之中。其他篇章如《萧相国世家》分六段读,《淮阴侯列传》分两大段读,《魏其武安侯列传》分两大段读。有些大段落下再分小段落,等等,这都是细读文本的体现。此外,在《萧相国世家读法》中提出对比阅读方法:"此篇正与《淮阴侯列传》参看,其叙曹战功,挨次递写去,然止是一骑将身份,与淮阴传中大将方略全无一似。然彼则诛夷,此则独擅其功,何哉?盖学道谦让,有能有不能异也。"通过对比阅读,能更好地理解曹参和韩信两个人物的不同性格和命运。《外戚世家读法》曰:"此篇前后,正论也。其五段中,或直言命,或将'命'字隐约舒写,皆非正旨。"强调此篇的主旨在于前后的议论,提示读者注意传记与议论之间的关系;还说:"叙窦少君,较诸吕、田蚡、卫、霍独详者,以诸吕已详吕后纪中,而田蚡、卫、霍则自有传也。"既说明《外戚世家》详写窦少君的原因,也提示读者注意参照《史记》其他篇章。

由于细读文本，所以选编者往往在一般人不注意的地方挖掘深意。如《史记》所载项羽接受章邯投降一事，王又朴分析说："羽之所以大失人心处，则在于受章邯之降之一事也。何也？项氏世世为楚将，而楚秦所灭，则秦者，羽之国仇也；羽之大父为秦将王翦所戮，则秦又羽之家仇也；梁为羽之季父，而首起事，及兵败身死于邯手，则秦将章邯又羽之切仇也。且楚人实嫉秦而怜怀王之不返也，梁为楚复仇于秦，而立怀王后，则梁为楚人所爱慕可知矣。楚人既甚爱慕乎梁，则必甚仇怨乎杀梁之章邯。乃羽以急入关之故，而受邯降，是忘仇也，是弃亲也，是薄于所首事之季父也。夫薄于所首事，则凡一时共事者，无不可薄也；薄于首事之季父，则凡共事与不共事之伯仲叔季，更无不可薄也。此固诸项之不言而寒心者矣。故羽之不仁，秦人怨之，天下怨之，即楚之人亦怨之，即羽之诸父昆弟亦莫不怨之。"王又朴根据史实，对项羽接受章邯投降一事从国仇、家仇、切仇等层面进行合理推断，认为这是项羽失去人心的关键所在，使隐含的文意得以呈现出来。

结　语

《史记七篇读法》与其他评点著作相比，有其独特之处。它继承前代评点传统，而又有创新，尤其是"读法"，与小说评点家相似。王又朴以古文评点的方式，具体而生动地揭示了《史记》作品的内涵和艺术手法，加深了人们对古文义法理论的认识，可以说为桐城派古文理论的发展做出了重要贡献。从思想上说，王又朴的目的在于维护司马迁之道，批评班固对《史记》的误读。在客观上，这为《史记》文学篇目的经典化起到重要作用，王又朴以七篇作品为例，细致分析《史记》的文章章法，无疑扩大了这七篇作品的传播范围，深化了人们对这七篇作品价值的认识。后来的许多学者也有自己心目中的《史记》名篇，如梁启超《要籍解题及其读法》中挑出《史记》"十大名篇"：《项羽本纪》《信陵君列传》《廉颇蔺相如列传》《鲁仲连邹阳列传》《淮阴侯列传》《魏其武安侯列传》《李将军列传》《匈奴列传》《货殖列传》《太史公自序》，认为这十篇作品"皆肃括宏深，实叙事文永远之标范"。当然，我们在肯定《史记七篇读法》价值的同时，也要看到它的不足，尤其是它对于司马迁思想的阐释，虽说有一定新意，但也有一定的局限性，而且，由于受义法理论框架的限制，对于《史记》艺术成就的认识还不是十分到位，有待今人进一步挖掘。

附录三

实事求是　新颖深刻
——聂石樵先生《司马迁论稿》的价值及意义

聂石樵先生是蜚声海内外的著名古典文学研究大家，其学术著作涉及中国古典文学的诸多领域，时间跨度从先秦到明清，文体方面从诗歌、散文到小说、戏曲等，显示出宽广的学术视野和严谨求实的学术态度。其《司马迁论稿》是他研究司马迁与《史记》的重要代表著作（以下简称《论稿》）。这部著作于1987年由北京师范大学出版社出版，最近又列入《聂石樵文集》第六卷，由中华书局于2015年再版。再版时作者对《论稿》进行了一定的修改，并新增加了两个附录（以下简称《文集》）。本文的论述以1987年版《论稿》为主要依据，以显示《论稿》在当时的价值和意义。

一

司马迁是世界文化名人，他的巨著《史记》是中国文化史上的一座丰碑。汉代开始对司马迁及其《史记》就有许多评论，但以历史评论为主。到了唐代，由于《史记》"三家注"的形成、史学理论的发展、古文运动的兴盛等原因，《史记》的史学地位和文学地位得以提高。宋代以后，一直到近现代，司马迁与《史记》研究更上一层楼，取得了多方面成就，尤以史学、文学最为突出。中华人民共和国的成立，标志着中国社会跨入了新的时代。社会的巨变给学术研究带来全新的思想观念，《史记》研究发生了质的变化，走上了新的发展道路。20世纪50年代是中华人民共和国成立后《史记》研究的初见成效时期，广大文史工作者开始运用马克思主义的立场观点和方法研究历史，使《史记》研究面目焕然一新，这是《史记》研究史上的一次巨大飞跃。人们不仅从《史记》本身出发来研究《史记》，而且把《史记》放在西汉政治、经济、文化的具体环境中去分析，放在整个史学的历史长河中进行考察，乃至于放在整个世界历史的背景上去认识，对司马迁史学的伟大功绩和《史记》的杰出价值，作出了高度评价，研究工作全面展开，而且重点向思想性、人民性、艺术性等方面倾斜，这是20世纪《史记》研究的一大新变。但受当时政治环境影响，学术观点和研究方法出现不同程度的偏颇，有美化、拔高司马迁的倾向，如说《史记》"充满了人民性，处处从人民立场上来评价历史人物和历史事件"，司马迁是"人民的歌手""人民的历史创造者"等。20世纪60年代前期，在深入研究司马迁思想的同时，也出现一些误区，学术研究中阶级分析法流于形式，许多人机械地给司马迁及《史记》人物贴上标签。有些文章的观点存在着明显的武断缺陷，以今人的思想苛求司马迁，从而贬低甚至否定司马迁及其创作的《史记》。这种唯阶级论的方法与50年代的拔高、美化司马迁一样，都违背了历史唯物主义的基本原则。60年代后期至70年代前半期，学术研究被政治斗争风暴吞没，司马迁也被贴上儒家标签而打入冷宫，《史记》研究基本处于停顿沉寂状态。

1977年以后，中国社会进入了新的时期，随着政治上的拨乱反正，学术研究重新步入正轨，《史记》研究也日益焕发出勃勃生机。这个时期，学术界对司马迁及其《史记》的研究出现了热潮，人们运用历史唯物主义的观点、方法，以实事求是的态度，重新审视、评价司马迁和《史记》，研究领域不断扩大，研究问题不断深入，研究队伍不断壮大，一门新的学科——"史记学"逐渐形成。聂石樵先生的《论稿》正是在这样的历史背景下完成并出版的。我们注意到，《论稿》序言的落款时间是1984年5月，正式出版是1987年1月，同年9月第二次印刷。这正是新时期学术研究走上健康之路的开始，《论稿》就是此期《史记》研究的代表作之一，体现了时代的学术风尚。

二

聂石樵先生的《论稿》，以司马迁的生平和《史记》为主线，全面系统地介绍了司马迁的悲剧一生和《史记》著作的史学、文学价值。全书结构安排如下。

自序：对司马迁的人生经历以及《史记》的独特思想和艺术成就进行了全面介绍，具有全书总纲的作用。

第一章：司马迁的生平。分九节，家世渊源，诞生龙门，少年生活，二十岁漫游，侍从和奉使，从巡封禅、负薪塞河，为太史令，开始著述，为李陵受辱，对司马迁之死的推断。

第二章：司马迁的思想。分六节，包括司马迁的经学思想、政治思想、哲学思想、历史观点、文学观点、学术思想等。

第三章：伟大著述的内容。分十节，司马迁的写作态度和目的，讥刺汉朝最高统治者，揭露汉武帝时代的社会矛盾，批判汉儒，谴责诸侯王叛乱，惋惜对匈奴用兵"建功不深"，歌颂陈胜、吴广起义，赞扬"游侠"，崇尚"货殖"，推许"刺客"等。新的《文集》版增加"体例的渊源"一节，共十一节。

第四章：司马迁笔下的主要人物。孔子、商鞅、信陵君和平原君、廉颇和蔺相如、屈原和贾生、李斯、项羽、刘邦、韩信、萧何和曹参、李广，共十二节，十七人。

第五章：司马迁的文笔。分八节，包括：善序事理，辨而不华，质而不俚；其文直，其事核；不虚美，不隐恶；原始察终，见盛观衰，承敝通变；于叙事中寓论断；以人物为本位；择其言尤雅者；结束语。新的《文集》版把结束语调整为独立一部分，其余七节不变。

这是1987年版《论稿》的基本框架结构。中华书局《文集》版又新增了两个附录：

附录1　司马迁"究天人之际"的哲学观点在其文学著述中的体现

附录2　对《李将军列传》的几点认识

总体来看，我认为《论稿》有三个最突出的特点，值得我们重视。

第一，实事求是的学术精神。作者在自序中说："我的心意在采取实事求是、不虚美不隐恶的精神，对司马迁进行的论述，既要说明他在当时历史条件下提出了哪些新思想、新问题，又看到他的不足；既要陈述他对史学和文学等各方面的贡献，又指出他的阶级和历史的局限。即通过这些论述，能给司马迁以比较完整、准确的评价,给司马迁以科学的历史地位。"这是作者的立足点和出发点。司马迁是伟大的史学家,许多思想具有进步性、超前性,所以鲁迅先生予以高度评价,认为是"史家之绝唱"。但司马迁毕竟是古人,对于历史的认识、对于历史人物的评价有时难免有时代的、个人的局限性。这就需要评论者对司马迁既不要美化、拔高,也不要苛求、贬低,做到尺度合适,实事求是。从《史记》研究的历史来看,对于司马迁及其《史记》的评价,无论古人还是今人,或多或少都出现过偏颇。《论稿》的可贵之处在于能够把司马迁放到汉代当时的历史环境中,以《史记》文本为基础,用科学的态度分析问题,解决问题。这是对以往研究偏颇的有力纠正,树立了一种严谨求实的研究风气,这在新时期刚刚开始阶段,具有引领学术风气的作用,对于司马迁和《史记》研究产生重要影响。如第二章论述司马迁的哲学思想,作者在肯定其价值的同时又指出:"司马迁是反对天命的,但他并不是一个彻底的唯物主义者,当他对复杂的历史兴亡成败现象得不到正确答案时,又不得不用天命进行解释。"对于司马迁的历史观,《论稿》指出:"司马迁的历史观是进步的唯物主义的,对历史的变化、发展,作了许多精辟的论述和分析,具有真知灼见。但是和历史上许多进步的作家一样,他最终不能摆脱唯心主义英雄史观的影响。在整部《史记》里,他主要是写帝王将相之历史上的活动,通过对他们兴亡成败的描写,说明古今历史的变化。""司马迁对历史的看法,虽然认为是变化的,重视历史的发展,社会的前进,从而能揭露出历史的某些规律,但是他看不见历史的真正主人,不知道历史发展的真正动力,因而也看不出历史发展的方向,以致最终不得不回到董仲舒三统循环论的轨道上来。"这些观点,都是建立在对《史记》文本的细致解读基础之上,体现了实事求是的态度。第三章论述司马迁笔下的主要人物,也都注意司马迁写历史人物的积极性和局限性,如《论稿》通过对信陵君的分析以及司马迁的评价,认为司马迁对信陵君评价的矛盾"反映了他的唯心与唯物两种历史观的矛盾"。李斯在秦朝历史上是非常重要的人物,"司马迁评价了李斯在秦朝历史上的功与过,认为其过大于功,他肯定了李斯辅佐秦始皇完成帝业方面的重要作用,但主要是批判了李斯的缺点和错误。他不同意一般人的看法,说李斯为尽忠而受酷刑,而认为李斯是咎由自取。但最后又把李斯的功劳与周公、召公相比,未免悖谬"。

指出司马迁对李斯评价出现的偏颇。项羽是反秦的英雄，但最终以失败而告终。对于项羽的失败，司马迁在《项羽本纪》论赞中予以批评，"司马迁对项羽失败的原因的认识虽不全面，但他从人事的角度批评项羽的天命观却是十分中肯的。"指出司马迁对项羽评价的合理性和存在的不足。商鞅在历史上也是颇有争议的人物，《论稿》指出："司马迁写商鞅的一生都在致力于地主阶级的变法活动，并为推翻奴隶制，建立封建制献出了自己的生命。但他在《商君列传》的评语中却尖锐地批评了商鞅。"其原因在于："司马迁在政治思想上是反对法治的，他在很多篇章中对法家人物都有不少批评。但是，作为一个伟大的历史学家，司马迁不以个人的好恶来写历史，而是根据历史的本来面貌来写历史；作为一个伟大的文学家，司马迁不是根据主观思想进行写作，而是突破主观思想的限制全面真实地反映了社会生活，这正是司马迁卓异之处。"《论稿》从史学、文学两个方面分析了司马迁对商鞅的评述，结论也较为客观公允。类似的例子很多，说明《论稿》在司马迁与《史记》研究中，继承了司马迁的"实录"精神，以司马迁"不虚美、不隐恶"的写作原则评价司马迁和《史记》，这是《论稿》最为突出的特色之一。

第二，文史结合的评价标准。《史记》既是历史著作，又具有文学的特征，是文史结合的典范。在《史记》研究史上，曾出现过一些偏颇，从历史角度研究《史记》的学者指责《史记》有些地方失实，尤其是《史记》中的一些细节描写、个性化语言描写，如项羽垓下之围时给虞姬唱《垓下歌》，等等。从文学角度研究《史记》的学者，又有忽略历史真实的偏颇，把《史记》看作是纯文学作品。《论稿》打破文史壁垒，把两者结合起来，统一起来。作者在自序中说："既不单纯地从文学创造典型、描写人物的角度评论司马迁所写的历史事实，也不单纯地根据历史必须真实地记载历史事件的要求，来责备司马迁对某些事件或传记记载不完备的现象。因为单纯从文学角度评价，就会歪曲司马迁笔下的历史事实，反之，则要损害司马迁在文学方面的成就。我是注意从史学、文学统一的角度进行评价的。"这个评价标准也是客观公允的，符合《史记》实际。如第二章在论述司马迁文学观点时强调文学的借鉴作用："司马迁把用形象表现历史生活真实的文学手法和述古所以鉴今的史笔完美地统一起来，在吸取历史经验的同时，就包含着文学中表现这类历史事件时是否真实的借鉴意义,因此,他所主张的历史的借鉴作用,同时也就是文学的借鉴作用",把历史与文学紧密地结合在一起。第三章对陈涉起义的评价,《论稿》通过对《陈涉世家》的解读分析,指出司马迁的观点"不但表现在他的正面议论之中,也表现在他对这一历史事件具体的叙述里面。历史学家们往往从司马迁的正面议论中去探讨他的观点和看法,这当然是必要的。但是,从文学批评的角度来说,更重要的是看他在作品里怎样反映的,他是通过具体的叙述过程反映出对这一重大历史事件的评价的。"这是从文史结合的角度分析重大人物事件,避免了单一的历史或文学评价。第四章对于孔子的评价也是如此。《论稿》从政治、哲学的角度分析了孔子的思想,同时又指出:"从文学批评的角度评价司马迁描写的孔子,那么孔子的价值不在于他为当时统治者提供的治理动乱社会的药方,不在于他的政治理想——礼,而在于对理想所持的坚定信念。他为统治者开立的治世药方是迂阔而不切实际的,他那种知其不可为而为之的精神也是滑稽可笑的,但他为坚持自己的信念而顽强不屈的意志,却能给我们以启发。"这种评价,使人们对于孔子有了一个更全面的认识。再如《李将军列传》,作者用史学、文学双重标准来衡量,"从他(司马迁)原始察终的历史观点看,他记述了李广一生行迹的全过程,通过李广这个人物考察了文帝和景帝、特别是武帝时代的历史,剖析了汉代所谓盛世的政治情况。从他发愤著书的文学观点看,司马迁从李广的政治悲剧中感受到自己的遭遇,产生了共鸣,在李广身上倾注着自己的血泪,对汉代的统治提出了控诉!这就是作为历史家和文学家的司马迁在描写李广这个人物时所体现的意义和精神。"(《文集》附录2)这样的认识和评价,远远高出从某一方面进行的评价。

第三,新颖深刻的理性分析。对于司马迁及其《史记》研究,已有两千多年的历史,但系统地进行理性分析还是近现代以来的事情。新中国成立以来的20世纪五六十年代乃至70年代,系统性的理论著作还较少。20世纪80年代,正是思想活跃时期,学术创新成为一种风气。《论稿》在前人研究基础上,系统地研究司马迁的人生经历,研究《史记》的价值,并提出自己的新观点、新思想,在当时也是难能可贵的。如关于司马迁的生年问题,历来有多种说法,主要是景帝中元五年说(前145)和武帝建元六年说(前135)两种。《论稿》第一章"诞生龙门"一节运用司马迁的户籍、自叙、自白等原始资料,细致考证分析,认为司马迁生于建元六年。又如第一章"少年生活"一节,根据《史记》中的许多资料分析,认为司马迁"在纪事方面多取自《左传》,但在发挥经义方面,则本于《公羊》学说。""司马迁受《公羊春秋》学说的影响至深至远,可以说《公羊》学说是支配着他对《史记》的著述的。"这就揭示了司马迁与《春秋》及其经学的关系。第一章结尾对司马迁生平进行总结时指出:"他一生是个悲剧,这个悲剧的意义在于:他忠于封建阶级,希望巩固封建制度,结果反被封建阶级和封建制度残害了。因此,他怀着愤懑和不平来揭露封建社会,鞭挞封建制度。他的这种愤懑和不平,他的思想、观点,他的学说,他的爱憎,他的操守,他的全部精神世界,都集中地体现在他的伟大著作《史记》之中。《史记》是他整个精神世界的再现!在这种意义上说,《史记》本身也是一部伟大的悲剧。"这个结论颇有深意。第二章在论述司马迁经学思想渊源时,作者通过对六经的仔细分析,梳理司马迁经学思想出于哪一家、源于哪一派,得出结论:司马迁对六经大义的总认识源于董仲舒,《易》学出自杨何,《书》学出自孔安国,《诗》学出于《鲁诗》,《礼》学与鲁地密切相关,《春秋》学闻之于董仲舒而其渊源应该追溯到孔子。这样的细分条缕,显示了《论稿》对问题认识的清晰度和深度。又如在分析司马迁的学术思想时,以对待先秦诸子的态度为例,仔细分析了司马迁对司马谈的继承与发展,看出父子二人的不同思想。第三章"崇尚货殖"一节认为,"司马迁是站在社会变化的进步方面,肯定新生的事物,赞扬新生的事物,鼓吹新生的事物,因此他的思想、理论、观点是进步的。""推许刺客"一节认为:"在长期的封建社会中,以强凌弱、强者为'刀俎'、弱者为'鱼肉'的现象是普遍存在的。这是司马迁描写的五个刺客反抗强暴精神的现实基础,通过对这五个人物侠义行为的赞颂,抒发了他对那个弱肉强食的社会的痛恨和不满。"第四章分析廉颇蔺相如指出:"司马迁通过对这两个人物的描写,反映了赵国兴亡的过程,表达了赵国所以兴亡的原因,考察了赵国盛衰的历史。"分析韩信指出:"写韩信的一生不是孤立地去写,而是与当时的政治局势密切结合的。通过对韩信生平的描写,再现了秦汉之际由汉开始拜将定策,到楚汉对峙,到汉兴楚灭的全部历史演变过程,展示了由楚汉对抗到汉统治集团的内部矛盾的转化。这是这篇传记的突出成就。"这些观点都显示了作者对问题的把握分析极有分寸。第五章"司马迁的文笔"第一节，认为司马迁文章之"善序事理"，"表现为善于把握历史的重要问题，描述它的变化的脉络和原委，即善于从历史发展的过程中去'原始察终'，这是一种很高的写作手法。"第四节认为"'原始察终''见盛观衰''承敝通变'的写作方法，要求真实、具体、客观、历史地描写社会历史的变化，要求描写社会历史生活的全过程，揭示社会历史的矛盾和斗争，并展示社会历史发展的未来。司马迁自觉地运用这种方法写作，使他的著作《史记》成为一部现实主义历史。"这些观点抓住了《史记》作为历史著作的特征，而不是一味强调其文学性。第五节"于序事中寓论断"，通过细致分析，进一步深化了清人顾炎武提出的问题，揭示出《史记》人物传记的独特性。第七节"择其言尤雅者"，对《史记》语言成就进行全面分析，包括古语的通俗化、书面语，流行的口语，方言俗语，谚语民谣，等等，认为"司马迁采取了我国人民和我国民族的语言，又提炼、丰富和发展了我国人民和我们民族的语言，对我们祖国的语言，作出了巨大的贡献。"可以看出，作者善于从复杂的资料中发现问题，提炼问题，解决问题，并提出自己的一家之言。

另外，文风朴实无华，语言自然流畅，也是《论稿》的重要特色。

总之，在新时期刚刚开始不久，《论稿》就以其实事求是的学风、独特的思想矗立在《史记》研究的学术大道上，对于纠正以往所出现的偏颇，弥补以往研究的不足，都具有重要意义，也为以后的《史记》研究树立了良好的榜样。

主要参考文献

一　典籍

（汉）司马迁撰，（南朝宋）裴骃集解，（唐）司马贞索隐，（唐）张守节正义：《史记》，中华书局2013年版。

（汉）班固撰，（唐）颜师古注：《汉书》，中华书局1962年版。

（晋）陈寿撰，（南朝宋）裴松之注：《三国志》，中华书局1982年版。

（南朝宋）范晔撰，（唐）李贤等注：《后汉书》，中华书局1965年版。

（南朝梁）刘勰著，范文澜注：《文心雕龙注》，人民文学出版社1958年版。

（南朝梁）钟嵘著，曹旭集注：《诗品集注》（增订本），上海古籍出版社2011年版。

（唐）房玄龄等：《晋书》，中华书局1974年版。

《全金元词》，唐圭璋编，中华书局1979年版。

（唐）李延寿等：《北史》，中华书局1974年版。

（唐）刘知几著，（清）浦起龙通释：《史通通释》，上海古籍出版社2009年版。

（唐）皇甫湜：《皇甫持正集》，上海古籍出版社2013年版。

（唐）魏徵等：《隋书》，中华书局1973年版。

（五代）刘昫等：《旧唐书》，中华书局1975年版。

（北宋）苏洵著，曾枣庄、金成礼笺注：《嘉祐集笺注》，上海古籍出版社1993年版。

（北宋）郑樵：《通志》，中华书局1987年版。

（南宋）洪迈：《容斋随笔》，上海古籍出版社2015年版。

（南宋）李塗：《文章精义》，中华书局香港分局1977年版。

（南宋）刘辰翁：《班马异同评》，明万历韩敬序刻本。

（南宋）娄机撰，李曾伯补：《班马字类》，陕西师范大学出版社2015年版。

（元）戴表元：《戴表元集》，浙江古籍出版社2014年版。

（元）脱脱：《宋史》，中华书局1985年版。

（明）归有光：《归震川评点本史记》，光绪二年武昌张氏校刻本。

（明）归有光：《震川先生集》，上海古籍出版社1981年版。

（明）李贽：《李贽文集》，社会科学文献出版社2000年版。

（明）凌稚隆辑校，（明）李光缙增补：《史记评林》，天津古籍出版社1998年版。

（明）茅坤：《史记钞》，上海古籍出版社1992年版。

（明）宋濂等：《元史》，中华书局1976年版。

（清）金圣叹：《金圣叹全集》，凤凰出版社2016年版。

（清）张廷玉等：《明史》，中华书局1974年版。

（清）王又朴：《史记七篇读法》，商务印书馆2013年版。

（清）刘大櫆：《论文偶记》，人民文学出版社1998年版。

（清）李晚芳撰，［日］陶所池内校订：《读史管见》，安政三年丙晨四月翻刻浪华书林群玉堂制本。

（清）牛运震撰，崔凡芝校释：《空山堂史记评注校释附史记纠谬》，中华书局2012年版。

（清）赵翼撰，王树民校证：《廿二史札记》，中华书局2013年版。

（清）章学诚撰，叶瑛校注：《文史通义校注》，中华书局2014年版。

（清）董诰等编：《全唐文》，中华书局1983年版。

（清）永瑢等：《四库全书总目》，中华书局1965年版。

（清）严可均编：《全上古三代秦汉三国六朝文》，中华书局1958年版。

（清）程馀庆编：《历代名家评注史记集说》，三秦出版社2011年版。

（清）刘熙载：《艺概》，上海古籍出版社1978年版。

（清）李景星：《四史评议》，岳麓书社1986年版。

（清）汤谐：《史记半解》，商务印书馆2013年版。

（清）吴见思：《史记论文》，中华书局1936年版。

（清）姚苎田：《史记精华录》，上海古籍出版社2007年版。

二　专著

安平秋、张大可、俞樟华撰：《史记教程》，华文出版社 2002 年版。
白寿彝：《〈史记〉新论》，求实出版社 1981 年版。
陈兰村主编：《中国传记文学发展史》，语文出版社 1999 年版。
陈桐生：《〈史记〉与今古文经学》，陕西人民教育出版社 1995 年版。
陈桐生：《〈史记〉与诸子百家之学》，安徽大学出版社 2006 年版。
程金造：《史记管窥》，陕西人民出版社 1985 年版。
范文芳：《司马迁的创作意识与写作技巧》，台湾文史哲出版社 1987 年版。
傅惜华：《元代杂剧全目》，作家出版社 1957 年版。
郭双成：《〈史记〉人物传记论稿》，中州古籍出版社 1985 年版。
韩兆琦：《史记通论》，北京师范大学出版社 1990 年版。
靳德峻：《史记释例》，商务印书馆 1934 年版。
可永雪：《〈史记〉文学成就论说》，内蒙古教育出版社 2001 年版。
赖明德：《司马迁之学术思想》，台湾洪氏出版社 1982 年版。
李长之：《司马迁之人格与风格》，生活·读书·新知三联书店 2013 年版。
李少雍：《司马迁传记文学论稿》，重庆出版社 1987 年版。
梁启超：《梁启超全集》，北京出版社 1999 年版。
刘乃和主编：《司马迁和史记》，北京出版社 1987 年版。
刘宁：《〈史记〉叙事学研究》，中国社会科学出版社 2008 年版。
逯钦立辑校：《先秦汉魏晋南北朝诗》，中华书局 2017 年版。
聂石樵：《司马迁论稿》，北京师范大学出版社 1987 年版。
钱穆：《国史大纲》，九州出版社 2011 年版。
钱锺书：《管锥编》，生活·读书·新知三联书店 2007 年版。
施章：《史记新论》，南京北新书局 1931 年版。
宋嗣廉：《〈史记〉艺术美研究》，东北师范大学出版社 1985 年版。
孙琴安编：《中国评点文学史》，上海社会科学院出版社 1999 年版。
覃启勋：《〈史记〉与日本文化》，武汉大学出版社 1989 年版。
王国维：《宋元戏曲史》，岳麓书社 2010 年版。

吴汝煜：《史记论稿》，江苏教育出版社 1986 年版。

徐复观：《两汉思想史》，台湾学生书局 1979 年版。

徐文珊：《史记评介》，台湾维新书局 1973 年版。

杨燕起等编：《历代名家评〈史记〉》，北京师范大学出版社 1986 年版。

杨燕起：《〈史记〉的学术成就》，北京师范大学出版社 1996 年版。

杨义：《中国叙事学》，人民文学出版社 2009 年版。

应三玉：《〈史记〉三家注研究》，凤凰出版社 2008 年版。

俞樟华：《史记艺术论》，华文出版社 2002 年版。

俞樟华、虞黎明、应朝华：《唐宋史记接受史》，吉林人民出版社 2004 年版。

袁仲一等编：《司马迁与〈史记〉论集》，陕西人民出版社 1996 年版。

张大可等编，《史记研究集成》，华文出版社 2005 年版。

张大可：《史记论赞辑释》，陕西人民出版社 1956 年版。

张大可：《史记研究》，商务印书馆 2011 年版。

张庚、郭汉城：《中国戏曲通史》，北京戏剧出版社 1981 年版。

张新科：《史记学概论》，商务印书馆 2003 年版。

张新科、俞樟华：《史记研究史略》，三秦出版社 1990 年版。

张玉春：《〈史记〉版本研究》，商务印书馆 2001 年版。

赵望秦、蔡丹等：《史记与咏史诗》，三秦出版社 2012 年版。

郑樑生：《司马迁的世界——司马迁戏剧性的一生与〈史记〉的世界》，台北志文出版社 1977 年版。

中国科学院历史研究所编：《史记研究的资料和论文索引》，科学出版社 1957 年版。

朱立元：《接受美学》，上海人民出版社 1989 年版。

［德］黑格尔：《美学》，朱光潜译，商务印书馆 1979 年版。

［德］姚斯、［美］霍拉勃：《接受美学与接受理论》，周宁、金元浦译，辽宁人民出版社 1987 年版。

［韩］朴宰雨：《〈史记〉〈汉书〉比较研究》，中国文学出版社 1994 年版。

［美］汪荣祖：《史传通说——中西史学之比较》，中华书局 1989 年版。

［美］王靖宇：《中国早期叙事文研究》，上海古籍出版社 2003 年版。

［日］池田四郎次郎、池田英雄：《史记解题、史记研究书目解题》，长年堂 1981 年版。

［日］池田英雄：《史记学 50 年》，明德出版社 1995 年版。

［日］吉川幸次郎：《中国诗史》，章培恒等译，安徽文艺出版社 1986 年版。

［日］泷川资言考证，［日］水泽利忠校补：《史记会注考证附校补》，上海古籍出版社 1986 年版。

［日］藤田胜久：《史记战国史料研究》，曹峰、［日］广濑薰雄译，上海古籍出版社 2008 年版。

［意大利］伊塔洛·卡尔维诺：《为什么读经典》，黄灿然、黄桂蜜译，译林出版社 2012 年版。

三　期刊论文

陈莹、张新科：《当今〈史记〉研究应走综合化之路》，《社科科学评论》2009 年第 1 期。

陈玲玲：《20 世纪以来日本的司马迁与〈史记〉研究》，《现代传记研究》2007 年第 9 辑。

［日］池田英雄著，张新科、朱晓琳译：《从著作看日本先哲的〈史记〉研究——古今传承 1300 年间的变迁》，《唐都学刊》1993 年第 4 期。

丁德科、马雅琴：《两千年史记学研究》，《渭南师范学院学报》2017 年第 21 期。

刘振东：《论司马迁之"爱奇"》，《文学评论》1984 年第 4 期。

马雅琴、张新科：《金圣叹〈史记〉评点的杰出成就》，《光明日报》2007 年 12 月 31 日。

任竞泽、樊婧：《元代"史记诗"的学科意义和历史地位》，《广东社会科学》2016 年第 2 期。

童庆炳：《文学经典建构诸因素及其关系》，《北京大学学报》2005 年第 5 期。

王长顺：《论近现代〈史记〉文章学评点之特点》，《渭南师范学院学报》2018 年第 9 期。

王长顺：《论司马迁〈史记〉文史张力的审美价值》，《西北大学学报》2009年第3期。

王长顺：《唐宋间〈史记〉接受传播之嬗变及其原因》，《南京师范大学文学院学报》2012年第4期。

徐兴海：《〈史记〉所体现的系统观》，《人文杂志》1987年第3期。

余祖坤：《王又朴的古文批评及其价值》，《文艺理论研究》2015年第2期。

俞樟华、张新科：《国外〈史记〉研究概述》，《陕西师范大学学报》（哲学社会科学版）1990年第3期。

俞樟华、张新科：《近十多年来〈史记〉文学成就研究概述》，《文史知识》1991年第3期。

俞樟华、张新科：《四十年来台湾的〈史记〉研究概述》，《浙江师范大学学报》1989年第3期。

张大可：《三十年来〈史记〉研究评述》，《人文杂志》1983年第6期。

张强：《〈史记〉文学特质研究中的几个问题》，《陕西师范大学学报》（哲学社会科学版）2016年第1期。

张新科：《"史记学"史述略》，《固原师专学报》2005年第4期。

张新科：《〈史记〉是一部宏伟的史诗》，《宝鸡文理学院学报》1994年第3期。

张新科：《〈史记〉文学经典的建构过程及其意义》，《文学遗产》2012年第5期。

张新科：《〈史记〉文学研究资料整理刍议》，《兰州大学学报》2014年第4期。

张新科：《滴泪为墨 研血成字——〈史记〉与屈赋精神实质纵谈》，《汉中师院学报》1989年第2期。

张新科：《古文运动奠定〈史记〉的文学经典地位》，《中国社会科学报》2014年5月30日。

张新科：《汉代文艺思潮刍议》，《解放军艺术学院学报》2014年第1期。

张新科：《汉魏六朝：〈史记〉文学经典化的起步》，《甘肃社会科学》2016年第6期。

张新科：《六朝新文学理论的先声——司马迁对魏晋南北朝文论影响》，《陕西师范大学学报》1997 年第 2 期。

张新科：《论清代的〈史记〉文学评论》，《陕西师范大学学报》（哲学社会科学版）2016 年第 1 期。

张新科：《史学思维·创新意识·民族精神——〈史记〉的魅力与生命力》，《西部学刊》2015 年第 9 期。

张新科、李红：《宋代的〈史记〉文学评论》，《文艺理论研究》2016 年第 5 期。

张新科、蒋文杰：《史记学：21 世纪研究之展望》，《司马迁与〈史记〉国际学术研讨会论文集》2000 年 9 月。

张新科、靳希：《经典著作生命力的延伸与扩展——以 20 世纪以来〈史记〉研究为例》，《思想战线》2016 年第 3 期。

张新科、李红：《〈史记〉在国外的传播与研究》，《博览群书》2015 年第 12 期。

张新科、王刚：《20 世纪史记学的发展道路》，《淮阴师范学院学报》（哲学社会科学版）2000 年第 1 期。

张新科、俞樟华：《〈史记〉研究的全面丰收期——七六年以来〈史记〉研究概述》，《吉林师范学院学报》（哲学社会科学版）1989 年第 4 期。

诸海星：《〈史记〉在韩国的译介与研究》，《文史知识》1996 年第 8 期。

四　学位论文

樊婧：《〈史记〉在元代的传播接受研究》，博士学位论文，陕西师范大学，2014 年。

王晓玲：《清代〈史记〉文学阐释论稿》，博士学位论文，陕西师范大学，2012 年。

张亚玲：《〈史记〉文学研究》，博士学位论文，陕西师范大学，2013 年。

索 引

A

爱奇　26,27,39,40,64,218,248 – 250,257

B

白寿彝　177,232
班彪　33,34,39,40
班固(《汉书》)　1 – 3,14,25,28,31 – 34,36,39 – 46,50,52,62,88 – 90,109,129,162,172,173,232,282,289,299,345,346,356
班马优劣　41,88

C

陈辽　246,247
陈其泰　243,261
陈桐生　11,14,19,234,236,240
陈子龙　130,136,151,162,163
程馀庆　151,190,199,202,271

池田英雄　307,309,312,313,316,317
储欣　167,174,196,272
吹野安　318
《春秋》　2,3,8,9,13 – 16,19,20,22,33,45,50,51,58,62,75,88,114,118,152,162,169,173,174,176,207,214,215,262,263,316,335,364

D

戴表元　105 – 116
戴名世　192,193
杜甫　65,67,68,196,354
敦煌变文　71

F

发愤抒情　12,21
发愤著书　12,27,45 – 47,62,63,109,175,176,184,245,250,256 – 259,287,311,314,320,324,363
范晔(《后汉书》)　1,31,35,39,40,42,293,299

方苞　64,138,167,168,171,176,177,
　　　191,193,202,344,345,348,349,354
冯其庸　229

G

《古文观止》　165,166,180,182
古文运动　47,59－64,71,75,92,93,
　　　154,172,190,191,217,326,327,
　　　330,358
归有光　130－133,135,136,138,141,
　　　145,152,161,162,171,190,217,344
郭沫若　200,220,221,224,225
郭双成　5,6,236,247,267,268
郭嵩焘　165,175,195,199,212,222
过常宝　254

H

韩愈　60－64,75,76,79,92－94,99,
　　　109,113,147,190,217,258
韩兆琦　190,233,234,236,239,244,
　　　250,256,262,305
洪迈　52,77,81,82,87,90,272
互见法　78,79,99,236,254,262
话本　127,128
皇甫湜　49,51,52
黄震　77,83－85,87,97,106,313

J

吉川幸次郎　318,319

纪传体　2,3,14,32,41－44,48－50,
　　　52,69,75,78,102,105,143,163,
　　　186,206,207,227,242,243,251,
　　　295,315,347
季镇淮　229
翦伯赞　199,200,226,227
金圣叹　163,166,183－187,252,253,
　　　272,331,342,353,354
《晋书》　37,41－43,48,49,307

K

柯庆明　282,283
科举考试　52,53,71,74,75,103,326
可永雪　7,236,239,258,264
孔子　2,8,9,11－13,15,17,19,23,24,
　　　83,84,92,95,105,114－116,119,
　　　150,177,180,183,191,196,216,257
　　　－259,261,283,335,360,363,364

L

赖明德　276,282
类书　70,71,152,275
李白　65,66,93
李长之　18,64,190,200,208,216－
　　　218,221－223,315
李纪祥　282,288
李景星　22,29,190,199,203,210,213,
　　　214,218－220,222,270,327
李梦阳　138,158－160

李商隐　65
李少雍　68,236,242,250,264,265
李塗　63,77,84,99
李晚芳　167,180,182,272
李维桢　144,145
李寅浩　304,306
李兆洛　191,194
梁启超　17,199,200,203-210,213-215,313,356
林聪舜　281
林纾　194,211,212
凌稚隆(《史记评林》)　80,81,84-86,97,105,111,118,129-131,134-137,139-151,154-157,190,195,242,271,272,287,310-313,344
刘辰翁　77,80,84,88-90,97,139,146,152,172,173,331,344
刘熙载(《艺概》)　22,24,26,27,61,67,171,179,195,196
刘勰(《文心雕龙》)　1,14,15,21,26,39,40,43,46,47,109,111,129,143,147,155,248,258,333
刘振东　249
刘知几(《史通》)　1,33,34,41,42,49,50,52,88,129,169,173,203,313
柳宗元　60-64,66,75,79,99,108,147,190
泷川资言(《史记会注考证》)　151,270,271,308,309,311-313,321,328
娄机　82,90,91,172,272

鲁迅　21,35,70,127,200,215,216,221,224,320,334,361
吕世浩　289

M

马持盈　276,277
马存　77,79,99,110,111,145,218
茅坤　64,93,130,134-141,143,144,146,147,154-156,161,190,215,272,331,344

N

倪豪士　275,296,297,299
倪思　77,80,85,88,89,139,146,172,173,344
聂石樵　256,260,358,359
牛运震　151,168,172-175,178,180,181,195,202,242,271,313

O

欧阳修　53,59,75-77,92-95,109,147,190,217,258

P

裴骃(《史记集解》)　33,35,36,39,53,54,58,59,71,129,223,310
骈文　60,61,191-194

朴宰雨　303-305

Q

前后七子　100,138,158-161
钱穆　101,106,273,276,282
钱锺书　109,160,266,267
邱逢年　169,172,178
邱诗雯　282,288,289
屈原(《离骚》)　20-28,45,62,83,85,
　　119,124,143,144,156,175,182,
　　184,196,197,204,215,225,258,
　　303,321,328,329,333,360
阮元　9,191-194

S

沙畹　296,300
《诗经》　11-13,258,302,318
施丁　247,263
施之勉　282,285,286
史公三失　40,99
史记诗　123
史记戏　117,120-122,241
舒岳祥　106,108,109
水泽利忠　270,308,309,312-314
司马光　73,74,77,95,147
司马贞(《史记索隐》)　35-38,40,49,
　　52-59,71,77,129,223,272,275,
　　309,310
宋嗣廉　123,235,236,245,246,248,
　　267,271
苏轼　75-77,86,87,93-95,97
苏洵　75-79,86,87,93,97,147
苏辙　75,77,79,93,94,97,98,100,109
　　-111,287
《隋书》　2,37,44,48

T

太史公曰　11,16,44,50,153,162,163,
　　174,197,253-256,282,298,299,
　　335,337,352
覃启勋　38,236,306,321,322
汤谐　167,177-179,181-183,196,
　　272,330-335,337,339,342-
　　344,348
唐传奇　68-70
唐顺之　130,135-138,140,141,143,
　　144,152,158,161,190,342
唐宋派　138,158,160,162
陶渊明　44,45,65
藤田胜久　312,316,317,319,320
桐城派　100,167,169-171,176,191-
　　194,197,212,217,344,348,349,356
童庆炳　2

W

汪荣祖　301
王安石　75,77,93,95,96,147,150
王靖宇　301

王若虚　77,87,88,98,288,313
王世贞　129,138,145,149,158-160
王应麟　71,75,106,107,109,299
王又朴　168,178,203,272,344-350,353,354,356
王禹偁　95,147
吴德明　296,298,299
吴福助　276,281,282
吴见思　166,175,179-183,187-190,202,242,270,272,310,313,331,344,348
吴汝煜　15,236,245,263

X

项羽　6,10,11,18,27,51,52,69,75,80-82,84,89,119,123,124,126,127,132,133,140,143,145,148,152,155,159,166-168,173,178,180-182,188,189,195-198,201,202,204,210,212,213,216,218,220,228,234,248,266,275,281-284,292,303,310-312,318,328,332,334,344-346,348-350,352-356,360,362
徐复观　273,275,282,285,286
徐文珊　201,228,276,279
许淑华　282,287
许相卿　146,148,172,173,190,272

Y

杨海峥　238,240,271,273,322,328
杨家骆　276-278,286
杨慎　118,130,134-137,140,141,145,148,190,342
杨燕起　162,190,233,236,262
杨义　243

Y

姚鼐　169,193,194,202
姚苎田　168,169,196,367
叶适　77,83,87,108,288
伊藤德男　315
殷孟伦　230
印刷术　74,96,138,190,308,331
咏史诗　44,45,65-67,94-96,100,123,125,131,197,198,271,326
有井范平　309-312
俞樟华　94,236,238-240,252,253,269
袁伯诚　258
袁行霈　234

Z

杂传　43,44,75,252
曾巩　75,76,93-95
曾国藩　27,110,193,199,202,209,217,272
张大可　6-8,229,234,236,237,240,248,255,256,260,273,291
张辅　39,41,88
张强　236,250,257

张守节(《史记正义》) 36,37,49,53,58,59,71,129,223,286,310
张玉春 74,103,273,308
章学诚(《文史通义》) 62,156,169,170,172,173,313,333
赵生群 242,262,271,273,291
赵望秦 65,95,123,125,197,198,270,271,291
赵翼 43,165,172,192,298,313

真德秀 76,77,83,86,130,139,331
郑樑生 276,279,280,314
郑樵 33,77,78,87,88,98,203
钟嵘 46,47,109,258
钟惺 130,135,136,143,154-156,190,272,331
周虎林 276,282,286
朱之蕃 136,145,151,154,155,157,272
诸子百家 8,16,19,29,327,

后　记

　　本书是国家社科基金一般项目"《史记》文学经典的建构过程及其意义"的结项成果，现将名称精简为《〈史记〉文学经典的建构之路》。

　　关于文学经典化的问题，笔者从 2004 年开始在《人文杂志》发表第一篇论文，十多年来一直关注这一重要的学术问题，先从汉赋经典化的问题入手，然后扩展到历史巨著《史记》如何成为文学经典的问题。2013 年笔者以"《史记》文学经典的建构过程及其意义"为题申报国家社科基金项目获得批准。本研究尝试第一次系统地总结《史记》文学经典化的历程和途径，展现不同时代的不同接受特征，并将这种演变过程置于当时的历史文化背景上。当然，每一时代的接受，不只是单纯的接受，还在于进行新的发展、创造。古代文人利用史书、诗歌、散文、话本、戏曲、小说等文体既接受了《史记》的传统，又进行新的创造，从而多维度地建构起《史记》的文学经典地位。我们通过对两千多年来中外《史记》文学阐释史、审美效果史、经典影响史的综合研究，可以进一步认识《史记》的文学特征以及在中国文化史上的不朽地位，深化《史记》及汉代文学研究。同时，通过经典化历程的勾勒，揭示《史记》文学经典形成的内在和外在因素，探究文学与史学的内在联系，而且为今天的文学创作和史书编纂提供借鉴，进而启发当代作家创作出被读者接受的具有生命力的传记作品。当然，每一时代尤其是明清以来，有许多重要的《史记》文学评点、研究著作，限于篇幅，本书只能重点介绍一少部分，因此特意在文本增加三个附录，对相关内容予以适当补充，由此可见不同时代的著作特点。

　　由于种种原因，本课题到 2019 年才得以结题，感谢全国哲学社会科学工作办公室批准延期结项。书稿中的有些内容曾在《文学遗产》《文艺理论研究》《陕西师范大学学报》《甘肃社会科学》《中国社会科学报》等有关刊物发表，在此向这些刊物的编辑们表示衷心的感谢。本书得以顺利完成，还要感谢我的几位博士生。书稿中的元代、近现代、当代部分，是与樊婧、王长顺、刘彦青、靳希博士合作的成果。另外，袁方愚、汪雯雯、蔡亚玮等博士也有许多帮助。特别是在书稿出版过程中，我由于身体原因住院治疗，刘彦青博士帮助我与出版社联系，校对书稿，使出版没有受到影响。

本书作为国家课题成果结项时，得到了同行专家（匿名）的肯定和鼓励，被评为优秀等级。后来又经过专家匿名评审，很荣幸被列入国家哲学社会科学成果文库，在此笔者对各位专家学者的厚爱表示诚挚的谢意。为了保证书稿的质量，全国哲学社会科学工作办公室转来匿名专家的评审修改意见，我们充分尊重和吸收这些意见，并对书稿进行了相应的修改和完善。在此也要感谢中国社会科学出版社的领导和编辑为此书的出版所付出的辛勤劳动。出版期间，因新冠肺炎疫情肆虐，许多工作受到影响，出版社的同志克服各种困难，使本书得以顺利出版。另外，还要感谢本校学术委员会和社科处，将本书列入"陕西师范大学优秀学术著作资助项目"予以支持。

古代的《史记》文学研究资料汗牛充栋却又比较零散，当代的《史记》文学研究资料丰富多样，海外的《史记》文学研究资料又受许多条件制约而难以收集齐全，因此，本书所涉及的问题，以重点资料为基础进行论述，难免有不周全的地方。目前，笔者所主持的国家社科基金重大项目"中外《史记》文学研究资料整理与研究"即将完工，该项目在收集整理大量资料基础上，将形成系统的《〈史记〉文学研究史》，可以弥补此书的一些不足。

《史记》是一座文化大山，有无穷无尽的宝藏，需要我们不断地认识和挖掘，笔者将努力而为之。

笔　者
2020 年 11 月 16 日于古城西安

图书在版编目(CIP)数据

《史记》文学经典的建构之路 / 张新科著 . —北京：中国社会科学出版社，2021.3

（国家哲学社会科学成果文库）

ISBN 978-7-5203-7321-0

Ⅰ.①史… Ⅱ.①张… Ⅲ.①《史记》—研究 Ⅳ.①K204.2

中国版本图书馆 CIP 数据核字（2020）第 186789 号

出 版 人	赵剑英
责任编辑	孙　萍
责任校对	王佳玉
封面设计	肖　辉　宋微微
责任印制	戴　宽

出　　版	中国社会科学出版社
社　　址	北京鼓楼西大街甲 158 号
邮　　编	100720
网　　址	http://www.csspw.cn
发 行 部	010-84083685
门 市 部	010-84029450
经　　销	新华书店及其他书店

印刷装订	北京君升印刷有限公司
版　　次	2021 年 3 月第 1 版
印　　次	2021 年 3 月第 1 次印刷

开　　本	710×1000　1/16
印　　张	24.75
字　　数	407 千字
定　　价	148.00 元

凡购买中国社会科学出版社图书，如有质量问题请与本社营销中心联系调换
电话：010-84083683
版权所有　侵权必究